사일 동안
이것만 풀면
다 합격!

KB199773

내 한국토지주택공사

기술직

시대에듀

2025 최신판 시대에듀 사이다 모의고사
LH 한국토지주택공사 기술직 NCS + 전공

Always **with you**

사람의 인연은 길에서 우연하게 만나거나 함께 살아가는 것만을 의미하지는 않습니다.
책을 펴내는 출판사와 그 책을 읽는 독자의 만남도 소중한 인연입니다.
시대에듀는 항상 독자의 마음을 헤아리기 위해 노력하고 있습니다. 늘 독자와 함께하겠습니다.

머리말 PREFACE

국민주거안정을 실현하고자 노력하는 LH 한국토지주택공사는 2025년에 기술직 신입사원을 채용할 예정이다. 채용절차는 「지원서 접수 ➡ 서류전형 ➡ 필기전형 ➡ AI면접 · 인성검사 ➡ 면접전형 ➡ 최종합격자 선정」순서로 진행되며, 서류전형 평가점수에 가산점을 합산한 총점의 고득점자 순으로 모집분야별 선발예정인원의 30배수에게 필기전형 응시 기회를 부여한다. 필기전형은 직업기초능력과 직무역량을 평가하고, 그중 직업기초능력은 의사소통능력, 수리능력, 문제해결능력 등을 평가한다. 직무역량은 직렬별로 평가내용이 상이하므로 반드시 확정된 채용공고를 확인해야 한다. 이때, 필기전형 고득점자 순으로 채용예정인원의 2~4배수에게 면접전형 응시 기회가 주어지므로, 합격을 위해서는 필기전형에서의 고득점이 중요하다.

LH 한국토지주택공사 기술직 필기전형 합격을 위해 시대에듀에서는 기업별 NCS 시리즈 누적 판매량 1위의 출간경험을 토대로 다음과 같은 특징을 가진 도서를 출간하였다.

도서의 특징

❶ 합격으로 이끌 가이드를 통한 채용 흐름 확인!
- LH 한국토지주택공사 소개와 최신 시험 분석을 수록하여 채용 흐름을 파악하는 데 도움이 될 수 있도록 하였다.

❷ 기출응용 모의고사를 통한 완벽한 실전 대비!
- 철저한 분석을 통해 실제 유형과 유사한 기출응용 모의고사를 4회분 수록하여 시험 직전 4일 동안 자신의 실력을 점검하고 향상시킬 수 있도록 하였다.

❸ 다양한 콘텐츠로 최종 합격까지!
- 온라인 모의고사를 무료로 제공하여 필기전형에 대비할 수 있도록 하였다.
- 모바일 OMR 답안채점/성적분석 서비스를 통해 자동으로 점수를 채점하고 확인할 수 있도록 하였다.

끝으로 본 도서를 통해 LH 한국토지주택공사 기술직 채용을 준비하는 모든 수험생 여러분이 합격의 기쁨을 누리기를 진심으로 기원한다.

SDC(Sidae Data Center) 씀

◇ **미션**

> 국민주거안정의 실현과 국토의 효율적 이용으로
> 삶의 질 향상과 국민경제 발전을 선도

◇ **비전**

> 살고 싶은 집과 도시로 국민의 희망을 가꾸는 기업

◇ **핵심가치**

T	R	U	S	T
Together	Revolution	Unification	Safety & Quality	Transparency
국민중심	미래혁신	소통화합	안전품질	청렴공정

◇ **인재상**

> LH C.O.R.E. Leadership
> 소통 · 성과 · 도전 · 공익으로 미래가치를 창출하는 핵심인재

◇ **전사적 경영목표**

주택공급 100만 호	주거복지 200만 호
도시조성 250km^2	산업거점 50km^2
품질목표 100% 달성	중대재해 ZERO
부채비율 232% 이하	고객만족 BEST

◇ **중기(2025~2029) 경영목표 및 전략과제**

1. 국민 주거생활 향상	1-1 국민 주거안정을 위한 주택 공급 확대 1-2 저출생 · 고령화 등 대응을 위한 맞춤형 주거지원 강화 1-3 국민 삶의 질을 높이는 주거복지 구현
2. 효율과 균형의 국토 · 도시 조성	2-1 지역 성장거점 조성으로 국토경쟁력 향상 2-2 도시 · 주택 재정비 등 도시관리 기능 강화 2-3 편리하고 쾌적한 친환경 도시 조성
3. 건설산업 미래변화 선도	3-1 국민이 체감하는 고품질 주택건설 기술 선도 3-2 품질과 안전 중심의 건설관리 강화 3-3 공정한 건설환경 조성 및 민간성장 지원
4. 지속가능경영 기반 확립	4-1 국민중심 경영체계 및 소통강화로 기관 신뢰 회복 4-2 디지털 기반 대국민서비스 질 제고 4-3 조직역량 제고 및 재무개선으로 경영효율성 강화

신입사원 채용 안내 INFORMATION

◇ 지원자격(공통)

❶ 성별 · 신체조건 · 학력 · 연령 등 : 제한 없음

❷ 자격증
- 기술직 : 해당 모집직무 지원자격 자격증을 보유한 자

❸ 병역 : 남자의 경우 병역필 또는 면제자

※단, 입사일 전까지 전역예정자로, 전형절차에 응시 가능한 경우 지원 가능

❹ 기타
- 공사 직원채용 결격사유에 해당되지 않는 자
- 전일근무가 가능하고 인턴기간 중 3주 내외 합숙교육이 가능한 자

◇ 필기전형

구분		평가내용	문항 수	시험시간
직업기초능력		의사소통능력, 수리능력, 문제해결능력	40문항	
직무역량	토목	응용역학, 측량학, 수리학 및 수문학, 철근콘크리트 및 강구조, 토질 및 기초, 상하수도공학	60문항	110분
	건축	건축계획학, 건축시공학, 건축구조학, 건축설비, 건축관계법규		
	기계	재료역학, 유체역학, 열역학, 기계재료, 유공압 및 유압기기, 공기조화, 소방원론		
	전기	전기자기학, 전력공학, 전기기기, 회로이론, 제어공학, 전기응용 및 공사재료, 전기설비기술 및 판단기준, 소방원론		

※직무역량 60문항 중 단답형 주관식 10문항 출제
※배점비중 : 직업기초능력(20%)+직무역량(80%)

◇ 면접전형

구분		내용	평가항목
대면면접	직무 면접	직무별 상황과 관련한 다양한 업무 자료 분석 및 발표 평가	정보해석 및 처리능력, 문제해결 및 논리전개 능력 등
	인성 면접	자기소개서, 인성검사를 기반으로 인성요소 등 평가	직업관, 가치관, 사회적 책임감 등

❖ 위 채용 안내는 2024년 채용공고를 기준으로 작성하였으므로 세부사항은 확정된 채용공고를 확인하기 바랍니다.

2024년 기출분석 ANALYSIS

총평

2024년 LH 한국토지주택공사 필기전형은 5지선다 PSAT형으로 진행되었다. 예년과 달리 직업기초능력 40문항, 직무역량 60문항으로 문항 수가 변동되었다. 직업기초능력의 경우 의사소통능력, 수리능력, 문제해결능력이 난이도 높게 출제되었다는 의견이 많았으며, 직무역량 역시 타 공사공단에 비해 훨씬 높은 수준의 문제들이 출제되었다고 한다. 특히 단답형 주관식 10문항이 출제되어 곤혹스러웠다는 후기가 많았다. 직업기초능력과 직무역량 총 100문항을 110분 안에 풀이하는 것이 어려웠다는 수험생이 다수였으므로 시간 관리 연습과 더불어 꼼꼼한 대비가 필요해 보인다.

◇ **영역별 출제 비중**

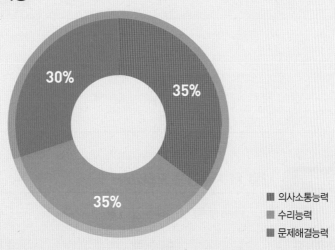

■ 의사소통능력
■ 수리능력
■ 문제해결능력

구분	출제 특징
의사소통능력	• 청년월세지원사업, 환경부 관련 사업 등 공사 관련 지문이 출제됨 • 제목 찾기, 내용 일치, 빈칸 삽입 등의 문제가 출제됨
수리능력	• 도표 계산 문제가 출제됨 • 증감률, 증가율 구하는 문제가 출제됨
문제해결능력	• 자원관리능력과 결합한 듯한 자료 해석 문제가 다수 출제됨 • 긴 지문이 주어진 문제가 출제됨
직무역량	**토목** 수두 산정, 4점법, 부정정보 처짐, 원환응력, 상재하중 재하 시 주동토압 계산, 플랫플레이트 슬래브 등 슬래브 선정 등 **건축** 건축물 이격거리, 건설관리조직, 최대전단응력, 건축양식, 건축설비 등

학습플랜 STUDY PLAN

1일 차 기출응용 모의고사

_____월 _____일

의사소통능력	수리능력	문제해결능력

토목	건축

2일 차 기출응용 모의고사

_____월 _____일

의사소통능력	수리능력	문제해결능력

토목	건축

3일 차 학습플랜   3일 차 기출응용 모의고사

_____월 _____일

의사소통능력	수리능력	문제해결능력

토목	건축

4일 차 학습플랜   4일 차 기출응용 모의고사

_____월 _____일

의사소통능력	수리능력	문제해결능력

토목	건축

취약영역 분석 WEAK POINT

1일 차 취약영역 분석

시작 시간	:	종료 시간	:
풀이 개수	개	못 푼 개수	개
맞힌 개수	개	틀린 개수	개
취약영역 / 유형			
2일 차 대비 개선점			

2일 차 취약영역 분석

시작 시간	:	종료 시간	:
풀이 개수	개	못 푼 개수	개
맞힌 개수	개	틀린 개수	개
취약영역 / 유형			
3일 차 대비 개선점			

3일 차 취약영역 분석

시작 시간	:	종료 시간	:
풀이 개수	개	못 푼 개수	개
맞힌 개수	개	틀린 개수	개
취약영역 / 유형			
4일 차 대비 개선점			

4일 차 취약영역 분석

시작 시간	:	종료 시간	:
풀이 개수	개	못 푼 개수	개
맞힌 개수	개	틀린 개수	개
취약영역 / 유형			
시험일 대비 개선점			

이 책의 차례 CONTENTS

문 제 편 | LH 한국토지주택공사 기술직 NCS + 전공

1일 차 기출응용 모의고사	2
2일 차 기출응용 모의고사	72
3일 차 기출응용 모의고사	138
4일 차 기출응용 모의고사	206

해 설 편 | 정답 및 해설

1일 차 기출응용 모의고사	2
2일 차 기출응용 모의고사	22
3일 차 기출응용 모의고사	39
4일 차 기출응용 모의고사	58
OMR 답안카드	

1일 차
기출응용 모의고사

〈문항 및 시험시간〉

평가영역	문항 수	시험시간
[NCS] 의사소통능력＋수리능력＋문제해결능력 [전공] 토목 / 건축	100문항	110분
모바일 OMR 답안채점 / 성적분석 서비스		

토목

건축

1일 차 기출응용 모의고사

문항 수 : 100문항
시험시간 : 110분

제 1 영역 직업기초능력평가

01 다음 글을 읽고 추론한 내용으로 가장 적절한 것은?

> L공사는 가정의 달 5월을 맞아 일반 국민들에게 주거급여제도를 적극적으로 알리기 위한 '찾아가는 서비스'를 시행하고 있다고 밝혔다.
>
> 주거급여제도는 소득인정액이 중위소득 44% 이하(4인 가구 기준 약 203만 원)인 임차 및 자가 가구의 주거 안정을 위하여 주거비를 지원하는 정책이다. 지원 대상에 해당하는 전·월세 임차 가구의 경우 지역별, 가구 원수별 기준 임대료를 상한으로 수급자의 실제 임차료를 지원하며, 주택을 소유 및 거주하는 자가 가구에는 주택 노후도 등을 고려하여 설정한 주택보수 범위별 수선비용을 상한으로 주택 개·보수를 지원한다. 특히 작년 10월 주거급여 부양의무자 기준이 전면 폐지됨에 따라 자격기준이 대폭 완화되어, 그동안 복지 사각지 대에 놓였던 많은 저소득층이 주거급여 혜택을 받을 수 있게 됐다.
>
> 또한 L공사는 5월에 어린이날, 어버이날 등 각종 행사와 야외활동이 많은 점을 고려하여 주거급여제도를 보다 많이 알리기 위해 대국민 야외 홍보용 부스 및 상담창구를 설치하였다. 지자체 및 사회복지기관에서 개최하는 다양한 지역행사장을 비롯해 잠재적 지원 대상이 밀집되어 있는 전국 각지의 여관, 고시원 등을 L공사 주거급여 전담직원들이 직접 방문하여 전사적 홍보활동 및 현장상담도 진행할 예정이다.
>
> 자격기준 등 기타 자세한 사항은 주거급여 콜센터로 문의하여 알 수 있으며, 주거급여 신청은 가까운 읍·면·동 주민센터 방문접수 및 복지로 홈페이지를 통한 온라인 접수로 가능하다.

① 주거급여 신청은 오프라인을 통해서만 가능하다.

② 여관, 고시원에 거주하는 사람은 주거급여제도 대상에서 제외된다.

③ 소득인정액이 190만 원인 4인 가구는 주거급여제도 지원 대상에서 제외된다.

④ 주거급여 부양의무자 기준이 폐지됨에 따라 주거급여제도 수혜 대상이 증가하였다.

⑤ 주거급여제도는 전·월세 임차 가구와 자가 가구 모두 동일한 수준으로 주거비를 지원한다.

02 다음은 대국민 탄소중립 아이디어 공모전에 대한 자료이다. 이에 대한 내용으로 옳지 않은 것을 〈보기〉에서 모두 고르면?

〈대국민 탄소중립 아이디어 공모전〉

- 참여대상 : 개인 또는 팀 단위(제출건수 제한 없음)
- 공모기간 : 2024년 9월 9일(월) ~ 2024년 10월 25일(금)
- 공모주제 : 온실가스 감축 및 탄소중립 실천을 유도하는 창의적인 홍보물

공모분야	세부내용
탄소중립 실천수기	생활 속 탄소중립 실천 사례와 온실가스 감축 효과에 대한 내용을 포함하면서 독자의 동참을 유도하는 실천수기(실천 인증사진 2장 포함)
탄소중립 홍보영상	탄소중립 실현 의지를 나타내며 탄소중립의 중요성을 강조하는 홍보영상(1분 이내)
슬로건 캘리그라피	탄소중립 실천을 주제로 간결한 문장 및 메시지를 디자인한 캘리그라피

- 심사절차

구분	1차 심사	2차 심사	최종 발표
기간	2024년 11월	2024년 12월	2024년 12월(예정)
비고	실무자 심사로 3배수 선정	전문가 심사로 수상작 12점 선정	비대면 시상

※ 응모 아이디어 수가 3배수 미만인 경우 1차 심사 생략
- 심사기준 : 항목별 5점 척도(만점 : 100점)

평가항목	주제적합성	전달력	활용성	창의성
배점	25	25	25	25

- 수상작 선정 : 1차 심사점수 30%, 2차 심사점수 70% 반영
  ※ 1차 심사 생략 시 2차 심사점수 100% 반영
- 시상내역 : 분야별 4건(총 12건) / 총 상금 630만 원

수상	수상작	상금
최우수상	부문별 1작	각 100만 원
우수상	부문별 1작	각 50만 원
장려상	부문별 2작	각 30만 원

※ 부문별 중복 수상은 불가하며, 상금은 원천징수세액 공제 후 지급
- 결과발표 : 홈페이지 게시 및 수상자 개별통보

〈보기〉

ㄱ 촬영기기가 없어도 본 공모전에 참여할 수 있다.
ㄴ 심사는 총 두 단계로 걸쳐 진행된다.
ㄷ 1차 심사와 2차 심사의 심사기준은 동일하다.
ㄹ 1인이 받을 수 있는 상금은 최대 100만 원이다.
ㅁ 실제 받는 상금은 공고에서 제시된 금액보다 적다.

① ㄱ, ㄴ   ② ㄴ, ㄷ
③ ㄴ, ㄹ   ④ ㄷ, ㅁ
⑤ ㄹ, ㅁ

03 다음 글의 '셉테드'에 해당하는 것으로 적절하지 않은 것은?

> 1970년대 초 미국의 오스카 뉴먼은 뉴욕의 두 마을의 생활수준이 비슷한데도 불구하고 범죄 발생 수는 3배 가량 차이가 난다는 것을 확인하였다. 이 이유를 조사해본 결과 범죄 발생 빈도가 두 마을의 공간 디자인의 차이에서 나타난다는 것을 발견하여 대중적으로 큰 관심을 받았다.
>
> 이처럼 셉테드는 건축물 설계 시에 시야를 가리는 구조물을 없애 공공장소에서의 범죄에 대한 자연적 감시가 이뤄지도록 하고, 공적인 장소임을 표시하여 경각심을 일깨우고, 동선이 유지되도록 하여 일탈적인 접근을 거부하는 등 사전에 범죄를 차단할 수 있는 환경을 조성하는 데 그 목적이 있다.
>
> 우리나라에서는 2005년 처음으로 경기도 부천시가 일반주택단지를 셉테드 시범지역으로 지정하였고, 판교·광교 신도시 및 은평 뉴타운 일부 단지에 셉테드를 적용하였다. 또한 국토교통부에서 「범죄예방 건축기준 고시」를 2015년 4월 1일부터 제정하여 시행하고 있다.

① 수도·가스 배관 등을 미끄러운 재질로 만든다.
② 아파트 단지 내 놀이터 주변 수목을 낮은 나무 위주로 심는다.
③ 공공장소의 엘리베이터를 내부 확인이 가능하도록 유리로 설치한다.
④ 지하주차장의 여성 전용 주차공간을 건물 출입구에 가깝게 배치한다.
⑤ 각 가정에서는 창문을 통한 침입을 방지하기 위해 방범창을 설치한다.

04 다음 글을 읽고 이해한 내용으로 적절하지 않은 것은?

> 우리 민족은 고유한 주거문화로 바닥 난방 기술인 구들을 발전시켜 왔는데, 구들은 우리 민족에 다양한 영향을 주었다. 우선 오랜 구들 생활은 우리 민족의 인체에 적지 않은 변화를 초래하였다. 태어나면서부터 따뜻한 구들에 누워 자는 것이 습관이 된 우리 아이들은 사지의 활동량이 적어 발육이 늦어졌다. 구들에서 자란 우리 아이들은 다른 어떤 민족의 아이들보다 따뜻한 곳에서 안정감을 느꼈으며, 우리 민족은 아이들에게 따뜻함을 만들어주기 위해 여러 가지를 고안하여 발전시켰다.
>
> 구들은 농경을 주업으로 하는 우리 민족의 생산도구의 제작과 사용에 많은 영향을 주었다. 구들에 앉아 오랫동안 활동하는 습관은 하반신보다 상반신의 작업량을 증가시켰고 상반신의 움직임이 상대적으로 정교하게 되었다. 구들 생활에 익숙해진 우리 민족은 방 안에서의 작업뿐만 아니라 농사를 비롯한 야외의 많은 작업에서도 앉아서 하는 습관을 갖게 되었는데 이는 큰 농기구를 이용하여 서서 작업을 하는 서양과는 완전히 다른 방식이었다.

① 우리 민족은 앉아서 작업하는 습관이 있다.
② 구들은 아이들의 체온을 높여 발육을 방해한다.
③ 구들은 실내뿐 아니라 실외활동에도 영향을 끼쳤다.
④ 구들의 영향으로 우리 민족은 앉아서 하는 작업방식이 일반화되었다.
⑤ 우리 민족은 하반신 활동보다 상반신 활동이 많은 대신 상반신 작업이 정교한 특징이 있다.

05 다음 신문 기사를 읽고 바르게 이해한 사람은?

> L공사는 한 해 동안 굿네이버스와 함께 '사랑의 치료비 캠페인' 사업을 시행, 이와 관련한 현판식을 지역아동
> 보호전문기관에서 진행했다고 밝혔다.
> 이번 사업은 가정 및 사회에서 학대를 경험한 피해 아동들의 건강한 성장과 치료를 위한 것으로, 중앙아동보
> 호전문기관의 아동 학대 현황보고서에 따르면, 학대 피해 아동 중 심리치료로 이어진 사례는 전체 피해
> 아동의 10% 미만이었으며, 아동 학대에 대한 신고는 증가하는 데 비해 지원 예산은 작년 대비 감소하여
> 꾸준한 사회적 관심과 지원이 필요한 상황이다.
> L공사는 이번 사업을 위해 굿네이버스와 피해 아동들의 지속적인 치료를 위한 협약을 체결, 연간 1억 원
> 을 지원할 예정이다. 이를 통해 학대 피해 아동들의 치료비 지원과 함께, 치료실을 개보수하여 심리적으로
> 불안한 아동들이 편안한 분위기에서 검사 및 치료를 받을 수 있도록 도울 예정이다. 이번 사업을 통해 약
> 100명의 피학대 아동이 지속적인 심리치료를 받을 수 있을 것으로 기대된다.
> 또한 캠페인의 일환으로 약 한 달여 동안 온라인 모금 활동을 함께 추진하여 대국민 참여를 유도하며,
> 아동 학대 예방의 중요성을 알리는 오프라인 캠페인을 진행할 예정이다.
> L공사 관계자는 이번 캠페인을 통해 부모 및 성인들의 의식변화로 아동 학대 사건이 감소하고 피해 아동
> 들이 적절한 치료를 통해 몸과 마음에 상처가 없는 밝은 아이들로 성장하기를 바라며 많은 국민들의 관심
> 과 참여를 바랐다.

① A사원 : '사랑의 치료비' 캠페인은 온라인 모금 활동만 진행될 예정이야.

② B사원 : '사랑의 치료비' 온라인 모금 활동 목표 금액은 1억 원이야.

③ C사원 : 전국적으로 아동 학대 신고 건수는 매년 증가하고 있지만, 지원 예산은 감소하고 있어서 사회적으로
　　　　　지속적인 관심이 필요한 문제야.

④ D사원 : 이번 사업은 학대 피해 아동들을 위한 치료비만 지원하고 치료실 개보수에 대한 지원은 일단
　　　　　보류할 예정이야.

⑤ E사원 : 다행히 아동 학대 신고 건수에 비해 심리치료를 받는 아이는 10명 중 절반 이상이네.

※ 다음 한국토지주택공사법과 시행령을 읽고 이어지는 질문에 답하시오. **[6~8]**

<한국토지주택공사법>

매입대상토지(제12조)

① 공사가 매입할 수 있는 토지의 규모는 대통령령으로 정한다.

② 공사가 토지를 매입하는 경우 그 토지에 정착물이 있는 때에는 이를 함께 매입할 수 있다.

③ 공사가 토지를 매입할 때에는 공공시설용지·주택건설용지 또는 산업시설용지로 매각할 수 있거나 개발할 수 있는 토지를 우선적으로 매입하여야 한다.

④ 금융기관으로부터 대출 또는 지급보증을 받은 기업의 부채를 상환하게 하기 위하여 그 기업이 보유하고 있는 토지를 공사가 매입하여 줄 것을 기획재정부장관이 국토교통부장관에게 요청한 때에는 국토교통부장관은 공사로 하여금 이를 우선적으로 매입하게 할 수 있다.

⑤ 공사는 토지를 매입할 경우 해당 토지가 법령에 따라 그 처분이나 이용이 제한되는 등의 사유로 매입 후 매각이나 개발이 어려울 것으로 예상될 때에는 이를 매입하여서는 아니 된다.

매입한 토지의 관리(제14조)

① 공사는 매입한 토지의 매각을 촉진하기 위하여 필요한 경우에는 다음 각 호의 어느 하나에 해당하는 조치를 할 수 있다.
   1. 용지의 조성
   2. 지목의 변경
   3. 토지의 분할 또는 합병
   4. 그 밖에 토지의 이용가치를 보전하거나 증대하기 위하여 필요한 조치

② 공사는 매입한 토지를 매각할 때까지 이를 임대할 수 있다.

<한국토지주택공사법 시행령>

매입대상토지의 규모(제30조)

① 법 제12조 제1항에 따라 공사가 매입할 수 있는 토지의 규모는 한 필지 또는 동일인이 소유하는 서로 인접한 여러 필지의 토지로서 그 면적이 다음 각 호의 어느 하나에 해당하는 것으로 한다. 다만, 공사가 매입한 토지 또는 매입하려는 토지에 인접하거나 중간에 위치하여 토지이용 상 불가분의 관계에 있는 토지와 「공공토지의 비축에 관한 법률」에 따라 매입하는 토지는 규모의 제한을 받지 아니한다.
   1. 도시지역의 경우 : 건축법 제57조 제1항에 따른 대지의 분할 제한 면적 이상의 토지
   2. 도시지역 외의 경우 : 600제곱미터 이상의 토지

② 「국토의 계획 및 이용에 관한 법률」 제2조 제7호에 따라 도시계획시설로 결정·고시된 토지로서, 공사가 그 토지를 매입하는 경우 그 매입한 날부터 5년 이내에 해당 도시계획사업시행자가 공사로부터 그 토지를 매입하기로 한 경우에는 공사는 제1항 제1호에도 불구하고 그 토지를 매입할 수 있다.

③ 제1항의 면적계산을 할 때 기업과 그 기업의 임원이 소유하는 서로 인접한 여러 필지의 토지는 동일인이 소유하는 토지로 본다.

④ 제1항과 제3항에서 "서로 인접한 여러 필지의 토지"란 동일인(기업과 그 기업의 임원이 분할하여 소유하는 경우를 포함한다)이 소유하는 여러 필지의 토지가 서로 맞닿아 있거나 연달아 있는 경우와 그 토지소유자가 소유하는 도로 또는 구거(溝渠 : 도랑)에 의하여 구획되는 경우로서 사실상 한 필지의 토지로 볼 수 있는 토지를 말한다.

> **금융기관 부채상환을 위한 토지매입(제31조)**
> ① 공사는 법 제12조 제4항에 따른 토지매입 요청이 있는 경우에는 해당 토지의 매입 여부를 매입 요청일부터 1개월 이내에 결정하여야 하며, 매입하기로 결정하였으면 매입 요청일부터 3개월 이내에 해당 토지를 매입하여야 한다.
> ② 제1항의 경우에 공사는 매입 여부와 매입결과를 지체 없이 국토교통부장관에게 보고하여야 하며 보고를 받은 국토교통부장관은 이를 기획재정부장관에게 통보하여야 한다.
> ③ 공사가 법 제12조 제4항에 따라 매입한 토지의 대금을 지급할 때에는 미리 해당 금융기관에 통보하여야 한다.

06 다음 중 한국토지주택공사가 매입할 수 있는 토지로 옳은 것은?(단, 한국토지주택공사법과 시행령을 우선 적용한다)

① 개발제한구역 내에서 A씨가 소유한 750m² 규모의 필지
② 농림지역 내에서 B씨가 소유한 620m² 규모의 주택건설용지로서의 필지
③ 농림지역 내에서 C기업이 소유한 300m² 규모의 필지와 그로부터 거리가 다소 있는 도시지역 내에서 같은 임원이 소유한 300m² 규모의 필지
④ 농림지역 내에서 D씨가 소유한 200m² 규모의 필지와 그 옆에 도랑을 끼고 나눠진 D씨 소유의 200m² 규모의 필지
⑤ 농림지역 내에서 E기업이 소유한 100m² 규모의 필지와 그 옆에 국가 소유의 도로로 나눠진 E기업 임원 소유의 550m² 규모의 필지

07 다음 중 한국토지주택공사가 매입한 토지의 매각을 촉진하기 위하여 취할 수 있는 조치로 옳지 않은 것은?

① 공장용지로 등록된 토지의 지목을 창고용지로 변경한다.
② 매입한 토지에 공장을 집단적으로 설치하기 위해 공업 용지를 조성한다.
③ 토지의 일부를 공공용지로 사용하기 위해 한 필지를 두 개의 필지로 분할한다.
④ 도로를 설치하기 위해 두 개의 필지를 하나의 필지로 병합한다.
⑤ 매입한 토지를 기업 또는 개인에게 임대한다.

08 기획재정부장관의 요청을 받은 국토교통부장관은 한국토지주택공사에 L기업이 소유한 토지를 매입하여 줄 것을 요청하였다. 국토교통부장관의 매입 요청일이 8월 5일일 때, 다음 중 옳지 않은 것은?

① 한국토지주택공사는 9월 5일 이내로 토지의 매입 여부를 결정하여야 한다.
② 한국토지주택공사가 9월 5일에 토지 매입을 결정하였다면, 12월 5일 이내로 토지를 매입하여야 한다.
③ 한국토지주택공사가 9월 5일에 토지 매입을 결정하였다면, 그 즉시 국토교통부장관에게 보고하여야 한다.
④ 한국토지주택공사의 매입 여부를 보고 받은 국토교통부장관은 이를 기획재정부장관에게 통보하여야 한다.
⑤ 한국토지주택공사는 매입한 토지의 대금을 지급하기 전 미리 해당 금융기관에 통보하여야 한다.

4차 산업혁명이 현대인의 라이프스타일에 많은 영향을 미치고 있다. 인공지능(AI), 사물인터넷, 로봇 등 첨단과학기술의 급속한 발달이 현대인의 일상생활을 디지털 라이프스타일로 바꿔놓고 있다. 물리적·시간적 제약을 뛰어넘어 대량의 지식과 정보가 쏟아지는 홍수 속에서 디지털 라이프스타일은 사람들의 가치를 변화시키고 직업의 변화를 촉진한다.

(가) 개방성·다양성·역동성의 가치도 강조되는 분야 중 하나이다. 첨단과학기술은 세계를 하나의 촌(村)으로 만들고 있다. 미래사회로 갈수록 다양성과 역동성의 가치가 직업 선택에서 주요 기준이 될 것이다. 조직에서 개인의 출신과 국적은 더 이상 주요 문제가 아니다. 앞으로는 이질적 문화를 이해하는 지식을 갖추고 이에 빠르게 적응할 수 있는 인력만이 직업세계에서 생존할 수 있을 것이다.

(나) 성공에 대한 가치가 변화함에 따라 과거 사회적으로 인정받는 좋은 직장과 직업은 더 이상 성공의 잣대가 되지 않는다. 오히려 개인의 보람 혹은 성취감이 성공을 평가하는 주요 가치로 작용한다. 많은 수입은 얻지 못하더라도 자신이 하고 싶은 분야에서 일과 여가를 함께 누리며 전문성과 보람을 갖는 것이 인생의 성공이라 생각한다.

(다) 여가와 성공의 가치도 변화하고 있다. 과거 여가가 '일로부터의 탈출'이라면, 미래 사회는 여가를 '일과 함께 즐기는 형태'로 바라본다. 지능형 로봇, 사물인터넷, 드론, 웨어러블 스마트기기 등의 기술이 직무구조를 변화시키고 직장 공간을 개인의 삶 전체로 확장시킴에 따라 일과 여가를 위한 물리적 공간의 구분이 모호해진 것이다.

(라) 먼저 최근 등장한 '친환경 일자리(Green Jobs)'가 사회의 지속가능한 발전을 위한 필수 요소로 주목받으면서 타인에 대한 나눔·봉사의 가치가 개인의 직업선택에 중요한 기준으로 부상하였다. 이에 따라 사람들은 나눔을 실천하는 착한 기업에 보다 우호적이며 높은 충성심을 갖는다.

이처럼 4차 산업혁명 시대의 디지털 라이프스타일은 새로운 가치 변화를 가져온다. 따라서 향후 역동적인 직업세계의 구조에서는 자신의 진로 가치를 명확히 이해하여 직업을 찾는 개인의 진로개발이 더욱 강조될 것이다.

09 다음 중 (가) ~ (라) 문단을 논리적 순서대로 바르게 나열한 것은?

① (가) – (나) – (다) – (라)   ② (나) – (가) – (라) – (다)
③ (다) – (나) – (가) – (라)   ④ (라) – (가) – (다) – (나)
⑤ (라) – (다) – (나) – (가)

10 다음 중 윗글의 제목으로 가장 적절한 것은?

① 4차 산업혁명 시대의 직업세계
② 현대인의 디지털 라이프스타일
③ 나에게 맞는 직업 찾기의 중요성
④ 진정한 성공이란 무엇인가?
⑤ 일과 함께 즐기는 여가 생활

※ 다음 글을 읽고 이어지는 질문에 답하시오. [11~12]

드론은 무선전파로 ⊙ 조종 / 조정할 수 있는 무인 항공기로, 처음에는 군사용으로 개발되었으나, 최근에는 다양한 용도로 사용되고 있다. 이러한 드론을 활용하여 섬이나 산간 오지 지역 주민들에게 물품을 배달하는 '드론 배송'이 공공부문에서 시험 운영될 예정이다.

드론 배송 시스템은 드론이 최종적으로 물품을 배송하는 배달점, 반경 10km 이내의 배달점 10~20곳을 묶은 거점, 거점 3~5곳을 관리하는 기지의 '배달점 – 거점 – 기지' 단위로 구축된다. 이 드론 배송 시스템은 정부와 지방자치단체 등 공공기관에서 섬이나 산간 마을 등 택배 차량의 접근이 어려운 오지로 구호물품이나 공공서비스 관련 우편물을 배달하는 데 쓰일 예정이다.

행정안전부는 드론이 정확한 배달점으로 이동할 수 있도록 도로명주소체계를 제공하고, 우정사업본부는 우편배송 서비스를 맡는다. 한국전자통신연구원은 드론 운영 기술을 지원하고, L국토정보공사는 드론 기지 운영에 필요한 전문 인력을 지원한다.

정부는 순차적으로 드론 배송 체계를 확대해 나갈 ⓒ 지침 / 방침이다. 현재 충남에는 20곳, 전남에는 2곳의 배달점이 있으며, 올해 안으로 각각 30곳씩 추가로 설치할 계획이다. 충남과 전남에서는 시험·시범 운영 단계를 거쳐 2024년부터 본격적인 드론 배송 운영을 시작하는 것이 목표이며, 전주도 내년에 시험 운영에 들어갈 예정이다. 또한 2025년까지 전국에 드론 배송 기지 10곳을 설치하고, 활용도가 높아지면 민간기업도 드론 배송 체계를 활용할 수 있게 개방할 계획이다.

지난 7월의 드론 택배 시연은 충남 당진 전략문화홍보관의 임시 드론 기지를 출발한 드론이 직선거리로 4km 떨어진 지점까지 날아가 마을 이장들에게 구급상자 등 물품을 전달하는 방식으로 이루어졌다. 이 구간을 선박으로 배송하면 선착장에서 배달지까지 이동하는 시간을 포함해 2시간가량 ⓒ 소모 / 소요되지만, 이날 시연에서는 드론을 이용해 약 20분 만에 배송을 마쳤다.

11 다음 중 윗글을 읽고 제대로 이해하지 못한 사람은?

① A사원 : 처음 개발 목적과 다르게 드론의 사용 영역이 확대되고 있군.
② B사원 : 거점에서는 반경 10km 이내의 배달점 10~20곳을 묶어 관리하는구나.
③ C사원 : 추가로 설치될 배달점을 포함하면 올해 충남의 배달점은 총 30곳이나 돼.
④ D사원 : 드론 배송 시스템은 2024년부터 본격적으로 운영될 예정이라 하니 우리도 알아봐야겠어.
⑤ E사원 : 드론 배송 시스템을 통해 배송 시간의 단축을 기대할 수 있겠는걸.

12 다음 중 빈칸 ⊙~ⓒ에 들어갈 단어를 순서대로 바르게 나열한 것은?

	⊙	ⓒ	ⓒ
①	조종	방침	소요
②	조종	방침	소모
③	조종	지침	소모
④	조정	지침	소요
⑤	조정	방침	소요

지진이란 적으로부터 우리들의 인명과 재산을 보호하기 위해서는 먼저 구조물의 내진설계에 대해 살펴봐야 한다. 내진설계란 지진에 견딜 수 있는 구조물의 내구성을 말하며, 이는 구조물을 튼튼하게 설계하여 무조건적으로 지진에 대항하고자 하는 '내진구조'와 신기술을 개발하여 능동적으로 대처하고자 하는 '제진구조', 지진파가 갖는 강한 에너지 대역으로부터 도피하여 지진과 대항하지 않고자 하는 '면진구조' 등의 설계기법으로 나눌 수 있다.

이들을 쉽게 표현하기 위해 지진을 달리는 전동차에 비유해 보자. 전동차 속의 노인들은 전동차 내부의 손잡이를 붙잡아 몸의 균형을 유지하려고 하며, 젊은 사람들은 자신의 두발로 버팀으로써 균형을 유지하려고 한다. 이러한 현상을 구조물에 적용해보면 주위의 물체를 붙잡아 몸의 균형을 유지하는 것과 같이 구조물 내에 보조적인 부재(내진벽)를 설치하여 지진을 견딜 수 있게 하는 구조물은 내진구조물이며, 두발로 버텨 균형을 유지하는 것과 같이 구조물 자체에서 구조물의 진동과 반대되는 방향으로 인위적인 힘을 가하여 진동을 제어하는 설비를 갖춘 구조물이 제진구조물이다.

제진의 방법으로는 외부의 진동과 이에 따른 구조물의 진동을 감지하는 검출 기능을 구조물 자체에서 갖추어 구조물의 내·외부에서 구조물의 진동에 대응하는 제어력을 가하여 구조물의 진동을 줄이는 방법과 강제적인 제어력을 가하지는 않으나, 구조물의 강성(剛性)이나 감쇠(減衰) 등을 입력진동의 특성에 따라 순간적으로 변화시켜 구조물을 제어하는 방법이 있다. 전자는 구조물에 입력되는 진동과 구조물의 응답을 계산하여 이와 반대되는 방향의 제어력을 인위적으로 구조물에 가함으로써 진동 자체를 줄이는 방법이고, 후자는 입력되는 진동의 주기성분을 즉각적으로 분석하여 공진(共振)을 피할 수 있도록 구조물의 진동특성을 바꾸는 방법이다. 이러한 방법들은 이론적으로 가능하나 실제로는 계산상의 조그만 착오가 발생할 경우 오히려 구조물을 파괴하는 방향으로 힘을 더하게 되는 위험성이 있다. 또한 언제 발생할지 모르는 지진에 대비하여 항상 설비를 유지·보수해야 하고, 건물 자체에 대형계산기와 여러 가지 계측 기기들을 갖추어야 하므로 소형구조물에서는 아직까지 경제적인 방법이라고 볼 수 없다.

마지막으로 면진구조물이란 진동에너지가 구조물에 크게 전파되지 않도록 지반과 구조물 사이에 고무 등과 같은 절연체를 설치하거나, 진동이 없는 자기부상열차와 같이 진동에너지가 구조물에 전달되지 않도록 진동을 원천적으로 봉쇄하는 구조물을 말한다.

이 밖에도 지진피해를 막기 위해 땅속에 거대한 콘크리트 층을 설치하여 지진파를 땅속으로 반사하는 방법이나 물처럼 지진력을 받지 않는 유체 위에 구조물을 설계하는 방법, 또는 원자폭탄과 같은 인위적인 폭발로 지진의 발생원인인 암반층의 응력을 해소해 대지진의 발생 자체를 해소하는 방법 등을 생각할 수 있으나, 이러한 방법은 아직까지는 실현 가능성이 없는 상상에 그치고 있다.

13 다음 중 윗글을 이해한 내용으로 적절하지 않은 것은?

① 내진설계는 내진구조, 면진구조, 제진구조의 세 가지 설계기법으로 나눌 수 있다.

② 내진구조의 경우 구조물 내에 보조적인 내진벽을 설치하여 지진을 견딜 수 있게 한다.

③ 제진구조의 경우 이론과 달리 실제로는 구조물의 파괴 위험성이 있으며, 현재 소형구조물에서는 비경제적이다.

④ 제진구조를 수동적인 개념으로 본다면, 면진구조는 지진에 대항하여 피해를 극복하고자 하는 능동적인 개념이라 할 수 있다.

⑤ 지진파를 땅속으로 반사하는 방법, 유체 위에 구조물을 설계하는 방법, 인위적인 폭발을 발생시켜 암반층의 응력을 해소시키는 방법은 아직 실현되지 않았다.

14 다음은 내진설계의 세 가지 설계기법을 비교하기 위한 자료이다. 이를 이해한 내용으로 적절하지 않은 것은?

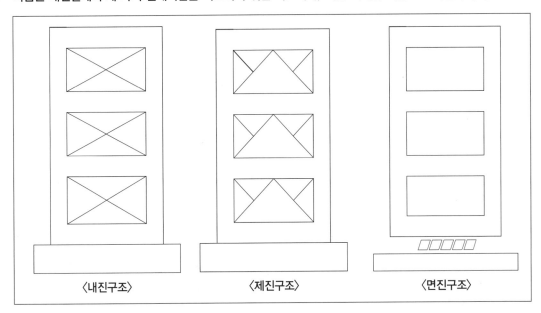

① 내진구조의 X자 구조는 지진에 견딜 수 있도록 구조물을 더욱 튼튼하게 하는 역할을 한다.
② 내진구조의 X자 구조는 노인이 달리는 전동차 안에서 손잡이를 붙잡아 균형을 유지하는 원리와 같다.
③ 제진구조의 삼각형 구조는 지진의 진동과 같은 방향의 제어력을 구조물에 가함으로써 진동을 줄인다.
④ 제진구조의 삼각형 구조는 젊은 사람들이 달리는 전동차 안에서 두발로 버팀으로써 균형을 유지하는 원리와 같다.
⑤ 면진구조는 지반과 건물 사이에 있는 별도의 장치에 의해 진동에너지가 건물로 전달되지 않는다.

15 다음 글에 대한 이해로 가장 적절한 것은?

지대는 3가지 생산요소, 즉 토지, 자본, 노동의 소유자인 지주, 자본가, 노동자에게 돌아가는 정상적인 분배 몫을 제외하고 남는 잉여 부분을 말한다. 가령 시장에서 인기가 많은 과일이 어느 특정 지역에서만 생산된다면 이곳에 땅을 가진 사람들은 자신들이 정상적으로 땅을 빌려주고 받을 수 있는 소득보다 훨씬 높은 잉여이익을 챙길 수 있을 것이다. 강남에 부동산을 가진 사람들은 그곳에 좋은 학군이 있고 좋은 사설학원들이 있기 때문에 다른 곳보다 훨씬 비싼 값에 부동산을 팔거나 임대할 수 있다. 정상적인 이익을 넘어서는 과도한 이익, 이것이 전통적인 지대 개념이다.

영국의 경제학자 앨프레드 마셜은 경제가 발전하고 복잡해짐에 따라 원래 땅에서 생겨난 이 지대 개념을 다른 산업분야로 확장하고, 땅으로부터의 잉여이익과 차별화하기 위해 '준지대'라는 이름을 붙였다. 즉, 특정 산업부문에 진입 장벽이나 규제가 있어 진입 장벽을 넘은 사람들이 실제보다 더 많은 잉여이익을 얻는 경우를 모두 총괄해서 준지대라고 하는 것이다. 가령 정부가 변호사와 의사 숫자를 대폭 제한하는 법이나 규제를 만들 경우 이미 진입 장벽을 넘은 변호사나 의사들은 자신들이 제공하는 전문적 서비스 이상으로 소득이 늘게 되는데 이것이 준지대가 되는 것이다. 또 특정 IT 기술자에 대한 수요가 급증했는데 자격을 가진 사람이 적어서 노동 공급이 한정된 경우 임금이 정상적 상태를 넘어서 대폭 상승한다. 이때의 임금상승은 생산요소의 한정적 공급에 따른 것으로 역시 준지대적 성격을 가진다.

원래 마셜이 생각했던 준지대는 일시적 현상으로서 시간이 지나면 해소되는 것이었다. 이를 테면 특정 IT 기술자에 대한 수요가 오랫동안 꾸준할 경우 이 기술을 배우려는 사람이 늘어나고 노동 공급이 증가해 임금이 하락하게 된다. 시간이 지나면서 준지대가 해소되는 것이다. 그러나 정부가 어떤 이유로든 규제 장치나 법률을 제정해서 장벽을 쌓으면 준지대는 계속 유지될 수 있을 것이다. 이렇게 특정 산업의 로비스트들이 준지대를 유지하기 위하여 정부에 로비하고 정치권에 영향력을 행사하는 행위를 '지대추구'라고 한다.

역사적으로 지대추구의 대표적인 사례는 길드조직이었다. 남들보다 먼저 도시에 자리잡은 수공업자들은 각종 길드를 만들어 업종 칸막이를 했다. 한 길드는 비슷한 품목을 만들어내는 다른 길드의 영역을 침범할 수 없었고 심지어 큰 포도주 통을 만드는 사람은 작은 포도주 통을 만들지 못하도록 금지되었다. 당시 길드의 가장 큰 목적은 새로운 인력의 진입을 봉쇄하는 것이었다.

중세 봉건사회가 해체되면서 도시로 몰려들고 있는 저임금 노동자들이 더 싼 임금으로 수공업에 진출하려고 하자, 기득권을 지닌 도시 수공업자들이 귀족들의 비호 아래 길드조직을 법으로 보호해 저임금 신규인력 진출을 막고 자신들의 높은 이익을 보호하려 한 것이다.

① 지대는 토지와 자본, 노동의 대가를 포함한 재산의 모든 것을 일컫는다.
② 전통적으로 지대를 통해 비정상적으로 과도한 이익을 얻는 경우는 없었다.
③ 특정 농산물의 수요가 증가한다면, 그 지역의 지대는 평소보다 감소한다.
④ 준지대는 시간이 지나면 반드시 해소되는 개념이다.
⑤ 정부의 규제 장치나 법률 제정은 특정 산업의 로비스트들의 지대추구 행위를 유지할 수 있다.

16 다음 글을 읽고 〈보기〉를 해석한 내용으로 가장 적절한 것은?

한국사 연구에서 임진왜란만큼 성과가 축적되어 있는 연구 주제는 많지 않다. 하지만 그 주제를 바라보는 시각은 지나치게 편향적이었다. 즉, 온 민족이 일치단결하여 국난을 극복한 대표적인 사례로만 제시되면서, 그 이면의 다양한 실상이 제대로 밝혀지지 않았다. 특히 의병의 봉기 원인은 새롭게 조명해 볼 필요가 있다. 종래에는 의병이 봉기한 이유를 주로 유교 이념에서 비롯된 '임금에 대한 충성'의 측면에서 해석해 왔다. 실제로 의병들을 모으기 위해 의병장이 띄운 격문(檄文)의 내용을 보면 이러한 해석이 일면 타당하다. 의병장은 거의가 전직 관료나 유생 등 유교 이념을 깊이 체득한 인물들이었다. 그러나 이러한 해석은 의병장이 의병을 일으킨 동기를 설명하는 데에는 적합할지 모르지만, 일반 백성들이 의병에 가담한 동기를 설명하는 데에는 충분치 못하다.

미리 대비하지 못하고 느닷없이 임진왜란을 당했던 데다가, 전쟁 중에 보였던 조정의 무책임한 행태로 인해 당시 조선 왕조에 대한 민심은 상당히 부정적이었다. 이러한 상황에서 백성들이 오로지 임금에 충성하기 위해서 의병에 가담했다고 보기는 어렵다. 임금에게 충성해야 한다는 논리로 가득한 한자투성이가 격문의 내용을 백성들이 얼마나 읽고 이해할 수 있었는지도 의문이다. 따라서 의병의 주축을 이룬 백성들의 참여 동기는 다른 데서 찾아야 한다.

의병들은 서로가 혈연(血緣) 혹은 지연(地緣)에 의해 연결된 사이였다. 따라서 그들은 지켜야 할 공동의 대상을 가지고 있었으며 그래서 결속력도 높았다. 그 대상은 멀리 있는 임금이 아니라 가까이 있는 가족이었으며, 추상적인 이념이 아니라 그들이 살고 있던 마을이었다. 백성들이 관군에 들어가는 것을 기피하고 의병에 참여했던 까닭도, 조정의 명령에 따라 이리저리 이동해야 하는 관군과는 달리 의병은 비교적 지역 방위에만 충실하였던 사실에서 찾을 수 있다. 일부 의병을 제외하고는 의병의 활동 범위가 고을 단위를 넘어서지 않았으며, 의병들 사이의 연합 작전도 거의 이루어지지 않았다.

의병장의 참여 동기도 단순히 '임금에 대한 충성'이라는 명분적인 측면에서만 찾을 수는 없다. 의병장들은 대체로 각 지역에서 사회·경제적 기반을 확고히 갖춘 인물들이었다. 그러나 전쟁으로 그러한 기반을 송두리째 잃어버릴 위기에 처하게 되었다. 이런 상황에서 의병장들이 지역적 기반을 계속 유지하려는 현실적인 이해관계가 유교적 명분론과 결합하면서 의병을 일으키는 동기로 작용하게 된 것이다. 한편 관군의 잇단 패배로 의병의 힘을 빌리지 않을 수 없게 된 조정에서는 의병장에게 관직을 부여함으로써 의병의 적극적인 봉기를 유도하기도 했다. 기본적으로 관료가 되어야 양반으로서의 지위를 유지할 수 있었던 당시의 상황에서 관직 임명은 의병장들에게 큰 매력이 되었다.

〈보기〉

임진왜란 때 의병의 신분에 양반부터 천민까지 모두 있었다. 의병 활동을 벌이는 기간에는 계급이나 신분의 차이가 크지 않은 것으로 보이며, 의병장은 대개 전직 관원으로 문반 출신이 가장 많았고, 무인들은 수가 적었다. 그리고 덕망이 있어 고향에서 많은 사람들로부터 추앙을 받는 유생도 의병장이 있었다.

① 의병이 봉기에 참여한 데에는 나라에 대한 충성심이 컸겠어.
② 의병은 오직 임금을 지키기 위해 봉기에 참여했어.
③ 의병은 조정의 명령을 받으며 적군을 물리쳤어.
④ 의병장은 자신이 확립한 지역 기반을 지키기 위해 의병을 일으켰어.
⑤ 의병장은 관직에는 욕심이 없는 인물들이 대부분이었어.

※ 다음 자료를 보고 이어지는 질문에 답하시오. [17~18]

<아파트 지역별 매매 실거래 가격지수>

행정구역별		2024.05	2024.04	2024.03	2024.02	2024.01	2023.12	2023.11	2023.10
전국		131.7	129.4	127.7	125.8	123.3	120.1	117.1	114.4
수도권		152.6	148.9	146.4	143.4	139.6	134.9	131.9	129.4
지방		114.3	113.0	112.0	111.0	109.7	107.8	104.7	101.9
광역시		126.1	124.0	122.5	120.9	119.2	116.7	113.1	109.4
서울	서울 소계	167.7	164.6	163.6	163.1	160.4	155.6	152.8	150.2
	도심권	161.6	156.4	154.1	154.7	152.9	150.5	147.1	144.8
	동북권	179.1	175.9	174.4	173.0	169.1	163.9	160.7	157.5
	동남권	162.2	159.7	158.9	159.2	157.5	152.4	149.4	147.0
	서북권	163.9	162.5	159.8	162.5	158.9	154.6	152.6	149.7
	서남권	165.5	161.9	161.4	160.3	158.0	153.4	150.6	148.2
부산		119.0	116.3	115.2	114.3	113.2	112.1	106.7	101.0
인천		132.2	127.5	123.6	119.6	117.1	113.8	111.8	110.7
경기		149.2	145.4	142.2	137.8	133.0	127.8	124.3	121.5

※ 2023년 9월 전국 아파트 매매 실거래 가격지수 : 100

17 다음 중 아파트 지역별 매매 실거래 가격지수에 대한 설명으로 옳지 않은 것은?[단, 1분기(1 ~ 3월), 2분기(4 ~ 6월)이다]

① 2024년도 2분기 수도권의 전분기 대비 평균 상승 지수가 7이라면, 2024년 6월의 지수는 148.9이다.
② 2023년 10월 ~ 2024년 5월 동안 경기지역의 가격지수 상승폭은 부산보다 크다.
③ 2024년 1월 서울에서 가격지수 상승폭이 전월 대비 가장 작은 곳은 도심권이다.
④ 2023년 10월 ~ 2024년 5월 동안 부산에서 가격지수 상승폭이 전월 대비 가장 컸던 때는 2023년 11월이다.
⑤ 광역시는 매달 지수가 2 이상씩 상승하였다.

18 다음 중 아파트 지역별 매매 실거래 가격지수에 대한 설명으로 옳지 않은 것을 <보기>에서 모두 고르면?

─ <보기> ─
ㄱ. 서울 내에서 2023년 10월 ~ 2024년 5월 동안 가격지수 상승폭이 가장 큰 곳은 동북권이다.
ㄴ. 서울 도심권의 가격지수는 2023년 10월 ~ 2024년 5월 동안 지속적으로 상승하였다.
ㄷ. 전국적으로 가격지수 상승폭이 가장 컸던 때는 달은 2024년 1월이다.
ㄹ. 2024년 광역시의 가격지수는 항상 인천보다 높다.

① ㄱ, ㄴ
② ㄱ, ㄷ
③ ㄴ, ㄷ
④ ㄴ, ㄹ
⑤ ㄷ, ㄹ

※ 다음은 2020 ~ 2024년 해양사고 발생 현황에 대한 그래프이다. 이어지는 질문에 답하시오. **[19~20]**

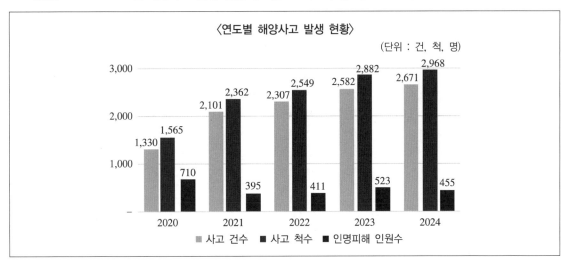

19 다음 중 2020년 대비 2021년 사고 척수의 증가율과 사고 건수의 증가율이 순서대로 나열된 것은?(단, 증가율은 소수점 둘째 자리에서 반올림한다)

① 48.7%, 58.0%
② 48.7%, 61.1%
③ 50.9%, 58.0%
④ 50.9%, 61.1%
⑤ 50.9%, 64.4%

20 다음 중 사고 건수당 인명피해의 인원수가 가장 많은 연도는?

① 2020년
② 2021년
③ 2022년
④ 2023년
⑤ 2024년

21 다음 측량학 용어에 대한 자료에서 예제의 빈칸에 들어갈 수는 얼마인가?

〈측량학 용어〉

- 축척 : 실제 수평 거리를 지도상에 얼마나 축소해서 나타냈는지를 보여주는 비율. 1/50,000, 1/25,000, 1/10,000, 1/5,000 등을 일반적으로 사용함
- 표고 : 표준 해면으로부터 지표의 어느 지점까지의 수직거리
- 등고선 : 지도에서 표고가 같은 지점들을 연결한 선. 축척 1/50,000 지도에서는 표고 20m마다, 축척 1/25,000 지도에서는 표고 10m마다 등고선을 그림

  예 축척 1/50,000 지도에서 등고선이 그려진 모습

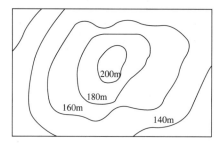

- 경사도 : 어떤 두 지점 X와 Y를 잇는 사면의 경사도는 다음의 식으로 계산

$$(경사도) = \frac{(두\ 지점\ 사이의\ 표고\ 차이)}{(두\ 지점\ 사이의\ 실제\ 수평\ 거리)}$$

〈예제〉

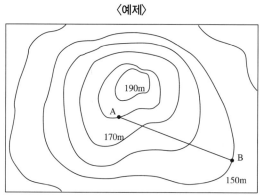

위의 지도는 축척 1/25,000로 제작되었다. 지도상의 지점 A와 B를 잇는 선분을 자로 재어 보니 길이가 4cm였다. 이때 두 지점 A와 B를 잇는 사면의 경사도는 _____이다.

① 0.015
② 0.025
③ 0.03
④ 0.055
⑤ 0.065

22 다음은 2014 ~ 2023년 주택전세가격 동향에 대한 자료이다. 이에 대한 설명으로 옳지 않은 것은?

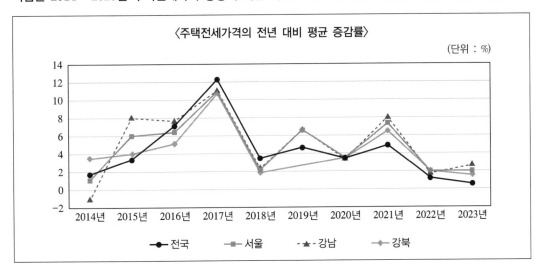

〈주택전세가격의 전년 대비 평균 증감률〉

(단위 : %)

범례: ● 전국   ■ 서울   ▲ 강남   ◆ 강북

① 전국 주택전세가격은 2014년부터 2023년까지 매년 증가하고 있다.
② 2017년 강북의 주택전세가격은 2015년과 비교해 20% 이상 증가했다.
③ 2020년 이후 서울의 주택전세가격 증가율은 전국 평균 증가율보다 높다.
④ 강남 지역 주택전세가격의 전년 대비 증가율이 가장 높은 시기는 2017년이다.
⑤ 2014년부터 2023년까지 주택전세가격이 전년 대비 감소한 적이 있는 지역은 한 곳뿐이다.

23 다음은 1973 ~ 2023년의 도시 및 농촌 인구수에 대한 자료이다. 이에 대한 설명으로 옳지 않은 것은?

〈1973 ~ 2023년 도시 및 농촌 인구수〉

(단위 : 천 명)

구분	1973년	1983년	1993년	2003년	2013년	2023년
도시	6,816	16,573	32,250	35,802	36,784	33,561
농촌	28,368	18,831	14,596	12,763	12,402	12,415

① 도시 인구수와 농촌 인구수는 1993년에 역전되었다.
② 1973년 농촌 인구수는 도시 인구수의 4배 이상이다.
③ 2013년 대비 2023년의 도시 인구수는 감소하였고, 농촌 인구수는 증가하였다.
④ 조사 연도별 도시 인구수와 농촌 인구수의 합은 1983년부터 2013년까지 증가하는 추세였다.
⑤ 1973년 대비 1983년의 도시 인구수는 100% 이상 증가하였고, 농촌 인구수는 25% 미만 감소하였다.

24 효진이가 자전거를 타고 집에서 서점까지 갈 때에는 시속 12km의 속력으로 달리고, 집으로 되돌아올 때에는 시속 10km의 속력으로 달렸더니 44분이 걸렸다. 집에서 서점까지의 거리는?

① 4km

② 4.5km

③ 5km

④ 5.5km

⑤ 6km

25 L공사에서 공청회를 개최하였다. 공청회 자리에 참석한 여자 인원수는 공청회에 참석한 전체 인원의 $\frac{3}{7}$ 보다 13명 적었고, 남자 인원수는 전체 인원의 $\frac{1}{2}$ 보다 33명 많았다. 공청회에 참석한 전체 인원은 몇 명인가?

① 210명

② 240명

③ 280명

④ 330명

⑤ 350명

26 어느 가정의 1월과 6월의 난방요금 비율이 7 : 3이다. 1월의 난방요금에서 2만 원을 뺐을 때 그 비율이 2 : 1이면, 1월의 난방요금은?

① 10만 원

② 12만 원

③ 14만 원

④ 16만 원

⑤ 18만 원

27 다음은 청년가구를 대상으로 하는 주거지원 프로그램을 정리한 자료이다. 고객에 대해 응대한 내용으로 옳지 않은 것은?

〈청년가구 대상 주거지원 프로그램〉

구분	프로그램	주요내용
신규공급	행복주택	일반형, 산업단지형 구분. 일반형에서 대학생, 사회초년생, 신혼부부 물량을 80% 공급. 면적은 45m² 이하, 시세의 60 ~ 80%
	행복 기숙사	대학생 공공주거복지 실현 목적
	사회적 주택	쉐어하우스형. 졸업 후 2년 이내 취준생 포함 5년 이내 사회초년생 대상. 시세의 50% 이하
	신혼부부 특별공급	혼인기간 5년 이내 자녀출산 무주택 세대. 공공임대 할당
기존주택 활용	집주인 리모델링임대	대학생에게 저렴한 임대주택 공급. 시세의 80%
	청년 전세임대	타 시군 출신 대학생 및 졸업 2년내 취업준비생 주거 독립 지원
	신혼부부 전세임대	신혼부부 임대보증금 지원. 지역별 차등, 저리대출
자금대출	버팀목 대출	19세 이상 세대주 주택임차보증금 지원, 지역별 차등
	주거안정 월세대출	주거급여 비대상 무주택자 중 취업준비생, 사회초년생 대상. 월 최대 30만 원씩 2년 대출

① 행복주택은 일반형과 산업단지형을 구분하고 있으니 참고하시기 바랍니다.

② 공공주거복지의 목적으로 행복 기숙사 제도가 시행 중이며 대학생들은 누구나 이용할 수 있습니다.

③ 사회적 주택은 쉐어하우스형으로 시세의 50% 이하의 가격으로 이용할 수 있습니다.

④ 신혼부부들이 전세임대를 할 경우 보증금을 지원받을 수 있으며, 지원 금액은 지역별로 차등 지원되므로 해당 주민센터에 문의하시기 바랍니다.

⑤ 버팀목 대출로 주택임차보증금을 지원받을 수 있으며, 월 최대 30만 원씩 2년간 대출이 가능합니다.

28 A씨는 새롭게 전세계약을 하고 이사를 하루 앞두고 있다. 이사 시 유의사항을 찾아보다가 전기 사용자가 바뀌면 명의변경 신청을 해야 한다는 사실을 알게 되어 구비서류에 대한 설명을 찾았다. 계약전력이 3kW인 경우 A씨가 가져가야 할 서류로 옳은 것을 〈보기〉에서 모두 고르면?

> 매매 등으로 전기사용자가 변경되는 경우 신고객과 구고객은 그 변경내용을 발생 후 14일 이내에 한전에 통지하여야 합니다. 매매, 임대차 등에 의해서 고객이 변동되고 신고객이 명의변경에 따른 사용자별 요금 구분청구를 신청할 경우에는 변동일을 기준으로 신·구고객별로 각각 계산하여 청구하게 되므로 구고객의 전기요금을 신고객이 납부하실 필요가 없습니다. 명의변경 신청은 구고객의 이사일 하루 전 한전 근무시간까지 아래의 구비서류를 갖추고 관할 한전에 직접 내방 또는 우편이나 FAX로 신청하시면 됩니다(단, 1주택 수가구 및 종합계약아파트 고객은 신청불가).
>
> **[구비서류]**
> 가. 계약전력 5kW 이하 고객(전화신청 가능)
> - 소유자로 변동된 경우
>   - 전기사용변경신청서(한전 양식)
>   - 고객변동일을 입증할 수 있는 서류 : 매매계약서 또는 건물(토지)등기부 등본 등
> - 사용자로 변동된 경우
>   - 전기사용변경신청서(한전 양식)
>   - 고객변동일을 입증할 수 있는 서류 : 임대차계약서(법원 확정필인 날인) 또는 사업자등록증 사본(전기사용장소와 동일주소지 사업장)
> 나. 계약전력 6kW 이상 고객
> - 소유자로 변동된 경우
>   - 전기사용변경신청서(한전 양식)
>   - 매매계약서 또는 건물(토지)등기부 등본 등
> - 사용자로 변경된 경우
>   - 전기사용변경신청서(한전 양식) : 소유주 동의 날인
>   - 사용자 주민등록등본(또는 법인 등기부등본)
>   - 고객변동을 확인할 수 있는 서류 : 임대차계약서, 건축물대장
>   - 계약전력 20kW 초과 고객의 경우 전기요금 보증서류(현금 원칙, 고객희망시 이행보증보험, 지급보증 및 연대보증으로 가능)
>   - 소유주 주민등록증 사본(또는 법인 인감증명원)
>   - 사업자등록증 사본(필요시)
> 다. "나"의 경우 저압으로 공급받는 고객은 소유주 동의 날인과 소유주 관련 서류는 생략 가능
> ※ 변동일 이후에 사용자별 요금 구분청구를 신청할 경우에는 미납요금에 한하여 신·구고객별로 각각 계산하여 청구합니다(변동일이 속한 월의 신·구고객별 사용전력량은 고객과 한전이 협의 결정합니다).

─── 〈보기〉 ───

ㄱ. 전기사용변경신청서   ㄴ. 건축물대장

ㄷ. 임대차계약서   ㄹ. 주민등록증 사본

ㅁ. 전기요금 보증서류   ㅂ. 매매계약서

① ㄱ, ㄷ   ② ㄱ, ㅁ

③ ㄱ, ㅂ   ④ ㄴ, ㄹ

⑤ ㄷ, ㅁ

29 최근 라면시장이 3년 만에 마이너스 성장한 것으로 나타남에 따라 L라면회사에 근무하는 K대리는 신제품 개발 이전 라면 시장에 대한 환경 분석과 관련된 보고서를 제출하라는 과제를 받았다. 다음 K대리가 작성한 SWOT 분석 중 기회요인에 작성될 수 있는 내용이 아닌 것은?

〈SWOT 분석표〉	
강점(Strength)	**약점(Weakness)**
• 식품그룹으로서의 시너지 효과 • 그룹 내 위상, 역할 강화 • A제품의 성공적인 개발 경험	• 유통업체의 영향력 확대 • 과도한 신제품 개발 • 신상품의 단명 • 유사상품의 영역침범 • 경쟁사의 공격적인 마케팅 대응 부족 • 원재료의 절대적 수입 비중
기회(Opportunity)	**위협(Threat)**
	• 저출산, 고령화로 취식인구 감소 • 소득증가 • 언론, 소비단체의 부정적인 이미지 이슈화 • 정보의 관리, 감독 강화

① 1인 가구의 증대(간편식, 편의식)

② 조미료에 대한 부정적인 인식 개선

③ 1인 미디어 라면 먹방의 유행

④ 난공불락의 N사

⑤ 세계화로 인한 식품 시장의 확대

다음은 L사가 시행하는 귀농인 주택시설 개선사업에 대한 내용이다. 지원대상인 가구를 바르게 나열한 것은?

〈귀농인 주택시설 개선사업 개요〉

□ 사업목적 : 귀농인의 안정적인 정착을 도모하기 위해 일정 기준을 충족하는 귀농가구의 주택 개·보수 비용을 지원
□ 신청자격 : △△군에 소재하는 귀농가구 중 거주기간이 신청마감일(2024. 4. 30.) 현재 전입일부터 6개월 이상이고, 가구주의 연령이 20세 이상 60세 이하인 가구
□ 심사기준 및 점수 산정방식
  ○ 신청마감일 기준으로 다음 심사기준별 점수를 합산한다.
  ○ 심사기준별 점수
    (1) 거주기간 : 10점(3년 이상), 8점(2년 이상 3년 미만), 6점(1년 이상 2년 미만), 4점(6개월 이상 1년 미만)
      ※ 거주기간은 전입일부터 기산한다.
    (2) 가족 수 : 10점(4명 이상), 8점(3명), 6점(2명), 4점(1명)
      ※ 가족 수에는 가구주가 포함된 것으로 본다.
    (3) 영농규모 : 10점(1.0 ha 이상), 8점(0.5 ha 이상 1.0 ha 미만), 6점(0.3 ha 이상 0.5 ha 미만), 4점(0.3 ha 미만)
    (4) 주택노후도 : 10점(20년 이상), 8점(15년 이상 20년 미만), 6점(10년 이상 15년 미만), 4점(5년 이상 10년 미만)
    (5) 사업시급성 : 10점(매우 시급), 7점(시급), 4점(보통)
□ 지원내용
  ○ 예산액 : 5,000,000원
  ○ 지원액 : 가구당 2,500,000원
  ○ 지원대상 : 심사기준별 점수의 총점이 높은 순으로 2가구. 총점이 동점일 경우 가구주의 연령이 높은 가구를 지원(단, 하나의 읍·면당 1가구만 지원 가능).

〈심사 기초 자료(2024. 4. 30. 현재)〉

귀농가구	가구주 연령(세)	주소지 (△△군 소재 읍·면)	전입일	가족 수 (명)	영농 규모 (ha)	주택 노후도 (년)	사업 시급성
A	49	횡성군 우천면	2020. 12. 30.	1	0.2	17	매우 시급
B	48	창녕군 성산면	2023. 5. 30.	3	1.0	13	매우 시급
C	56	창녕군 성산면	2022. 7. 30.	2	0.6	23	매우 시급
D	60	함안군 함안면	2023. 12. 30.	4	0.4	13	시급
E	33	단양군 가곡면	2021. 9. 30.	2	1.2	19	보통

① A, B
② A, C
③ B, D
④ C, D
⑤ C, E

31 다음은 L공사의 50년 임대사업에 대한 자료이다. 이에 대한 설명으로 옳은 것을 〈보기〉에서 모두 고르면?

〈50년 임대〉

- 개요

  영구적인 임대를 목적으로 건설한 공공임대주택으로 50년간 분양전환하지 않고, 임대로만 거주할 수 있는 주택으로 1992년 영구임대주택을 대체할 목적으로 재정 50%, 기금 20%(입주자 30%)를 지원하여 건설·공급하는 공공임대주택

- 입주 대상 : 공고일 현재 세대원전원이 무주택인 세대구성

구분	입주자 선정대상
입주자 선정순위	• 1순위 : 주택청약종합저축(청약저축 포함)에 가입하여 1년(수도권외 6개월)이 경과된 자로 매월 약정납입일에 월납입금을 12회(수도권외 6회)이상 납입한 자 • 2순위 : 주택청약종합저축에 가입하고 1순위에 해당되지 않는 자
전용면적 40m² 초과 주택 경쟁 시 예비자 결정순차 (입주자 선정순위 1순위자에 한함)	• 1순위 : 3년 이상의 기간 무주택세대구성원으로서 저축총액이 많은 자 • 2순위 : 저축총액이 많은 자
전용면적 40m² 이하 주택 경쟁 시 예비자 결정순차 (입주자 선정순위 1순위자에 한함)	• 1순위 : 3년 이상의 기간 무주택세대구성원으로서 납입횟수가 많은 자 • 2순위 : 납입횟수가 많은 자

- 임대료 : 시세 대비 60 ~ 90%
- 거주기간 : 50년

〈보기〉

ㄱ. 50년 임대주택은 3년간 임대로 거주한 후 분양전환되는 주택이다.

ㄴ. 입주자는 임대료의 30%를 부담하며 거주할 수 있다.

ㄷ. 유주택자가 있더라도 세대주가 무주택자라면 입주자격을 얻을 수 있다.

ㄹ. 주택청약종합저축에 가입하였더라도 입주자 1순위에 해당되지 않는다면 예비자로 선정될 수 없다.

① ㄱ, ㄴ   ② ㄴ, ㄷ

③ ㄴ, ㄷ   ④ ㄴ, ㄹ

⑤ ㄷ, ㄹ

32 다음은 L시의 영구임대주택 입주자격 및 배점기준에 대한 자료이다. 공고에 따라 영구임대주택 입주를 신청한 A ~ D에 대한 정보가 〈보기〉와 같을 때, 영구임대주택 입주 배점이 높은 상위 2명은?

○ 일반공급

영구임대주택은 입주자 모집공고일 현재 무주택세대 구성원으로서 아래에 해당되는 공급 신청자를 1세대 1주택의 기준으로 순위에 따라 선정한다. 다만, 무주택세대 구성원 여부를 적용할 때 라목 및 아목의 경우에는 세대주 및 세대원 요건을 제외하고, 사목의 경우에는 세대주에 한하며 피부양자의 배우자도 무주택자이어야 한다.

○ 입주자격 1순위

가. 국민기초생활 보장법 제7조 제1항 제1호에 따른 생계급여 수급자 또는 같은 항 제3호에 따른 의료급여 수급자(이하 수급자라 한다)

나. 다음의 어느 하나에 해당하는 사람으로서 해당 세대의 월평균 소득이 전년도 도시근로자 가구당 월평균 소득(태아를 포함한 가구원 수가 4명 이상인 세대는 가구원 수별 가구당 월평균 소득으로 한다. 이하 같다)의 70% 이하이고 제13조 제2항에 따른 영구임대주택의 자산 요건을 충족한 사람
  - 국가유공자 등 예우 및 지원에 관한 법률에 따른 국가유공자 또는 그 유족
  - 보훈보상 대상자 지원에 관한 법률에 따른 보훈보상 대상자 또는 그 유족
  - 5·18민주유공자 예우에 관한 법률에 따른 5·18민주유공자 또는 그 유족
  - 특수임무 유공자 예우 및 단체 설립에 관한 법률에 따른 특수임무 유공자 또는 그 유족
  - 참전유공자 예우 및 단체 설립에 관한 법률에 따른 참전유공자

다. 「일제하 일본군위안부 피해자에 대한 생활 안정 지원 및 기념사업 등에 관한 법률」 제3조에 따라 여성가족부 장관에게 등록한 일본군위안부 피해자

라. 한부모가족 지원법 시행규칙 제3조에 따라 여성가족부 장관이 정하는 기준에 해당하는 지원 대상 한부모가족

마. 북한이탈주민의 보호 및 정착 지원에 관한 법률 제2조 제1호에 따른 북한이탈주민으로서 해당 세대의 월평균 소득이 전년도 도시근로자 가구당 월평균 소득의 70% 이하이고 제13조 제2항에 따른 영구임대주택의 자산 요건을 충족한 사람

바. 장애인복지법 제32조에 따라 장애인 등록증이 교부된 사람(지적장애인·정신장애인 및 제3급 이상의 뇌병변장애인의 경우에는 그 배우자를 포함한다. 이하 같다)으로서 해당 세대의 월평균 소득이 전년도 도시근로자 가구당 월평균 소득의 70% 이하이고 제13조 제2항에 따른 영구임대주택의 자산 요건을 충족한 사람

사. 65세 이상의 직계존속(배우자의 직계존속을 포함한다)을 부양(같은 세대별 주민등록표상에 세대원으로 등재되어 있는 경우로 한정한다)하는 사람으로서 가목의 수급자 선정 기준의 소득 인정액 이하인 사람

아. 아동복지법 제16조에 따라 아동복지시설에서 퇴소하는 사람 중 아동복지시설의 장이 추천하는 사람으로서 해당 세대의 월평균 소득이 전년도 도시근로자 가구당 월평균 소득의 70% 이하이고 제13조 제2항에 따른 영구임대주택의 자산 요건을 충족한 사람

○ 배점 기준
  1. L시 거주기간(30점)
     - 1년 미만(22점), 1년 이상 5년 미만(24점), 5년 이상 10년 미만(26점), 10년 이상 15년 미만(28점), 15년 이상(30점)
  2. 신청자 연령(25점)
     - 40세 미만(19점), 40세 이상 50세 미만(21점), 50세 이상 60세 미만(23점), 60세 이상(25점)
  3. 세대원 수(30점)
     - 1 ~ 2인(24점), 3인(26점), 4인(28점), 5인 이상(30점)
  4. 가점(15점)
     - 비수급자로 4 ~ 6급 장애인(세대주 및 세대원 포함)인 경우 가점 4점을 부여한다.
     - 다음과 같은 경우에 가점 7점을 부여한다.
       ▶ 기초생활수급자로
         • 4 ~ 6급 장애인(세대주 및 세대원 포함)
         • 10년 이상 장기복무 전역한 제대군인
       ▶ 비수급자로
         • 국가유공자, 일본군위안부, 한부모가족
         • 북한이탈주민, 1 ~ 3급 장애인(세대주 및 세대원 포함)
         • 65세 이상 직계존속(배우자 포함) 3년 이상 부양자(공급 신청자가 세대주에 한함)
         • 아동복지시설 퇴소자, 소년소녀가장
         • 미성년 자녀 3인 이상 부양자
         • 철거지역 이주자, 재해 이주자, 위험 건물 철거 이주자
         • 혼인 기간 5년 이내이고 그 기간에 출산(임신 중이거나 입양한 자 포함)하여 미성년 자녀가 있는 자
     - 다음 유형 중 1가지 충족 시 11점, 2가지 충족 시 13점, 3가지 충족 시 15점을 부여한다.
       ▶ 기초생활수급자로
         • 국가유공자, 일본군위안부, 한부모가족
         • 북한이탈주민, 1 ~ 3급 장애인(세대주 및 세대원 포함)
         • 65세 이상 직계존속(배우자 포함) 3년 이상 부양자(공급 신청자가 세대주에 한함)
         • 아동복지시설 퇴소자, 소년소녀가장
         • 미성년 자녀 3인 이상 부양자
         • 철거지역 이주자, 재해 이주자, 위험 건물 철거 이주자
         • 혼인 기간 5년 이내이고 그 기간에 출산(임신 중이거나 입양한 자 포함)하여 미성년 자녀가 있는 자

━━━━━━━━━━━━━━━ 〈보기〉 ━━━━━━━━━━━━━━━

ㄱ. 29세, 비수급자로 L시 거주기간 2년, 세대원 2인
ㄴ. 41세, 기초생활수급자로 L시 거주기간 8년, 세대원 5인, 10년 이상 장기복무 전역한 제대군인
ㄷ. 62세, 비수급자로 L시 거주기간 17년, 세대원 2인, 북한이탈주민
ㄹ. 36세, 기초생활수급자로 L시 거주기간 3년, 세대원 4인, 한부모가족

① ㄱ, ㄴ   ② ㄱ, ㄷ
③ ㄴ, ㄷ   ④ ㄴ, ㄹ
⑤ ㄷ, ㄹ

※ 다음은 신혼부부 매입임대주택 I에 대한 정보이다. 이어지는 질문에 답하시오. [33~34]

〈신혼부부 매입임대주택 I〉

- 입주대상

  무주택 요건* 및 소득·자산 기준을 충족하고 다음 어느 하나에 해당하는 사람
  - 신혼부부 : 혼인 기간이 7년 이내인 사람
  - 예비신혼부부 : 혼인 예정으로 입주일 전일까지 혼인 신고를 하는 사람
  - 한부모가족 : 만 6세 이하 자녀가 있는 모자가족, 또는 부자가족
  - 유자녀 혼인가구 : 만 6세 이하 자녀가 있는 혼인가구
- 우선순위
  - 1순위 : 자녀가 있는 신혼부부 및 예비신혼부부, 한부모 가족(만 6세 이하 자녀)
  - 2순위 : 자녀가 없는 신혼부부 및 예비신혼부부
  - 3순위 : 유자녀 혼인가구(만 6세 이하 자녀)

  ※ 자녀는 태아를 포함한 민법상 미성년인 자녀에 한함
- 소득·자산 기준
  - 소득: 전년도 도시근로자 가구당 월평균소득 70%(배우자 소득이 있는 경우 90%) 이하인 자
  - 자산: 총자산 29,200만 원 이하, 자동차가액 3,496만 원 이하
- 임대비용

  시중시세 30 ~ 40%
- 거주기간

  2년(입주자격 유지 시에 한해, 2년 단위로 재계약이 가능하며, 재계약 최대 9회 가능)

  * 무주택 요건 : 입주자모집공고일 기준 주택, 분양권 등을 소유하지 않은 자

---

33 다음 중 신혼부부 매입임대주택 I에 대한 설명으로 옳지 않은 것은?

① 부부 중 한 사람이라도 주택을 보유하고 있는 경우 입주대상이 될 수 없다.

② 시중시세의 절반 이하의 조건으로 거주가 가능하다.

③ 월 소득이 전년도 도시근로자 가구당 월평균소득의 70%를 초과하는 경우, 배우자의 소득과 무관하게 입주대상이 될 수 없다.

④ 입주 후 상황 및 지위에 변동이 생겨 입주자격을 상실하는 경우, 재계약이 불가능하다.

⑤ 자녀가 미성년자가 아닌 신청자는 우선순위에서 제외된다.

34 다음은 신혼부부 매입임대주택 I 을 신청하려는 A에 대한 정보이다. 〈보기〉 중 옳은 것을 모두 고르면?

- A는 배우자 B와 혼인한 지 5년이 경과하였다.
- A는 4인 가구의 세대주이다.
- A는 총 2명의 자녀가 있으며, 자녀들의 연령은 만 4세, 만 5세이다.
- A의 소득은 전년도 도시근로자 4인 가구 월평균소득의 62% 수준이다.
- A의 세대원 전체는 자동차를 보유하고 있지 않으며, 28,500만 원 상당의 자동차 외 자산을 보유하고 있다.

―――――― 〈보기〉 ――――――

ㄱ. A는 1순위 입주대상에 해당된다.
ㄴ. A가 가액이 2,000만 원 상당인 자동차를 공고일 이전에 구입하더라도, A는 여전히 입주대상에 해당된다.
ㄷ. A가 입주하여 입주자격을 유지하는 경우, 최대 20년까지 거주가 가능하다.

① ㄱ   ② ㄷ
③ ㄱ, ㄷ   ④ ㄴ, ㄷ
⑤ ㄱ, ㄴ, ㄷ

35 L사의 기획팀은 A팀장, B과장, C대리, D주임, E사원으로 구성되어 있다. 다음 규칙과 같이 출근한다고 할 때, 기획팀 팀원들을 출근한 순서대로 바르게 나열한 것은?

〈규칙〉

- E사원은 항상 A팀장보다 먼저 출근한다.
- B과장보다 일찍 출근하는 팀원은 1명뿐이다.
- D주임보다 늦게 출근하는 직원은 2명 있다.
- C대리는 팀원 중 가장 일찍 출근한다.

① C대리 – B과장 – D주임 – E사원 – A팀장
② C대리 – B과장 – E사원 – D주임 – A팀장
③ D주임 – A팀장 – B과장 – E사원 – C대리
④ E사원 – A팀장 – B과장 – D주임 – C대리
⑤ E사원 – B과장 – D주임 – C대리 – A팀장

36 상준이는 건강상의 이유로 운동을 하기로 했다. 상준이가 선택한 운동은 복싱인데, 월요일부터 일요일까지 사흘을 선택하여 오전 또는 오후에 운동을 하기로 했다. 상준이가 운동을 시작한 첫 주 월요일부터 일요일까지 운동한 요일은?

- 운동을 하려면 마지막 운동을 한 지 최소 12시간이 지나야 한다.
- 상준이는 주말에 약속이 있어서 운동을 하지 못했다.
- 상준이는 금요일 오후에 운동을 했다.
- 상준이는 금요일을 제외한 나머지 날 오후에 운동을 하지 못했다.
- 금요일, 월요일을 제외한 두 번은 이틀 연속으로 했다.

---

① 월요일(오전), 화요일(오전), 금요일(오후)
② 월요일(오전), 화요일(오후), 금요일(오후)
③ 화요일(오전), 화요일(오후), 금요일(오후)
④ 화요일(오전), 수요일(오전), 금요일(오후)
⑤ 목요일(오후), 금요일(오후), 월요일(오전)

37 체육교사 N씨는 학생들을 키 순서에 따라 한 줄로 세우려고 한다. A ~ F 6명이 〈조건〉에 따라 줄을 섰을 때, 다음 중 옳지 않은 것은?(단, 같은 키의 학생은 없으며, 키가 작은 학생이 큰 학생보다 앞에 선다)

〈조건〉

- C는 A보다 키가 크고, F보다는 키가 작다.
- D는 E보다 키가 크지만 E 바로 뒤에 서지는 않는다.
- B는 D보다 키가 크다.
- A는 맨 앞에 서지 않는다.
- F는 D보다 키가 크지만 맨 끝에 서지 않는다.
- E와 C는 1명을 사이에 두고 선다.

---

① E는 맨 앞에 선다.
② 키가 제일 큰 학생은 B이다.
③ F는 B 바로 앞에 선다.
④ C는 6명 중 세 번째로 키가 크다.
⑤ A와 D는 1명을 사이에 두고 선다.

38 LH 한국토지주택공사는 혁신도시사업을 진행할 새 부지를 선정하고자 한다. 부지 선정방식에 따라 후보지 중 사업 부지를 선정할 때, 다음 중 새 부지로 선정될 지역과 해당 지역의 혁신적합점수를 바르게 나열한 것은?

〈혁신도시사업 부지 선정방식〉

• 혁신적합점수가 가장 높은 부지를 새로운 혁신도시사업 부지로 선정한다. 단, 반드시 재정자립도가 20% 이상인 후보지를 선정한다.
• 혁신적합점수는 잠재성 점수, 필요성 점수, 효율성 점수를 1 : 1 : 1의 가중치로 합산하여 산출한다. 분야별 점수의 산출방식은 아래와 같다. 단, 혁신적합점수가 최고점인 부지가 2곳 이상인 경우, 재정자립도가 가장 높은 지역을 선정한다.
• 잠재성 점수 : 면적, 현재 거주 세대수, 관광지 수 항목의 점수를 단순 합산하여 산출한다.
• 필요성 점수 : 교육·연구기관 수, 공공기관 수 항목의 점수를 단순 합산하여 산출한다.
• 효율성 점수 : 재정자립도, 면적 대비 현세대수 항목의 점수를 단순 합산하여 산출한다.
• 항목별 점수 부여방식 : 후보지 중 항목별 순위에 따라 다음과 같이 점수를 부여한다.

순위	1위	2위	3위	4위	5위	6위
항목점수	20	18	16	14	12	10

• 교육·연구기관 수, 공공기관 수는 수치가 작을수록 순위가 높고, 면적, 현재 거주 세대수, 관광지 수, 재정자립도, 면적 대비 현세대 수는 수치가 높을수록 순위가 높다.

※ [면적 대비 현세대 수(세대/천 m²)]$=\dfrac{(현재\,거주\,세대\,수)}{(면적)}\times100$

※ 면적 대비 현세대 수 계산 시 소수점 아래는 버림한다.

〈혁신도시사업 후보지 현황〉

항목 후보지	교육·연구기관 수(개)	공공기관 수(개)	면적(천 m²)	현재 거주 세대수(세대)	관광지 수(곳)	재정자립도(%)
A	4	6	8,201	3,034	5	32
B	9	9	1,983	2,532	3	35
C	17	7	4,709	4,852	7	54
D	11	4	2,450	4,905	4	21
E	8	11	7,442	2,439	0	17
F	6	8	2,930	1,029	2	46

※ 관광지 수는 한국관광공사에 등록된 관광지 수를 기준으로 한다.

	선정지	혁신적합점수
①	A	120점
②	A	112점
③	C	116점
④	D	120점
⑤	D	114점

39 L공사는 신축 체육관 건설을 위해 입찰 공고를 하였다. 다음은 입찰에 참여한 업체들의 항목별 점수를 나타 낸 자료이다. 이를 바탕으로 〈조건〉에 따라 업체를 선정할 때, 선정될 업체는?

〈업체별 점수 현황〉

(단위 : 점)

구분	점수(만점) 기준	A업체	B업체	C업체	D업체	E업체
디자인	15	6	8	7	7	9
건축안정성	30	23	25	21	17	24
경영건전성	20	16	17	17	19	16
시공실적	20	11	16	15	17	14
입찰가격	15	11	9	12	12	10

〈업체별 내진설계 포함 여부〉

구분	A업체	B업체	C업체	D업체	E업체
내진설계	○	○	×	○	○

─〈조건〉─
- 선정점수가 가장 높은 업체를 선정한다.
- 선정점수는 항목별 점수를 동일한 가중치로 합산하여 산출한다.
- 건축안정성 점수가 17점 미만인 업체는 입찰에서 제외한다.
- 반드시 입찰가격 점수가 10점 이상인 업체 중에서 선정한다.
- 내진설계를 포함하는 업체를 선정한다.

① A업체
② B업체
③ C업체
④ D업체
⑤ E업체

40 김대리는 어버이날을 맞아 주말에 부모님 댁을 방문하려고 한다. 새벽 6시에 김대리 집에서 출발하여 부모님 댁까지 휴게소에서 아침으로 백반을 먹고, 휘발유 15L를 주유한 다음 커피 한 잔을 구입하였다. 김대리 집에서 부모님 댁까지 휴게소가 3곳일 때 김대리가 지출한 총비용이 가장 저렴한 휴게소와 그 비용은?

<그래프 생략>

〈휴게소별 금액 현황〉

구분	백반	커피	휘발유
A휴게소	7,500원	2,800원	1,580원/L
B휴게소	7,000원	3,200원	1,590원/L
C휴게소	7,300원	3,000원	1,640원/L

※ A휴게소는 주유 시 커피 1,000원 할인쿠폰을 준다.

	휴게소	금액
①	A	33,000원
②	A	34,000원
③	B	34,050원
④	B	35,000원
⑤	C	33,000원

| 01 | 토목 – 객관식

41 단면적이 같은 정사각형과 원의 단면계수비는?(단, 정사각형 단면의 일변은 h이고 단면의 지름은 D이다)

① $1 : 0.46$

② $1 : 0.85$

③ $1 : 1.18$

④ $1 : 2.24$

⑤ $1 : 3.58$

42 다음 그림과 같은 도형에서 A–A′축에 대한 단면 2차 모멘트는?

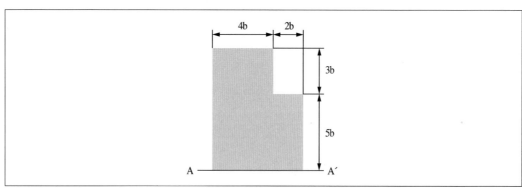

① $832b^4$

② $810b^4$

③ $788b^4$

④ $766b^4$

⑤ $754b^4$

43 길이가 10m인 철근을 300MPa의 인장력으로 잡아당겼더니 길이가 15mm 늘어났다. 이 철근의 탄성계수는?

① $1.5\times10^5\,\mathrm{N/mm}^2$　　　　② $2\times10^5\,\mathrm{N/mm}^2$

③ $3\times10^5\,\mathrm{N/mm}^2$　　　　④ $1.5\times10^6\,\mathrm{N/mm}^2$

⑤ $3\times10^6\,\mathrm{N/mm}^2$

44 다음과 같이 길이가 L인 양단지지보 전체에 분포하중 w와 중앙에 하중 P가 작용할 때, 휨모멘트는?

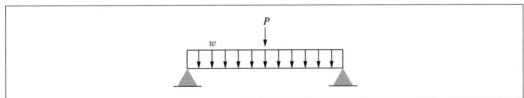

① $\dfrac{PL}{4}-\dfrac{wL^3}{8}$

② $\dfrac{2PL}{3}+\dfrac{wL}{8}$

③ $\dfrac{PL}{4}+\dfrac{wL^2}{8}$

④ $\dfrac{PL}{8}+\dfrac{wL}{4}$

⑤ $\dfrac{PL}{4}-\dfrac{wL^2}{8}$

45 아래의 그림과 같은 캔틸레버보에서 C점의 처짐은?(단, $I=3.8\times10^8$mm, $E=2.3\times10^5$N/mm^2 이다)

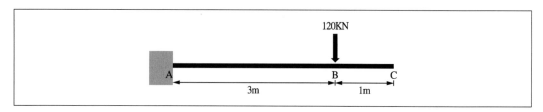

① 약 9.3mm ② 약 13.5mm
③ 약 15.3mm ④ 약 18.5mm
⑤ 약 21.3mm

46 다음 그림과 같은 트러스에서 B부재의 응력은?

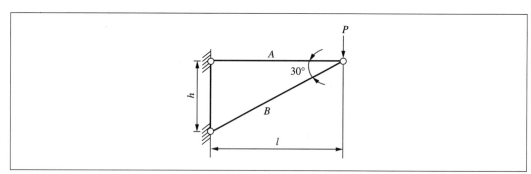

① $\dfrac{P}{\sin 60°}$ ② $\dfrac{P}{\cos 30°}$

③ $\dfrac{Pl}{h}$ ④ $\dfrac{Ph}{h}$

⑤ $\dfrac{P}{\cos 60°}$

47 무게 1,000kg$_f$을 C점에 매달 때 줄 AC에 작용하는 장력은?

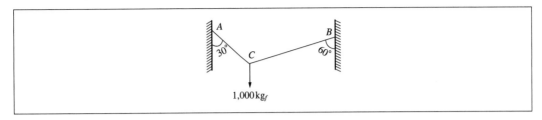

① 866kg$_f$ ② 894kg$_f$

③ 924kg$_f$ ④ 958kg$_f$

⑤ 972kg$_f$

48 다음 중 측량의 분류에 대한 설명으로 옳은 것은?

① 구면 삼각법을 적용하는 측량과 평면 삼각법을 적용하는 측량과의 근본적인 차이는 삼각형의 내각의 합이다.

② 측량 구역이 상대적으로 협소하여 지구의 곡률을 고려하지 않아도 되는 측량을 측지측량이라 한다.

③ 지상 여러 점의 고·저의 차이나 표고를 측정하기 위한 측량을 기준점 측량이라 한다.

④ 측량정확도에 따라 평면기준점 측량과 고저기준점 측량으로 구분한다.

⑤ 측량법에서는 기본측량과 공공측량의 두 가지로만 측량을 분류한다.

49 다음 중 다각측량의 순서로 옳은 것은?

① 계획 – 답사 – 선점 – 조표 – 관측

② 계획 – 선점 – 답사 – 조표 – 관측

③ 계획 – 선점 – 답사 – 관측 – 조표

④ 계획 – 답사 – 선점 – 관측 – 조표

⑤ 계획 – 관측 – 답사 – 선점 – 조표

50 총 측점 수가 15개인 폐합 트래버스의 외각을 측정할 때, 외각의 합은?

① 2,700°　　　　　　　　　　② 2,820°

③ 2,940°　　　　　　　　　　④ 3,060°

⑤ 3,180°

51 실제 면적이 51.84km² 인 어떤 논이 축척이 1 : A 인 지도에서 576cm² 일 때, 같은 지도에서 838cm² 인 밭의 실제 면적은?(단, 오차는 0이다)

① 68.84km²　　　　　　　　② 75.42km²

③ 81.92km²　　　　　　　　④ 88.76km²

⑤ 91.25km²

52 레벨을 이용하여 표고가 53.85m인 A점에 세운 표척을 시준하여 1.34m를 얻었다. 표고 50m의 등고선을 측정하려 할 때, 시준해야 할 표척의 높이는?

① 3.51m　　　　　　　　　② 4.11m

③ 5.19m　　　　　　　　　④ 6.25m

⑤ 7.73m

53 직사각형의 가로, 세로의 거리가 다음과 같다. 이때, 면적 A의 표현으로 옳은 것은?

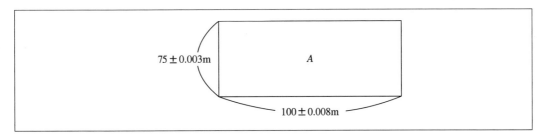

① $7,500 \pm 0.67 \text{m}^2$

② $7,500 \pm 0.41 \text{m}^2$

③ $7,500.9 \pm 0.67 \text{m}^2$

④ $7,500.9 \pm 0.41 \text{m}^2$

⑤ $7,500 \text{m}^2$

54 단일삼각형에 대해 삼각측량을 수행한 결과 내각이 $\alpha = 54° \ 25' \ 32''$, $\beta = 68° \ 43' \ 23''$, $\gamma = 56° \ 51' \ 14''$ 이었다면, β의 각 조건에 의한 조정량은 얼마인가?

① $-4''$

② $-3''$

③ $+4''$

④ $+3''$

⑤ $-2''$

55 오리피스의 수두차가 최대 4.9m이고 오리피스의 유량계수가 0.5일 때 오리피스의 유량은?(단, 오리피스의 단면적은 0.01m이고 중력가속도는 9.8m/s^2 이다)

① $0.025 \text{m}^3/\text{s}$

② $0.049 \text{m}^3/\text{s}$

③ $0.098 \text{m}^3/\text{s}$

④ $0.144 \text{m}^3/\text{s}$

⑤ $0.196 \text{m}^3/\text{s}$

56 어떤 지역에 내린 총강우량 75mm의 시간적분포가 다음 우량 주상도와 같다. 이 유역의 출구에서 측정한 지표 유출량이 33mm일 때 Φ-Index의 값은?

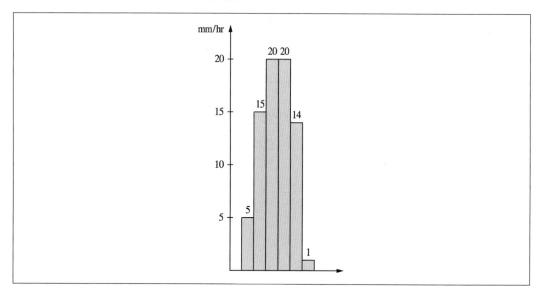

① 5mm/hr ② 6mm/hr

③ 7mm/hr ④ 8mm/hr

⑤ 9mm/hr

57 직경이 15cm인 원관 속에 비중이 0.87인 기름이 $0.03\text{m}^3/\text{sec}$으로 흐르고 있다. 이 기름의 동점성계수가 $\nu = 1.35 \times 10^{-4}\,\text{m}^2/\text{sec}$일 때, 이 흐름의 상태는?

① 상류 ② 사류

③ 난류 ④ 층류

⑤ 부정류

58 Thiessen 다각형에서 A 지역의 각각의 면적이 30km^2, 45km^2, 80km^2이고, 이에 대응되는 강우량은 각각 60mm, 35mm, 45mm일 때, A지역의 평균면적 강우량은?

① 15mm ② 30mm

③ 45mm ④ 60mm

⑤ 75mm

59 어떤 유역에 다음과 같이 30분간 집중호우가 발생하였다. 지속시간 15분인 최대 강우 강도는?

시간(분)	0 ~ 5	5 ~ 10	10 ~ 15	15 ~ 20	20 ~ 25	25 ~ 30
강우량(mm)	2	4	6	4	8	6

① 80mm/hr

② 72mm/hr

③ 64mm/hr

④ 50mm/hr

⑤ 42mm/hr

60 다음 중 하상계수에 대한 설명으로 옳은 것은?

① 대하천의 주요 지점에서의 강우량과 저수량의 비

② 대하천의 주요 지점에서의 최소유량과 최대유량의 비

③ 대하천의 주요 지점에서의 홍수량과 하천유지유량의 비

④ 대하천의 주요 지점에서의 최소유량과 갈수량의 비

⑤ 대하천의 주요 지점에서의 홍수량과 저수량의 비

61 $10m^3$의 슬러지가 농축되어 함수율이 97%에서 95%로 되었을 때 슬러지의 체적은?

① $4m^3$

② $5m^3$

③ $6m^3$

④ $7m^3$

⑤ $8m^3$

62 유역면적이 12ha이고 유입시간이 10분, 유출계수가 0.8인 하수관거의 유량은?(단, 하수관거의 길이는 0.75kn, 하수관 유속은 25m/min, 강우강도는 $\frac{I}{1+t}$ mm/hr이다)

① 약 $1.18\text{m}^3/\text{s}$ ② 약 $1.23\text{m}^3/\text{s}$

③ 약 $1.27\text{m}^3/\text{s}$ ④ 약 $1.32\text{m}^3/\text{s}$

⑤ 약 $1.38\text{m}^3/\text{s}$

63 BOD 300mg/L의 폐수 $25,000\text{m}^3$/day를 활성슬러지법으로 처리하려고 한다. 반응조 내의 MLSS 농도가 2,000mg/L, F/M비가 1kg BOD/kg MLSS · day로 처리하려고 한다면, BOD 용적부하는?

① $5\text{kg BOD/m}^3 \cdot \text{day}$ ② $4\text{kg BOD/m}^3 \cdot \text{day}$

③ $3\text{kg BOD/m}^3 \cdot \text{day}$ ④ $2\text{kg BOD/m}^3 \cdot \text{day}$

⑤ $1\text{kg BOD/m}^3 \cdot \text{day}$

64 다음 중 펌프의 공동현상 방지 대책으로 옳지 않은 것은?

① 펌프의 설치위치를 낮추고 흡입양정을 작게 한다.

② 흡입관의 길이를 짧게 하고, 흡입관 직경을 크게 한다.

③ 펌프의 회전수를 크게 한다.

④ 손실수두를 가능한 작게 한다.

⑤ 유효 흡입수두가 필요 흡입수두보다 크게 한다.

65 다음 중 대장균군의 수를 나타내는 MPN(최확수)에 대한 설명으로 옳은 것은?

① 검수 100mL 중 이론상 있을 수 있는 대장균군의 수
② 검수 250mL 중 이론상 있을 수 있는 대장균군의 수
③ 검수 500mL 중 이론상 있을 수 있는 대장균군의 수
④ 검수 1,000mL 중 이론상 있을 수 있는 대장균군의 수
⑤ 검수 5,000mL 중 이론상 있을 수 있는 대장균군의 수

66 다음 중 흙의 다짐에 대한 설명으로 옳지 않은 것은?

① 다짐에너지를 증가시키면 다짐곡선은 왼쪽 위로 이동하게 된다.
② 최적함수비로 다질 때 최대건조단위중량을 얻는다.
③ 조립토는 세립토보다 최대건조단위중량이 크다.
④ 점토를 최적함수비보다 작은 건조측 다짐을 하면 흙 구조가 면모구조로, 최적함수비보다 큰 습윤측 다짐을 하면 이산구조로 된다.
⑤ 강도증진을 목적으로 하는 도로 토공의 경우 습윤측 다짐이, 차수를 목적으로 하는 심벽재의 경우 건조측 다짐이 바람직하다.

67 간극률이 50%, 함수비가 40%인 포화토에 있어서 지반의 분사현상에 대한 안전율이 3.5라고 할 때 이 지반에 허용되는 최대동수경사는?

① 약 0.21 　　　　　　　　② 약 0.51
③ 약 0.61 　　　　　　　　④ 약 1.00
⑤ 약 1.25

68 $\phi=33°$인 사질토에 45° 경사의 사면을 조성하려고 한다. 이 비탈면의 지표까지 포화되었을 때 안전율은?
(단, $\gamma_{sat}=1.8t/m^3$이고, $\tan 33°=0.65$이다)

① 약 0.27

② 약 0.3

③ 약 0.37

④ 약 0.45

⑤ 약 0.58

69 얕은 기초에 대한 Terzaghi의 수정지지력 공식이 다음과 같을 때, 4m×5m의 직사각형 기초를 사용할 경우 형상계수 α와 β의 값을 바르게 짝지은 것은?

$$q_u=\alpha c N_c+\beta\gamma_1 B N_\gamma+\gamma_2 D_f N_q$$

	α	β
①	1.12	0.36
②	1.12	0.42
③	1.24	0.42
④	1.24	0.48
⑤	1.36	0.48

70 입경이 균일한 포화된 사질지반에 지진이나 진동 등 동적하중이 작용하면 지반에서는 일시적으로 전단강도를 상실하게 되는데, 이러한 현상을 무엇이라고 하는가?

① 분사현상

② 틱소트로피현상

③ 히빙현상

④ 액상화현상

⑤ 파이핑현상

71 샘플러의 외경이 6cm, 내경이 5.5cm일 때, 면적비(A_r)는?(단, 소수점 둘째 자리에서 버림한다)

① 약 13%
② 약 15%
③ 약 17%
④ 약 19%
⑤ 약 21%

72 어떤 흙의 습윤 단위중량이 $2.0t/m^3$, 함수비 20% 비중 $G_s = 2.7$인 경우 포화도는 얼마인가?

① 약 84.1%
② 약 87.1%
③ 약 95.6%
④ 약 98.5%
⑤ 약 99.8%

73 다음 중 연약지반개량공법에서 일시적인 개량공법은?

① 웰 포인트 공법
② 치환 공법
③ 페이퍼드레인 공법
④ 모래다짐말뚝 공법
⑤ 주입 공법

74 두께가 8m인 점토층을 50% 압밀하는데 35일이 걸렸다. 같은 조건으로 15m의 점토층을 50% 압밀하는데 걸리는 시간은?

① 약 66일

② 약 81일

③ 약 102일

④ 약 123일

⑤ 약 148일

75 다음 중 TBM공법에 대한 설명으로 옳지 않은 것은?

① TBM공법은 급속시공으로 노무비가 절약된다.

② TBM공법은 여굴이 적으며, 진동과 소음이 적다.

③ TBM공법은 단거리에 비경제적이고, 설비투자액이 고가인 편이다.

④ TBM공법은 기계 제작 시 전문인력이 필요하다.

⑤ TBM공법은 굴착단면형성에 제약을 받지 않고, 다양한 형태로 제작이 가능하다.

76 다음과 같은 그림에서 A-A면에 작용하는 유효수직응력의 크기는?(단, $\gamma_{sat} = 2.2g_f/cm^3$ 이다)

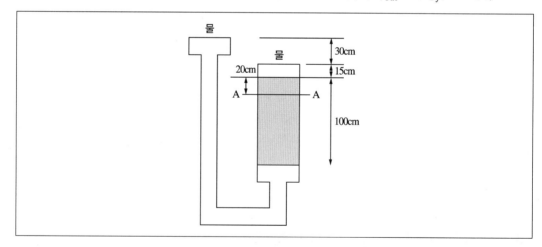

① $20g_f/cm^2$

② $18g_f/cm^2$

③ $16g_f/cm^2$

④ $14g_f/cm^2$

⑤ $12g_f/cm^2$

77 반지름이 30cm인 원형 재하판을 사용하여 평판재하시험을 한 결과 항복하중이 5t, 극한하중이 9t일 때, 이 기초지반의 허용 지지력은?

① $8.84t/m^2$　　　　　　　　　② $10.61t/m^2$

③ $14.88t/m^2$　　　　　　　　　④ $17.69t/m^2$

⑤ $18.21t/m^2$

78 계수전단력 V_u가 콘크리트에 의한 설계전단강도 ϕV_c의 $\frac{1}{2}$을 초과하는 철근콘크리트 휨부재에 최소 전단 철근을 배치하는 규정의 예외 사항이 아닌 것은?

① 슬래브와 기초판

② 전체 깊이가 400mm 이하인 보

③ I형보에서 그 깊이가 플랜지 두께의 2.5배 또는 복부폭의 $\frac{1}{2}$ 중 큰 값 이하인 보

④ T형보에서 그 깊이가 플랜지 두께의 2.5배 또는 복부폭의 $\frac{1}{2}$ 중 큰 값 이하인 보

⑤ 교대 벽체 및 날개벽, 옹벽의 벽체, 암거 등과 같이 휨이 주거동인 판 부재

79 다음 중 나선철근으로 둘러싸인 압축부재의 축방향 주철근의 최소 개수는?

① 3개　　　　　　　　　　② 4개

③ 5개　　　　　　　　　　④ 6개

⑤ 8개

80 다음 중 단순보 상하부재의 처짐에 대한 설명으로 옳지 않은 것은?

① 보의 형태에 따라 처짐에 영향을 줄 수 있다.

② 보의 강도는 보의 처짐에 영향을 주지 않는다.

③ 보의 재질에 따라 열팽창 특성이 변할 수 있다.

④ 상하부재 사이의 온도 차이가 클수록 처짐량은 증가한다.

⑤ 길이가 긴 보일수록 자체적으로 처지는 정도가 더 크다.

81 폭이 400mm이고 유효깊이가 600mm인 철근콘크리트 단철근 직사각형 보의 균형철근비는?(단, $f_{ck}=$ 23MPa, $f_y=400$MPa, $E_c=200,000$MPa이다)

① 약 0.016   ② 약 0.019

③ 약 0.024   ④ 약 0.027

⑤ 약 0.031

82 다음 중 콘크리트의 건조수축에 대한 설명으로 옳은 것은?

① 콘크리트 부재 표면에는 압축 응력이 발생한다.

② 건조수축의 진행속도는 외부 상대습도와 무관하다.

③ 물과 시멘트의 비율이 클수록 크리프는 작게 발생한다.

④ 흡수율이 높은 골재를 사용하여 건조수축을 억제할 수 있다.

⑤ 잔골재의 사용량을 줄이고 굵은골재의 사용량을 늘려 건조수축을 억제한다.

83 단철근 직사각형 보에서 부재축에 직각인 전단보강철근이 부담해야 할 전단력 $V_s=250$kN일 때, 전단보강철근의 간격(s)은 최대 얼마 이하인가?(단, $A_v=158$mm^2, $f_{yt}=400$MPa, $f_{ck}=28$MPa, $b_w=300$mm, $d=450$mm이다)

① 200mm   ② 205mm

③ 225mm   ④ 240mm

⑤ 255mm

84 다음 중 콘크리트 다짐 특성에 대한 설명으로 옳지 않은 것은?

① 콘크리트 타설 직후 바로 충분히 다져서 콘크리트가 철근 및 매설물 등의 주위와 거푸집까지 잘 채워져 밀실한 콘크리트가 되도록 한다.

② 거푸집 진동기는 거푸집의 적절한 위치에 단단히 설치하여야 한다.

③ 재진동을 할 경우에는 콘크리트에 나쁜 영향이 생기지 않도록 초결이 발생하기 전에 실시하여야 한다.

④ 거푸집널에 접하는 콘크리트는 가능하면 평탄한 표면이 얻어지도록 타설하고 다져야 한다.

⑤ 슬럼프 150mm 이하의 된비빔콘크리트에 거푸집 진동기를 사용하지만, 얇은 벽 거푸집 진동기의 사용이 곤란한 장소에는 내부 진동기를 사용한다.

85 강도설계법에서 전단철근 공칭전단강도가 $\left(\dfrac{\lambda\sqrt{f_{ck}}}{3}\right)\times b_w\times d$를 초과하는 경우 전단철근의 최대 간격은? (단, 복부의 폭은 b_w이고 유효깊이는 d이다)

① $d/4$ 이하, 300mm 이하   ② $d/4$ 이하, 300mm 이상

③ $d/5$ 이상, 400mm 이하   ④ $d/2$ 이하, 400mm 이상

⑤ $d/5$ 이하, 600mm 이하

86 경간이 12m인 대칭 T형보에서 양쪽슬래브의 중심간격이 2,200mm, 플랜지의 두께 $t_f=150$mm, 플랜지가 있는 부재의 복부 폭 $b_w=500$mm일 때, 플랜지의 유효폭은 얼마인가?

① 2,100mm   ② 2,200mm

③ 2,300mm   ④ 2,400mm

⑤ 2,500mm

87 콘크리트의 설계기준강도가 38MPa일 때, 콘크리트의 탄성계수는?(단, 보통골재를 사용한다)

① $2.6452\times10^4\text{MPa}$ ② $2.7104\times10^4\text{MPa}$

③ $2.9546\times10^4\text{MPa}$ ④ $3.0952\times10^4\text{MPa}$

⑤ $3.1856\times10^4\text{MPa}$

88 다음과 같은 T형보를 콘크리트 압축응력 등가직사각형블록으로 가정할 때, 등가직사각형 응력블록 깊이는?(단, $\eta=1$, $f_{ck}=24\text{MPa}$, $f_y=300\text{MPa}$, $A_s=7,460\text{mm}^2$ 이다)

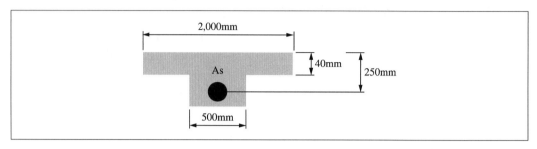

① 약 88.7mm   ② 약 92.6mm

③ 약 95.1mm   ④ 약 99.4mm

⑤ 약 101.5mm

89 다음 중 강도설계법에서 강도감소계수를 사용하는 목적으로 옳지 않은 것은?

① 부정확한 설계방정식에 대비하기 위해서

② 복잡한 수치를 단순화하여 구조해석을 단순화하기 위해서

③ 하중조건에 대한 부재의 연성도 및 소요신뢰도를 반영하기 위해서

④ 재료 강도 및 치수 변동에 의한 부재의 강도 저하에 대비하기 위해서

⑤ 하중의 크기를 산정하는데 이론값과 실제 값의 차이를 고려하기 위해서

90 다음 중 철근의 부식이 쉽게 발생하는 경우를 〈보기〉에서 모두 고르면?

〈보기〉

ㄱ. 염화물이 있을 때

ㄴ. 주위 온도가 낮을 때

ㄷ. 건조와 습윤이 반복될 때

ㄹ. 예상 수치를 벗어난 전류가 철근에 흐를 때

① ㄱ, ㄹ   ② ㄴ, ㄷ

③ ㄱ, ㄴ, ㄹ   ④ ㄱ, ㄷ, ㄹ

⑤ ㄴ, ㄷ, ㄹ

01 아래와 같은 정정 라멘에 등분포하중 w가 작용할 때 최대 휨모멘트는 $\dfrac{a}{1,000}w\text{L}$이다. 이때 a의 값은?

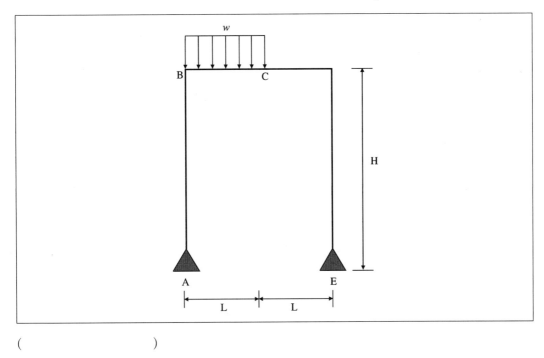

(   )

02 길이가 L인 단순보에 등분포하중 w가 작용할 때, 중앙점의 최대처짐량(δ)은 $\dfrac{awL^4}{bEI}$이다. 이때 $a+b$는?

(   )

03 지름 1.5cm, 축길이 50cm의 강봉이 축 방향으로 인장력을 받아 0.032cm 늘어났다. 이때, 강봉의 푸아송 비가 0.3이면 지름은 $a \times 10^{-6}$cm 감소한다. 이때 a의 값은?

(   )

04 다음은 기지의 삼각점을 이용하여 새로운 도근점들을 매설하고자 할 때, 결합 트래버스측량(다각측량)의 순서를 나열한 것이다. 빈칸에 들어갈 단어를 〈보기〉에서 순서대로 고르면?

| 도상 계획 – _____ – 좌표 계산 및 측점 전개 |

〈보기〉

⊙ 거리 및 각의 오차배분   ⓛ 거리관측
ⓒ 조표   ⓔ 답사 및 선점
ⓜ 각관측

(   )

05 다음 빈칸에 들어갈 단어로 옳은 것을 〈보기〉에서 순서대로 고르면?

| 정수 처리된 물을 배수지로 수송하는 시설은 __A__이고, 원수를 정수장으로 이송하는 시설은 __B__이다. |

〈보기〉

⊙ 급수시설   ⓛ 관로시설
ⓒ 도수시설   ⓔ 배수시설
ⓜ 송수시설   ⓗ 정수시설

(A :   , B :   )

06 다음 중 기계적 마찰 등에 의한 손실을 고려한 베르누이 정리를 수두에 관한 식으로 표현할 때, 포함되는 것을 〈보기〉에서 모두 구하면?

$$A+B+C=A+B+C+D$$

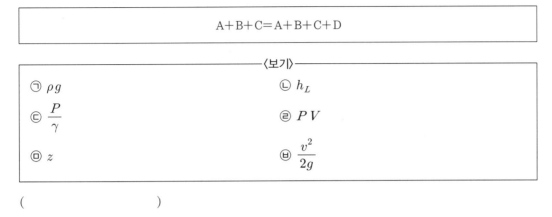

──── 〈보기〉 ────

㉠ ρg

㉡ h_L

㉢ $\dfrac{P}{\gamma}$

㉣ PV

㉤ z

㉥ $\dfrac{v^2}{2g}$

(   )

07 토립자가 둥글고 입도분포가 나쁜 모래 지반에서 표준관입시험을 한 결과, N은 10이었다. 이 모래의 내부 마찰각을 Dunham의 공식으로 구하면?[단, 단위는 도(°)이다]

(   )

08 도로 연장 3km 건설 구간에서 7개 지점의 시료를 채취하여 다음과 같은 CBR을 구하였다. 이때의 설계 CBR은 얼마인가?

7개의 CBR : 5.3, 5.7, 7.6, 8.7, 7.4, 8.6, 7.2

〈설계 CBR 계산용 계수〉

개수(n)	2	3	4	5	6	7	8	9	10 이상
d_2	1.41	1.91	2.24	2.48	2.67	2.83	2.96	3.08	3.18

(   )

09 단철근 직사각형보의 자중이 18kNm이고, 활하중이 26kN/m일 때, 계수휨모멘트는 얼마인가?(단, 보의 경간은 10m이다)

(   )

10 다음 글의 빈칸에 들어갈 단어로 옳은 것을 〈보기〉에서 순서대로 고르면?

복부판의 두께가 너무 얇으면 지간 중앙부의 ___A___ 이/가 증가하여 복부판에는 큰 ___B___ 이/가 생기므로 좌굴의 우려가 있다. 따라서 강종에 따라 복부판의 두께를 제한하고 있다.

〈보기〉

㉠ 단면1차모멘트	㉡ 단면2차모멘트
㉢ 휨모멘트	㉣ 비틀림모멘트
㉤ 인장응력	㉥ 압축응력
㉦ 열응력	㉧ 잔류응력

(A :   , B :   )

41 다음 중 건축물 높낮이의 기준이 되는 벤치마크(Bench mark)에 대한 설명으로 옳지 않은 것은?

① 수직규준틀이라고도 한다.
② 이동 또는 소멸 우려가 없는 장소에 설치한다.
③ 이동 등 훼손될 것을 고려하여 2개소 이상 설치한다.
④ 공사가 완료된 뒤라도 건축물의 침하, 경사 등의 확인을 위해 사용되기도 한다.
⑤ 지면에서 0.5~1.0m 정도 바라보기 좋고 공사에 지장이 없는 곳에 설치한다.

42 다음 중 목재를 자연건조 시킬 때의 장점으로 옳지 않은 것은?

① 비교적 균일한 건조가 가능하다.
② 시설투자 비용 및 작업 비용이 적다.
③ 건조 소요시간이 짧은 편이다.
④ 타 건조방식에 비해 건조에 의한 결함이 비교적 적은 편이다.
⑤ 수축, 팽창 등의 변형이 적게 일어난다.

43 다음 중 보강 콘크리트블록조의 내력벽에 대한 설명으로 옳지 않은 것은?

① 사춤은 3켜 이내마다 한다.
② 통줄눈은 될 수 있는 한 피한다.
③ 사춤은 철근이 이동하지 않게 한다.
④ 벽량이 많아야 구조상 유리하다.
⑤ 철근은 가는 것을 많이 넣도록 한다.

44 다음 중 도장공사에서의 뿜칠에 대한 설명으로 옳지 않은 것은?

① 큰 면적을 균등하게 도장할 수 있다.
② 뿜칠의 각도는 칠바탕에 직각으로 한다.
③ 뿜칠 공기압은 $2 \sim 4\text{kg/cm}^2$를 표준으로 한다.
④ 스프레이건과 뿜칠면 사이의 거리는 30cm를 표준으로 한다.
⑤ 뿜칠은 도막두께를 일정하게 유지하기 위해 겹치지 않게 순차적으로 이행한다.

45 용접작업 시 용착금속 단면에 생기는 작은 은색의 점의 명칭은?

① 피시아이
② 블로홀
③ 슬래그 함입
④ 크레이터
⑤ 피트

46 다음 중 한중 콘크리트의 양생에 대한 설명으로 옳지 않은 것은?

① 보온양생 또는 급열양생을 끝마친 후에는 콘크리트의 온도를 결빙되지 않을 정도의 온도로 낮추어야 한다.
② 초기양생에서 소요 압축강도가 얻어질 때까지 콘크리트의 온도를 5℃ 이상으로 유지하여야 한다.
③ 초기양생에서 구조물의 모서리나 가장자리의 부분은 보온하기 어려운 곳이어서 초기동해를 받기 쉬우므로 초기양생에 주의하여야 한다.
④ 한중 콘크리트의 보온 양생 방법은 급열 양생, 단열 양생, 피복 양생 등을 복합한 방법 중 한 가지 방법을 선택하여야 한다.
⑤ 양생 후에는 콘크리트가 급격히 건조되지 않도록 주의해야 한다.

47 다음 중 건설사업관리(CM)의 주요업무로 옳지 않은 것은?

① 입찰 및 계약 관리
② 공정 관리무
③ 제네콘(Genecon) 관리
④ 현장조직 관리
⑤ 건축물의 조사

48 이형철근 D22의 관통구멍직경은 몇 mm인가?

① 24mm
② 28mm
③ 31mm
④ 35mm
⑤ 44mm

49 미장공사에서 나타나는 결함의 유형과 가장 거리가 먼 것은?

① 균열
② 부식
③ 탈락
④ 백화
⑤ 들뜸

50 다음 중 파이프구조에 대한 설명으로 옳지 않은 것은?

① 접합부의 절단가공이 어렵다.
② 파이프구조는 경량이며, 외관이 경쾌하다.
③ 형강에 비해 경량이며, 공사비가 저렴하다.
④ 파이프의 부재형상이 복잡하여 공사비가 증대된다.
⑤ 파이프구조는 대규모의 공장, 창고, 체육관, 동·식물원 등에 이용된다.

51 주당 평균 40시간을 수업하는 어느 학교에서 음악실에서의 수업이 총 20시간이며 이 중 15시간은 음악시간으로 나머지 5시간은 학급 토론시간으로 사용되었다면, 이 음악실의 이용률과 순수율은?

	이용률	순수율
①	37.5%	75%
②	50%	37.5%
③	50%	75%
④	75%	37.5%
⑤	75%	50%

52 백화점 매장에 에스컬레이터를 설치할 경우, 설치 위치로 가장 적절한 곳은?

① 자유롭게 설치할 수 있다.
② 매장의 한 쪽 측면
③ 매장의 가장 깊은 곳
④ 백화점의 계단실 근처
⑤ 백화점의 주출입구와 엘리베이터 존의 중간

53 다음 중 극장건축에서 그린룸(Green room)의 역할로 옳은 것은?

① 의상실
② 배경제작실
③ 관리관계실
④ 출연대기실
⑤ 응급처치실

54 쇼핑센터의 공간구성에서 고객을 각 상점에 유도하는 주요 보행자 동선인 동시에 고객의 휴식처로서의 기능을 갖고 있는 곳은?

① 몰
② 허브
③ 코트
④ 핵상점
⑤ 패닉 룸

55 다음 중 연극을 감상하는 경우 배우의 표정이나 동작을 상세히 감상할 수 있는 시각 한계는?

① 10m
② 15m
③ 22m
④ 30m
⑤ 35m

56 다음 중 종합병원의 건축계획에 대한 설명으로 옳지 않은 것은?

① 부속진료부는 외래환자 및 입원환자 모두가 이용하는 곳이다.
② 간호사 대기소는 각 간호단위 또는 각층 및 동별로 설치한다.
③ 병실 천장은 조도가 낮고 반사율이 낮은 마감재료를 사용한다.
④ 집중식 병원건축에서 부속진료부와 외래부는 주로 건물의 저층부에 구성된다.
⑤ 외래진료부의 경우 미국의 경우는 대개 클로즈드 시스템인데 비하여, 우리나라는 오픈 시스템이다.

57 다음 중 단독주택계획에 대한 설명으로 옳지 않은 것은?

① 건물이 대지의 남측에 배치되도록 한다.
② 건물은 가능한 한 동서로 긴 형태가 좋다.
③ 동지 때 최소한 4시간 이상의 햇빛이 들어오도록 한다.
④ 현관의 위치는 대지의 형태, 도로와의 관계 등에 의하여 결정된다.
⑤ 인접 대지에 기존 건물이 없더라도 개발 가능성을 고려하도록 한다.

58 건축계획에서 말하는 미의 특성 중 변화 혹은 다양성을 얻는 방식으로 옳지 않은 것은?

① 억양
② 대비
③ 황금비
④ 대칭
⑤ 비례

59 다음 중 건축가와 그의 작품의 연결이 옳지 않은 것은?

① 마르셀 브로이어 – 파리 유네스코 본부
② 르 코르뷔지에 – 동경 국립서양미술관
③ 안토니오 가우디 – 시드니 오페라하우스
④ 프랭크 로이드 라이트 – 뉴욕 구겐하임 미술관
⑤ 귀스타브 에펠 – 에펠탑

60 극장의 평면형식 중 애리나(Arena)형에 대한 설명으로 옳지 않은 것은?

① 객석이 무대를 360° 둘러싼 형태이다.
① 무대의 배경을 만들지 않으므로 경제성이 있다.
② 무대의 장치나 소품은 주로 낮은 기구들로 구성한다.
③ 가까운 거리에서 관람하면서 많은 관객을 수용할 수 있다.
⑤ 연기자가 일정한 방향으로만 관객을 대하므로 강연, 콘서트, 독주, 연극 공연에 가장 좋은 형식이다.

61 프리스트레스하지 않는 부재의 현장치기 콘크리트에서 흙에 접하여 콘크리트를 친 후 영구히 흙에 묻혀 있는 콘크리트 부재의 최소 피복두께로 옳은 것은?

① 100mm

② 75mm

③ 50mm

④ 40mm

⑤ 20mm

62 그림과 같은 부정정 라멘의 B.M.D에서 P값을 구하면?

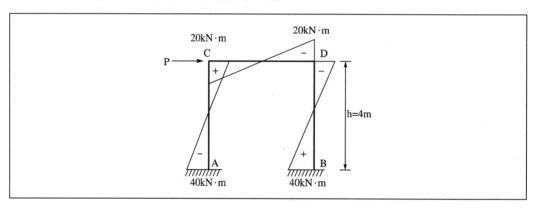

① 20kN

② 30kN

③ 50kN

④ 60kN

⑤ 70kN

63 철골조 주각부분에 사용하는 보강재에 해당되지 않는 것은?

① 데크플레이트

② 윙플레이트

③ 사이드앵글

④ 클립앵글

⑤ 리브플레이트

64 그림과 같은 직각삼각형인 구조물에서 AC부재가 받는 힘은?

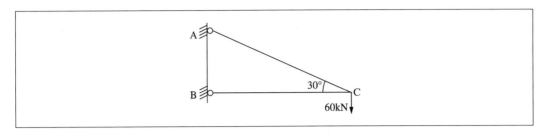

① 30kN

② 30 $\sqrt{3}$ kN

③ 30 $\sqrt{3}$ kN

④ 90kN

⑤ 120kN

65 다음 중 철근의 부착성능에 영향을 주는 요인에 대한 설명으로 옳지 않은 것은?

① 피복두께가 크면 부착강도가 증가한다.

② 철근의 길이가 길수록 부착강도가 증가한다.

③ 이형철근이 원형철근보다 부착강도가 증가한다.

④ 블리딩의 영향으로 수직철근이 수평철근보다 부착강도가 작다.

⑤ 보통의 단위중량을 갖는 콘크리트의 부착강도는 콘크리트의 압축강도가 클수록 크다.

66 그림과 같은 3회전단의 포물선아치가 등분포하중을 받을 때 아치부재의 단면력에 대한 설명으로 옳은 것은?

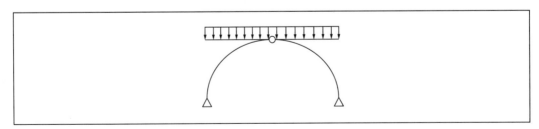

① 축방향력만 존재한다.

② 전단력과 휨모멘트가 존재한다.

③ 전단력과 축방향력이 존재한다.

④ 축방향력과 휨모멘트가 존재한다.

⑤ 축방향력, 전단력, 휨모멘트가 모두 존재한다.

67 공기조화방식 중 팬코일 유닛 방식에 대한 설명으로 옳지 않은 것은?

① 덕트 방식에 비해 유닛의 위치 변경이 용이하다.

② 유닛을 창문 밑에 설치하면 콜드 드래프트를 줄일 수 있다.

③ 전공기 방식으로 각 실에 수배관으로 인한 누수의 염려가 없다.

④ 각 실의 유닛은 수동으로도 제어할 수 있고, 개별 제어가 용이하다.

⑤ 실내용 소형 공조기이므로 고도의 공기처리를 할 수 없다.

68 다음 중 광원의 연색성에 대한 설명으로 옳지 않은 것은?

① 할로겐전구의 연색평가수(Ra)가 가장 크다.

② 고압수은램프의 평균 연색평가수(Ra)는 100이다.

③ 연색성을 수치로 나타낸 것을 연색평가수라고 한다.

④ 평균 연색평가수(Ra)가 100에 가까울수록 연색성이 좋다.

⑤ 물체가 광원에 의하여 조명될 때, 그 물체의 색의 보임을 정하는 광원의 성질을 말한다.

69 다음 중 한국전기설비규정에서 규정하는 저압의 기준으로 옳은 것은?

① 교류 500V 이하, 직류 750V 이하　　② 교류 750V 이하, 직류 1kV 이하

③ 교류 1kV 이하, 직류 1.5kV 이하　　④ 교류 1.5kV 이하, 직류 1.5kV 이하

⑤ 교류 7kV이하, 직류 7kV 이하

70 3상 동력과 단상 전등, 전열부하를 동시에 사용 가능한 방식으로 사무소 건물 등 대규모 건물에 많이 사용되는 구내 배전방식은?

① 단상 2선식　　　　　　　　② 단상 3선식

③ 3상 2선식　　　　　　　　④ 3상 3선식

⑤ 3상 4선식

71 다음과 같은 〈조건〉에서 실의 현열부하가 7,000W인 경우 실내 취출풍량은?

┌─────────────────── 〈조건〉 ───────────────────┐
│   │
│ • 실내온도 22°C   │
│ • 취출공기온도 12°C   │
│ • 공기의 비열 1.01kJ/kg · K   │
│ • 공기의 밀도 1.2kg/m³   │
│   │
└───┘

① 약 1,042m³/h   ② 약 2,079m³/h

③ 약 3,472m³/h   ④ 약 6,944m³/h

⑤ 약 8,075m³/h

72 배수 배관에서 청소구의 일반적 설치 장소에 속하지 않는 것은?

① 배수수직관의 최상부
② 배수수평지관의 기점
③ 배수수평주관의 기점
④ 배수관의 접속점에 가까운 곳
⑤ 배수관이 45°를 넘는 각도에서 방향을 전환하는 개소

73 옥내소화전설비의 설치 대상 건축물로서 옥내 소화전의 설치개수가 가장 많은 층의 설치개수가 6개인 경우, 옥내소화전설비 수원의 유효 저수량은 최소 얼마 이상이어야 하는가?

① 7.8m³   ② 10.4m³

③ 13m³   ④ 15.6m³

⑤ 26m³

74 다음 중 증기난방에 대한 설명으로 옳지 않은 것은?

① 온수난방에 비해 예열시간이 짧다.

② 증기 순환이 빠르고 열의 운반능력이 크다.

③ 온수난방에 비해 한랭지에서 동결의 우려가 적다.

④ 운전 중 증기해머로 인한 소음발생의 우려가 있다.

⑤ 온수난방에 비해 부하변동에 따른 실내방열량 제어가 용이하다.

75 대기압 하에서 0℃의 물이 0℃의 얼음으로 될 경우의 체적 변화에 대한 설명으로 옳은 것은?

① 체적이 4% 감소한다.　　　　　　② 체적이 4% 팽창한다.

③ 체적이 9% 감소한다.　　　　　　④ 체적이 9% 팽창한다.

⑤ 체적이 변하지 않는다.

76 일반적으로 가스사용시설의 지상배관 표면색상은 어떤 색상으로 도색하는가?

① 백색　　　　　　　　　　　　② 황색

③ 청색　　　　　　　　　　　　④ 적색

⑤ 녹색

77 다음 중 건축물의 용도 분류상 문화 및 집회시설에 속하는 것은?

① 야외극장　　　　　　　　　　② 산업전시장

③ 어린이회관　　　　　　　　　④ 청소년 수련원

⑤ 유스호스텔

78 다음 지하층과 피난층 사이의 개방공간 설치에 관한 기준에서 빈칸에 들어갈 수로 옳은 것은?

> 바닥면적의 합계가 _____ m² 이상인 공연장·집회장·관람장 또는 전시장을 지하층에 설치하는 경우에는 각 실에 있는 자가 지하층 각 층에서 건축물 밖으로 피난하여 옥외 계단 또는 경사로 등을 이용하여 피난층으로 대피할 수 있도록 천장이 개방된 외부 공간을 설치하여야 한다.

① 1,000
② 1,500
③ 2,000
④ 2,500
⑤ 3,000

79 공작물을 축조할 때 특별자치시장·특별자치도지사 또는 시장·군수·구청장에게 신고를 하여야 하는 대상 공작물에 속하지 않는 것은?(단, 건축물과 분리하여 축조하는 경우에 한한다)

① 높이 5m인 광고탑
② 높이 5m인 광고판
③ 높이 3m인 담장
④ 높이 5m인 굴뚝
⑤ 높이 7m인 기념탑

80 피난안전구역(건축물의 피난·안전을 위하여 건축물 중간층에 설치하는 대피공간)의 구조 및 설비에 관한 기준 내용으로 옳지 않은 것은?

① 내부마감재료는 불연재료로 설치할 것
② 피난안전구역의 높이는 2.1m 이상일 것
③ 비상용 승강기는 피난안전구역에서 승하차할 수 있는 구조로 설치할 것
④ 건축물의 내부에서 피난안전구역으로 통하는 계단은 피난계단의 구조로 설치할 것
④ 피난안전구역에는 식수공급을 위한 급수전을 1개소 이상 설치하고 예비전원에 의한 조명설비를 설치할 것

81 국토의 계획 및 이용에 관한 법령상 기반시설 중 도로의 세분에 속하지 않는 것은?

① 고가도로
② 보행자우선도로
③ 자전거우선도로
④ 자동차전용도로
⑤ 보행자우선도로

82 다음 중 건축법령상 연립주택의 정의로 옳은 것은?

① 주택으로 쓰는 층수가 5개 층 이상인 주택

② 주택으로 쓰는 1개 동의 바닥면적 합계가 660m^2 이하이고, 층수가 4개 층 이하인 주택

③ 주택으로 쓰는 1개 동의 바닥면적 합계가 660m^{2}를 초과하고, 층수가 4개 층 이하인 주택

④ 1개 동의 주택으로 쓰이는 바닥면적의 합계가 330m^2 이하이고, 주택으로 쓰는 층수가 3개 층 이하인 주택

⑤ 1개 동의 주택으로 쓰이는 바닥면적의 합계가 330m^2 이하이고, 주택으로 쓰는 층수가 1개인 주택

83 다음 중 평행주차형식이 아닌 주차장의 주차단위구획의 최소 크기로 옳지 않은 것은?

① 경형 : 너비 2m, 길이 3.6m
② 일반형 : 너비 2.5m, 길이 6m
③ 확장형 : 너비 2.6m, 길이 5.2m
④ 장애인전용 : 너비 3.3m, 길이 5m
⑤ 이륜차자동차전용 : 너비 1m, 길이 2.3m

84 건축법령상 당 용도로 쓰는 바닥면적의 합계가 5,000m^{2}인 건축물의 경우 건축물의 대지에 공개공지 또는 공개공간을 확보하여야 하는 건축물에 속하지 않는 것은?

① 의료시설
② 운수시설
③ 업무시설
④ 숙박시설
⑤ 종교시설

85 건축물의 출입구에 설치하는 회전문은 계단 또는 에스컬레이터로부터 최소 얼마 이상의 거리를 두어야 하는가?

① 1m
② 1.5m
③ 2m
④ 2.5m
⑤ 3m

86 국토의 계획 및 이용에 관한 법률에 따른 용도지역과 용적률이 바르게 연결된 것은?

	주거지역	상업지역	공업지역	녹지지역
①	1,000% 이하	2,000% 이하	500% 이하	50% 이하
②	750% 이하	1,750% 이하	500% 이하	75% 이하
③	750% 이하	1,700% 이하	400% 이하	75% 이하
④	500% 이하	1,700%이하	400% 이하	100% 이하
⑤	500% 이하	1,500% 이하	400% 이하	100% 이하

87 건축물을 신축하는 경우 옥상에 조경을 $150m^2$ 시공했다. 이 경우 대지의 조경면적은 최소 얼마 이상으로 하여야 하는가?(단, 대지면적은 $1,500m^2$이고, 조경설치 기준은 대지면적의 10%이다)

① $75m^2$
② $100m^2$
③ $150m^2$
④ $300m^2$
⑤ $450m^2$

88 국토교통부령으로 정하는 기준에 따라 6층 이상인 건축물의 거실에 배연설비를 하여야 하는 대상 건축물이 아닌 것은?(단, 피난층의 거실은 제외한다)

① 종교시설
② 판매시설
③ 위락시설
④ 방송통신시설
⑤ 의료시설

89 태양열을 주된 에너지원으로 이용하는 주택의 건축면적 산정 시 기준이 되는 것은?

① 외벽의 외곽선
② 외벽의 내측 벽면선
③ 외벽 중 내측 내력벽의 중심선
④ 외벽 중 외측 비내력벽의 중심선
⑤ 외벽 전체 면적

90 다음 중 도시·군관리계획에 포함되지 않는 것은?

① 도시개발사업이나 정비사업에 관한 계획
② 광역계획권의 장기발전방향을 제시하는 계획
③ 기반시설의 설치·정비 또는 개량에 관한 계획
④ 용도지역·용도지구의 지정 또는 변경에 관한 계획
⑤ 지구단위계획구역의 지정·변경, 지구단위계획

| 02 | 건축 - 주관식

01 회전문의 중심축에서 회전문과 문틀 사이의 간격을 포함한 회전문날개 끝부분까지의 길이는 최소 몇 cm 이상이어야 하는가?

(   )

02 경량골재콘크리트의 단위시멘트량은 최소 몇 kg/m^3 이상이어야 하는가?

(   )

03 콘크리트 블록벽체 $2m^2$를 쌓는 데 소요되는 콘크리트 블록는 모두 몇 장인가?(단, 할증은 고려하지 않는다)

(   )

04 서양 건축양식의 시대적 발달 순서를 〈보기〉에서 순서대로 고르면?

┌─────────────────────〈보기〉─────────────────────┐

ⓐ 로마네스크   ⓑ 바로크

ⓒ 고딕   ⓓ 르네상스

ⓔ 비잔틴

└──┘

(   )

05 다음 미국의 롤렌드 홀이 제창한 광고·판매 분야의 법칙인 AIDMA 법칙에서 빈칸에 들어갈 단어로 옳은 것을 〈보기〉에서 순서대로 고르면?

A	I	D	M	A
주의	ㄱ	욕망	기억	ㄴ

〈보기〉

ⓐ 지식   ⓑ 매력

ⓒ 행동   ⓓ 우연

ⓔ 가치   ⓕ 흥미

(ㄱ :   , ㄴ :   )

06 다포양식이 공포된 건축물을 〈보기〉에서 모두 고르면?

〈보기〉

ⓐ 내소사 대웅전   ⓑ 경복궁 근정전

ⓒ 전등사 대웅전   ⓓ 무위사 극락전

ⓔ 경복궁 향원정   ⓕ 화암사 극락전

(   )

07 직경 24mm의 봉강에 65kN의 인장력이 작용할 때 인장응력은 약 몇 MPa인가?

(   )

08 공칭속도가 0.5m/s를 초과하는 에스컬레이터의 경사도는 최대 몇 도이어야 하는가?

(   )

09 다음 주차장 수급 실태 조사의 조사구역에 관한 설명에서 빈칸에 들어갈 알맞은 수는?

사각형 또는 삼각형 형태로 조사구역을 설정하되 조사구역 바깥 경계선의 최대거리가 _____m를 넘지 아니 하도록 한다.

(   )

10 다음은 건축물의 공사감리에 관한 기준이다. 빈칸에 들어갈 단어로 옳은 것을 〈보기〉에서 순서대로 고르면?

공사감리자는 ___ㄱ___으로 정하는 바에 따라 감리일지를 기록·유지하여야 하고, 공사의 공정이 ___ㄴ___ 으로 정하는 진도에 다다른 경우에는 감리중간보고서를 작성하여 건축주에게 제출하여야 한다.

〈보기〉

⊙ 대통령령	ⓒ 국무총리령
ⓒ 국토교통부령	ⓔ 부령
ⓜ 헌법	ⓗ 지방자치단체의 조례와 규칙

(ㄱ :   , ㄴ :   )

2일 차
기출응용 모의고사

〈문항 및 시험시간〉

평가영역	문항 수	시험시간
[NCS] 의사소통능력＋수리능력＋문제해결능력 [전공] 토목 / 건축	100문항	110분

모바일 OMR 답안채점 / 성적분석 서비스	
 토목	 건축

2일 차 기출응용 모의고사

문항 수 : 100문항
시험시간 : 110분

제 1영역 직업기초능력평가

01 다음 기사의 주제로 가장 적절한 것은?

> 정부는 조직 구성원의 다양성 확보와 포용 사회 구현을 위해 공공부문 여성 대표성 제고 5개년 계획을 수립하고, 내후년까지 고위공무원 여성의 비율 10%, 공공기관 임원 여성의 비율 20% 달성 등 각 분야의 목표치를 설정하였다.
>
> 12개 분야 가운데 고위공무원단은 지난해 목표치의 6.8%밖에 못 미쳤으나, 나머지 11개 분야는 목표치를 달성했다. 국가직 고위공무원단 여성 비율은 지난해 6.5%에서 올해 6.7%로 상승했다. 국가직 본부 과장급 공무원 여성 비율은 같은 기간 14.8%에서 17.5%로, 공공기관 임원은 11.8%에서 17.9%로 확대됐다. 여성 국립대 교수는 15.8%에서 16.6%로, 여성 교장·교감은 40.6%에서 42.7%로 늘었다. 또한 여성군인 간부 비율은 5.5%에서 6.2%로 상승했으며, 일반 경찰 중 여성 비율은 10.9%에서 11.7%로, 해경은 11.3%에서 12.0%로 늘었다. 정부위원회 위촉직 여성 참여율은 41.9%까지 높아졌다.
>
> 정부는 올해 여성 고위공무원이 없는 중앙부처에 1명 이상의 임용을 추진하고, 범정부 균형 인사 추진계획을 마련할 예정이다. 또한 여성 임원이 없는 공공기관에 여성 임원을 최소 1인 이상 선임하도록 독려할 방침이다. 여성 관리직 목표제 적용 대상은 300인 이상 기업에서 전체 지방공기업으로 확대된다. 국립대 교수 성별 현황 조사를 위한 양성평등 실태조사 법적 근거를 마련하고, 여성군인·경찰 신규 채용을 늘릴 계획이다. 헌법기관·중앙행정기관 위원회 성별 참여 조사 결과도 처음으로 공표한다. 그 외 여성의 실질적인 의사결정 권한 정도가 측정되도록 정부혁신평가 지표를 개선하고 자문단 운영, 성평등 교육도 계속 시행한다.
>
> 여성가족부 장관은 "의사결정 영역에서의 성별 균형적 참여는 결과적으로 조직의 경쟁력 제고에 도움이 된다."라며 "이에 대해 공감대를 갖고 자율적으로 조직 내 성별 균형성을 확보해 나가려는 민간부문에 대해서도 지원할 계획"이라고 말했다.

① 성차별 없는 블라인드 채용

② 여성 고위관리직 확대를 위한 노력

③ 고위공무원단의 여성 비율이 낮은 이유

④ 취업난 해결을 위한 정부 정책의 문제점

⑤ 유리천장, 여성들의 승진을 가로막는 장애물

---

02 다음 글의 내용으로 적절하지 않은 것은?

오늘날의 정신없는 한국 사회 안에서 사람들은 가정도 직장도 아닌 제3의 공간, 즉 케렌시아와 같은 공간을 누구라도 갖고 싶어 할 것이다. '케렌시아(Querencia)'는 스페인어의 '바라다'라는 동사 '케레 르(Querer)'에서 나왔다. 케렌시아는 피난처, 안식처, 귀소본능이라는 뜻으로, 투우장의 투우가 마지막 일전을 앞두고 홀로 잠시 숨을 고르는 자기만의 공간을 의미한다.

케렌시아를 의미하는 표현은 이전부터 쓰여 왔다. 미국 사회학자 폴라 에이머는 '맨케이브(주택의 지하, 창고 등 남성이 혼자서 작업할 수 있는 공간)'를 남성성의 마지막 보루라고 해석했다. 그리고 버지니아 울프는 『자기만의 방』에서 '여성이 권리를 찾기 위해서는 두 가지가 필요한데, 하나는 경제적 독립이며 또 다른 하나는 혼자만의 시간을 가질 수 있는 자기만의 방'이라고 표현했다.

이처럼 남자에게나 여자에게나 케렌시아와 같은 자기만의 공간이 필요한 것은 틀림없는 일이지만 경제적인 문제로 그런 공간 하나 갖는 것은 쉬운 일이 아니다. 그러나 그렇다고 아예 포기하고 살 수는 없다. 갖지 못해도 이용할 수 있는 방법을 찾아야 한다. 케렌시아가 내 아픈 삶을 위로해 준다면 기를 쓰고 찾아야 하지 않겠는가.

우리는 사실 케렌시아와 같은 공간을 쉽게 찾아볼 수 있다. 도심 속의 수면 카페가 그런 곳이다. 해먹에 누워 잠을 청하거나 안마의자를 이용해 휴식을 취할 수 있으며, 산소 캡슐 안에 들어가서 무공해 공기를 마시며 휴식을 취할 수도 있다. 오늘날 이러한 휴식을 위한 카페와 더불어 낚시 카페, 만화 카페, 한방 카페 등이 다양하게 생기고 있다.

즉, 케렌시아는 힐링과 재미에 머무는 것이 아니라 능동적인 취미 활동을 하는 곳이고, 창조적인 활동을 하기 위한 공간으로 변모해 가고 있는 것이다. 최근 취업준비생들에게 명절 대피소로 알려진 북카페를 볼 수 있으며, '퇴근길에 책 한 잔'이라는 곳에서는 '3프리(free)존'이라고 하여 잔소리 프리, 눈칫밥 프리, 커플 프리를 표방하기도 한다. 이보다 더 진보한 카페는 '책맥 카페'다. 책과 맥주가 있는 카페. 책을 읽으며 맥주를 마시고, 맥주를 마시며 책을 읽을 수 있는 공간이라면 누구라도 한번 가보고 싶지 않겠는가. 술과 책의 그 먼 거리를 이리도 가깝게 할 수 있다니 놀라울 따름이다.

또한, 마음을 다독일 케렌시아가 필요한 사람들에게는 전시장, 음악회 등의 문화 현장에 가보라고 권하고 싶다. 예술 문화는 인간을 위로하는 데 효과적이기 때문이다. 이러한 예술 현장에서 케렌시아를 찾아낸다면 팍팍한 우리의 삶에서, 삶의 위기를 극복하는 다른 사람의 이야기를 들을 수 있고 꿈을 꿀 수 있을지도 모른다.

① 케렌시아는 취미 활동보다는 휴식과 힐링을 위한 공간임을 알 수 있다.
② 케렌시아는 휴식과 힐링을 위한 자기만의 공간을 의미한다고 볼 수 있다.
③ 케렌시아는 많은 유사한 표현을 볼 수 있다.
④ 케렌시아를 위한 수익 창출 활동이 나타나고 있다.
⑤ 전시장, 음악회 등 문화 현장에서 케렌시아를 찾을 수 있다.

03 다음 글이 참일 때 항상 거짓인 것은?

> 콘크리트는 건축 재료로 다양하게 사용되고 있다. 일반적으로 콘크리트가 근대 기술의 산물로 알려져 있지만 콘크리트는 이미 고대 로마 시대에도 사용되었다. 로마 시대의 탁월한 건축미를 보여주는 판테온은 콘크리트 구조물인데, 반구형의 지붕인 돔은 오직 콘크리트로만 이루어져 있다. 로마인들은 콘크리트의 골재 배합을 달리하면서 돔의 상부로 갈수록 두께를 점점 줄여 지붕을 가볍게 할 수 있었다. 돔 지붕이 지름 45m 남짓의 넓은 원형 내부 공간과 이어지도록 하였고, 지붕의 중앙에는 지름 9m가 넘는 원형의 천창을 내어 빛이 내부 공간을 채울 수 있도록 하였다.
>
> 콘크리트는 시멘트에 모래와 자갈 등의 골재를 섞어 물로 반죽한 혼합물이다. 콘크리트에서 결합재 역할을 하는 시멘트가 물과 만나면 점성을 띠는 상태가 되며, 시간이 지남에 따라 수화 반응이 일어나 골재, 물, 시멘트가 결합하면서 굳어진다. 콘크리트의 수화 반응은 상온에서 일어나기 때문에 작업하기가 좋다. 반죽 상태의 콘크리트를 거푸집에 부어 경화시키면 다양한 형태와 크기의 구조물을 만들 수 있다. 콘크리트의 골재는 종류에 따라 강도와 밀도가 다양하므로 골재의 종류와 비율을 조절하여 콘크리트의 강도와 밀도를 다양하게 변화시킬 수 있다. 그리고 골재들 간의 접촉을 높여야 강도가 높아지기 때문에, 서로 다른 크기의 골재를 배합하는 것이 효과적이다.
>
> 콘크리트가 철근 콘크리트로 발전함에 따라 건축은 구조적으로 더욱 견고해지고, 형태 면에서는 더욱 다양하고 자유로운 표현이 가능해졌다. 일반적으로 콘크리트는 누르는 힘인 압축력에는 쉽게 부서지지 않지만 당기는 힘인 인장력에는 쉽게 부서진다. 압축력이나 인장력에 재료가 부서지지 않고 그 힘에 견딜 수 있는 단위 면적당 최대의 힘을 각각 압축강도와 인장 강도라 한다. 콘크리트의 압축 강도는 인장 강도보다 10배 이상 높다.

① 고대 로마 시기에는 콘크리트를 이용해 건축물을 짓기도 했다.
② 콘크리트를 만들기 위해서는 시멘트와 모래, 자갈 등이 필요하다.
③ 수화 반응을 일으키기 위해서 콘크리트는 영하에서 제작한다.
④ 콘크리트의 강도를 높이기 위해선 크기가 다른 골재들을 배합해야 한다.
⑤ 일반 콘크리트보다 철근 콘크리트가 더 자유로운 표현이 가능하다.

04 다음 글의 주장에 대한 반박으로 가장 적절한 것은?

사회복지는 소외 문제를 해결하고 예방하기 위하여 사회 구성원들이 각자의 사회적 기능을 원활하게 수행하게 하고, 삶의 질을 향상시키는 데 필요한 제반 서비스를 제공하는 행위와 그 과정을 의미한다. 현대 사회가 발전함에 따라 계층 간 또는 세대 간의 갈등 심화, 노령화와 가족 해체, 정보 격차에 의한 불평등 등의 사회 문제가 다각적으로 생겨나고 있는데, 이들 문제는 때로 사회 해체를 우려할 정도로 심각한 양상을 띠기도 한다. 이러한 문제의 기저에는 경제 성장과 사회 분화 과정에서 나타나는 불평등과 불균형이 있으며, 이런 점에서 사회 문제는 대부분 소외 문제와 관련되어 있음을 알 수 있다.

사회복지 찬성론자들은 이러한 문제들의 근원에 자유 시장 경제의 불완전성이 있으며, 이러한 사회적 병리 현상을 해결하기 위해서는 국가의 역할이 더 강화되어야 한다고 주장한다. 예컨대 구조 조정으로 인해 대량의 실업 사태가 생겨나는 경우를 생각해 볼 수 있다. 이 과정에서 생겨난 희생자들을 방치하게 되면 사회 통합은 물론 지속적 경제 성장에 막대한 지장을 초래할 것이다. 따라서 사회가 공동의 노력으로 이들을 구제할 수 있는 안전망을 만들어야 하며, 여기서 국가의 주도적 역할은 필수적이라 할 것이다. 현대 사회에 들어와 소외 문제가 사회 전 영역으로 확대되고 있는 상황을 감안할 때, 국가와 사회가 주도하여 사회복지 제도를 체계적으로 수립하고 그 범위를 확대해 나가야 한다는 이들의 주장은 충분한 설득력을 갖는다.

① 사회복지는 소외 문제 해결을 통해 구성원들의 사회적 기능 수행을 원활하게 한다.

② 사회복지는 제공 행위뿐만 아니라 과정까지를 의미한다.

③ 사회 복지의 확대는 근로 의욕의 상실과 도덕적 해이를 불러일으킬 수 있다.

④ 사회가 발전함에 따라 불균형이 심해지고 있다.

⑤ 사회 병리 현상 과정에서 생겨나는 희생자들을 그대로 두면 악영향을 불러일으킬 수 있다.

05 다음 (가) ~ (라) 문단을 논리적 순서대로 바르게 나열한 것은?

(가) 물체의 회전 상태에 변화를 일으키는 힘의 효과를 돌림힘이라고 한다. 물체에 회전 운동을 일으키거나 물체의 회전 속도를 변화시키려면 물체에 힘을 가해야 한다. 같은 힘이라도 회전축으로부터 얼마나 멀리 떨어진 곳에 가해 주느냐에 따라 회전 상태의 변화 양상이 달라진다. 물체에 속한 점 X와 회전축을 최단 거리로 잇는 직선과 직각을 이루는 동시에 회전축과 직각을 이루도록 힘을 X에 가한다고 하자. 이때 물체에 작용하는 돌림힘의 크기는 회전축에서 X까지의 거리와 가해준 힘의 크기의 곱으로 표현되고 그 단위는 N·m(뉴턴미터)이다.

(나) 회전 속도의 변화는 물체에 알짜 돌림힘이 일을 해 주었을 때만 일어난다. 돌고 있는 팽이에 마찰력이 일으키는 돌림힘을 포함하여 어떤 돌림힘도 작용하지 않으면 팽이는 영원히 돈다. 일정한 형태의 물체에 일정한 크기와 방향의 알짜 돌림힘을 가하여 물체를 회전시키면, 알짜 돌림힘이 한 일은 알짜 돌림힘의 크기와 회전 각도의 곱이고 그 단위는 줄(J)이다. 알짜 돌림힘이 물체를 돌리려는 방향과 물체의 회전 방향이 일치하면 알짜 돌림힘이 양(+)의 일을 하고 그 방향이 서로 반대이면 음(−)의 일을 한다.

(다) 동일한 물체에 작용하는 두 돌림힘의 합을 알짜 돌림힘이라 한다. 두 돌림힘의 방향이 같으면 알짜 돌림힘의 크기는 두 돌림힘의 크기의 합이 되고 그 방향은 두 돌림힘의 방향과 같다. 두 돌림힘의 방향이 서로 반대이면 알짜 돌림힘의 크기는 두 돌림힘의 크기의 차가 되고 그 방향은 더 큰 돌림힘의 방향과 같다. 지레의 힘을 주지만 물체가 지레의 회전을 방해하는 힘을 작용점에 주어 지레가 움직이지 않는 상황처럼, 두 돌림힘의 크기가 같고 방향이 반대이면 알짜 돌림힘은 0이 되고 이때를 돌림힘의 평형이라고 한다.

(라) 지레는 받침과 지렛대를 이용하여 물체를 쉽게 움직일 수 있는 도구이다. 지레에서 힘을 주는 곳을 힘점, 지렛대를 받치는 곳을 받침점, 물체에 힘이 작용하는 곳을 작용점 이라 한다. 받침점에서 힘점까지의 거리가 받침점에서 작용점까지의 거리에 비해 멀수록 힘점에서 작은 힘을 주어 작용점에서 물체에 큰 힘을 가할 수 있다. 이러한 지레의 원리에는 돌림힘의 개념이 숨어 있다.

① (가) – (나) – (다) – (라) 　　② (가) – (다) – (라) – (나)
③ (가) – (라) – (다) – (나) 　　④ (라) – (가) – (나) – (다)
⑤ (라) – (가) – (다) – (나)

06 다음 중 비효율적인 일중독자의 사례로 적절하지 않은 것은?

일중독자란 일을 하지 않으면 초조해하거나 불안해하는 증상이 있는 사람을 지칭한다. 이는 1980년대 초부터 사용하기 시작한 용어로, 미국의 경제학자 W. 오츠의 저서 『워커홀릭』에서도 확인할 수 있다. 일중독에는 여러 원인이 있지만 보통 경제력에 대해 강박관념을 가지고 있는 사람, 완벽을 추구하거나 성취지향적인 사람, 자신의 능력을 과장되게 생각하는 사람, 배우자와 가정으로부터 도피하려는 성향이 강한 사람, 외적인 억압으로 인하여 일을 해야만 한다고 정신이 변한 사람 등에게 나타나는 경향이 있다.

일중독 증상을 가진 사람들의 특징은 일을 하지 않으면 불안해하고 외로움을 느끼며, 자신의 가치가 떨어진다고 생각한다는 것이다. 따라서 일에 지나치게 집착하는 모습을 보이며, 이로 인해 사랑하는 연인 또는 가족과 소원해지며 인간관계에 문제를 겪는 모습을 볼 수 있다. 하지만 모든 일중독이 이렇듯 부정적인 측면만 있는 것은 아니다. 노는 것보다 일하는 것이 더욱 즐겁다고 여기는 경우도 있다. 예를 들어, 자신의 관심사를 직업으로 삼은 사람들이 이에 해당한다. 이 경우 일 자체에 흥미를 느끼게 된다.

일중독에도 유형이 다양하다. 그중 계획적이고 합리적인 관점에서 업무를 수행하는 일중독자가 있는 반면 일명 '비효율적인 일중독자'라 일컬어지는 일중독자도 있다. 비효율적인 일중독자는 크게 '지속적인 일중독자', '주의결핍형 일중독자', '폭식적 일중독자', '배려적 일중독자' 네 가지로 나누어 설명할 수 있다. 첫 번째로 '지속적인 일중독자'는 매일 야근도 불사하고, 휴일이나 주말에도 일을 놓지 못하는 유형이다. 이러한 유형의 일중독자는 완벽에 대해 기준을 높게 잡고 있기 때문에 본인은 물론이고 주변 동료에게도 완벽을 강요한다. 두 번째로 '주의결핍형 일중독자'는 모두가 안 될 것 같다고 만류하는 일이나, 한번에 소화할 수 없을 만큼 많은 업무를 담당하는 유형이다. 이러한 유형의 일중독자는 완벽하게 일을 해내고 싶다는 부담감 등으로 인해 결국 업무를 제대로 마무리하지 못하는 경우가 대부분이다. 세 번째로 '폭식적 일중독자'는 음식을 과다 섭취하는 폭식처럼 일을 한번에 몰아서 하는 유형이다. 간단히 보면 이러한 유형은 일중독과는 거리가 멀다고 생각할 수 있지만, 일을 완벽하게 해내고 싶다는 사고에 사로잡혀 있으나 두려움에 선뜻 일을 시작하지 못한다는 점에서 일중독 중 하나로 간주한다. 마지막으로 '배려적 일중독자'는 다른 사람의 업무 등에 지나칠 정도로 책임감을 느끼는 유형이다.

이렇듯 일중독자란 일에 지나치게 집착하는 사람으로 생각할 수도 있지만 일중독인 사람들은 일로 인해 자신의 자존감이 올라가고, 가치가 매겨진다 생각하기도 한다. 그러나 이러한 일중독자가 단순히 업무에 많은 시간을 소요하는 사람이라는 인식은 재고할 필요가 있다.

① 장기적인 계획을 세워 업무를 수행하는 A사원
② K사원의 업무에 책임감을 느끼며 괴로워하는 B대리
③ 마감 3일 전에 한꺼번에 일을 몰아서 하는 C주임
④ 휴일이나 주말에도 집에서 업무를 수행하는 D사원
⑤ 혼자서 소화할 수 없는 양의 업무를 자발적으로 담당한 E대리

07 다음 기사의 제목으로 가장 적절한 것은?

> LH는 연료전지 전문 중소기업인 S-퓨얼셀과 25kW급 건물용 연료전지 개발 및 기술 실증 업무협약을 체결했다고 밝혔다. 이번 업무협약은 정부의 그린뉴딜 종합계획에 발맞춘 신재생에너지국가의 R&D 참여의 일환으로 국책과제 선정기관인 S-퓨얼셀과 연료전지 연구·개발 실증 협업을 통한 기술 거버넌스 구축 교두보를 마련하고자 추진되었다.
>
> 25kW급 건물용 연료전지 시스템 개발 및 실증은 한국에너지기술평가원의 2020년도 에너지 기술 개발 사업 신규 지원 대상 과제의 에너지원별 실증형 R&D 중 하나이다. S-퓨얼셀이 담당 기관으로 선정됐으며, 건물용 연료전지의 효율 향상과 기술 및 내구성 검증을 위해 2020년 5월부터 48개월 동안 총비용 140억 원이 투입될 예정이다. 협약에 따라 LH는 기술 실증 공간과 설비 유틸리티를 제공하며, S-퓨얼셀은 연료전지 발전 장비 개발 및 설치와 과제 이행을 위한 관리·운영을 담당하게 된다. 기술 실증은 대상 사업지구 선정 후 2023년부터 약 15개월 동안 연료전지 효율 향상 기술 및 내구성 검증을 위해 실시되며, 실증 기간 동안 생산되는 열과 전기는 연료전지가 설치된 해당 시설물에 무상으로 제공된다.
>
> 한편, LH는 이번 협약으로 정부 친환경 정책 이행과 더불어, 국가 R&D 과제 지원 비용 활용을 통한 재무 건전성 확보, 중소기업과의 기술 거버넌스 구축 및 소재·부품·장비의 융복합과 스마트화를 주도한다는 계획이다.
>
> LH 관계자는 "이번 업무협약을 통해 그린뉴딜 정책의 성공적 추진을 위한 신재생에너지 확산의 교두보를 마련할 것"이라며, "단순 에너지 절감에 그치는 것이 아닌 지속 가능한 신재생에너지 기술 적용을 위해 최선을 다하겠다."고 밝혔다.

① LH, 25kW급 건물용 연료전지 개발 및 기술 실증 업무협약 체결
② LH, 연료전지 효율 향상과 기술 및 내구성 검증을 위해 140억 원 투자
③ LH, 건물용 연료전지 실증 기간 중 생산된 전기를 해당 시설물에 무상 제공
④ LH, 시범 사업지구 선정 후 2023년부터 약 15개월 동안 기술 실증 실시 예정
⑤ LH, 에너지 절감을 위해 국책과제 연구·개발 실증 협업 추진

08 다음 글의 제목으로 가장 적절한 것은?

제4차 산업혁명은 인공지능이 기존의 자동화 시스템과 연결되어 효율이 극대화되는 산업 환경의 변화를 의미한다. 이는 2016년 세계경제포럼에서 언급되어, 유행처럼 번지는 용어가 되었다. 학자에 따라 바라보는 견해는 다르지만 대체로 기계학습과 인공지능의 발달이 그 수단으로 꼽힌다. 2010년대 중반부터 드러나기 시작한 제4차 산업혁명은 현재진행형이며, 그 여파는 사회 곳곳에서 드러나고 있다. 현재도 사람을 기계와 인공지능이 대체하고 있으며, 현재 일자리의 $80 \sim 99\%$까지 대체될 것이라고 보는 견해도 있다.

만약 우리가 현재의 경제 구조를 유지한 채로 이와 같은 극단적인 노동 수요 감소를 맞게 된다면, 전후 미국의 대공황 등과는 차원이 다른 끔찍한 대공황이 발생할 것이다. 계속해서 일자리가 줄어들수록 중・하위 계층은 사회에서 밀려날 수밖에 없는 반면, 자본주의 사회의 특성상 많은 비용을 수반하는 과학기술의 연구는 자본에 종속될 수밖에 없기 때문이다. 물론 지금도 이러한 현상이 없는 것은 아니지만, 아직까지는 단순노동이 필요하기 때문에 노동력을 제공하는 중・하위 계층들도 불합리한 부분들에 파업과 같은 실력행사를 할 수 있었다. 그러나 앞으로 자동화가 더욱 진행되어 노동의 필요성이 사라진다면 그들을 배려해야 할 당위성은 법과 제도가 아닌 도덕이나 인권과 같은 윤리적인 영역에만 남게 되는 것이다.

반면에, 이를 긍정적으로 생각한다면 이처럼 일자리가 없어졌을 때 극소수에 해당하는 경우를 제외한 나머지 사람들은 노동에서 완전히 해방되어, 인공지능이 제공하는 무제한적인 자원을 마음껏 향유할 수도 있을 것이다. 하지만 이러한 미래는 지금의 자본주의보다는 사회주의 경제 체제에 가깝다. 이 때문에 많은 경제학자와 미래학자들은 제4차 산업혁명 이후의 미래를 장밋빛으로 바꿔나가기 위해, 기본소득제 도입 등의 시도와 같은 고민들을 이어가고 있다.

① 제4차 산업혁명의 의의 ② 제4차 산업혁명의 빛과 그늘
③ 제4차 산업혁명의 위험성 ④ 제4차 산업혁명에 대한 준비
⑤ 제4차 산업혁명의 시작

09

오존층 파괴의 주범인 프레온 가스로 대표되는 냉매는 그 피해를 감수하고도 사용할 수밖에 없는 필요악으로 인식되어 왔다. 지구 온난화 문제를 해결할 수 있는 대체 물질이 요구되는 이러한 상황에서 최근 이를 만족할 수 있는 4세대 신냉매가 새롭게 등장해 각광을 받고 있다. 그중 온실가스 배출량을 크게 줄인 대표적인 4세대 신냉매가 수소불화올레핀(HFO)계 냉매이다.

HFO는 기존 냉매에 비해 비싸고 불에 탈 수 있다는 단점이 있으나, 온실가스 배출이 거의 없고 에너지 효율성이 높은 장점이 있다. 이러한 장점으로 4세대 신냉매에 대한 관심이 최근 급격히 증가하고 있다. 지난 2003 ~ 2017년 중 냉매 관련 특허 출원 건수는 총 686건이었고, 온실가스 배출량을 크게 줄인 4세대 신냉매 관련 특허 출원들은 꾸준히 늘어나고 있다. 특히 2008년부터 HFO계 냉매를 포함한 출원 건수가 큰 폭으로 증가하면서 같은 기간의 HFO계 냉매 출원 비중이 65%까지 증가했다. 이러한 출원 경향은 국제 규제로 2008년부터 온실가스를 많이 배출하는 기존 3세대 냉매의 생산과 사용을 줄이면서 4세대 신냉매가 필수적으로 요구됐기 때문으로 분석된다.

냉매는 자동차, 냉장고, 에어컨 등 우리 생활 곳곳에 사용되는 물질로서 시장 규모가 대단히 크지만, 최근 환경 피해와 관련된 엄격한 국제 표준이 요구되고 있다. 우수한 친환경 냉매가 조속히 개발될 수 있도록 관련 특허 동향을 제공해야 할 것이며, 4세대 신냉매 개발은 ＿＿＿＿＿＿＿＿＿＿＿

① 인공지능 기술의 확장을 열게 될 것이다.
② 엄격한 환경 국제 표준을 약화시킬 것이다.
③ 또 다른 오존층 파괴의 원인으로 이어질 것이다.
④ 지구 온난화 문제 해결의 열쇠가 될 것이다.
⑤ 새로운 일자리 창출에 많은 도움이 될 것이다.

10

야생의 자연이라는 이상을 고집하는 자연 애호가들은 인류가 자연과 내밀하면서도 창조적인 관계를 맺었던 반(反) 야생의 자연, 즉 정원을 간과한다. 정원은 울타리를 통해 농경지보다 야생의 자연과 분명한 경계를 긋는다. 집약적 토지 이용의 전통은 정원에서 시작되었다. 정원은 대규모의 농경지 경작이 행해지지 않은 원시적인 문화에서도 발견된다. 만여 종의 경작용 식물들은 모두 대량 생산에 들어가기 전에 정원에서 자라는 단계를 거쳐 온 것으로 보인다.

농업경제의 역사에서 정원이 갖는 의미는 시대와 지역에 따라 매우 달랐다. 좁은 공간에서 집약적인 농사를 짓는 지역은 농부가 곧 정원사였다. 반면 예전의 독일 농부들은 정원이 곡물 경작에 사용될 퇴비를 앗아가므로 정원을 악으로 여기기도 했다. 하지만 여성들의 입장은 지역적인 편차가 없었다. 아메리카의 푸에블로 인디언부터 근대 독일의 농부 집안까지 정원은 농업 혁신에 주도적인 역할을 해온 여성들에게는 자신들의 제국이자 자존심이었다. 그곳에는 여성들이 경험을 통해 쌓은 전통 지식이 살아 있었다. 환경사에서 여성이 갖는 특별한 역할의 물질적 근간은 대부분 정원에서 발견되며, 특히 여성 제후들과 관련된 자료가 풍부하다. 작센의 여성 제후인 안나는 식물에 관한 지식을 공유하는 광범위한 사회적 네트워크를 가지고 있었는데 그중에는 식물 경제학에 관심이 깊은 고귀한 신분의 여성들도 많았으며 수도원 소속의 여성들도 있었다.

여성들이 정원에서 쌓은 경험의 특징은 무엇일까? 정원에서는 땅을 면밀히 살피고 손으로 흙을 부스러뜨리는 습관이 생겨났을 것이다. 정원에서 즐겨 이용되는 삽도 다양한 토질의 층을 자세히 연구하도록 부추겼을 것이 분명하다. 넓은 경작지보다는 정원에서 땅을 다룰 때 더 아끼고 보호했을 것이다. 정원이라는 매우 제한된 공간에는 옛날에도 충분한 퇴비를 줄 수 있었다. 경작지보다도 다양한 종류의 퇴비로 실험할 수 있었고 새로운 작물을 키우며 경험을 수집할 수 있었다. 정원에서는 좁은 공간에서 다양한 식물이 자라기 때문에 모든 종류의 식물들이 서로 잘 지내지는 않는다는 사실에도 주의를 기울였다. 이는 식물 생태학의 근간을 이루는 통찰이었다.

결론적으로 정원은 _____

① 자연을 즐기고 자연과 교감할 수 있는 야생의 공간으로서 집안에 들여놓은 자연의 축소판이었다.

② 여성들이 자연을 통제하고자 하는 이룰 수 없는 욕구를 충족하기 위하여 인공적으로 구축한 공간이었다.

③ 경작용 식물들이 서로 잘 지낼 수 있도록 농경지를 구획하는 울타리를 헐어버림으로써 구축한 인위적 공간이었다.

④ 여성 제후들이 농부들의 경작 경험을 집대성하여 환경사의 근간을 이루는 식물 생태학의 기초를 다지는 공간이었다.

⑤ 여성들이 주도가 되어 토양과 식물을 이해하고 농경지 경작에 유용한 지식과 경험을 배양할 수 있는 좋은 장소였다.

※ 다음 기사를 읽고 이어지는 질문에 답하시오. [11~13]

피보나치 수열은 운명적으로 가장 아름답다는 황금비를 만들어낸다. 황금비는 피라미드, 파르테논 신전이나 다빈치, 미켈란젤로의 작품에서 시작해 오늘날에는 신용카드와 담뱃갑, 종이의 가로와 세로의 비율까지 광범위하게 쓰인다. 이러한 황금비는 태풍과 은하수의 형태, 초식동물의 뿔, 바다의 파도에도 있다. 배꼽을 기준으로 한 사람의 상체와 하체, 목을 기준으로 머리와 상체의 비율도 황금비이다. 이런 사례를 찾다 보면 우주가 피보나치 수열의 장난으로 만들어졌는지도 모른다는 생각까지 든다.

피보나치 수열은 12세기 말 이탈리아 천재 수학자 레오나르도 피보나치가 제안했다. 한 쌍의 토끼가 계속 새끼를 낳을 경우 몇 마리로 불어나는가를 숫자로 나타낸 것이 이 수열인 것이다. 이 수열은 앞서 나오는 두 숫자의 합이다. 예로 1, 1, 1+1=2, 1+2=3, 2+3=5, 3+5=8, 5+8=13, 8+13=21, 13+21=34, 21+34=55, 34+55=89, … 이처럼 계속 수열을 만들어가는 것이다.

우리 주변의 꽃잎을 세어보면 거의 모든 꽃잎이 3장, 5장, 8장, 13장, … 으로 되어 있다. 백합과 붓꽃은 꽃잎이 3장, 채송화·패랭이·동백·야생장미는 5장, 모란·코스모스는 8장, 금불초와 금잔화는 13장이다. 과꽃과 치커리는 21장, 질경이와 데이지는 34장, 쑥부쟁이는 종류에 따라 55장과 89장이다. 신기하게도 모두 피보나치 숫자인 것이다.

피보나치 수열은 해바라기나 데이지 꽃 머리의 씨앗 배치에도 존재한다. 해바라기 씨앗이 촘촘히 박혀 있는 꽃 머리를 유심히 보면 최소의 공간에 최대의 씨앗을 배치하기 위한 최적의 수학적 해법으로 꽃이 피보나치 수열을 선택한다는 것을 알 수 있다. 씨앗은 꽃 머리에서 왼쪽과 오른쪽 두 개의 방향으로 엇갈리게 나선 모양으로 자리 잡는다. 데이지 꽃 머리에는 서로 다른 34개와 55개의 나선이 있고, 해바라기 꽃 머리에는 55개와 89개의 나선이 있다.

피보나치 수열은 식물의 잎차례에도 잘 나타나 있다. 잎차례는 줄기에서 잎이 나와 배열하는 방식으로 t/n로 표시한다. t번 회전하는 동안 잎이 n개 나오는 비율이 참나무·벚꽃·사과는 $\frac{2}{5}$이고, 포플러·장미·배·버드나무는 $\frac{3}{8}$, 갯버들과 아몬드는 $\frac{5}{13}$이다. 모두 피보나치 숫자로 전체 식물의 90%가 피보나치 수열의 잎차례를 따르고 있다.

이처럼 잎차례가 피보나치 수열을 따르는 것은 잎이 바로 위의 잎에 가리지 않고, 햇빛을 최대한 받을 수 있는 최적의 수학적 해법이기 때문이다.

예전에는 식물의 DNA가 피보나치 수열을 만들어낸다고 생각했다. 그러나 요즘에는 식물이 새로 자라면서 환경에 적응해 최적의 성장 방법을 찾아가는 과정에서 자연스럽게 피보나치 수열이 형성된다고 생각하는 학자들이 많아졌다. 최근 들어 생물뿐만 아니라 전하를 입힌 기름방울을 순서대로 떨어뜨려도 해바라기 씨앗처럼 퍼진다는 사실이 ㉠ 밝혀졌다. 이처럼 피보나치 수열과 이 수열이 만들어내는 황금비는 생물은 물론 자연과 우주 어디에나 숨어 있다.

11 다음 중 기사의 내용으로 적절하지 않은 것은?

① 꽃잎과 식물의 잎에서 피보나치 수열을 찾을 수 있으며, 이 수열은 피라미드, 신용카드 등에 나타나는 황금비를 만들어 낸다.

② 해바라기 꽃 머리를 보면 최소의 공간에 최대의 씨앗이 배치될 수 있도록 피보나치 수열을 선택했음을 알 수 있다.

③ 식물의 잎차례에도 피보나치 수열이 잘 나타나며, 모든 식물의 잎차례는 이 수열을 따르고 있다.

④ 식물의 잎차례는 햇빛을 최대한 받을 수 있도록 피보나치 수열을 따르고 있다.

⑤ 학자들은 식물이 환경에 적응하기 위해 최적의 성장 방법을 찾아가는 과정에서 이 수열이 형성된다고 생각한다.

12 다음 중 기사의 제목으로 가장 적절한 것은?

① 일상생활 속에서 광범위하게 사용되는 황금비

② 피보나치 수열의 정의와 형성 원리

③ 피보나치 수열에 대한 학자들의 기존 입장과 새롭게 밝혀진 원리

④ 식물에서 찾아볼 수 있는 피보나치 수열

⑤ 잎차례가 피보나치 수열을 따르는 이유

13 다음 중 밑줄 친 부분이 ㉠과 다른 의미로 사용된 것은?

① 그동안 숨겨왔던 진실이 <u>밝혀졌다</u>.

② 철수는 돈과 지위를 <u>밝히기로</u> 유명하다.

③ 나의 결백함이 <u>밝혀질</u> 것으로 믿는다.

④ 오랜 연구의 결과로 옛 문헌의 가치가 <u>밝혀졌다</u>.

⑤ 경찰이 사고의 원인을 <u>밝히고</u> 있다.

헤로도토스의 앤트로포파지(Anthropophagy, 식인 풍습)나 신화나 전설적 존재들인 반인반양, 켄타우로스, 미노타우로스 등은 아무래도 역사적인 구체성이 크게 결여된 편이다. 반면에 르네상스의 야만인 담론에 등장하는 야만인들은 서구의 전통 야만인관에 의해 각색되는 것은 여전하지만 이전과는 달리 현실적 구체성을 띠고 나타난다. 하지만 이때도 문명의 시각이 작동하기는 마찬가지며 야만인이 저질 인간으로 인식되는 것도 마찬가지다. 다만 이제 이런 인식은 서구 중심의 세계 체제 형성과 관련을 맺는다. 르네상스 야만인 상은 서구인의 문명 건설 과업과 관련하여 만들어진 것이다. 신대륙 발견과 더불어 문명과 야만의 접촉이 빈번해지자 야만인은 더 이상 신화적·상징적·문화적 이해 대상이 아니다. 이제 그는 실제 경험의 대상으로서 서구인의 일상생활에까지 모습을 드러내는 존재이다.

특히 주목해야 할 점은 콜럼버스의 신대륙 발견이후로 야만인 담론은 유럽인이 발견한 지역의 원주민들과 직접적으로, 그리고 집단적으로 만나는 실제 체험과 관련되어 있다는 사실이다. 르네상스 이전이라고 해서 이방의 원주민들을 만나지 않았을 리 없겠지만 그때에는 원주민에 관한 정보가 직접 경험에 의한 것이라기보다는 뜬소문에 근거하거나 아니면 순전히 상상의 산물인 경우가 많았다. 반면에 르네상스 시대 야만인은 그냥 원주민이 아니다. 이때 원주민은 식인종이며 바로 이 점 때문에 문명인의 교화를 받거나 정복과 절멸의 대상이 된다. 이 점은 코르테스가 정복한 아즈텍 제국인 멕시코를 생각하면 쉽게 이해할 수 있다. 멕시코는 당시 거대한 제국으로서 유럽에서도 유례를 찾아보기 힘들 정도로 거대한 인구 25만의 도시를 건설한 문명국이었지만 코르테스를 수행하여 멕시코 정벌에 참여하고 나중에 이 경험에 관한 회고록으로 『뉴스페인 정복 사』를 쓴 베르날 디아즈에 따르면 지독한 식인 습관을 가진 것으로 매도된다. ㉠ 멕시코 원주민들이 식인종으로 규정되고 나면 그들이 아무리 스페인 정복군이 눈이 휘둥그레질 정도로 발달된 문화를 가지고 있어도 소용이 없다. 집단적으로 '식인' 야만인으로 규정됨으로써 정복의 대상이 되고 이로 말미암아 세계사의 흐름에 큰 변화가 오게 된다. 거대한 대륙의 주인이 바뀌는 것이다.

14 다음 중 윗글을 토대로 추론한 내용으로 적절하지 않은 것은?

① 고대에 형성된 야만인 이미지들은 경험에 의한 것이 아닌 허구의 산물이었다.

② 르네상스 이후 서구인의 야만인 담론은 전통적인 야만인관과 단절을 이루었다.

③ 르네상스 이후 야만인은 서구의 세계 제패 전략의 관점에서 인식되고 평가되었다.

④ 스페인 정복군에 의한 아즈텍 문명의 정복은 서구 야만인 담론을 통해 합리화되었다.

⑤ 멕시코는 비교적 발달한 문명을 갖췄지만 정복군에 의해 야만인으로 매도당했었다.

15 다음 중 밑줄 친 ㉠과 가장 관계 깊은 사자성어로 가장 적절한 것은?

① 아전인수(我田引水)   ② 상전벽해(桑田碧海)

③ 자승자박(自繩自縛)   ④ 승자독식(勝者獨食)

⑤ 결초보은(結草報恩)

16 다음은 2019 ~ 2023년까지 우리나라의 출생 및 사망에 대한 자료이다. 이에 대한 설명으로 옳지 않은 것은?

〈우리나라 출생 및 사망 현황〉

(단위 : 명)

구분	2019년	2020년	2021년	2022년	2023년
출생아 수	436,455	435,435	438,420	406,243	357,771
사망자 수	266,257	267,692	275,895	280,827	285,534

① 출생아 수가 가장 많았던 해는 2021년이다.
② 2021년 출생아 수는 같은 해 사망자 수의 1.7배 이상이다.
③ 2020년 출생아 수는 2023년 출생아 수보다 약15% 이상 많다.
④ 사망자 수는 2020년부터 2023년까지 매년 전년 대비 증가하고 있다.
⑤ 2019 ~ 2023년까지 사망자 수가 가장 많은 해와 가장 적은 해의 사망자 수 차이는 15,000명 이상이다.

17 다음은 어린이보호구역 지정현황을 나타낸 자료이다. 이에 대한 설명으로 옳지 않은 것은?

〈어린이보호구역 지정현황〉

(단위 : 개)

구분	2018년	2019년	2020년	2021년	2022년	2023년
초등학교	5,365	5,526	5,654	5,850	5,917	5,946
유치원	2,369	2,602	2,781	5,476	6,766	6,735
특수학교	76	93	107	126	131	131
보육시설	619	778	1,042	1,755	2,107	2,313
학원	–	–	–	–	–	11

① 2018년 어린이보호구역의 합계는 8,429개이다.
② 초등학교 어린이보호구역은 계속해서 증가하고 있다.
③ 2023년부터 학원 앞에도 어린이보호구역이 지정되었다.
④ 2023년 어린이보호구역은 2018년보다 총 6,607개 증가했다.
⑤ 2022년과 2023년 사이에는 추가적으로 지정된 특수학교 관련 어린이보호구역이 없었다.

※ 다음은 시·도별 연령에 따른 인구 비중을 나타낸 그래프이다. 이어지는 질문에 답하시오. **[18~19]**

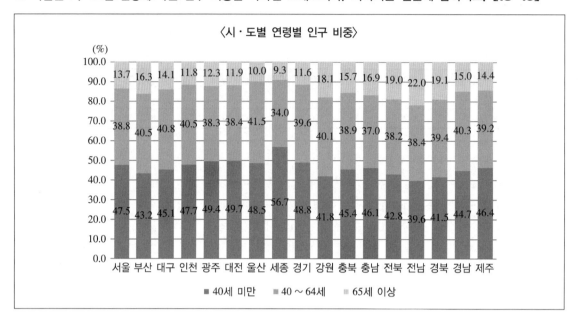

〈시·도별 연령별 인구 비중〉

18 65세 이상 인구 비중이 세 번째로 높은 지역의 64세 이하의 비율은 얼마인가?

① 81%
② 80%
③ 79%
④ 78%
⑤ 77%

19 다음 중 자료에 대한 설명으로 옳지 않은 것은?

① 울산의 40세 미만 비율과 대구의 40세 이상 64세 이하 비율 차이는 7.7%p이다.
② 인천 지역의 총 인구가 300만 명일 때, 65세 이상 인구는 33.4만 명이다.
③ 40세 미만의 비율이 높은 다섯 지역 순서는 '세종 – 대전 – 광주 – 경기 – 울산'이다.
④ 조사 지역의 인구가 모두 같을 경우 40세 이상 64세 이하 인구가 두 번째로 많은 지역은 대구이다.
⑤ 40세 미만 비율이 가장 높은 지역은 65세 이상 비율이 가장 낮다.

20 수현이는 노트 필기를 할 때 검은 펜, 파란 펜, 빨간 펜 중 한 가지를 사용하는데 검은 펜을 쓴 다음 날은 반드시 빨간 펜을 사용하고, 파란 펜을 쓴 다음 날에는 검은 펜이나 빨간 펜을 같은 확률로 사용한다. 또 빨간 펜을 쓴 다음 날은 검은 펜과 파란 펜을 2 : 1의 비율로 사용한다. 만약 수현이가 오늘 아침에 주사위를 던져서 눈의 수가 1이 나오면 검은 펜을, 3이나 5가 나오면 빨간 펜을, 그리고 짝수가 나오면 파란 펜을 사용하기로 했다면, 내일 수현이가 검은 펜을 사용할 확률은?

① $\dfrac{5}{12}$

② $\dfrac{4}{9}$

③ $\dfrac{17}{36}$

④ $\dfrac{1}{2}$

⑤ $\dfrac{2}{5}$

21 서경이는 흰색 깃발과 검은색 깃발을 하나씩 갖고 있는데, 깃발을 총 5번 들어 신호를 표시하려고 한다. 같은 깃발은 4번까지만 사용하여 신호를 표시한다면, 만들 수 있는 신호는 모두 몇 가지인가?

① 14가지

② 16가지

③ 30가지

④ 32가지

⑤ 36가지

22 농도가 12%인 소금물 500g에서 x g을 버리고 버린 양의 2배만큼 6%의 소금물을 섞어 10% 이하의 소금물을 만들고자 한다. 버려야 하는 소금물의 양은 최소 몇 g인가?

① 100g

② 95g

③ 90g

④ 85g

⑤ 80g

23 L공사 신입사원 채용시험의 응시자는 100명이다. 시험 점수 전체 평균이 64점이고, 합격자 평균과 불합격자 평균이 각각 80점, 60점이라고 하면 합격률은 얼마인가?

① 15%   ② 18%
③ 20%   ④ 22%
⑤ 25%

24 다음은 남자 고등학생을 대상으로 신장을 조사한 것이다. 신장이 170cm 미만인 학생 수가 전체의 40%일 때, (가)에 들어갈 알맞은 수는?

신장(cm)	학생 수(명)
155 이상 160 미만	2
160 이상 165 미만	8
165 이상 170 미만	(가)
170 이상 175 미만	44
175 이상 180 미만	17
180 이상 185 미만	10
185 이상 190 미만	1

① 34   ② 38
③ 42   ④ 46
⑤ 50

25 다음은 각종 범죄 발생건수 및 체포건수에 대한 자료이다. 2022년과 2021년의 발생건수 대비 체포건수의 비율의 차는?(단, 소수점 셋째 자리에서 반올림한다)

〈범죄 발생건수 및 체포건수〉

(단위 : 건)

구분	2019년	2020년	2021년	2022년	2023년
발생건수	4,064	7,457	13,321	19,513	21,689
체포건수	2,978	5,961	6,989	16,452	5,382

① 31.81%p   ② 31.82%p
③ 31.83%p   ④ 31.84%p
⑤ 31.85%p

26 다음은 중국의 의료 빅데이터 예상 시장 규모에 대한 자료이다. 전년 대비 성장률에 대한 그래프로 옳은 것은?(단, 소수점 둘째 자리에서 반올림한다)

〈2015 ~ 2024년 중국 의료 빅데이터 예상 시장 규모〉

(단위 : 억 위안)

구분	2015년	2016년	2017년	2018년	2019년	2020년	2021년	2022년	2023년	2024년
규모	9.6	15.0	28.5	45.8	88.5	145.9	211.6	285.6	371.4	482.8

①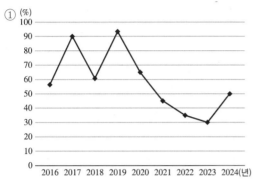

②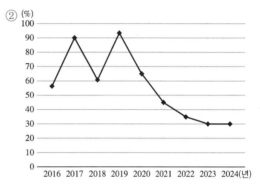

③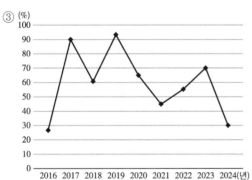

④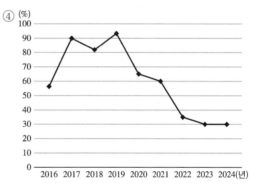

⑤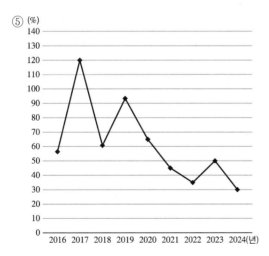

27 다음은 연령별 남녀 유권자 수 및 투표율 현황을 지역별로 조사한 자료이다. 이에 대한 설명으로 옳은 것은?(단, 비율은 소수점 둘째 자리에서 반올림한다)

〈연령별 남녀 유권자 수 및 투표율 현황〉

(단위 : 천 명)

지역	성별	10대	20대	30대	40대	50대 이상	전체
서울	남성	28(88%)	292(72%)	442(88%)	502(94%)	481(88%)	1,745
서울	여성	22(75%)	300(78%)	428(82%)	511(96%)	502(93%)	1,763
경기	남성	24(78%)	271(69%)	402(92%)	448(79%)	482(78%)	1,627
경기	여성	21(82%)	280(88%)	448(95%)	492(85%)	499(82%)	1,740
인천	남성	23(84%)	302(92%)	392(70%)	488(82%)	318(64%)	1,523
인천	여성	20(78%)	288(88%)	421(86%)	511(98%)	302(58%)	1,542
충청	남성	12(82%)	182(78%)	322(78%)	323(83%)	588(92%)	1,427
충청	여성	15(92%)	201(93%)	319(82%)	289(72%)	628(98%)	1,452
전라	남성	11(68%)	208(94%)	221(68%)	310(76%)	602(88%)	1,352
전라	여성	10(72%)	177(88%)	284(92%)	321(84%)	578(76%)	1,370
경상	남성	8(71%)	158(76%)	231(87%)	277(88%)	602(91%)	1,276
경상	여성	9(73%)	182(83%)	241(91%)	269(83%)	572(82%)	1,273
제주	남성	4(76%)	102(88%)	118(69%)	182(98%)	201(85%)	607
제주	여성	3(88%)	121(94%)	120(72%)	177(95%)	187(79%)	608
전체		210	3,064	4,389	5,100	6,542	19,305

※ 투표율은 해당 유권자 중 투표자의 비율이다.

① 남성 유권자 수가 다섯 번째로 많은 지역의 20대 투표자 수는 35만 명 이하이다.
② 지역 유권자가 가장 적은 지역의 유권자 수는 전체 지역 유권자 수에서 6% 미만을 차지한다.
③ 전 지역의 50대 이상 유권자 수가 모든 연령대의 유권자 수에서 차지하는 비율은 30% 이상 35% 미만이다.
④ 20대 여성투표율이 두 번째로 높은 지역의 20대 여성 유권자 수는 20대 남성 유권자 수의 1.2배 이상이다.
⑤ 인천의 여성투표율이 세 번째로 높은 연령대와 같은 연령대의 경상 지역 남녀 투표자 수는 남성이 여성보다 많다.

※ 다음은 온실가스 총 배출량에 대한 자료이다. 이어지는 질문에 답하시오. [28~29]

<그림/표 제목>

〈온실가스 총 배출량〉

(단위 : CO_2 eq.)

구분		2017년	2018년	2019년	2020년	2021년	2022년	2023년
총 배출량		592.1	596.5	681.8	685.9	695.2	689.1	690.2
	에너지	505.3	512.2	593.4	596.1	605.1	597.7	601.0
	산업공정	50.1	47.2	51.7	52.6	52.8	55.2	52.2
	농업	21.2	21.7	21.2	21.5	21.4	20.8	20.6
	폐기물	15.5	15.4	15.5	15.7	15.9	15.4	16.4
LULUCF		−57.3	−54.5	−48.5	−44.7	−42.7	−42.4	−44.4
순 배출량		534.8	542.0	633.3	641.2	652.5	646.7	645.8
총 배출량 증감률(%)		2.3	0.7	14.3	0.6	1.4	−0.9	0.2

※ CO_2 eq. : 이산화탄소 등가를 뜻하는 단위로써 온실가스 종류별 지구온난화 기여도를 수치로 표현한 지구온난화지수(GWP; Global Warming Potential)를 곱한 이산화탄소 환산량
※ LULUCF(Land Use, Land Use Change, Forestry) : 인간이 토지 이용에 따라 변화하게 되는 온실가스의 증감
※ (순 배출량)=(총 배출량)+(LULUCF)

28 다음 중 자료에 대한 설명으로 옳지 않은 것은?

① 온실가스 순 배출량은 2021년까지 지속해서 증가하다가 2022년부터 감소한다.

② 2018 ~ 2023년 중 온실가스 총 배출량이 전년 대비 감소한 해에는 다른 해에 비해 산업공정 온실가스 배출량이 가장 많았다.

③ 2023년 농업 온실가스 배출량은 2017년 대비 3% 이상 감소하였다.

④ 2017년 온실가스 순 배출량에서 에너지 온실가스 배출량이 차지하는 비중은 90% 이상이다.

⑤ 2023년 온실가스 총 배출량은 전년 대비 0.2% 미만으로 증가했다.

29 2022년 대비 2023년 폐기물 온실가스 배출량의 증가율과 에너지 온실가스 배출량의 증가율의 차를 바르게 구한 것은?(단, 증가율은 소수점 둘째 자리에서 반올림한다)

① 5.9%p
② 6.3%p
③ 6.7%p
④ 7.1%p
⑤ 7.5%p

30 다음은 자동차부품 제조업종인 L사의 SWOT 분석에 대한 내용이다. 〈보기〉 중 대응 전략으로 적절하지 않은 것을 모두 고르면?

〈SWOT 분석〉

Strength(강점요인)	Weakness(약점요인)
• 현재 가동 가능한 해외 공장 다수 보유 • 다양한 해외 거래처와 장기간 거래	• 전염병 예방 차원에서의 국내 공장 가동률 저조 • 노조의 복지 확대 요구 지속으로 인한 파업 위기
Opportunities(기회요인)	Threats(위협요인)
• 일부 국내 자동차부품 제조업체들의 폐업 • 국책은행의 부채 만기 연장 승인	• 전염병으로 인해 중국으로의 부품 수출 통제 • 필리핀 제조사들의 국내 진출

〈보기〉

외부 환경 ＼ 내부 환경	Strength(강점)	Weakness(약점)
Opportunities (기회요인)	ㄱ. 국내 자동차부품 제조업체 폐업으로 인한 내수공급량 부족분을 해외 공장에서 공급	ㄴ. 노조의 복지 확대 요구를 수용하여 생산성을 증대시킴
Threats (위협요인)	ㄷ. 해외 공장 가동률 확대를 통한 국내 공장 생산량 감소분 상쇄	ㄹ. 전염병을 예방할 수 있는 방안을 탐색하여 국내 공장 가동률을 향상시키고, 국내 생산을 늘려 필리핀 제조사의 국내 진출 견제

① ㄱ, ㄴ
② ㄱ, ㄷ
③ ㄴ, ㄷ
④ ㄴ, ㄹ
⑤ ㄷ, ㄹ

31 A주임은 주말을 맞아 집에서 쿠키를 만들려고 한다. 종류별 쿠키를 만드는 데 필요한 재료와 A주임이 보유한 재료가 다음과 같을 때, A주임이 주어진 재료로 한 번에 만들 수 있는 쿠키의 종류별 개수의 조합으로 옳지 않은 것은?

쿠키 종류	1개 제작에 필요한 재료
스모어스 쿠키	박력분 10g, 버터 5g, 설탕 8g, 초코시럽 10g, 마쉬멜로우 1개
딸기 쿠키	박력분 10g, 버터 5g, 설탕 8g, 딸기잼 20g
초코칩 쿠키	박력분 10g, 버터 5g, 설탕 8g, 초코시럽 5g, 초코칩 10개
마카다미아 쿠키	박력분 10g, 버터 10g, 설탕 8g, 마카다미아 3개

〈보유재료〉

박력분 80g, 버터 40g, 초코시럽 40g, 마쉬멜로우 6개, 초코칩 60개,
마카다미아 12개, 설탕 80g, 딸기잼 20g

① 스모어스 쿠키 4개

② 스모어스 쿠키 2개, 초코칩 쿠키 1개

③ 딸기 쿠키 1개, 초코칩 쿠키 3개

④ 딸기 쿠키 1개, 마카다미아 쿠키 4개

⑤ 초코칩 쿠키 3개, 마카다미아 쿠키 2개

32 L사는 직원 A ~ E 다섯 명 중 일부를 지방으로 발령하기로 결정하였다. 다음 〈조건〉에 따라 A의 지방 발령이 결정되었다고 할 때, 지방으로 발령하지 않는 직원은 모두 몇 명인가?

〈조건〉
- 회사는 B와 D의 지방 발령에 대하여 같은 결정을 한다.
- 회사는 C와 E의 지방 발령에 대하여 다른 결정을 한다.
- D를 지방으로 발령한다면, E는 지방으로 발령하지 않는다.
- E를 지방으로 발령하지 않는다면, A도 지방으로 발령하지 않는다.

① 1명

② 2명

③ 3명

④ 4명

⑤ 5명

33 L사는 1인 가구를 대상으로 한 서비스를 기획하고자 한다. 해당 업무를 맡게 된 귀하는 1인 가구의 생활 및 소비행태에 대해 분석하여 다음과 같은 보고서를 작성하였다. 그리고 보고서의 내용을 뒷받침할 근거자료를 추가하여 보완하려고 한다. 다음 중 보고서에 활용하지 못하는 근거자료는 무엇인가?

〈1인 가구의 생활 및 소비행태의 분석〉

1인 가구로 생활한 기간은 10년 이상(25.3%), 5 ~ 10년 미만(25.3%), 2 ~ 5년 미만(25.1%), 2년 미만(24.3%) 순으로 단기, 중장기 기간에 걸쳐 고루 분포되어 1인 가구의 증가 추세가 최근 몇 년 사이에 일어난 단기현상이 아님을 보여주고 있다.

성별과 연령별로 생활 기간의 차이를 보면 남성이 여성보다 단기(2년 미만), 장기(10년 이상) 생활기간이 많은 것으로 나타났다. 연령별로는 생활 기간에 따라 완만한 상승 또는 하강의 곡선을 보일 것이라는 예상과 달리 30대의 경우 5 ~ 10년 미만 생활 기간이 31.4%로 가장 많이 나타났으며 나머지 생활 기간들도 비슷한 비율을 보여 다양한 1인 가구 생활 기간을 가진 연령대를 대표한다고 볼 수 있다. 50대 이상 연령대의 경우 40대에 비해 2년 미만 생활 기간이 상대적으로 높게 나타나 결혼 상태나 생애주기의 변화에 따른 1인 가구화가 점차 시작되는 연령대임을 알 수 있다.

1인 가구로 생활하게 된 주된 이유에 대해서는 '본인의 직장·학업 때문에'라는 응답이 50.0%로 과반수를 차지하였으며, 그다음으로 '자유롭게 생활하고 싶어서'가 26.9%, '같이 살 가족이 없어서'가 11.6% 순으로 나타났다.

최근 1년간 소비생활에 있어 가계지출 항목별 지출 비중을 조사한 결과, 가장 많은 지출 비중을 차지하고 있는 항목은 식생활비로 전체의 25.7%를 차지하고 있으며, 그다음으로 주생활비 16.6%, 금융비 13.7%, 의생활비 10.6% 순으로 나타났다. 즉, 의식주 관련 총 생활비가 52.9%로 지출의 과반수를 차지하고 있으며, 금융비까지 포함하면 66.6%로 가계지출의 2/3 정도를 차지하는 것으로 나타났다. 가장 낮은 지출 비중은 외국어 등 자기개발과 자녀학원비 등을 포함한 교육비로 1.7%로 나타났다.

… 생략 …

---

① 성별 1인 가구 생활 기간(단위 : %)

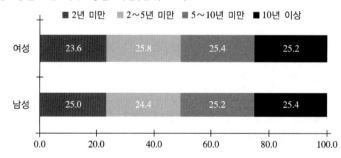

② 1인 가구 생활 기간

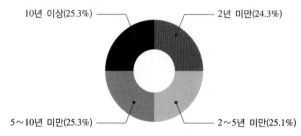

③ 연령별 1인 가구 생활 기간(단위 : %)

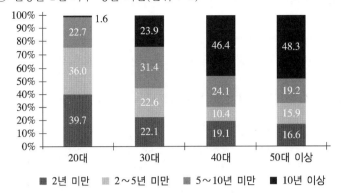

④ 전체 및 연령대별 가계지출 비중(단위 : %)

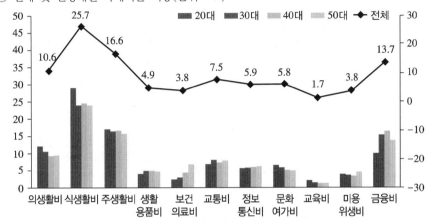

⑤ 1인 가구로 생활하게 된 주된 이유(단위 : %)

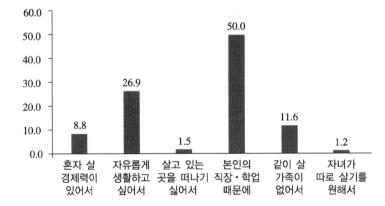

34 다음은 시설물의 안전 및 유지관리에 관한 특별법 및 시행령에 대한 규정의 일부이다. 규정에 따라 정밀안전점검을 해야 하는 시설물은?

- 해당 시설물의 관리자로 규정된 자나 해당 시설물의 소유자는 소관 시설물의 안전과 기능을 유지하기 위하여 정기적으로 안전점검을 실시해야 한다.
- 제1종 시설물 및 제2종 시설물은 정기안전점검 및 정밀안전점검을 해야 하며 제3종 시설물은 정기안전점검을 실시한다.
- 제1종 시설물, 제2종 시설물 및 제3종 시설물에 대한 기준은 다음과 같다.

구분	기준
제1종 시설물	• 21층 이상의 연면적 50,000m² 이상의 건축물 • 연면적 30,000m² 이상의 철도역시설 및 관람장 • 연면적 10,000m² 이상의 지하도상가(지하보도면적을 포함한다)
제2종 시설물	• 16층 이상 또는 30,000m² 이상의 건축물 • 연면적 5,000m² 이상의 문화 및 집회시설, 종교시설, 판매시설, 운수시설 중 여객용 시설 의료시설, 노유자시설, 운동시설, 관광숙박시설 및 관광게시설 • 제1종 시설물에 해당하지 않는 고속철도, 도시철도 및 광역철도 역시설 • 연면적 5,000m² 이상의 지하도상가(지하보도면적을 포함한다)
제3종 시설물	• 준공 후 15년이 경과된 11층 이상 16층 미만의 건축물 • 준공 후 15년이 지난 5층 이상 15층 이하의 아파트 • 연면적 5,000m² 이상 30,000m² 미만의 건축물 • 준공 후 15년이 경과된 연면적 1,000m² 이상 5,000m² 미만의 집회시설, 종교시설, 판매시설, 운수시설, 의료시설, 교육연구시설(연구소는 제외한다), 노유자시설, 수련시설, 운동시설, 숙박시설, 위락시설, 관광게시설 및 장례시설 • 준공 후 15년이 경과된 연면적 500m² 이상 1,000m² 미만의 문화 및 집회시설(공연장 및 집회장만 해당한다), 종교시설 및 운동시설 • 준공 후 15년이 경과된 연면적 300m² 이상 1,000m² 미만의 위락시설 및 관광휴게시설 • 준공 후 15년이 경과된 연면적 1,000m² 이상의 공공업무시설(외국공관은 제외한다) • 준공 후 15년이 경과된 연면적 5,000m² 미만의 지하도상가(지하보도면적을 포함한다) • 그 밖의 중앙행정기관의 장 또는 지방자치단체의 장이 필요한 것으로 인정하는 시설물

건축물	건축물 정보
A	준공 후 18년이 지난 12층 오피스텔
B	준공 후 10년이 지난 연면적 8,000m²인 지하철역 지하도 상가(지하보도면적 포함)
C	준공 후 6년이 지난 연면적 750m² 산책로
D	준공 후 3년이 지난 연면적 40,000m² 고속철도역
E	준공 후 30년이 지난 연면적 1,200m² 군청
F	연면적 12,500m²인 교회
G	준공 후 20년이 지난 연면적 2,000m² 소극장

〈건축물 정보〉

① A, D, F
② B, D, F
③ B, D, G
④ C, D, E
⑤ D, F, G

35 L공사에 근무 중인 직원 A ~ E 5명이 〈조건〉에 따라 이번 주 평일에 당직을 선다고 할 때, 다음 중 반드시 참이 되는 것은?

〈조건〉

- A ~ E는 평일 주 1회 이상 3회 미만의 당직을 서야 한다.
- B와 D의 당직일은 겹치지 않는다.
- B와 D의 경우 하루는 혼자 당직을 서고, 다른 하루는 A와 함께 당직을 선다.
- B와 D는 이틀 연속으로 당직을 선다.
- A는 월요일과 금요일에 당직을 선다.
- C는 혼자 당직을 선다.
- E는 이번 주에 한 번 당직을 섰고, 그 날은 최대 인원수가 근무했다.

① B는 월요일에 당직을 섰다.
② B는 금요일에 당직을 섰다.
③ C는 수요일에 당직을 섰다.
④ D는 금요일에 당직을 섰다.
⑤ E는 금요일에 당직을 섰다.

36 다음은 미용실에 관한 SWOT 분석 결과이다. 이를 토대로 적절한 대응 방안은?

<table>
<tr><td colspan="2" align="center">〈SWOT 분석 결과〉</td></tr>
<tr><td align="center">S(강점)</td><td align="center">W(약점)</td></tr>
<tr><td>• 뛰어난 실력으로 미용대회에서 여러 번 우승한 경험이 있다.
• 인건비가 들지 않아 저렴한 가격으로 서비스를 제공한다.</td><td>• 한 명이 운영하는 가게라 동시에 많은 손님을 받을 수 없다.
• 홍보가 미흡하다.</td></tr>
<tr><td align="center">O(기회)</td><td align="center">T(위협)</td></tr>
<tr><td>• 바로 옆에 유명한 프랜차이즈 레스토랑이 생겼다.
• 미용실을 위한 소셜 네트워크 예약 서비스가 등장했다.</td><td>• 소셜 커머스를 활용하여 주변 미용실들이 열띤 가격경쟁을 펼치고 있다.
• 대규모 프랜차이즈 미용실들이 잇따라 등장하고 있다.</td></tr>
</table>

① ST전략 : 여러 번 대회에서 우승한 경험을 가지고 가맹점을 낸다.

② WT전략 : 여러 명의 직원을 고용해 오히려 가격을 올리는 고급화 전략을 펼친다.

③ WT전략 : 한 명의 전문 인력이 운영하는 미용실이라는 특색으로 가격을 올리는 고급화 전략을 펼친다.

④ SO전략 : 소셜 네트워크 예약 서비스를 이용해 방문한 사람들에게만 저렴한 가격에 서비스를 제공한다.

⑤ WO전략 : 유명한 프랜차이즈 레스토랑과 연계하여 홍보물을 비치한다.

37 경영기획실에서 근무하는 귀하는 매년 부서별 사업계획을 정리하는 업무를 맡고 있다. 부서별 사업계획을 간략하게 정리한 보고서를 보고 귀하가 할 수 있는 생각으로 옳은 것은?

〈사업별 기간 및 소요예산〉

• A사업 : 총 사업기간은 2년으로, 첫해에는 1조 원, 둘째 해에는 4조 원의 예산이 필요하다.
• B사업 : 총 사업기간은 3년으로, 첫해에는 15조 원, 둘째 해에는 18조 원, 셋째 해에는 21조 원의 예산이 필요하다.
• C사업 : 총 사업기간은 1년으로, 총 소요예산은 15조 원이다.
• D사업 : 총 사업기간은 2년으로, 첫해에는 15조 원, 둘째 해에는 8조 원의 예산이 필요하다.
• E사업 : 총 사업기간은 3년으로, 첫해에는 6조 원, 둘째 해에는 12조 원, 셋째 해에는 24조 원의 예산이 필요하다.

올해를 포함한 향후 5년간 위의 5개 사업에 투자할 수 있는 예산은 아래와 같다.

〈연도별 가용예산〉

(단위 : 조 원)

1차 연도(올해)	2차 연도	3차 연도	4차 연도	5차 연도
20	24	28.8	34.5	41.5

〈규정〉

• 모든 사업은 한번 시작하면 완료될 때까지 중단할 수 없다.
• 예산은 당해 사업연도에 남아도 상관없다.
• 각 사업연도의 예산은 이월될 수 없다.
• 모든 사업을 향후 5년 이내에 반드시 완료한다.

---

① B사업을 세 번째 해에 시작하고 C사업을 최종연도에 시행한다.
② A사업과 D사업을 첫해에 동시에 시작한다.
③ D사업을 첫해에 시작한다.
④ 첫해에는 E사업만 시작한다.
⑤ 첫해에 E사업과 A사업을 같이 시작한다.

38 L회사는 공개 채용을 통해 4명의 남자 사원과 2명의 여자 사원을 최종 선발하였고, 선발된 6명의 신입 사원을 기획부, 인사부, 구매부 세 부서에 배치하려고 한다. 다음 〈조건〉에 따라 신입 사원을 배치할 때, 옳지 않은 것은?

─────── 〈조건〉 ───────
- 기획부, 인사부, 구매부 각 부서에 적어도 한 명의 신입 사원을 배치한다.
- 기획부, 인사부, 구매부에 배치되는 신입 사원의 수는 서로 다르다.
- 부서별로 배치되는 신입 사원의 수는 구매부가 가장 적고, 기획부가 가장 많다.
- 여자 신입 사원만 배치되는 부서는 없다.

① 인사부에는 2명의 신입 사원이 배치된다.
② 구매부에는 1명의 남자 신입 사원이 배치된다.
③ 기획부에는 반드시 여자 신입 사원이 배치된다.
④ 인사부에는 반드시 여자 신입 사원이 배치된다.
⑤ 인사부에는 1명 이상의 남자 신입 사원이 배치된다.

39 L공사의 A ~ F팀은 월요일부터 토요일까지 하루에 2팀씩 함께 회의를 진행한다. 다음 〈조건〉을 참고할 때, 반드시 참인 것은?(단, 월요일부터 토요일까지 각 팀의 회의 진행 횟수는 서로 같다)

─────── 〈조건〉 ───────
- 오늘은 목요일이고 A팀과 F팀이 함께 회의를 진행했다.
- B팀은 A팀과 연이은 요일에 회의를 진행하지 않는다.
- B팀은 오늘을 포함하여 이번 주에는 더 이상 회의를 진행하지 않는다.
- C팀은 월요일에 회의를 진행했다.
- D팀과 C팀은 이번 주에 B팀과 한 번씩 회의를 진행한다.
- A팀과 F팀은 이번 주에 이틀을 연이어 함께 회의를 진행한다.

① E팀은 수요일과 토요일 하루 중에만 회의를 진행한다.
② 화요일에 회의를 진행한 팀은 B팀과 E팀이다.
③ C팀과 E팀은 함께 회의를 진행하지 않는다.
④ C팀은 월요일과 수요일에 회의를 진행했다.
⑤ F팀은 목요일과 금요일에 회의를 진행한다.

40 L공사는 직원들의 여가를 위해 하반기 동안 다양한 프로그램을 운영하고자 한다. 다음 수요도 조사 결과와 〈조건〉에 따라 프로그램을 선정할 때, 운영될 프로그램이 바르게 연결된 것은?

〈프로그램 후보별 수요도 조사 결과〉

운영 분야	프로그램명	인기 점수	필요성 점수
운동	강변 자전거 타기	6	5
진로	나만의 책 쓰기	5	7
여가	자수 교실	4	2
운동	필라테스	7	6
교양	독서 토론	6	4
여가	볼링 모임	8	3

※ 수요도 조사에는 전 직원이 참여하였다.

─〈조건〉─

- 수요도는 인기 점수와 필요성 점수에 가점을 적용한 후 2 : 1의 가중치에 따라 합산하여 판단한다.
- 각 프로그램의 인기 점수와 필요성 점수는 10점 만점으로 하며, 전 직원이 부여한 점수의 평균값이다.
- 운영 분야에 하나의 프로그램만 있는 경우 그 프로그램의 필요성 점수에 2점을 가산한다.
- 운영 분야에 복수의 프로그램이 있는 경우 분야별로 필요성 점수가 가장 낮은 프로그램은 후보에서 탈락한다.
- 수요도 점수가 동점일 경우 인기 점수가 높은 프로그램을 우선시한다.
- 수요도 점수가 가장 높은 2개의 프로그램을 선정한다.

① 강변 자전거 타기, 볼링 모임
② 나만의 책 쓰기, 필라테스
③ 자수 교실, 독서 토론
④ 필라테스, 볼링 모임
⑤ 독서 토론, 볼링 모임

| 01 | 토목 - 객관식

41 탄성계수 $E=2.1\times10^{6}\,\mathrm{kg}_{f}/\mathrm{cm}^{2}$, 푸아송비 $\nu=0.25$일 때 전단탄성계수의 값은 얼마인가?

① $8.4\times10^{5}\,\mathrm{kg}_{f}/\mathrm{cm}^{2}$ ② $10.5\times10^{5}\,\mathrm{kg}_{f}/\mathrm{cm}^{2}$

③ $16.8\times10^{5}\,\mathrm{kg}_{f}/\mathrm{cm}^{2}$ ④ $21.0\times10^{5}\,\mathrm{kg}_{f}/\mathrm{cm}^{2}$

⑤ $23.6\times10^{5}\,\mathrm{kg}_{f}/\mathrm{cm}^{2}$

42 다음 그림에서 휨모멘트가 최대가 되는 단면의 위치는 B점에서 얼마만큼 떨어져 있는가?

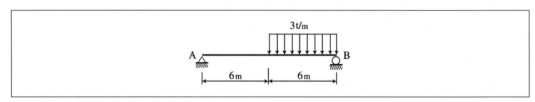

① 4.2m ② 4.5m

③ 4.8m ④ 5.2m

⑤ 5.5m

43 폭이 b이고 높이가 h인 직사각형의 그 도심에 대한 극관성 모멘트를 구하는 식은?

① $\dfrac{bh}{3}(b^{2}+h^{2})$ ② $\dfrac{\sqrt{bh}}{3}(b^{3}+h^{3})$

③ $\dfrac{\sqrt{bh}}{12}(b^{3}+h^{3})$ ④ $\dfrac{bh}{12}(b^{2}+h^{2})$

⑤ $\dfrac{bh}{6}(b^{2}+h^{2})$

44 다음 그림과 같은 라멘에서 D지점의 반력은?

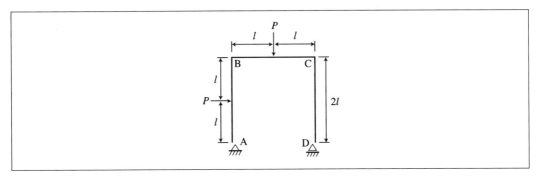

① $0.5P(\uparrow)$

③ $1.5P(\uparrow)$

⑤ $2.5P(\uparrow)$

② $P(\uparrow)$

④ $2.0P(\uparrow)$

45 연속 휨 부재에 대한 해석 중에서 현행 콘크리트구조기준에 따라 부모멘트를 증가 또는 감소시키면서 재분배할 수 있는 경우는?

① 근사해법에 의해 휨 모멘트를 계산한 경우

② 하중을 적용하여 탄성이론에 의하여 산정한 경우

③ 2방향 슬래브 시스템의 직접설계법을 적용하여 계산한 경우

④ 2방향 슬래브 시스템을 등가골조법으로 해석한 경우

⑤ 경간 내 단면에 대해 수정된 부모멘트를 사용하지 않은 경우

46 다음 중 처짐과 균열에 대한 설명으로 옳지 않은 것은?

① 콘크리트 표면의 균열폭은 피복두께의 영향을 받는다.

② 처짐은 부재가 하중을 받아서 연직방향으로 이동한 거리를 말한다.

③ 크리프, 건조수축 등으로 인하여 시간의 경과와 더불어 진행되는 처짐은 탄성처짐이다.

④ 처짐에 영향을 미치는 인자로는 하중, 온도, 습도, 재령, 함수량, 압축철근의 단면적 등이 있다.

⑤ 균열폭을 최소화하기 위해서는 적은 수의 굵은 철근보다는 많은 수의 가는 철근을 인장측에 잘 분포시켜야 한다.

47 하천의 유속측정 결과, 수면으로부터 깊이의 2/10, 4/10, 6/10, 8/10 되는 곳의 유속(m/s)이 각각 0.662, 0.552, 0.442, 0.332이었다면 3점법에 의한 평균유속은?

① 0.4695m/s
② 0.4831m/s
③ 0.5245m/s
④ 0.5337m/s
⑤ 0.5463m/s

48 우수관거 및 합류관거 내에서의 부유물 침전을 막기 위하여 계획우수량에 대하여 요구되는 최소 유속은?

① 0.3m/s
② 0.6m/s
③ 0.8m/s
④ 1.2m/s
⑤ 1.5m/s

49 계획하수량이 $32\text{m}^3/\text{s}$, 하수관내유속이 1.2m/s인 경우 하수관의 관지름은 얼마인가?

① 약 5.83m
② 약 5.83cm
③ 약 5.83mm
④ 약 5.38m
⑤ 약 5.38cm

50 A저수지에서 200m 떨어진 B저수지로 지름 20cm, 마찰손실계수 0.035인 원형관으로 $0.0628\text{m}^3/\text{s}$의 물을 송수하려고 한다. A저수지와 B저수지 사이의 수위차는?(단, 마찰손실, 단면급확대 및 급축소 손실을 고려한다)

① 약 5.75m
② 약 6.94m
③ 약 7.14m
④ 약 7.44m
⑤ 약 7.75m

51 강재에 비례한도보다 큰 응력을 가한 후 응력을 제거하면 장시간 방치하여도 얼마 간의 변형이 남게 되는데, 이러한 변형을 무엇이라 하는가?

① 탄성변형　　　　　　　　　② 피로변형
③ 취성변형　　　　　　　　　④ 소성변형
⑤ 자기변형

52 강관으로 된 기둥의 축방향에 30t의 압축을 주고 외경을 10cm로 할 때, 내경의 값은 얼마인가?(단, $\sigma_{ck} = 1,200 \text{kg/cm}^2$ 이다)

① 약 6.66cm　　　　　　　　② 약 7.36cm
③ 약 8.26cm　　　　　　　　④ 약 8.76cm
⑤ 약 9.26cm

53 다음 중 복철근 보에서 압축철근에 대한 효과로 옳지 않은 것은?

① 단면 저항 모멘트를 크게 증대시킨다.
② 지속하중에 의한 처짐을 감소시킨다.
③ 파괴 시 압축응력의 깊이를 감소시켜 연성을 증대시킨다.
④ 철근의 조립을 쉽게 한다.
⑤ 취성 파괴를 억제시킨다.

54 촬영고도 3,000m에서 초점거리 153mm의 카메라를 사용하여 고도 600m의 평지를 촬영할 경우 사진축척은?

① $\dfrac{1}{18,762}$　　　　　　　② $\dfrac{1}{17,568}$
③ $\dfrac{1}{16,766}$　　　　　　　④ $\dfrac{1}{15,686}$
⑤ $\dfrac{1}{14,865}$

55 삼각측량을 위한 삼각망 중에서 유심다각망에 대한 설명으로 옳지 않은 것은?

① 농지측량에 많이 사용된다.

② 방대한 지역의 측량에 적합하다.

③ 삼각망 중에서 정확도가 가장 높다.

④ 동일측점 수에 비하여 포함면적이 가장 넓다.

⑤ 각조건, 방향각조건, 측점조건, 변조건에 의한 조정을 해준다.

56 다음 1단 고정 1단 자유인 기둥 상단에 20t의 하중이 작용한다면 기둥이 좌굴하는 높이 l은?(단, 기둥의 단면적은 폭 5cm, 높이 10cm인 직사각형이고 탄성계수 $E = 2,100,000\text{kg}_f/\text{cm}^2$이며, 20t의 하중은 단면 중앙에 작용한다)

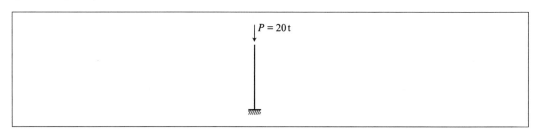

① 약 1.64m

② 약 2.56m

③ 약 3.29m

④ 약 3.50m

⑤ 약 3.78m

57 다음 그림에서 보에 집중하중 P가 작용할 때 고정단모멘트는?

① $-\dfrac{Pab}{2l^2}(l+a)$

② $-\dfrac{Pab}{2l^2}(l+b)$

③ $-\dfrac{Pab}{2l^3}(l+a)$

④ $-\dfrac{Pab}{2l^3}(l+b)$

⑤ $-\dfrac{Pab}{2l^4}(l+a)$

58 다음 중 철근 콘크리트 휨부재에서 최소철근비를 규정한 이유로 옳은 것은?

① 부재의 경제적인 단면 설계를 위해서

② 부재의 사용성을 증진시키기 위해서

③ 부재의 시공 편의를 위해서

④ 부재의 급작스러운 파괴를 방지하기 위해서

⑤ 부재의 하중을 줄이기 위해서

59 다음 중 반지름이 25cm인 원형 단면을 갖는 단주에서 핵의 면적은?(단, 소수점 둘째 자리에서 버림한다)

① 약 122.7cm^2

② 약 168.4cm^2

③ 약 245.4cm^2

④ 약 336.8cm^2

⑤ 약 422.7cm^2

60 다음 그림과 같은 일정한 단면적을 가진 보의 길이가 l인 B지점에 집중 하중 P가 작용하여 B점의 처짐 δ가 4δ가 되려면 보의 길이는?

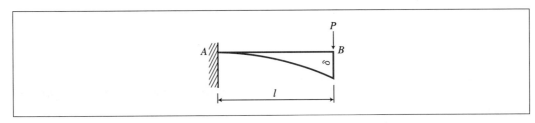

① l의 약 1.2배가 되어야 한다.

② l의 약 1.6배가 되어야 한다.

③ l의 약 2배가 되어야 한다.

④ l의 약 2.2배가 되어야 한다.

⑤ l의 약 2.4배가 되어야 한다.

61 다음 중 오픈케이슨 공법의 장점으로 옳지 않은 것은?

① 침하깊이에 제한이 없다.
② 기계설비가 비교적 간단하다.
③ 공사비가 일반적으로 저렴하다.
④ 무진동 시공을 할 수 있어 시가지 공사에도 적합하다.
⑤ 수중타설 시 콘크리트의 품질이 향상된다.

62 단면적이 A이고, 단면 2차 모멘트가 I인 단면의 단면 2차 반경 r은?

① $r = \dfrac{A}{I}$

② $r = \dfrac{I}{A}$

③ $r = \dfrac{\sqrt{I}}{A}$

④ $r = \sqrt{\dfrac{I}{A}}$

⑤ $r = AI$

63 강우량 자료를 분석하는 방법 중 이중누가우량곡선법에 대한 설명으로 옳은 것은?

① 평균강수량을 산정하기 위하여 사용한다.
② 강수의 지속기간을 구하기 위하여 사용한다.
③ 결측자료를 보완하기 위하여 사용한다.
④ 강수량 자료의 일관성을 검증하기 위하여 사용한다.
⑤ 관측점들의 동질성이 작을수록 정확하다.

64 정수장에서 1일 $50,000\text{m}^3$의 물을 정수하는데 침전지의 크기가 폭 10m, 길이 40m, 수심 4m인 침전지 2개를 가지고 있다. 2지의 침전지가 이론상 100% 제거할 수 있는 입자의 최소 침전속도는?(단, 병렬연결 기준이다)

① 62.5m/day
② 96.5m/day
③ 125m/day
④ 250m/day
⑤ 325m/day

65 지상 $1km^2$의 면적을 지도상에서 $4cm^2$로 표시하기 위한 축척으로 옳은 것은?

① $1 : 5,000$
② $1 : 50,000$
③ $1 : 25,000$
④ $1 : 250,000$
⑤ $1 : 100,000$

66 다음 중 비틀림철근에 대한 설명으로 옳지 않은 것은?(단, A_{oh}는 가장 바깥의 비틀림 보강철근의 중심으로 닫혀진 단면적이고, P_h는 가장 바깥의 횡방향 폐쇄스터럽 중심선의 둘레이다)

① 횡방향 비틀림철근의 간격은 $P_h/6$ 및 400mm보다 작아야 한다.
② 횡방향 비틀림철근은 종방향 철근 주위로 135° 표준갈고리에 의해 정착하여야 한다.
③ 비틀림모멘트를 받는 속빈 단면에서 횡방향 비틀림철근의 중심선으로부터 내부 벽면까지의 거리는 $0.5A_{oh}/P_h$ 이상이 되도록 설계하여야 한다.
④ 종방향 비틀림철근은 양단에 정착하여야 한다.
⑤ 비틀림에 요구되는 종방향 철근은 폐쇄스터럽의 둘레를 따라 300mm 이하의 간격으로 분포시켜야 한다.

67 다음 그림과 같은 단면을 가지는 기둥에 집중하중 200kN이 아래와 같은 편심으로 작용할 때, 최대압축응력은?

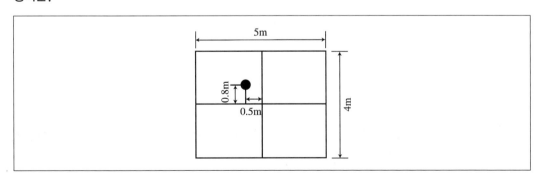

① 12kPa
② 16kPa
③ 20kPa
④ 28kPa
⑤ 32kPa

68 교점(I.P)은 도로 기점에서 500m의 위치에 있고 교각 $I=36°$일 때 외선길이(외할)$=5.00$m라면 시단현의 길이는?(단, 중심말뚝거리는 20m이다)

① 10.43m

② 11.57m

③ 12.36m

④ 13.25m

⑤ 14.72m

69 직사각형 두 변의 길이를 $\dfrac{1}{100}$ 정밀도로 관측하여 면적을 산출할 경우 산출된 면적의 정밀도는?

① $\dfrac{1}{50}$

② $\dfrac{1}{100}$

③ $\dfrac{1}{200}$

④ $\dfrac{1}{300}$

⑤ $\dfrac{1}{400}$

70 $A_g=180,000\text{mm}^2$, $f_{ck}=24\text{MPa}$, $f_y=350\text{MPa}$이고, 종방향 철근의 전체 단면적$(A_{st})=4,500\text{mm}^2$인 나선철근기둥(단주)의 공칭축강도$(P_n)$는?

① 약 2,987.7kN

② 약 3,067.4kN

③ 약 3,873.2kN

④ 약 4,381.9kN

⑤ 약 4,873.4kN

71 $b_w=300\text{mm}$, $d=500\text{mm}$인 단철근직사각형 보가 있다. 강도설계법으로 해석할 때 최소 휨 철근량은?(단, $f_{ck}=35\text{MPa}$, $f_y=400\text{MPa}$이다)

① 555mm^2

② 525mm^2

③ 505mm^2

④ 485mm^2

⑤ 465mm^2

72 도수가 일어나기 전후에서의 수심이 각각 1.5m, 9.24m일 때, 이 도수로 인한 수두손실은?

① 약 0.8m

② 약 0.83m

③ 약 1.66m

④ 약 8.36m

⑤ 약 16.7m

73 다음 중 측지학에 대한 설명으로 옳지 않은 것은?

① 측지학적 3차원 위치결정이란 경도, 위도 및 높이를 산정하는 것이다.

② 측지학에서 면적이란 일반적으로 지표면의 경계선을 어떤 기준면에 투영하였을 때의 면적을 말한다.

③ 해양측지는 해양상의 위치 및 수심의 결정, 해저지질조사 등을 목적으로 한다.

④ 원격탐사는 피사체와의 직접 접촉에 의해 획득한 정보를 이용하여 정량적 해석을 하는 기법이다.

⑤ 측지학은 대상범위에 따라 물리학적 측지학과 기하학적 측지학으로 나눌 수 있다.

74 다음 중 직사각형에서의 핵거리 e의 값은?

① $\dfrac{h}{3}$

② $\dfrac{h}{4}$

③ $\dfrac{h}{6}$

④ $\dfrac{h}{8}$

⑤ $\dfrac{h}{10}$

75 다음 중 세장비에 대한 식으로 옳은 것은?

① $\dfrac{(기둥의\ 유효좌굴\ 길이)}{(최소\ 회전\ 반지름)}$

② $\dfrac{(최소\ 단면\ 계수)}{(기둥의\ 길이)}$

③ $\dfrac{(기둥의\ 길이)}{(최대\ 지점\ 반지름)}$

④ $\dfrac{(최대\ 단면\ 계수)}{(기둥의\ 길이)}$

⑤ $\dfrac{(기둥의\ 유효좌굴\ 길이)}{(최소\ 지점\ 반지름)}$

76 다음 중 완화곡선에 대한 설명으로 옳지 않은 것은?

① 완화곡선의 곡선 반지름은 시점에서 무한대, 종점에서 원곡선의 반지름 R로 된다.

② 클로소이드의 형식에는 S형, 복합형, 기본형 등이 있다.

③ 완화곡선의 접선은 시점에서 원호에, 종점에서 직선에 접한다.

④ 모든 클로소이드는 닮은꼴이며 클로소이드 요소에는 길이의 단위를 가진 것과 단위가 없는 것이 있다.

⑤ 열차가 직선에서 곡선으로 진입할 때 발생하는 충격을 방지하기 위해 설계된 특수 형태의 곡선이다.

77 삼각형 A, B, C의 내각을 측정하여 다음과 같은 결과를 얻었다. 오차를 보정한 각 B의 최확값은?

∠A=59° 59′ 27″ (1회 관측)
∠B=60° 00′ 11″ (2회 관측)
∠C=59° 59′ 49″ (3회 관측)

① 60° 00′ 20″

② 60° 00′ 22″

③ 60° 00′ 33″

④ 60° 00′ 44″

⑤ 60° 00′ 55″

78 $b_w = 250\text{mm}$, $d = 500\text{mm}$, $f_{ck} = 21\text{MPa}$, $f_y = 400\text{MPa}$인 직사각형 보에서 콘크리트가 부담하는 설계전 단강도(ϕV_c)는?

① 약 71.6kN ② 약 76.4kN

③ 약 82.2kN ④ 약 91.5kN

⑤ 약 102.4kN

79 다음 그림과 같은 결합도르래를 이용하여 500kN의 물체를 들어 올릴 때 필요한 힘 T는?(단, 도르래의 무게는 무시한다)

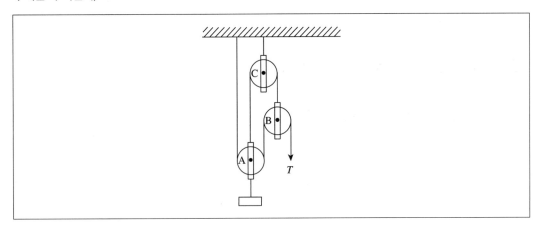

① 25kN ② 125kN

③ 250kN ④ 500kN

⑤ 750kN

80 다음 중 거푸집 측압에 영향을 주는 요소 및 영향으로 옳지 않은 것은?

① 온도가 높고 습도가 높으면 경화가 빠르므로 측압이 작아진다.

② 거푸집 표면이 평활하면 마찰계수가 적게되어 측압이 크다.

③ 콘크리트 타설 속도가 빠를수록 측압이 크다.

④ 투수성 및 누수성이 클수록 측압이 작다.

⑤ 거푸집의 강성이 클수록 측압은 크다.

81 흙 속에 있는 한 점의 최대 및 최소 주응력이 각각 $2\mathrm{kg}_f/\mathrm{cm}^2$, $1\mathrm{kg}_f/\mathrm{cm}^2$일 때 최대 주응력면과 $30°$를 이루는 평면상의 전단응력은?

① 약 $0.105\mathrm{kg}_f/\mathrm{cm}^2$
② 약 $0.215\mathrm{kg}_f/\mathrm{cm}^2$

③ 약 $0.323\mathrm{kg}_f/\mathrm{cm}^2$
④ 약 $0.397\mathrm{kg}_f/\mathrm{cm}^2$

⑤ 약 $0.433\mathrm{kg}_f/\mathrm{cm}^2$

82 트래버스 측량의 각 관측 방법 중 방위각법에 대한 설명으로 옳지 않은 것은?

① 진북을 기준으로 어느 측선까지 시계 방향으로 측정하는 방법이다.

② 험준하고 복잡한 지역에서는 적합하지 않다.

③ 각이 독립적으로 관측되므로 오차 발생 시 개별각의 오차는 이후의 측량에 영향이 없다.

④ 각 관측값의 계산과 제도가 편리하고 신속히 관측할 수 있다.

⑤ 노선측량 또는 지형측량에 널리 쓰인다.

83 다음 중 지형측량의 순서로 옳은 것은?

① 측량계획 – 골조측량 – 측량원도작성 – 세부측량

② 측량계획 – 세부측량 – 측량원도작성 – 골조측량

③ 측량계획 – 측량원도작성 – 골조측량 – 세부측량

④ 측량계획 – 세부측량 – 골조측량 – 측량원도작성

⑤ 측량계획 – 골조측량 – 세부측량 – 측량원도작성

84 다음 중 최소 전단철근을 배치하지 않아도 되는 경우가 아닌 것은?(단, $\frac{1}{2}\phi V_c < V_u$인 경우이다)

① 슬래브나 확대기초의 경우

② 전단철근이 없어도 계수휨모멘트와 계수전단력에 저항할 수 있다는 것을 실험에 의해 확인할 수 있는 경우

③ T형보에서 그 깊이가 플랜지 두께의 2.5배 또는 복부폭의 1/2 중 큰 값 이하인 보

④ 전체깊이가 450mm 이하인 보

⑤ 콘크리트 장선 구조

85 그림의 삼각형 구조가 평형 상태에 있을 때 빗변 AC의 법선 방향에 대한 힘의 크기 P는?

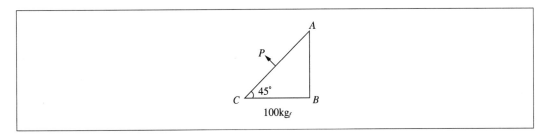

① 약 100kg$_f$　　　　　　② 약 141kg$_f$

③ 약 165kg$_f$　　　　　　④ 약 182kg$_f$

⑤ 약 200kg$_f$

86 토립자의 비중이 2.6인 흙의 전체단위중량이 $2t/m^3$이고, 함수비가 20%라고 할 때 이 흙의 포화도는?

① 약 66.79%　　　　　　② 약 72.41%

③ 약 73.44%　　　　　　④ 약 81.23%

⑤ 약 92.85%

87 다음 중 옹벽의 종류에 따른 설계방법에 대한 설명으로 옳지 않은 것은?

① 앞부벽식 옹벽에서 전면벽은 연속보로 설계를 한다.
② 뒷부벽식 옹벽에서 뒷부벽은 T형보로 설계를 한다.
③ 앞부벽식 옹벽에서 앞부벽은 직사각형보로 설계를 한다.
④ 캔틸레버 옹벽에서 전면부와 저판은 캔틸레버로 설계를 한다.
⑤ 뒷부벽식 옹벽에서 전면벽은 2방향 슬래브로 설계를 한다.

88 다음 중 상수도계획에서 계획 연차 결정에 있어 일반적으로 고려해야 할 사항으로 적절하지 않은 것은?

① 장비의 내구연한
② 시설물의 내구연한
③ 도시발전 상황
④ 도시급수지역의 전염병 발생상황
⑤ 시설확장 시 난이도와 위치

89 다음 중 취수보 취수구에서의 표준 유입속도는?

① 0.2 ~ 0.4m/s
② 0.3 ~ 0.6m/s
③ 0.4 ~ 0.8m/s
④ 0.5 ~ 1.0m/s
⑤ 0.6 ~ 1.2m/s

90 T형교 슬래브의 차도 부분의 최소 두께는?

① 22cm
② 15cm
③ 12cm
④ 10cm
⑤ 8cm

01 다음 그림과 같은 다면적 1cm^2, 길이 1m인 철근 AB부재가 있다. 이 철근이 최대 $\delta = 1.0\text{cm}$ 늘어날 때 철근의 허용하중은 몇 kN인가?(단, 철근의 탄성계수는 $2.1 \times 10^4 \text{kN/cm}^2$이다)

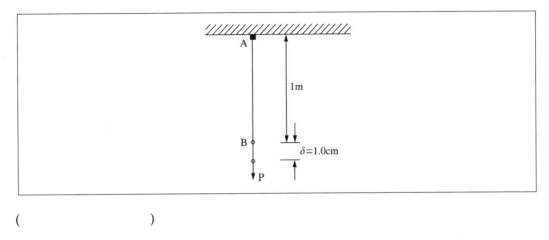

(   )

02 100m^2의 정사각형 토지면적을 0.2m^2까지 정확하게 계산하기 위한 한 변의 최대허용오차는 몇 mm인가?

(   )

03 연약지반에 구조물을 축조할 때 피조미터를 설치하여 과잉간극수압의 변화를 측정했더니 어떤 점에서 구조물 축조 직후 10t/m^2이었지만, 4년 후는 2t/m^2이었다. 이때의 압밀도는 몇 %인가?

(   )

04 다음 〈보기〉의 유체흐름을 레이놀즈수가 큰 순서대로 바르게 나열하면?(단, 동점성계수는 모두 같다)

〈보기〉

⊙ 유속 0.3m/s, 관 직경 : 1m
ⓒ 유속 0.5m/s, 관 직경 : 0.8m
ⓒ 유속 2m/s, 관 직경 : 0.6m
ⓔ 유속 1.5m/s, 관 직경 : 0.1m
ⓜ 유속 1m/s, 관 직경 : 0.5m

(   )

05 다음 압성토 공법에 대한 설명에서 빈칸에 들어갈 단어로 옳은 것을 〈보기〉에서 순서대로 바르게 나열하면?

압성토 공법은 고성토의 제방에서 ____A____가 발생되기 전에 성토 비탈면 옆에 소단 모양의 압성토를 만들어 활동에 대한 ____B____를 증가시키는 공법이다.

〈보기〉

⊙ 전단파괴   ⓒ 비틀림모멘트
ⓒ 압축파괴   ⓔ 저항모멘트
ⓜ 인장파과   ⓑ 휨모멘트

(A :   B :   )

06 다음 중 유체 속의 물체가 받는 항력의 크기를 결정하는 것을 〈보기〉에서 모두 고르면?

〈보기〉

⊙ 유체의 밀도   ⓒ 유체의 굴절율
ⓒ 항력계수   ⓔ 물체의 무게
ⓜ 유체와 물체의 상대속도   ⓑ 투영면적

(   )

07 콘크리트의 강도설계법에서 $f_{ck}=60\text{MPa}$일 때 등가직사각형 응력분포의 깊이를 나타내는 β_1의 값은 $\dfrac{a}{100}$ 이다. 이때 자연수 a값은?

(   )

08 철근콘크리트 구조물에서 이형철근을 전단철근으로 사용하는 경우 설계기준항복강도는 최대 몇 MPa를 초과할 수 없는가?

(   )

09 고정하중 40kN/m, 활하중 25kN/m를 지지하는 지간 8m의 단순보에서 계수모멘트는 몇 kN·m인가?

(   )

10 다음 글의 빈칸에 들어갈 단어로 옳은 것을 〈보기〉에서 골라 순서대로 바르게 나열하면?

_____A_____은/는 지표면 위에 있는 자연적 물체 또는 인공적인 시설물을 의미하며 하천, 호수, 도로, 철도, 건축물 등이 이에 속한다. _____B_____은/는 지표면의 생김새를 의미하며 능선, 계곡, 언덕 등을 일컫는다.

〈보기〉

㉠ 대지 　　　　　　　 ㉡ 지지
㉢ 지모 　　　　　　　 ㉣ 지물
㉤ 대모 　　　　　　　 ㉥ 지상

(   )

41 사방에서 감상해야 할 필요가 있는 조각물이나 모형을 전시하기 위해 벽면에서 띄어놓아 전시하는 특수전시기법은?

① 아일랜드 전시
② 디오라마 전시
③ 파노라마 전시
④ 하모니카 전시
⑤ 영상 전시

42 다음 중 사무소 건축의 엘리베이터 설치 계획에 대한 설명으로 옳지 않은 것은?

① 군 관리운전의 경우 동일 군내의 서비스 층은 같게 한다.
② 승객의 층별 대기시간은 평균 운전간격 이상이 되게 한다.
③ 서비스를 균일하게 할 수 있도록 건축물 중심부에 설치하는 것이 좋다.
④ 건축물의 출입층이 2개 층이 되는 경우는 각각의 교통수요량 이상이 되도록 한다.
⑤ 5대 이하는 직선 배치하고 6대 이상은 앨코브 또는 대면 배치한다.

43 다음 중 아파트의 평면형식에 대한 설명으로 옳지 않은 것은?

① 중복도형은 모든 세대의 향을 동일하게 할 수 없다.
② 편복도형은 각 세대의 거주성이 균일한 배치 구성이 가능하다.
③ 홀형은 각 세대가 양쪽으로 개구부를 계획할 수 있는 관계로 일조와 통풍이 양호하다.
④ 집중형은 공용 부분이 오픈되어 있으므로, 공용 부분에 별도의 기계적 설비계획이 필요 없다.
⑤ 입체형식은 단층형, 복층형으로 분류된다.

44 직경 2.2cm, 길이 50cm의 강봉에 축방향 인장력을 작용시켰더니 길이는 0.04cm 늘어났고 직경은 0.0006cm 줄었다. 이 재료의 포아송수는?

① 약 0.015
② 약 0.34
③ 약 2.93
④ 약 6.67
⑤ 약 10.12

45 다음과 같은 캔틸레버보 자유단(B점)에서의 처짐각은?

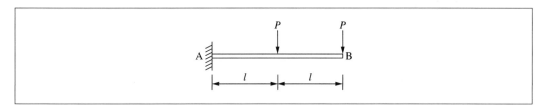

① $\dfrac{Pl^2}{2EI}$

② Pl^2

③ $2Pl^2$

④ $\dfrac{5Pl^2}{2EI}$

⑤ $5Pl^2$

46 다음 중 건축물 실내공간의 잔향시간에 영향을 주는 것은?

① 음원의 음압　　　　　　　　② 음원의 위치

③ 벽체의 두께　　　　　　　　④ 실의 용적

⑤ 실내 온도

47 다음 중 일사에 대한 설명으로 옳지 않은 것은?

① 일사에 의한 건물의 수열은 방위에 따라 차이가 있다.

② 추녀와 차양은 창면에서의 일사조절 방법으로 사용된다.

③ 일사에 의한 건물의 수열이나 흡열은 하계의 실내 환경을 약화시킨다.

④ 블라인드, 루버, 롤스크린은 계절이나 시간, 실내의 사용상황에 따라 일사를 조절할 수 있다.

⑤ 일사조절의 목적은 일사에 의한 건물의 수열이나 흡열을 작게 하여 동계의 실내 기후의 악화를 방지하는 데 있다.

48 다음과 같은 조건인 실의 난방부하 산정 시 틈새바람에 의한 외기부하는?

- 바닥면적 300m², 천장고 2.7m
- 실내 건구온도 : 20℃
- 외기온도 : -10℃
- 환기횟수 : 0.5회/h
- 공기의 비열 : 1.01kJ/kg · K
- 공기의 밀도 : 1.2kg/m³

① 약 3.4kW   ② 약 4.1kW
③ 약 4.7kW   ④ 약 5.2kW
⑤ 약 5.7kW

49 압력에 따른 도시가스의 분류에서 고압의 기준으로 옳은 것은?

① 0.1MPa 이상   ② 0.5MPa 이상
③ 1MPa 이상   ④ 5MPa 이상
⑤ 10MPa

50 다음 중 개발로 인하여 기반시설이 부족할 것으로 예상되나 기반시설을 설치하기 곤란한 지역을 대상으로 건폐율이나 용적률을 강화하여 적용하기 위하여 지정하는 구역은?

① 개발제한구역
② 시가화조정구역
③ 입지규제최소구역
④ 개발밀도관리구역
⑤ 도시자연공원구역

51 그림과 같은 옹벽에 토압 10kN이 가해지는 경우 이 옹벽이 전도되지 않기 위해서는 어느 정도의 자중(自重)을 필요로 하는가?

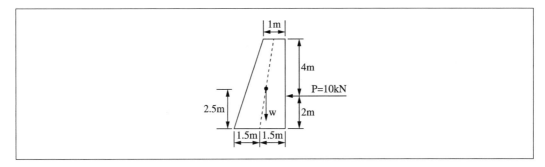

① 12.71kN
② 11.71kN
③ 10.44kN
④ 9.71kN
⑤ 8.44kN

52 다음 중 극장 무대 주위의 벽에 6 ~ 9m 높이로 설치되는 좁은 통로로, 그리드 아이언에 올라가는 계단과 연결되는 것은?

① 그린룸
② 록 레일
③ 플라이갤러리
④ 슬라이딩 스테이지
⑤ 사이클로라마

53 강재의 응력 – 변형도 시험에서 인장력을 가해 소성상태에 들어선 강재를 다시 반대 방향으로 압축력을 작용하였을 때의 압축항복점이 소성상태에 들어서지 않은 강재의 압축항복점에 비해 낮은 것을 볼 수 있다. 이러한 현상의 이름은?

① 루더선
② 바우싱거 효과
③ 소성흐름
④ 응력집중
⑤ 훅의 법칙

54 다음 중 은행건축계획에 대한 설명으로 옳지 않은 것은?

① 은행원과 고객의 출입구는 별도로 설치하는 것이 좋다.

② 영업실의 면적은 은행원 1인당 $1.2m^2$를 기준으로 한다.

③ 대규모의 은행일 경우 고객의 출입구는 되도록 1개소로 하는 것이 좋다.

④ 주출입구에 이중문을 설치할 경우, 바깥문은 바깥여닫이 또는 자재문으로 할 수 있다.

⑤ 영업장의 면적은 은행건축의 규모를 결정한다.

55 다음 그림과 같은 사다리꼴 단면형의 도심(圖心)의 위치 y를 나타내는 식은?

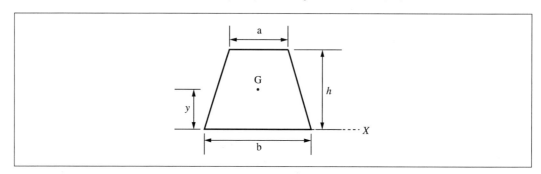

① $y = \dfrac{h}{3} \times \dfrac{2a+b}{a+b}$

② $y = \dfrac{h}{3} \times \dfrac{a+2b}{a+b}$

③ $y = \dfrac{h}{3} \times \dfrac{a+b}{2a+b}$

④ $y = \dfrac{h}{3} \times \dfrac{a+b}{a+2b}$

⑤ $y = \dfrac{h}{3} \times \dfrac{a+b}{a+3b}$

56 다음 중 두께에 관계없이 방화구조에 해당되는 것은?

① 심벽에 흙으로 맞벽치기한 것

② 석고판 위에 회반죽을 2cm 바른 것

③ 시멘트모르타르 위에 타일을 2cm 붙인 것

④ 석고판 위에 시멘트모르타르를 2cm 바른 것

⑤ 철망모르타르로서 그 바름두께가 1cm인 것

57 다음 중 급수방식의 하나인 고가수조방식에 대한 설명으로 옳은 것은?

① 상향급수배관방식이 주로 사용된다.
② 3층 이상의 고층으로의 급수가 어렵다.
③ 압력수조방식에 비해 급수압 변동이 크다.
④ 펌프직송방식에 비해 수질오염 가능성이 크다.
⑤ 2층 정도의 건물에만 적용이 가능하다.

58 극장의 평면형식 중 프로시니엄형에 대한 설명으로 옳지 않은 것은?

① 픽쳐 프레임 스테이지형이라고도 한다.
② 배경은 한 폭의 그림과 같은 느낌을 준다.
③ 연기자가 제한된 방향으로만 관객을 대하게 된다.
④ 가까운 거리에서 관람하면서 가장 많은 관객을 수용할 수 있다.
⑤ 객석 수용 능력에 제한이 있다.

59 구조역학에 관한 각종 계수 중 휨응력도와 가장 관계있는 것은?

① 좌굴계수　　　　　　　　② 단면계수
③ 탄성계수　　　　　　　　④ 팽창계수
⑤ 하중계수

60 다음 설명에 알맞은 급수방식은?

- 대규모의 급수 수요에 쉽게 대응할 수 있다.
- 급수압력이 일정하다.
- 단수 시에도 일정량의 급수를 계속할 수 있다.

① 수도직결방식　　　　　　② 고가수조방식
③ 압력수조방식　　　　　　④ 펌프직송방식
⑤ 가압탱크방식

61 도장공사 시 희석제 및 용제로 활용되지 않는 것은?

① 테레빈유   ② 벤젠

③ 나프타   ④ 티탄백

⑤ 메틸 알코올

62 다음 그림과 같은 구조물에 작용하는 4개의 힘이 평형을 이룰 때 F의 크기 및 거리 x는?

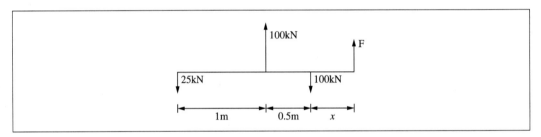

① $F = 25\text{kN}, \; x = 1\text{m}$

② $F = 50\text{kN}, \; x = 1\text{m}$

③ $F = 25\text{kN}, \; x = 0.5\text{m}$

④ $F = 50\text{kN}, \; x = 0.5\text{m}$

⑤ $F = 75\text{kN}, \; x = 0.5\text{m}$

63 다음 중 압력수조 급수방식에 대한 설명으로 옳지 않은 것은?

① 정전 시 급수가 곤란하다.

② 고가수조가 필요 없어 미관상 좋다.

③ 시설비 및 유지관리비가 많이 든다.

④ 고가수조방식에 비해 급수압의 변동이 크다.

⑤ 고가수조방식에 비해 수조의 설치위치에 제한이 많다.

64 다음 중 건축재료의 수량 산출 시 적용하는 할증률이 바르게 연결되지 않은 것은?

① 유리 : 1%
② 단열재 : 5%
③ 붉은벽돌 : 3%
④ 이형철근 : 3%
⑤ 아스팔트 : 5%

65 다음 그림 속 두 구조물의 부정정 차수의 합은?

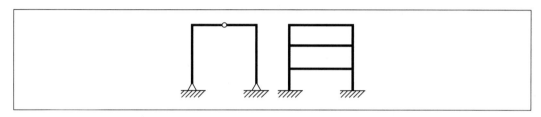

① 9
② 10
③ 11
④ 12
⑤ 13

66 다음 중 급수방식에 대한 설명으로 옳지 않은 것은?

① 수도직결방식은 수질오염의 가능성이 적다.
② 상수도 직결방식은 위생성 측면에서 바람직한 방식이다.
③ 고가탱크방식은 중력으로 필요한 곳에 급수하는 방식이다.
④ 펌프직송방식 중 변속방식은 토출압력을 감지하여 펌프의 회전수를 제어하는 방식이다.
⑤ 압력탱크방식은 대규모의 급수 수요에 쉽게 대응할 수 있어 고층 건물에 주로 사용된다.

67 다음 중 수량산출 시 할증률이 가장 큰 것은?

① 이형철근
② 자기타일
③ 붉은벽돌
④ 레디믹스트콘크리트구조물
⑤ 단열재

68 철골의 구멍뚫기에서 원형철근 D16의 관통구멍의 구멍직경으로 옳은 것은?

① 45mm
② 38mm
③ 35mm
④ 34mm
⑤ 31mm

69 급수방식 중 펌프직송방식에 대한 설명으로 옳지 않은 것은?

① 변속펌프로서 적절한 대수분할, 말단 압력제어 등에 의해 에너지 절약을 꾀할 수 있다.
② 변속펌프방식에서는 비교적 압력변동이 적다.
③ 자동제어에 필요한 설비비가 적고, 유지관리가 간단하다.
④ 상향 공급방식이 일반적이다.
⑤ 적절한 대수분할, 압력제어 등에 의해 에너지절약을 꾀할 수 있다.

70 다음 중 폭 6m, 두께 15cm로 630m의 도로를 $7m^3$ 레미콘을 이용하여 시공하고자 할 때 주문해야 할 레미콘 트럭 대수는?

① 40대
② 59대
③ 74대
④ 81대
⑤ 92대

71 다음 그림과 같은 건물에서 G_1과 같은 보가 8개 있다고 할 때, 보의 총 콘크리트량은?(단, 보의 단면상 슬래브와 겹치는 부분은 제외하며, 철근량은 고려하지 않는다)

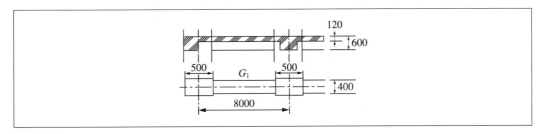

① 11.52m³
② 12.23m³
③ 13.44m³
④ 15.36m³
⑤ 16.51m³

72 다음 중 연면적 1,500m²인 사무소 건물에서 필요한 1일 급수량은?(단, 이 건물의 유효면적비율은 연면적의 50%, 유효면적당 인원 0.2인/m², 1인 1일당 급수량은 100L/d이다)

① 10m³
② 15m³
③ 20m³
④ 25m³
⑤ 30m³

73 다음 중 시멘트 600포대를 저장할 수 있는 시멘트 창고의 최소필요면적으로 옳은 것은?

① 약 18.46m²
② 약 21.64m²
③ 약 23.25m²
④ 약 25.84m²
⑤ 약 26.37m²

74 다음 중 철근콘크리트 단순보에서 휨모멘트에 대한 설명으로 옳지 않은 것은?

① 등분포하중이 작용할 때 휨모멘트도는 포물선이다.
② 집중하중이 작용할 때 휨모멘트도는 경사 직선이다.
③ 등변분포하중이 작용할 때 휨모멘트도는 2차 곡선이다.
④ 휨모멘트의 극대 및 극소는 전단력이 0인 단면에서 생긴다.
⑤ 등변분포하중이 작용할 때 전단력도는 2차 곡선이다.

75 다음 중 양수량이 $1m^3/min$, 전양정이 50m인 펌프에서 회전수를 1.2배 증가시켰을 때의 양수량은?

① 1.2배 증가
② 1.44배 증가
③ 1.73배 증가
④ 2.4배 증가
⑤ 2.65배 증가

76 8개월간 공사하는 어느 공사현장에 필요한 시멘트량이 2,397포이다. 다음 중 이 공사현장에 필요한 시멘트 창고면적으로 옳은 것은?(단, 쌓기단수는 13단이다)

① 약 $24.58m^2$
② 약 $54.27m^2$
③ 약 $69.73m^2$
④ 약 $73.88m^2$
⑤ 약 $98.51m^2$

77 6층 이상의 거실면적의 합계가 $3,000m^2$인 경우, 건축물의 용도별 설치하여야 하는 승용승강기의 최소 대수 가 옳은 것은?(단, 15인승 승강기의 경우에 한한다)

① 업무시설 – 2대
② 위락시설 – 2대
③ 숙박시설 – 2대
④ 의료시설 – 2대
⑤ 판매시설 – 2대

78 다음 중 높이 30m의 고가수조에 매분 $1m^3$의 물을 보내려고 할 때 사용되는 펌프에 직결되는 전동기의 동력은?(단, 마찰손실수두 6m, 흡입양정 1.5m, 펌프효율 50%인 경우이다)

① 약 2.5kW
② 약 9.8kW
③ 약 12.3kW
④ 약 16.7kW
⑤ 약 18.9kW

79 다음 중 가설공사에서 설치하는 전력용량이 15kWh인 동력소의 최소필요면적은?

① 약 $10m^2$

② 약 $12.78m^2$

③ 약 $18m^2$

④ 약 $20.78m^2$

⑤ 약 $24m^2$

80 다음 중 자연녹지지역으로서 노외주차장을 설치할 수 있는 지역에 속하지 않는 것은?

① 토지의 형질변경 없이 주차장의 설치가 가능한 지역

② 주차장 설치를 목적으로 토지의 형질변경 허가를 받은 지역

③ 택지개발사업 등의 단지조성사업 등에 따라 주차수요가 많은 지역

④ 하천구역으로서 주차장이 설치되어도 해당 하천 및 공유수면의 관리에 지장을 주지 아니하는 지역

④ 공유수면으로서 주차장이 설치되어도 해당 하천 및 공유수면의 관리에 지장을 주지 아니하는 지역

81 다음 중 도시가스 배관 시공에 대한 설명으로 옳지 않은 것은?

① 건물 내에서는 반드시 은폐배관으로 한다.

② 배관 도중에 신축 흡수를 위한 이음을 한다.

③ 건물의 주요구조부를 관통하지 않도록 한다.

④ 건물의 규모가 크고 배관 연장이 길 경우는 계통을 나누어 배대한다.

⑤ 가스사용시설의 지상배관은 황색으로 도색한다.

82 다음의 간선 배전방식 중 분전반에서 사고가 발생했을 때 그 파급 범위가 가장 좁은 것은?

① 평행식

② 방사선식

③ 나뭇가지식

④ 나뭇가지 평행식

⑤ 방사선 평행식

83 도서관의 출납 시스템 유형 중 이용자가 자유롭게 도서를 꺼낼 수 있으나 열람석으로 가기 전에 관원의 검열을 받는 형식은?

① 폐가식
② 반개가식
③ 자유개가식
④ 안전개가식
⑤ 개가식

84 아파트의 단면형식 중 메조넷형에 대한 설명으로 옳지 않은 것은?

① 다양한 평면구성이 가능하다.
② 거주성, 특히 프라이버시의 확보가 용이하다.
③ 통로가 없는 층은 채광 및 통풍 확보가 용이하다.
④ 생활공간을 주간, 야간에 따라 층별로 구분할 수 있다.
⑤ 공용 및 서비스면적이 증가하여 유효면적이 감소된다.

85 압연강재가 냉각될 때 표면에 생기는 산화철 표피를 무엇이라 하는가?

① 스패터
② 밀 스케일
③ 슬래그
④ 비드
⑤ 플럭스

86 콘크리트 중 공기량의 변화에 대한 설명으로 옳은 것은?

① AE제의 혼입량이 증가하면 연행공기량도 증가한다.
② 시멘트 분말도 및 단위시멘트량이 증가하면 공기량은 증가한다.
③ 잔골재 중의 0.15 ~ 0.3mm의 골재가 많으면 공기량은 감소한다.
④ 슬럼프가 커지면 공기량은 감소한다.
⑤ 혼합온도가 높을수록 공기량은 증가한다.

87 조적벽 40m²를 쌓는 데 필요한 벽돌 수는?(단, 표준형벽돌 0.5B 쌓기, 할증은 고려하지 않는다)

① 2,850장
② 3,000장
③ 3,150장
④ 3,500장
⑤ 3,650장

88 다음 중 금속관 공사에 대한 설명으로 옳지 않은 것은?

① 사용 목적과 상관없이 접지를 할 필요가 없다.
② 저압, 고압, 통신설비 등에 널리 사용된다.
③ 고조파의 영향이 없다.
④ 사용장소로는 은폐장소, 노출장소, 옥측, 옥외 등 광범위하게 사용할 수 있다.
⑤ 과열에 의한 화재의 우려가 없다.

89 건축물·인구가 밀집되어 있는 지역으로서 시설 개선 등을 통하여 재해 예방이 필요한 지구는?

① 일반방재지구
② 자연방재지구
③ 시가지방재지구
④ 중요시설물보호지구
⑤ 역사문화환경보호지구

90 시설물의 부지 인근에 부설주차장을 설치하는 경우, 해당 부지의 경계선으로부터 부설주차장의 경계선까지의 거리 기준으로 옳은 것은?

① 직선거리 600m 이내
② 도보거리 1,000m 이내
③ 직선거리 500m 이내
④ 도보거리 800m 이내
⑤ 직선거리 300m 이내

| 02 | 건축 - 주관식

01 다음 건축법 시행령 제34조에 대한 내용에서 빈칸에 들어갈 알맞은 수는?

> 초고층 건축물에는 피난층 또는 지상으로 통하는 직통계단과 직접 연결되는 피난안전구역(건축물의 피난 및
> 안전을 위하여 건축물 중간층에 설치하는 대피공간)을 지상층으로부터 최대 ＿＿＿＿개 층마다 1개소 이상
> 설치하여야 한다.

(   )

02 층수가 12층이고 6층 이상의 거실면적의 합계가 12,000m² 인 교육연구시설에 설치하여야 하는 8인승 승용
승강기의 최소 대수는?

(   )

03 다음 부정정 구조물에서 B점의 반력은 $\dfrac{awl}{b}$ 이다. 이때 ab의 값은?(단, a, b는 서로 서로소이다)

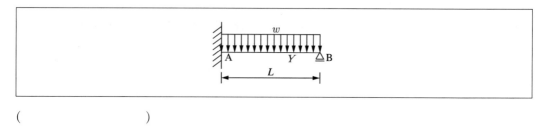

(   )

04 목재면 바탕 만들기 공정을 〈보기〉에서 골라 순서대로 바르게 나열하면?

─〈보기〉─
ⓐ 구멍땜
ⓑ 연마지 닦기
ⓒ 송진 처리
ⓓ 옹이땜
ⓔ 오염물, 부착물의 제거

(   )

05 다음 글에서 빈칸에 들어갈 단어로 옳은 것을 〈보기〉에서 골라 순서대로 바르게 나열하면?

_____A_____은/는 얇은 강판에 동일한 간격으로 펀칭하고 잡아늘려 그물처럼 만든 것으로 천장, 벽, 처마둘레 등의 미장바탕에 사용하는 재료이다. 천장, 내벽 등의 회반죽, 모르타르 바탕에 _____B_____ 등으로 사용된다.

─〈보기〉─
ⓐ 균열방지용　　　　　　　　　ⓑ 메탈라스
ⓒ 응결방지용　　　　　　　　　ⓓ 펀칭메탈
ⓔ 미화용　　　　　　　　　　　ⓕ 와이어라스

(A :   B :   )

06 바닥판과 보 밑 거푸집 설계 시 고려해야 하는 하중을 〈보기〉에서 모두 고르면?

─〈보기〉─
ⓐ 고정하중　　　　　　　　　　ⓑ 충격하중
ⓒ 동하중　　　　　　　　　　　ⓓ 작업하중
ⓔ 콘크리트에 의한 측압　　　　　ⓕ 콘크리트의 인장하중

(   )

07 부설주차장 설치대상 시설물이 문화 및 집회시설 중 예식장으로서 시설면적이 1,200m²인 경우, 설치하여야 하는 부설주차장의 최소 대수는?

(   )

08 다음 건축신고 시 건축허가를 받은 것으로 보는 주요 항목에서 빈칸에 들어갈 알맞은 수는?

> • 연면적의 합계가 100m² 이하인 건축물
> • 바닥면적의 합계가 _____m² 이내인 증축·개축 또는 재축
> • 건축물의 높이를 3m 이하의 범위에서 증축하는 건축물
> • 연면적이 200m² 미만이고 3층 미만인 건축물의 대수선
> • 주요구조부의 해체가 없는 등 대통령령으로 정하는 대수선

(   )

09 건축법상 연립주택으로 쓰는 1개 동은 몇 층 이하이어야 하는가?

(   )

10 다음 글의 빈칸에 들어갈 단어로 옳은 것을 〈보기〉에서 골라 순서대로 나열하면?

> _____A_____(층당 4세대 이하인 것은 제외한다) 또는 업무시설 중 _____B_____의 용도로 쓰는 층으로서 그 층의 해당 용도로 쓰는 거실의 바닥면적의 합계가 300m² 이상인 건축물에는 직통계단을 2개소 이상 설치하여야 한다.

―――――――――〈보기〉―――――――――
> ㉠ 단독주택   ㉡ 오피스텔
> ㉢ 교육시설   ㉣ 공장
> ㉤ 공동주택   ㉥ 연구시설

(A :   B :   )

3일 차
기출응용 모의고사

〈문항 및 시험시간〉

평가영역	문항 수	시험시간
[NCS] 의사소통능력＋수리능력＋문제해결능력 [전공] 토목 / 건축	100문항	110분
모바일 OMR 답안채점 / 성적분석 서비스		

토목

건축

3일 차 기출응용 모의고사

문항 수 : 100문항
시험시간 : 110분

제1영역 직업기초능력평가

01 다음 글의 서술상 특징으로 가장 적절한 것은?

> 현대의 도시에서는 정말 다양한 형태를 가진 건축물들을 볼 수 있다. 형태뿐만 아니라 건물 외벽에 주로 사용된 소재 또한 유리나 콘크리트 등으로 다양하다. 이렇듯 현대에는 몇 가지로 규정하는 것이 아예 불가능할 만큼 다양한 건축양식이 존재한다. 그러나 다양하고 복잡한 현대의 건축양식에 비해 고대의 건축양식은 매우 제한적이었다.
>
> 그리스 시기에는 주주식, 주열식, 원형식 신전을 중심으로 몇 가지의 공통된 건축양식을 보인다. 이러한 신전 중심의 그리스 건축양식은 시기가 지나면서 다른 건축물에 영향을 주었다. 신전에만 쓰이던 건축양식이 점차 다른 건물들의 건축에도 사용이 되며 확대되었던 것이다. 대표적으로 그리스 연못은 신전에 쓰이던 기둥의 양식들을 바탕으로 회랑을 구성하기도 하였다.
>
> 헬레니즘 시기를 맞이하면서 건축양식을 포함하여 예술 분야가 더욱 발전하며 고대 그리스 시기에 비해 다양한 건축양식이 생겨났다. 뿐만 아니라 건축 기술이 발달하면서 조금 더 다양한 형태의 건축이 가능해졌다. 다층구조나 창문이 있는 벽을 포함한 건축양식 등 필요에 따라서 실용적이고 실측적인 건축양식이 나오기 시작한 것이다. 또한 연극의 유행으로 극장이나 무대 등의 건축양식도 등장하기 시작하였다.
>
> 로마 시대에 이르러서는 원형 경기장이나 온천, 목욕탕 등 특수한 목적을 가진 건축물에도 아름다운 건축양식이 적용되었다. 현재에도 많은 사람이 관광지로 찾을 만큼, 로마시민들의 위락시설들에는 다양하고 아름다운 건축양식들이 적용되었다.

① 시대별 건축양식의 장단점을 분석하고 있다.
② 전문가의 말을 인용하여 신뢰도를 높이고 있다.
③ 역사적 순서대로 주제의 변천에 대해서 서술하고 있다.
④ 비유적인 표현 방법을 사용하여 문학적인 느낌을 주고 있다.
⑤ 현대에서 찾을 수 있는 건축물의 예시를 들어 독자의 이해를 돕고 있다.

02 다음은 스마트시티에 대한 기사 내용이다. 스마트시티 전략의 사례로 적절하지 않은 것은?

건설·정보통신기술 등을 융·복합하여 건설한 도시기반시설을 바탕으로 다양한 도시서비스를 제공하는 지속가능한 도시를 스마트시티라 한다.

최근 스마트시티에 대한 관심은 사물인터넷이나 만물인터넷 등 기술의 경이적 발달이 제4차 산업혁명을 촉발하고 있는 것과 같은 선상에서, 정보통신기술의 발달이 도시의 혁신을 이끌고 도시 문제를 현명하게 해결할 수 있을 것이라는 기대로 볼 수 있다. 이처럼 정보통신기술을 적극적으로 활용하고자 하는 스마트시티 전략은 중국, 인도를 비롯하여 동남아시아, 남미, 중동 국가 등 전 세계 많은 국가와 도시들이 도시발전을 위한 전략적 수단으로 표방하고 추진 중이다.

국내에서도 스마트시티 사업으로 대전 도안, 화성 동탄 등 26개 도시가 준공되었고, 의정부 민락, 양주 옥정 등 39개 도시가 진행 중에 있다. 스마트시티 관리의 일환으로 공공행정, 기상 및 환경감시 서비스, 도시 시설물 관리, 교통정보 및 대중교통 관리 등이 제공되고, 스마트홈의 일환으로 단지 관리, 통신 인프라, 홈 네트워크 시스템이 제공되며, 시민체감형 서비스의 일환으로 스마트 라이프 기반을 구현한다.

① 거리별 쓰레기통에 센서 장치를 활용하여 쓰레기 배출량 감소 효과
② 방범 CCTV 및 범죄 관련 스마트 앱 사용으로 범죄 발생률 감소 효과
③ 상하수도 및 지질정보 통합 시스템을 이용하여 시설 노후로 인한 누수예방 효과
④ 교통이 혼잡한 도로의 확장 및 주차장 확대로 교통난 해결 효과
⑤ 거리마다 전자민원시스템을 설치하여 도시 문제의 문제해결력 상승 효과

03 다음 글을 읽고 추론한 내용으로 가장 적절한 것은?

지난해 12만 마리 이상의 강아지가 버려졌다는 조사결과가 나왔다. 관련 단체는 강아지 번식장 등에 대한 적절한 규제가 필요하다고 했다.

27일 동물권 단체 동물구조119가 동물보호관리시스템 데이터를 분석해 발표한 자료에 따르면 유기견은 2016년 8만 8,531마리, 2017년 10만 840마리, 2018년 11만 8,710마리, 2019년 13만 3,504마리로 꾸준히 증가하다가 지난해 12만 8,719마리로 감소했다. 단체는 "작년 대비 소폭 하락했으나 큰 의미를 부여하긴 힘들다."라고 지적했다.

지난해 유기견 발생 지역은 경기도가 2만 6,931마리로 가장 많았다. 경기 지역의 유기견은 2018년부터 매해 2만 5,000마리 ~ 2만 8,000마리 수준을 유지하고 있다. 단체는 "시골개, 떠돌이개 등이 지속적으로 유입됐기 때문"이라며 "중성화가 절실히 필요하다."라고 강조했다.

① 경기 지역에서의 유기견 수는 항상 2만 5,000마리 이상을 유지했다.
② 경기 지역은 항상 버려지는 강아지가 가장 많은 지역을 차지했다.
③ 매년 전체 유기견 수는 증가하는 추세이다.
④ 적절한 유기견 관련 규제를 마련했음에도 지속적인 문제가 발생하고 있다.
⑤ 경기 지역 유기견 수가 감소하지 않는 것은 타 지역에서 지속적인 유입이 있었기 때문이다.

※ 다음 중 빈칸에 들어갈 내용으로 가장 적절한 것을 고르시오. [4~5]

04

최근 경제 · 시사분야에서 빈번하게 등장하는 단어인 탄소배출권(CER; Certified Emission Reduction)에 대한 개념을 이해하기 위해서는 먼저 교토메커니즘(Kyoto Mechanism)과 탄소배출권거래제(Emission Trading)를 알아둘 필요가 있다.

교토메커니즘은 지구 온난화의 규제 및 방지를 위한 국제 협약인 기후변화협약의 수정안인 교토 의정서에서, 온실가스를 보다 효과적이고 경제적으로 줄이기 위해 도입한 세 유연성체제인 '공동이행제도', '청정개발체제', '탄소배출권거래제'를 묶어 부르는 것이다.

이 중 탄소배출권거래제는 교토의정서 6대 온실가스인 이산화탄소, 메테인, 아산화질소, 과불화탄소, 수소불화탄소, 육불화황의 배출량을 줄여야 하는 감축의무국가가 의무감축량을 초과 달성하였을 경우에 그 초과분을 다른 국가와 거래할 수 있는 제도로, ＿＿＿＿＿＿＿＿＿＿＿＿

결국 탄소배출권이란 현금화가 가능한 일종의 자산이자 가시적인 자연보호성과인 셈이며, 이에 따라 많은 국가 및 기업에서 탄소배출을 줄임과 동시에 탄소감축활동을 통해 탄소배출권을 획득하기 위해 동분서주하고 있다. 특히 기업들은 탄소배출권을 확보하는 주요 수단인 청정개발체제 사업을 확대하는 추세인데, 청정개발체제 사업은 개발도상국에 기술과 자본을 투자해 탄소배출량을 줄였을 경우에 이를 탄소배출량 감축목표달성에 활용할 수 있도록 한 제도이다.

① 다른 국가를 도왔을 때, 그로 인해 줄어든 탄소배출량을 감축목표량에 더할 수 있는 것이 특징이다.
② 교토메커니즘의 세 유연성체제 중에서도 가장 핵심이 되는 제도라고 할 수 있다.
③ 6대 온실가스 중에서도 특히 이산화탄소를 줄이기 위해 만들어진 제도이다.
④ 의무감축량을 준수하지 못한 경우에도 다른 국가로부터 감축량을 구입할 수 있는 것이 특징이다.
⑤ 다른 감축의무국가를 도움으로써 획득한 탄소배출권이 사용되는 배경이 되는 제도이다.

05

1979년 경찰관 출신이자 샌프란시스코 시의원이었던 댄 화이트는 시장과 시의원을 살해했다는 이유로 1급 살인죄로 기소되었다. 화이트의 변호인은 피고인이 스낵을 비롯해 컵케이크, 캔디 등을 과다 섭취해서 당분 과다로 뇌의 화학적 균형이 무너져 정신에 장애가 왔다고 주장하면서 책임 경감을 요구하였다. 재판부는 변호인의 주장을 인정하여 계획 살인죄보다 약한 일반 살인죄를 적용하여 7년 8개월의 금고형을 선고했다. 이 항변은 당시 미국에서 인기 있던 스낵의 이름을 따 '트윙키 항변'이라 불렸고 사건의 사회성이나 의외의 소송 전개 때문에 큰 화제가 되었다.

이를 계기로 1982년 슈엔달러는 교정시설에 수용된 소년범 276명을 대상으로 섭식과 반사회 행동의 상관관계에 대해 실험을 하였다. 기존의 식단에서 각설탕을 꿀로 바꾸어 보고, 설탕이 들어간 음료수에서 천연 과일주스를 주는 등으로 변화를 주었다. 이처럼 정제한 당의 섭취를 원천적으로 차단한 결과 시설 내 폭행, 절도, 규율 위반, 패싸움 등이 실험 전에 비해 무려 45%나 감소했다는 것을 알게 되었다. 따라서 이 실험을 통해 ＿＿＿＿＿＿＿＿＿＿

① 과다한 영양 섭취가 범죄 발생에 영향을 미친다는 것을 알 수 있다.
② 과다한 정제당 섭취는 반사회적 행동을 유발할 수 있다는 것을 알 수 있다.
③ 가공 식품의 섭취가 일반적으로 폭력 행위를 증가시킨다는 것을 알 수 있다.
④ 정제당 첨가물로 인한 범죄 행위는 그 책임이 경감되어야 한다는 것을 알 수 있다.
⑤ 범죄 예방을 위해 교정시설 내에 정제당을 제공하지 말아야 한다는 것을 알 수 있다.

06 다음 기사를 읽고 이해한 내용으로 가장 적절한 것은?

> LH는 기존 3기 신도시 홈페이지를 개편해 다양한 정보를 국민들에게 쉽고 편리하게 제공하는 3기 신도시 종합 정보포털(3기신도시.kr)을 개설하고, 2020년 12월 7일 오전 9시부터 운영을 시작했다. 2019년 8월 개설된 기존 3기 신도시 홈페이지는 현재까지 190만 명 이상의 방문자를 기록하고, 25만 명이 넘는 국민들이 청약 일정 알리미 서비스*를 신청하는 등 높은 관심을 받았다.
>
> LH는 이러한 국민적 기대에 부응하고, 보다 나은 서비스를 제공하기 위해 기존 홈페이지를 개편하여 사전청약·교통계획·주택평면 등 다양하고 구체적인 정보와 진행 상황을 한 곳에서 확인할 수 있는 종합정보포털로 새로 오픈해 운영한다. 접속 주소는 기존 홈페이지와 동일하다.
>
> 구체적으로 사전청약 안내 메뉴는 제도의 기본적인 취지와 청약 방법, 자격 조건 등을 쉽게 이해할 수 있도록 시각적으로 구성했으며, LH 청약센터와 감정원의 청약홈 등 기존 청약 인프라와도 연계해 접근성을 높였다. 아울러 '무엇이 달라지나' 메뉴를 신설해 편리한 교통과 친환경, 스마트, 아이 키우기 좋은 도시 등 3기 신도시가 추구하는 미래상과 주택의 유형 및 디자인을 미리 살펴볼 수 있게 하고, 주요 정책과 고시, 관련 법령 등 상세한 정보도 함께 제공한다. 이 밖에도 '생애 첫 나의 집'을 통해 신혼부부·생애최초 등의 다양한 주택을 빠르게 공급해 내 집 마련에 대한 불안을 해소하려는 정부의 정책목표를 한눈에 담은 점도 눈길을 끄는 부분이다.
>
> LH 스마트도시본부장은 "비대면 언택트 시대를 맞아 국민이 언제 어디서든 불편함 없이 3기 신도시를 접할 수 있길 바라며, 사전청약 등 꼭 필요한 정보가 정확하고 빠르게 제공될 수 있도록 노력하겠다."라고 밝혔다.
>
> *청약 일정 알리미 서비스 : 연락처, 관심지구 등을 등록하면 해당 지구의 청약 일정을 3 ~ 4개월 전에 문자로 알려주는 서비스

① 3기 신도시에 관한 정보를 알려주는 3기 신도시 홈페이지가 새로 개설되었다.

② 새로 개설된 홈페이지에서 '청약 일정 알리미 서비스'가 최초로 시행되었다.

③ 새로 개설된 3기 신도시 홈페이지는 2020년 12월 7일부터 현재까지 190만 명 이상이 방문하였다.

④ 개설일인 12월 7일 이전에는 '3기신도시.kr'로 접속이 불가능하였다.

⑤ 새로 개설된 3기 신도시 홈페이지를 통해 LH 청약센터나 감정원의 청약홈으로 이동이 가능하다.

07 다음 글의 내용으로 적절하지 않은 것은?

> 최근 거론되고 있는 건 전자 파놉티콘(Panopticon)이다. 각종 전자 감시 기술은 프라이버시에 근본적인 위협으로 대두되고 있다. '감시'는 거대한 성장 산업으로 비약적인 발전을 거듭하고 있다. 2003년 7월 '노동자 감시 근절을 위한 연대모임'이 조사한 바에 따르면, 한국에서 전체 사업장의 90%가 한 가지 이상의 방법으로 노동자 감시를 하고 있는 것으로 밝혀졌다. "24시간 감시에 숨이 막힌다."라는 말까지 나오고 있다.
> 최근 러시아에서는 공무원들의 근무 태만을 감시하기 위해 공무원들에게 감지기를 부착시켜 놓고 인공위성 추적 시스템을 도입하는 방안을 둘러싸고 논란이 벌어지고 있다. 전자 감시 기술은 인간의 신체 속까지 파고들어갈 만반의 준비를 갖추고 있다. 어린아이의 몸에 감시 장치를 내장하면 아이의 안전을 염려할 필요는 없겠지만, 그게 과연 좋기만 한 것인지, 또 그 기술이 다른 좋지 않는 목적에 사용될 위험은 없는 것인지 따져 볼 일이다. 감시를 위한 것이 아니라 하더라도 전자 기술에 의한 정보의 집적은 언제든 개인의 프라이버시를 위협할 수 있다.

① 전자 기술의 발전이 순기능만을 가지는 것은 아니다.

② 직장은 개인의 생활공간이라기보다 공공장소로 보아야 하므로 프라이버시의 보호를 바라는 것은 지나친 요구이다.

③ 감시를 당하는 사람은 언제나 감시당하고 있다는 생각 때문에 자기 검열을 강화하게 될 것이다.

④ 전자 기술에 의한 정보의 집적은 언제든 프라이버시 침해를 야기할 수도 있다.

⑤ 전자 감시 기술의 발달은 필연적이므로 프라이버시를 위협할 수도 있다.

08 다음 글의 중심 내용으로 가장 적절한 것은?

> 쇼펜하우어에 따르면 우리가 살고 있는 세계의 진정한 본질은 의지이며 그 속에 있는 모든 존재는 맹목적인 삶에의 의지에 의해서 지배당하고 있다. 쇼펜하우어는 우리가 일상적으로 또는 학문적으로 접근하는 세계는 단지 표상의 세계일 뿐이라고 주장하는데, 인간의 이성은 단지 이러한 표상의 세계만을 파악할 수 있을 뿐이다. 그에 따르면 존재하는 세계의 모든 사물들은 우선적으로 표상으로서 드러나게 된다. 시간과 공간 그리고 인과율에 의해서 파악되는 세계가 나의 표상인데, 이러한 표상의 세계는 오직 나에 의해서, 즉 인식하는 주관에 의해서만 파악되는 세계이다. 쇼펜하우어에 따르면 이러한 주관은 모든 현상의 세계, 즉 표상의 세계에서 주인의 역할을 하는 '나'이다.
>
> 이러한 주관을 이성이라고 부를 수도 있는데, 이성은 표상의 세계를 이끌어가는 주인공의 역할을 하는 것이다. 그러나 쇼펜하우어는 여기서 한발 더 나아가 표상의 세계에서 주인의 역할을 하는 주관 또는 이성은 의지의 지배를 받는다고 주장한다. 즉, 쇼펜하우어는 이성에 의해서 파악되는 세계의 뒤편에는 참된 본질적 세계인 의지의 세계가 있으므로 표상의 세계는 제한적이며 표면적인 세계일 뿐, 결코 이성에 의해서 또는 주관에 의해서 결코 파악될 수 없다고 주장한다. 오히려 그는 그동안 인간이 진리를 파악하는 데 최고의 도구로 칭송받던 이성이나 주관을 의지에 끌려 다니는 피지배자일 뿐이라고 비판한다.

① 세계의 본질로서 의지의 세계
② 표상 세계의 극복과 그 해결 방안
③ 의지의 세계와 표상의 세계 간의 차이
④ 세계의 주인으로서 주관의 표상 능력
⑤ 표상 세계 안에서의 이성의 역할과 한계

09 다음 문단을 논리적 순서대로 바르게 나열한 것은?

(가) 세조가 왕이 된 후 술자리에 관한 최초의 기록은 1455년 7월 27일의 "왕이 노산군에게 문안을 드리고 술자리를 베푸니, 종친 영해군 이상과 병조판서 이계전 그리고 승지 등이 모셨다. 음악을 연주하니, 왕이 이계전에게 명하여 일어나 춤을 추게 하고, 지극히 즐긴 뒤에 파하였다. 드디어 영응대군 이염의 집으로 거둥하여 자그마한 술자리를 베풀고 한참 동안 있다가 환궁하였다."라는 기록이다. 술자리에서 음악과 춤을 즐기고, 1차의 아쉬움 때문에 2차까지 가지는 모습은 세조의 술자리에서 거의 공통적으로 나타나는 특징이다.

(나) 세조(1417 ~ 1468, 재위 1455 ~ 1468) 하면 어린 조카를 죽이고 왕위에 오른 비정한 군주로 기억하는 경우가 많다. 1453년 11월 계유정난의 성공으로 실질적으로 권력의 1인자가 된 수양대군은 2년 후인 1455년 6월 단종을 몰아내고 왕위에 오른다. 불법적인 방식으로 권력을 잡은 만큼 세조에게는 늘 정통성에 대한 시비가 따라 붙게 되었다. 이후 1456년에 성삼문, 박팽년 등이 중심이 되어 단종 복위운동을 일으킨 것은 세조에게는 정치적으로 큰 부담이 되었다. 이로 인해 세조는 문종, 단종 이후 추락된 왕권 회복을 정치적 목표로 삼아 육조 직계제를 부활시키고, 경국대전과 동국통감 같은 편찬 사업을 주도하여 왕조의 기틀을 잡아 갔다.

(다) 이처럼 세조실록의 기록에는 세조가 한명회, 신숙주, 정인지 등 공신들과 함께 자주 술자리를 마련하고 대화는 물론이고 흥이 나면 함께 춤을 추거나 즉석에서 게임을 하는 등 신하들과 격의 없이 소통하는 장면이 자주 나타난다. 이는 당시에도 칼로 권력을 잡은 이미지가 강하게 남았던 만큼 최대한 소탈하고 인간적인 모습을 보임으로써 자신의 강한 이미지를 희석시켜 나간 것으로 풀이된다. 또한 자신을 왕으로 만들어준 공신 세력을 양날의 검으로 인식했기 때문으로도 보인다. 자신을 위해 목숨을 바친 공신들이지만, 또 다른 순간에는 자신에게 칼끝을 겨눌 위험성을 인식했던 세조는 잦은 술자리를 통해 그들의 기분을 최대한 풀어주고 자신에게 충성을 다짐하도록 했던 것이다.

(라) 세조가 왕권 강화를 바탕으로 자신만의 정치를 펴 나가는 과정에서 특히 주목되는 점은 자주 술자리를 베풀었다는 사실이다. 이것은 세조실록에 '술자리'라는 검색어가 무려 467건이나 나타나는 것에서도 단적으로 확인할 수가 있다. 조선의 왕 중 최다 기록일 뿐만 아니라 조선왕조실록의 '술자리' 검색어 974건의 거의 절반에 달한다. 술자리의 횟수에 관한 한 세조는 조선 최고의 군주라 불릴 만하다.

① (나) - (가) - (다) - (라)　　　　② (나) - (라) - (가) - (다)
③ (다) - (라) - (나) - (가)　　　　④ (라) - (가) - (다) - (나)
⑤ (라) - (나) - (가) - (다)

10 다음 기사의 제목으로 가장 적절한 것은?

> 한국토지주택공사는 토목 및 조경공사에 적용되는 주요 자재와 공법 선정에 있어 전문성과 공정성을 강화하기 위해 자재·공법 선정제도를 개선했다고 밝혔다.
> 자재 및 공법의 선정은 설계부서의 경제성 평가(계량 40점)와 심의위원회의 성능평가(비계량 60점)로 이뤄지는데, 이 중 상대적으로 주관적 요소가 큰 성능평가 부분의 개선에 중점을 두었다. 먼저, 자재·공법 선정과정의 전문성을 확보하기 위해 해당 분야의 기술사·박사학위 등을 소지하고 실무경험이 풍부한 전문가를 대상으로 심의위원을 구성(333명)하여 전문성을 강화하였고, 특정 자재·공법 업체의 사전접촉을 최소화하기 위해 심의 하루 전에 무작위로 심의위원을 선정하는 것을 원칙으로 하여 외부위원 비율을 50% 이상으로 확대(기존 20%)하는 등 객관성·공정성 강화에도 주력했다.
> 또한 심의대상 자재·공법 중 한국토지주택공사가 선정한 신기술을 1개 이상 포함할 것을 의무화하여 건설신기술 활성화 기반을 조성하고, 선정·시공된 자재·공법에 대한 사후평가 및 피드백을 통해 우수 신기술 보유업체의 성장을 적극적으로 지원할 계획이다.
> 이번에 선정된 선정위원의 구성 내역 및 위원회 심의 결과는 한국토지주택공사 기술혁신파트너몰에 공개하여 일반인도 열람할 수 있도록 운영된다. 한국토지주택공사 관계자는 "앞으로도 한국토지주택공사는 건설문화 혁신의 선도기관으로서 자재·공법 선정위원회 운영 시 발생하는 문제점을 지속적으로 발굴하여 적극적인 개선방안을 마련해 나갈 계획이다."라고 밝혔다.

① 한국토지주택공사, 자재 및 공법 선정과정에서 드러난 문제점
② 한국토지주택공사, 심의위원회의 심의위원은 어떻게 선정되나?
③ 한국토지주택공사, 시공 자재 및 공법에 대한 평가 강화 및 우수 신기술 보유업체 지원 확대
④ 한국토지주택공사, 전문성·공정성 강화를 위한 자재·공법 선정제도 개선
⑤ 한국토지주택공사, 자재·공법 선정방식의 해외 진출

※ 다음 글을 읽고 이어지는 질문에 답하시오. [11~13]

(가) 탁월함은 어떻게 습득되는가, 그것을 가르칠 수 있는가? 이 물음에 대하여 아리스토텔레스는 지성의 탁월함은 가르칠 수 있지만, 성품의 탁월함은 비이성적인 것이어서 가르칠 수 없고, 훈련을 통해서 얻을 수 있다고 대답한다.

(나) 그는 좋은 성품을 얻는 것을 기술을 습득하는 것에 비유한다. 그에 따르면, 리라(Lyra)를 켬으로써 리라를 켜는 법을 배우며 말을 탐으로써 말을 타는 법을 배운다. 어떤 기술을 얻고자 할 때 처음에는 교사의 지시대로 행동한다. 그리고 반복 연습을 통하여 그 행동이 점점 더 하기 쉽게 되고 마침내 제2의 천성이 된다. 이와 마찬가지로 어린아이는 어떤 상황에서 어떻게 행동해야 진실되고 관대하며 예의를 차리게 되는지 일일이 배워야 한다. 훈련과 반복을 통하여 그런 행위들을 연마하다 보면 그것들을 점점 더 쉽게 하게 되고, 결국에는 스스로 판단할 수 있게 된다.

(다) 그는 올바른 훈련이란 강제가 아니고 그 자체가 즐거움이 되어야 한다고 지적한다. 또한 그렇게 훈련받은 사람은 일을 바르게 처리하는 것을 즐기게 되고, 일을 바르게 처리하고 싶어 하게 되며, 올바른 일을 하는 것을 어려워하지 않게 된다. 이처럼 성품의 탁월함이란 사람들이 '하는 것'만이 아니라 사람들이 '하고 싶어 하는 것'과도 관련된다. 그리고 한두 번 관대한 행동을 한 것으로 충분하지 않으며, 늘 관대한 행동을 하고 그런 행동에 감정적으로 끌리는 성향을 갖고 있어야 비로소 관대함에 관하여 성품의 탁월함을 갖고 있다고 할 수 있다.

(라) 다음과 같은 예를 통해 아리스토텔레스의 견해를 생각해 보자. 갑돌이는 성품이 곧고 자신감이 충만하다. 그가 한 모임에 참석하였는데, 거기서 다수의 사람들이 옳지 않은 행동을 한다고 생각했을 때, 그는 다수의 행동에 대하여 비판의 목소리를 낼 것이며 그렇게 하는 데에 별 어려움을 느끼지 않을 것이다. 한편, 수줍어하고 우유부단한 병식이도 한 모임에 참석하였는데, 그 역시 다수의 행동이 잘못되었다는 판단을 했다고 하자. 이런 경우에 병식이는 일어나서 다수의 행동이 잘못되었다고 말할 수 있겠지만, 그렇게 하려면 엄청난 의지를 발휘해야할 것이고 자신과 힘든 싸움도 해야 할 것이다. 그런데도 병식이가 그렇게 행동했다면 우리는 병식이가 용기 있게 행동하였다고 칭찬할 것이다. 그러나 아리스토텔레스가 보기에 성품의 탁월함을 가진 사람은 갑돌이다. 왜냐하면 _____㉠_____

(마) 우리가 어떠한 사람을 존경할 것인가가 아니라, 우리 아이를 어떤 사람으로 키우고 싶은가라는 질문을 받는다면 우리는 아리스토텔레스의 견해에 가까워질 것이다. 왜냐하면 우리는 우리 아이들을 갑돌이와 같은 사람으로 키우고 싶어 할 것이기 때문이다.

11 다음 중 윗글의 ㉠에 들어갈 내용으로 가장 적절한 것은?

① 그는 옳은 일을 하는 천성을 타고났기 때문이다.
② 그는 내적인 갈등이 없이 옳은 일을 하기 때문이다.
③ 그는 주체적 판단에 따라 옳은 일을 하기 때문이다.
④ 그는 자신이 옳다는 확신을 가지고 옳은 일을 하기 때문이다.
⑤ 그는 다른 사람들의 칭찬을 의식하지 않고 옳은 일을 하기 때문이다.

12 다음 중 (가) ~ (마)의 서술 방식에 대한 설명으로 적절하지 않은 것은?

① (가)는 논제를 설정하기 위해 개념을 구분하고 있다.

② (나)는 함축된 의미를 분명히 하기 위해 개념을 정의하고 있다.

③ (다)는 논점을 명료하게 하기 위해 개념의 차이를 부각시키고 있다.

④ (라)는 논점에 대한 이해를 돕기 위해 구체적인 예화를 사용하고 있다.

⑤ (마)는 설득력을 높이기 위해 논점을 실제적인 물음과 연결 짓고 있다.

13 〈보기〉를 바탕으로 윗글에 나타난 아리스토텔레스의 입장을 비판한 내용으로 가장 적절한 것은?

─〈보기〉─

어떤 행위가 도덕적인 행위가 되기 위해서는 그것이 도덕 법칙을 지키려는 의지에서 비롯된 것이어야 한다. 도덕 법칙에 부합하는 행위라고 해도 행위자의 감정이나 욕구 또는 성향이 행위의 동기에 영향을 미쳤다면, 그것은 훌륭한 행위일 수는 있어도 도덕적인 행위는 아닌 것이다.

① 훈련으로 얻게 되는 성품에서 나오는 행동은 대개 이성적 성찰을 거치지 않으므로, 도덕적인 행동이라고 말하기 어렵다.

② 훈련의 결과 언제나 탁월한 성품을 얻게 되는 것은 아니므로, 탁월한 성품에 도달하지 못한 경우에는 결국 본성에 기댈 수밖에 없다.

③ 도덕적 행동을 하기 위해서 자신과의 싸움을 이겨 내야 한다. 옳은 행동을 즐겨하는 사람은 거의 없으며, 따라서 탁월한 성품을 갖춘 사람을 찾기란 어렵다.

④ 행위의 도덕성은 그 행위가 얼마나 도덕 법칙에 부합하는가를 보고 판단하는 것이 아니라, 선한 결과를 낳을 수 있는 품성이나 자질을 보고 판단하는 것이다.

⑤ 탁월한 성품에서 비롯된 행위는 행위자의 성향에 의해서 결정된 것이지 도덕 법칙을 지키려는 의지에 의해 결정된 행위가 아니므로, 도덕적인 행위라고 볼 수 없다.

※ 다음 글을 읽고 이어지는 질문에 답하시오. [14~16]

사회복지 정책을 비판하는 논리 중 하나는 사회복지 정책이 개인의 자유를 침해한다는 것이다. 일반적으로 시장에서의 거래에 의한 자원의 배분(配分)은 거래 당사자들의 자유로운 선택의 결과인 반면, 사회복지 정책에 의한 자원의 배분은 개인의 자유로운 선택을 제한하여 이루어지는 경향이 있기 때문이다. 하지만 기본적으로 사회복지 정책은 특정한 사람들의 자유를 제한할 수도 있는 반면, 다른 사람들의 자유를 증진시킬 수도 있다.

(가) 사회복지 정책이 사람들의 자유를 침해(侵害)한다는 논리 가운데 하나는, 사회복지 정책 추진에 필요한 세금을 많이 낸 사람들이 이득을 적게 볼 경우, 그 차이만큼 불필요하게 개인의 자유를 제한한 것이 아니냐는 것이다. 일반적으로 사회복지 정책이 제공하는 재화와 서비스는 공공재적 성격을 갖고 있어, 이를 이용하는 데 차별(差別)을 두지 않는다. 따라서 강제적으로 낸 세금의 액수와 그 재화의 이용을 통한 이득 사이에는 차이가 존재할 수 있고, 세금을 많이 낸 사람들이 적은 이득을 보게 될 경우, 그 차이만큼 불필요하게 그 사람의 자유를 제한하였다고 볼 수 있다.

(나) 그러나 이러한 자유의 제한은 다음과 같은 측면에서 합리화될 수 있다. 사회복지 정책을 통해 제공하는 재화는 보편성을 가지고 있기 때문에, 사회 전체를 위해 강제적으로 제공하는 것이 개인들의 자발적인 선택의 자유에 맡겨둘 때보다 그 양과 질을 높일 수 있다. 예를 들어, 각 개인들에게 민간 부문의 의료 서비스를 사용할 수 있는 자유가 주어질 때보다 모든 사람들이 보편적인 공공 의료 서비스를 받을 수 있을 때, 의료 서비스의 양과 질은 전체적으로 높아진다. 왜냐하면 모든 사람을 대상으로 하는 의료 서비스의 양과 질이 높아져야만 개인에게 돌아올 수 있는 서비스의 양과 질도 높아질 수 있기 때문이다. 이러한 경우 세금을 많이 낸 사람이 누릴 수 있는 소극적 자유는 줄어들지만, 사회 구성원들이 누릴 수 있는 적극적 자유의 수준은 전반적으로 높아지는 것이다.

자유 민주주의 사회에서는 자아의 사회적 실현을 위하여 개인의 자유를 최대한으로 보장(保障)해야 한다. 그러나 무제한의 자유를 모든 사람에게 보장하기는 불가능한 일이므로 우리가 추구해야 할 자유는 제한적일 수밖에 없다. 사회복지 정책이 시장에서의 거래에 의한 자원배분에 개입하여 개인들의 자유로운 선택의 기회를 제한할 때는 소극적 자유를 침해하는 것이다. 반면에 사회복지 정책을 통하여 빈자(貧者)들이 자신이 원하는 바를 할 수 있는 능력을 갖게 할 때에는 적극적인 자유를 신장(伸張)시키는 것이다. 이처럼 사회복지 정책은 특정한 사람들의 소극적 자유를 줄이는 반면 다른 사람들의 적극적 자유는 증가시키는 방향으로 결정되는 경우가 많다.

적극적 자유를 높이는 것이 소극적 자유를 줄이는 것보다 사회적으로 더 바람직할 수 있다. 이를 지지하는 근거는 소극적 자유로부터 감소되는 효용이 적극적 자유로부터 증가되는 효용보다 적을 수 있다는 것이다. 이렇게 볼 때, ⊙ 소극적 자유의 제한이 적극적 자유를 확대하여 인간이 인간답게 살 수 있는 사회적 가치를 실현하는 데 용이하다면 이를 사회적으로 합의하거나 인정하지 않을 수 없을 것이다.

14 다음 중 윗글의 중심 화제로 가장 적절한 것은?

① 사회복지 정책의 한계
② 사회복지 정책의 양면성
③ 사회복지 정책의 발전 과정
④ 사회복지 정책의 근본적 개념
⑤ 사회복지 정책이 나아가야 할 방향

15 다음 중 (가)와 (나)의 논지 전개 구조를 가장 잘 설명한 것은?

① (가)에서 논의한 것을 (나)에서 사례를 들어 보완하고 있다.
② (가)에서 서로 대립되는 견해를 소개한 후, (나)에서 이를 절충하고 있다.
③ (가)에서 문제의 원인을 분석한 후, (나)에서 해결 방안을 모색하고 있다.
④ (가)에서 반대 의견을 소개한 후, (나)에서 반론의 근거를 마련하고 있다.
⑤ (가)에서 제기한 의문에 대해 (나)에서 새로운 관점을 내세워 해명하고 있다.

16 다음 중 밑줄 친 ㉠을 뒷받침하는 사례로 적절하지 않은 것은?

① 교실에서 면학 분위기를 조성하기 위해 휴대 전화 사용을 금지한다.
② 다수 국민들의 건강 증진을 위해 공공장소에서의 흡연을 단속한다.
③ 골목길에서 승용차가 지나가도록 하기 위해 사람들의 통행을 제한한다.
④ 고속도로에서 응급 상황에 효과적으로 대비하기 위해 갓길 통행을 제약한다.
⑤ 교통의 소통을 원활하게 하기 위해 날짜별로 자가용 승용차 운행을 통제한다.

17 다음은 2024년 주택보급률에 대한 자료이다. 이에 대한 설명으로 옳은 것은?

〈2024년 주택보급률 현황〉

구분	가구수(천 가구)	주택수(천 호)	주택보급률(%)
전국	19,979.2	20,818.1	104.2
수도권	9,686.0	9,588.2	99.0
지방	10,293.2	11,229.9	109.1
서울	3,839.8	3,682.4	95.9
부산	1,363.6	1,412.9	103.6
대구	957.5	996.1	104.0
인천	1,094.7	1,107.8	101.2
광주	578.6	616.5	106.6
대전	602.2	611.9	101.6
울산	431.4	476.0	110.3
세종	119.0	130.9	110.0
경기	4,751.5	4,798.0	101.0
강원	628.5	688.7	109.6
충북	641.0	729.7	113.8
충남	851.1	959.5	112.7
전북	733.0	802.0	109.4
전남	737.4	829.5	112.5
경북	1,094.5	1,271.0	116.1
경남	1,306.4	1,438.8	110.1
제주	249.0	266.4	107.0

※ (주택보급률)$=\dfrac{(주택수)}{(가구수)}\times100$

※ 수도권은 서울, 인천, 경기 지역이며, 지방은 수도권 외에 모든 지역이다.

① 전국 주택보급률보다 낮은 지역은 모두 수도권 지역이다.

② 수도권 외 지역 중 주택수가 가장 적은 지역의 주택보급률보다 높은 지역은 다섯 곳이다.

③ 가구수가 주택수보다 많은 지역은 전국에서 가구수가 세 번째로 많다.

④ 지방 전체 주택수의 10% 이상을 차지하는 수도권 외 지역 중 지방 주택보급률보다 낮은 지역의 주택보급률과 전국 주택보급률의 차이는 0.6%p이다.

⑤ 주택수가 가구수의 1.1배 이상인 지역에서 가구수가 세 번째로 적은 지역의 주택보급률은 지방 주택보급률보다 3.7%p 높다.

18 다음은 가구원 수별 평균 실내온도에 따른 일평균 에어컨 가동시간에 대한 자료이다. 이에 대한 설명으로 옳은 것은?

〈가구원 수별 평균 실내온도에 따른 일평균 에어컨 가동시간〉

(단위 : 시간/일)

가구원 수 \ 평균 실내온도		26℃ 미만	26℃ 이상 28℃ 미만	28℃ 이상 30℃ 미만	30℃ 이상
1인 가구		1.4	3.5	4.4	6.3
2인 가구	자녀 있음	3.5	8.4	16.5	20.8
	자녀 없음	1.2	3.1	10.2	15.2
3인 가구		4.2	10.4	17.6	16
4인 가구		4.4	10.8	18.8	20
5인 가구		4	11.4	20.2	22.8
6인 이상 가구		5.1	11.2	20.8	22

① 3인 가구의 경우 26℃ 이상 28℃ 미만일 때의 에어컨 가동시간은 30℃ 이상일 때의 65% 수준이다.
② 6인 이상 가구에서 평균 실내온도에 따른 일평균 에어컨 가동시간은 5인 가구일 때 보다 많다.
③ 2인 가구는 자녀의 유무에 따라 평균 실내온도에 따른 일평균 에어컨 가동시간이 항상 2배 이상 차이난다.
④ 가구원 수가 4인 이상일 때 평균 실내온도가 28℃ 이상이 되면 일평균 에어컨 가동시간이 20시간을 초과한다.
⑤ 1인 가구의 경우 평균 실내온도가 30℃ 이상일 때 일평균 에어컨 가동시간은 26℃ 미만일 때보다 5배 이상 많다.

19 다음은 연도별 L지역의 유아교육 규모를 나타낸 자료이다. 이에 대한 설명으로 옳지 않은 것은?

〈유아교육 규모〉

(단위 : 개, 명, %)

구분	2021년	2022년	2023년	2024년
유치원 수	112	124	119	110
학급 수	327	344	340	328
원아 수	8,423	8,391	8,395	8,360
교원 수	566	572	575	578
취원율	14.5	13.2	13.7	13.3

① 2021년부터 2024년의 유치원당 평균 학급 수는 3개를 넘지 않는다.
② 2021년부터 2024년의 학급당 원아 수의 평균은 25명 이상이다.
③ 취원율이 가장 높았던 해에 원아 수도 가장 많았다.
④ 교원 1인당 원아 수는 점점 증가하고 있다.
⑤ 학급당 교원 수는 2022년에 가장 낮고, 2024년에 가장 높다.

※ 다음 자료를 바탕으로 이어지는 질문에 답하시오. [20~21]

〈지역별 폐기물 현황〉

지역	1일 폐기물 배출량	인구수
용산구	305.2톤/일	132,259명
중구	413.7톤/일	394,679명
종로구	339.9톤/일	240,665명
서대문구	240.1톤/일	155,106명
마포구	477.5톤/일	295,767명

〈지역별 폐기물 집하장 위치 및 이동시간〉

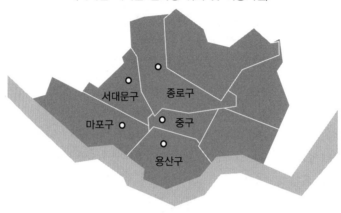

다음은 지역별 폐기물 집하장 간 이동에 걸리는 시간을 표시한 것이다.

지역	용산구	중구	종로구	서대문구	마포구
용산구		50분	200분	150분	100분
중구	50분		60분	70분	100분
종로구	200분	60분		50분	100분
서대문구	150분	70분	50분		80분
마포구	100분	100분	100분	80분	

20 자료에 표시된 지역 중 1인당 1일 폐기물 배출량이 가장 많은 곳에 폐기물 처리장을 만든다고 할 때, 다음 중 어느 구에 설치해야 하는가?(단, 1인당 1일 폐기물 배출량은 소수점 셋째 자리에서 반올림한다)

① 용산구　　　　　　　　　　　　　② 중구
③ 종로구　　　　　　　　　　　　　④ 서대문구
⑤ 마포구

21 20번의 결과를 참고하여 폐기물 처리장이 설치된 구에서 폐기물 수집 차량이 출발하여 1인당 1일 폐기물 배출량이 많은 순서대로 수거하고 다시 돌아올 때, 걸리는 최소 시간은?

① 3시간 10분　　　　　　　　　　② 4시간 20분
③ 5시간 40분　　　　　　　　　　④ 6시간
⑤ 7시간 10분

22 어느 한 사람이 5지선다형 문제 2개를 풀고자 한다. 첫 번째 문제의 정답은 선택지 중 1개이지만, 두 번째 문제의 정답은 선택지 중 2개이며, 모두 맞혀야 정답으로 인정된다. 두 문제 중 하나만 맞힐 확률은?(단, 선택지는 모두 같은 확률이다)

① 18%　　　　　　　　　　　　　② 20%
③ 26%　　　　　　　　　　　　　④ 30%
⑤ 34%

23 L공사의 사내 운동회에서 홍보부서와 기획부서가 결승에 진출하였다. 결승에서는 7번 경기 중에서 4번을 먼저 이기는 팀이 우승팀이 된다. 홍보부서와 기획부서의 승률이 각각 50%이고 무승부는 없다고 할 때, 홍보부서가 네 번째 또는 다섯 번째 시합에서 우승할 확률은?

① $\dfrac{1}{8}$

② $\dfrac{5}{6}$

③ $\dfrac{1}{4}$

④ $\dfrac{5}{16}$

⑤ $\dfrac{7}{8}$

24 영희를 포함한 4명의 친구들은 점심을 먹으러 식당에 도착하였다. 식당에는 총 11개의 메뉴가 있었고, 영희와 친구들은 자신이 선호하는 메뉴 리스트를 작성하였다. 식당의 메뉴와 선호하는 메뉴의 리스트가 아래와 같으며, 선호하는 메뉴 리스트에 따라 음식을 주문한다고 할 때, 영희와 친구들이 각자 다른 메뉴를 고르는 경우의 수는 모두 몇 가지인가?

〈식당의 메뉴〉			
김치볶음밥	우동	라면	돈가스
오므라이스	된장찌개	김치찌개	순두부찌개
제육덮밥	돈가스 덮밥	카레	−

〈선호 메뉴 리스트〉

• 영희 : 돈가스, 된장찌개, 순두부찌개
• A : 라면, 돈가스 덮밥, 오므라이스
• B : 김치볶음밥, 제육덮밥, 카레
• C : 돈가스, 우동, 김치찌개, 제육덮밥

① 42가지

② 56가지

③ 68가지

④ 84가지

⑤ 90가지

※ 다음은 2024년 주거급여 지급 현황을 나타낸 자료이다. 이어지는 질문에 답하시오. **[25~26]**

〈2024년 주거급여 지급 현황〉

(단위 : 명, 만 원)

연령	중위소득 20% 이하		중위소득 20% 초과 30% 이하		중위소득 30% 초과 45% 이하		합계	
	지급 인원	총지급 금액	지급 인원	총지급 금액	지급 인원	총지급 금액	지급 인원	총지급 금액
30세 이하	280	6,720	400	10,000	800	19,200	1,480	35,920
31 ~ 40세	55	1,210	100	2,200	200	4,800	355	8,210
41 ~ 50세	560	14,280	1,500	37,500	1,400	21,000	3,460	72,780
51 ~ 60세	880	24,640	2,000	48,000	1,500	30,000	4,380	102,640
61세 이상	1,800	36,000	2,500	70,000	3,600	90,000	7,900	196,000
합계	3,575	82,850	6,500	167,700	7,500	165,000	17,575	415,550

25 다음 중 자료에 대한 설명으로 옳은 것을 〈보기〉에서 모두 고르면?

┌─────〈보기〉─────┐

㉠ 31 ~ 40세 지급인원에서 소득구간이 '20% 초과 30% 이하' 대비 '20% 이하'의 비율은 소득구간이 '30% 초과 45% 이하' 대비 '20% 초과 30% 이하'의 비율보다 작다.

㉡ 중위소득 20% 이하에서 지급인원이 적은 순서대로 나열한 연령대와 지급금액이 적은 순대로 나열한 연령대의 순서는 동일하다.

㉢ 중위소득 30% 초과 45% 이하인 구간에서 그 구간의 1인당 평균 주거급여 지급금액보다 1인당 평균 주거급액이 적은 연령대는 41 ~ 50세와 51 ~ 60세이다.

└──────────────┘

① ㉡

② ㉠, ㉡

③ ㉠, ㉢

④ ㉡, ㉢

⑤ ㉠, ㉡, ㉢

26 다음 중 자료에 대한 설명으로 옳은 것은?

① 연령에 관계없이 소득구간이 높아질수록 총지급인원은 증가한다.

② 중위소득 '20% 초과 30% 이하'의 총지급인원은 그 구간의 50세 이하 총지급인원의 3.5배이다.

③ 30% 초과 45% 이하에서 41 ~ 50세의 1인당 평균 주거급여 지급금액은 61세 이상 1인당 평균 주거급여 지급금액의 70%이다.

④ 중위소득 '20% 이하', '20% 초과 30% 이하', '30% 초과 45% 이하' 중 총지급인원이 가장 적은 구간과 총지급금액이 가장 적은 구간은 동일하다.

⑤ 소득구간 '20% 이하'의 전체 지급인원은 '20% 초과 30% 이하'의 전체 지급인원의 58%에 해당한다.

27 김과장은 사내 체육행사 때 사용할 생수를 구매하려고 한다. A ~ E 다섯 개의 생수 업체 중에서 어떤 업체를 고르는 것이 가장 이득이겠는가?(단, 생수의 품질은 모두 같고 물을 마시는 방법은 무시한다)

구분	A업체	B업체	C업체	D업체	E업체
가격(원)	6,000	4,000	5,000	4,500	5,500
부피(ml)	500	700	1,000	1,500	2,000
묶음 개수(개)	20	15	10	8	6

① A업체   ② B업체
③ C업체   ④ D업체
⑤ E업체

28 A ~ E 5명은 부산에 가기 위해 서울역에서 저녁 7시에 출발하여 대전역과 울산역을 차례로 정차하는 부산행 KTX 열차를 타기로 했다. 이들 중 2명은 서울역에서 승차하였고, 다른 2명은 대전역에서, 나머지 1명은 울산역에서 각각 승차하였다. 대화 내용을 근거로 할 때, 다음 중 항상 참인 것은?(단, 같은 역에서 승차한 경우 서로의 탑승 순서는 알 수 없다)

〈대화 내용〉

A : 나는 B보다 먼저 탔지만, C보다 먼저 탔는지는 알 수 없어.
B : 나는 C보다 늦게 탔어.
C : 나는 가장 마지막에 타지 않았어.
D : 나는 대전역에서 탔어.
E : 나는 내가 몇 번째로 탔는지 알 수 있어.

① A는 대전역에서 승차하였다.
② B는 C와 같은 역에서 승차하였다.
③ C와 D는 같은 역에서 승차하였다.
④ D는 E와 같은 역에서 승차하였다.
⑤ E는 울산역에서 승차하였다.

※ L아파트의 자전거 보관소에서는 입주민들의 자전거를 편리하게 관리하기 위해 다음과 같은 방법으로 자전거에 일련번호를 부여한다. 이어지는 질문에 답하시오. [29~30]

- 일련번호 순서

A	L	1	1	1	0	1	–	1
종류	무게	동		호수			–	등록순서

- 자전거 종류 구분

일반 자전거			전기 자전거
성인용	아동용	산악용	
A	K	T	B

- 자전거 무게 구분

10kg 이하	10kg 초과 20kg 미만	20kg 이상
S	M	L

- 동 구분 : 101동부터 110동까지의 끝자리를 1자리 숫자로 기재(예 101동 – 1)
- 호수 : 4자리 숫자로 기재(예 1101호 – 1101)
- 등록순서 : 동일 세대주당 자전거 등록순서를 1자리로 기재

29 다음 중 자전거의 일련번호가 바르게 표기된 것은?

① KS90101-2

② AM2012-2

③ AB10121-1

④ MT1109-2

⑤ BL82002-01

30 다음 중 일련번호가 'TM41205-2'인 자전거에 대한 설명으로 옳은 것은?

① 전기 모터를 이용해 주행할 수 있다.

② 자전거의 무게는 10kg 이하이다.

③ 204동 1205호에 거주하는 입주민의 자전거이다.

④ 자전거를 2대 이상 등록한 입주민의 자전거이다.

⑤ 해당 자전거의 소유자는 더 이상 자전거를 등록할 수 없다.

※ 다음 국민임대주택 예비입주자 모집을 위한 공고문을 읽고 이어지는 질문에 답하시오. **[31~32]**

<국민임대주택 예비입주자 통합 정례모집 사전 안내>

2025년 3월 예정되어 있는 국민임대주택 예비입주자 통합 정례모집관련 신청자격 및 모집대상에 대하여 아래와 같이 사전 안내합니다.

■ **2025년 1분기 정례모집 개요**

구 분	모집공고일	대상지역
2025년 1분기	2025.03.04.(화)	수도권
	2025.03.14.(금)	수도권 제외한 나머지 지역

※ 안내문이나 공고문이 게시된 날부터 며칠 동안은 문의 전화가 많아 상담이 지연될 수 있사오니 가능한 이 날짜를 피하여 연락하시면 좀 더 편리하게 상담하실 수 있습니다.

※ 단지사정(입주자 부족 등)에 따라 정기모집과 상관없이 입주자를 모집하는 곳도 있으니 가능한 콜센터에 연락하시어 관심 단지를 등록하시고 나중에 문자로 편리하게 받아보시기 바랍니다.

■ **신청자격 입주자모집공고일 현재 무주택세대구성원으로서 아래의 소득 및 자산보유 기준을 충족하는 자**

▶ 무주택세대구성원이란?

다음 전원(이하 세대구성원)이 주택을 소유하고 있지 아니한 세대의 세대주 및 세대원을 말한다.

신청자	자격검증대상(세대구성원)	비고
세대주 신청 시	• 세대주 • 세대주와 동일주민등록표상 거주하고 있는 세대주의 배우자, 세대주의 직계존비속	단, 신청자의 배우자가 주민등록표상 분리되어 있을 시 분리 배우자 및 분리 배우자와 동일 주민등록표상 같이 거주하는 신청자의 직계존비속 포함
세대원 신청 시	• 신청세대원 • 신청세대원과 동일주민등록표상의 세대주, 세대주의 배우자, 세대주의 직계존비속, 신청세대원의 배우자, 신청세대원의 직계존비속	

▶ 소득 및 자산보유 기준

○ 소득

가구원 수	월평균소득기준	참고사항
3인 이하 가구	3,419,110원 이하	• 가구원 수는 세대구성원 전원을 말함(동일주소 외국인 배우자와 임신 중인 경우 태아 포함) • 월평균소득액은 세전금액으로서 세대구성원 전원의 월평균소득액을 모두 합산한 금액임 • 7인 가구 이상은 6인 가구 월평균소득기준에 1인당 평균금액(249,250원)을 합산하여 산정(6명 초과 인원에 적용)
4인 가구	3,941,190원 이하	
5인 가구	3,941,190원 이하	
6인 가구	4,166,860원 이하	

○ 자산

구분		자산보유기준
자산	총자산가액	세대구성원 전원이 보유하고 있는 총자산가액 합산기준 22,800만 원 이하
	자동차	세대구성원 전원이 보유하고 있는 자동차가액 2,522만 원 이하

31 부산에 사는 A씨는 아내와 5세 아들과 함께 살고 있다. 국민임대주택 입주를 신청하고자 할 때, 공고문을 읽고 바르게 이해한 것은?

① 공고문을 보니 나는 3월 5일에 신청하면 되겠군.

② 입주자를 추가 모집하는 경우를 대비해 문자로 안내를 받을 수 있도록 해야겠어.

③ 입주자모집공고일에 세대구성원의 주택 소유 여부와 상관없이 신청자가 주택을 소유하고 있지 않으면 입주자 자격을 충족하네.

④ 아내가 임신을 했지만 아직 아이가 태어나지 않았으니 우리 가족은 나와 아내, 아들 한 명으로 3인 가구에 해당하겠군.

⑤ 모집 공고를 확인하자마자 바로 상담원과 전화해서 자세한 내용을 들어봐야겠어.

32 다음 사례에 대한 설명으로 옳지 않은 것은?(단, B씨의 아내와 처제의 주소지는 인천으로 같은 거주지이다)

> 강원도에 거주하고 있는 세대주 B씨는 부모님과 10살 아들, 9살 딸과 함께 살고 있지만, B씨의 아내는 직장 문제로 처제와 함께 인천에 거주하고 있다. 아내는 최근 임신하여 조만간 일을 그만두고 가족이 있는 강원도로 돌아올 예정인데 새로 태어날 아이와 현 상황을 고려하여 국민임대주택을 신청하고자 한다.

① B씨의 입주자모집 신청날짜는 3월 15일이다.

② B씨 세대구성원에 처제도 포함된다.

③ B씨의 가족은 7인 가구에 해당한다.

④ B씨의 월평균소득기준 금액은 4,416,110원이다.

⑤ B씨의 아내는 B씨 대신 국민임대주택 신청이 가능하다.

33 L공사에 근무하는 직원 네 명은 함께 5인승 택시를 타고 A지역본부로 가고 있다. 〈조건〉을 참고할 때, 다음 중 항상 참인 것은?

─〈조건〉─

- 직원은 각각 부장, 과장, 대리, 사원의 직책을 갖고 있다.
- 직원은 각각 흰색, 검은색, 노란색, 연두색 신발을 신었다.
- 직원은 각각 기획팀, 연구팀, 디자인팀, 홍보팀 소속이다.
- 대리와 사원은 옆으로 붙어 앉지 않는다.
- 과장 옆에는 직원이 앉지 않는다.
- 부장은 홍보팀이고 검은색 신발을 신었다.
- 디자인팀 직원은 조수석에 앉았고 노란색 신발을 신었다.
- 사원은 기획팀 소속이다.

① 택시 운전기사 바로 뒤에는 사원이 앉는다.
② 부장은 조수석에 앉는다.
③ 과장은 노란색 신발을 신었다.
④ 부장 옆에는 과장이 앉는다.
⑤ 사원은 흰색 신발을 신었다.

34 주차장에 이부장, 박과장, 김대리 세 사람의 차가 나란히 주차되어 있는데, 순서는 알 수 없다. 다음 대화 내용 중 한 사람의 말이 거짓일 때, 주차장에 주차한 순서로 옳은 것은?

〈대화 내용〉

이부장 : 내 옆에는 박과장 차가 세워져 있더군.
박과장 : 제 옆에 김대리 차가 있는 걸 봤어요.
김대리 : 이부장님 차가 가장 왼쪽에 있어요.
이부장 : 김대리 차는 가장 오른쪽에 주차되어 있던데.
박과장 : 저는 이부장님 옆에 주차하지 않았어요.

① 김대리 – 이부장 – 박과장
② 박과장 – 김대리 – 이부장
③ 박과장 – 이부장 – 김대리
④ 이부장 – 박과장 – 김대리
⑤ 이부장 – 김대리 – 박과장

35 다음은 L사의 제품번호 등록규칙이다. 제품번호 'IND22Q03D9210'에 대한 설명으로 옳은 것은?

〈L사 제품번호 등록규칙〉

• 제품번호 등록규칙은 다음과 같다.

　[생산지 구분] − [생산 연도] − [생산 분기] − [제품 구분] − [운송 구분]

• 생산지 구분

국내	중국	인도네시아
KOR	CHN	IND

• 생산 연도

2019년	2020년	2021년	2022년	2023년
19	20	21	22	23

• 생산 분기

1분기	2분기	3분기	4분기
Q01	Q02	Q03	Q04

• 제품 구분

식료품	의류	식기류	가전제품	기타
D81	D92	C13	E65	K00

• 운송 구분

일반	긴급	연기
10	20	30

① 중국에서 생산된 식기류 제품이다.

② 인도네시아에서 생산된 일반운송 제품이다.

③ 2021년 3분기에 생산되었다.

④ 긴급한 운송을 요하는 제품이다.

⑤ 2022년에 생산된 가전제품이다.

※ 다음은 L음료회사 사보에 올라온 SWOT 분석에 대한 글이다. 이어지는 질문에 답하시오. [36~37]

SWOT 분석은 기업의 내부 환경과 외부 환경을 분석하여 강점(Strength), 약점(Weakness), 기회(Opportunity), 위협(Threat) 요인을 규정하고 이를 토대로 경영 전략을 수립하는 기법으로, 미국의 경영컨설턴트인 알버트 험프리(Albert Humphrey)에 의해 고안되었다. SWOT 분석의 가장 큰 장점은 기업의 내·외부 환경 변화를 동시에 파악할 수 있다는 것이다. 기업의 내부 환경을 분석하여 강점과 약점을 찾아내며, 외부 환경 분석을 통해서는 기회와 위협을 찾아낸다. 강점, 약점, 기회, 위협의 특징은 아래와 같다.

- 강점(Strength) : 내부 환경(자사 경영 자원)의 강점
- 약점(Weakness) : 내부 환경(자사 경영 자원)의 약점
- 기회(Opportunity) : 외부 환경(경쟁, 고객, 거시적 환경)에서 비롯된 기회
- 위협(Threat) : 외부 환경(경쟁, 고객, 거시적 환경)에서 비롯된 위협

이처럼 SWOT 분석은 외부로부터 온 기회는 최대한 살리고 위협은 회피하는 방향으로 자신의 강점은 최대한 활용하고 약점은 보완한다는 논리에 기초를 두고 있다. SWOT 분석에 의한 경영 전략은 다음과 같이 정리할 수 있다.

- SO전략(강점 – 기회 전략) : 강점을 살려 기회를 포착
- ST전략(강점 – 위협 전략) : 강점을 살려 위협을 회피
- WO전략(약점 – 기회 전략) : 약점을 보완하여 기회를 포착
- WT전략(약점 – 위협 전략) : 약점을 보완하여 위협을 회피

이러한 SWOT 분석은 방법론적으로 간결하고 응용범위가 넓은 일반화된 분석 기법이기 때문에 여러 분야에서 널리 사용되고 있다.

36 L음료회사에 근무 중인 J사원은 아래와 같은 내용으로 신제품을 발표하고자 한다. 발표내용을 볼 때, SWOT 분석에 의한 경영 전략 중 가장 적절한 것은?

올해 L음료회사의 신제품인 W음료는 천연재료로부터 추출한 향료로 만든 건강음료로 인공향료나 방부제가 전혀 없습니다. 특히 W음료는 제약산업과 동일한 등급의 철저한 위생 관리가 이뤄지고 있으며 열과 압력을 통과한 음료를 정제된 질소 포장으로 보관·유통하기 때문에 깨끗하고 위생적입니다. 이로 인해 건강음료를 선호하고 식품의 위생을 중요시하는 오늘날의 트렌드에 적합함으로써 높은 매출을 기록할 것으로 예상됩니다.

① WO전략(약점 – 기회 전략)　　　　　② WT전략(약점 – 위협 전략)
③ ST전략(특별 – 트렌드 전략)　　　　　④ ST전략(강점 – 위협 전략)
⑤ SO전략(강점 – 기회 전략)

37 L음료회사에 근무하는 Z사원은 SWOT 분석에 대한 글을 읽고, L음료회사의 강점, 약점, 기회, 위협분을 아래와 같이 정리하였다. 이를 토대로 경영 전략을 제시하였을 때, Z사원이 제시한 전략 중 SWOT 분석에 의한 경영 전략에 포함되지 않는 것은?

강점(Strength)	• 높은 브랜드 가치 • 우리나라에서 가장 큰 음료회사 • 강력한 마케팅 및 광고
약점(Weakness)	• 탄산음료에 치중 • 다각화 부족 • 부정적인 평판
기회(Opportunity)	• 음료 소비 성장세 • 생수 수요 증가 • 생산 재료 가격의 하락
위협(Threat)	• 경쟁자 음료를 찾는 변화된 수요 • 탄산음료 산업에서 경쟁 심화 • 국가별로 강력한 현지 브랜드 존재

① 사회공헌 활동을 통해 '착한 기업' 이미지를 확보하여 경쟁시장에서 이길 수 있도록 해야겠다.
② 차별화된 광고를 통해 음료 소비의 성장세를 극대화하도록 한다.
③ 현재의 부정적인 평판을 극복하기 위해 소비자들을 위한 효과적인 마케팅을 계획한다.
④ 탄산음료만이 아닌 건강음료를 개발하여 생수를 선호하는 건강시대에 발맞춰 생산한다.
⑤ 다양한 음료회사 중에서 L음료회사를 선택하는 고객이 많음을 적극적으로 홍보한다.

※ 다음은 L사에서 직원 10명을 대상으로 지방에 발령을 위해 근태 및 성과를 평가한 자료이다. 이어지는 질문에 답하시오. [38~39]

〈L사 직원 근태 및 성과 현황〉

직원	근태	성과	1지망	2지망
A	A	B	서울	부산
B	B	B	서울	대전
C	A	C	광주	대전
D	B	A	대구	부산
E	A	A	서울	광주
F	A	B	울산	부산
G	A	A	대전	서울
H	C	B	부산	울산
I	B	C	대구	대전
J	A	A	울산	부산

※ A : 100점, B : 60점, C : 20점

38 근태 기록으로만 평가하여 점수가 높은 직원을 원하는 지역에 발령하고자 한다. 직원과 발령한 지부가 바르게 연결되지 않은 것은?(단, 각 지방은 최대 2명을 발령할 수 있으며, 모든 지부에 적어도 1명은 발령해야 한다)

	직원	발령지부
①	A	서울
②	C	광주
③	H	대전
④	I	대구
⑤	J	울산

39 근태 기록 30%, 성과 70%의 가중치를 두어 다시 평가 후 발령하고자 한다. 근태 기록으로만 평가한 것과 비교하여 원하는 지방으로 발령받지 못한 직원은?(단, 각 지방은 최대 2명을 발령할 수 있으며, 모든 지부에 적어도 1명은 발령해야 한다)

① A, H   ② C, J

③ E, J   ④ F, I

⑤ H, I

L공사는 본사 리모델링을 위한 시공업체를 선정하고자 한다. 업체선정에 관련된 정보가 다음과 같을 때, 시공에 소요되는 비용(입찰가격)으로 옳은 것은?

〈업체선정 방식〉

- 최종점수가 가장 높은 업체 한 곳을 시공업체로 선정한다.
- 최종점수는 경험점수, 기술점수, 에너지점수, 건전성점수, 가격점수를 단순합산하여 도출한다. 항목별 점수 도출 기준은 다음과 같다.
- 경험점수는 다음 표에 따라 부여한다.

작년기준 시공규모(원)	200억 미만	200억 이상 500억 미만	500억 이상 800억 이상	800억 초과
경험점수	15	20	25	30

- 기술점수는 다음 표에 따라 부여한다.

기술수준	A	B	C	D
기술점수	20	18	15	12

- 에너지점수는 다음 표에 따라 부여한다.

에너지효율설비 도입비율	60% 미만	60% 이상 70% 미만	70% 이상 85% 미만	85% 이상
에너지점수	15	19	22	25

- 건전성점수는 다음 표에 따라 부여한다.

경영건전성	3등급	2등급	1등급
건전성점수	10	13	15

- 가격점수는 다음 표에 따라 부여한다.

입찰가격(원)	30억 미만	30억 이상 40억 미만	40억 이상 50억 미만	50억 이상
가격점수	10	7	5	3

- 업체를 선정한 경우, 해당 업체가 제출한 입찰가격만큼의 비용이 소요된다.

〈입찰 업체 정보〉

업체	작년 기준 시공규모(원)	기술수준	에너지효율설비 도입비율	경영건전성	입찰가격(원)
A	302억	B	44%	2등급	37억
B	910억	A	58%	2등급	41억
C	560억	C	71%	2등급	62억
D	620억	B	82%	3등급	28억
E	108억	D	69%	1등급	32억

① 37억 원
② 41억 원
③ 62억 원
④ 28억 원
⑤ 32억 원

| 01 | 토목

41 반지름 20cm인 원형 단면 단주의 중심에서 10cm 떨어진 위치에서 4t의 하중이 작용하고 있을 때, 다음 중 기둥의 최대 압축 응력은?

① $9.55 \text{kg}_f/\text{cm}^2$

② $6.37 \text{kg}_f/\text{cm}^2$

③ $6.18 \text{kg}_f/\text{cm}^2$

④ $5.28 \text{kg}_f/\text{cm}^2$

⑤ $4.42 \text{kg}_f/\text{cm}^2$

42 다음 중 가상일의 원리에 대한 설명으로 옳지 않은 것은?

① 단위하중법이라고 한다.

② 에너지 불변의 법칙이 성립한다.

③ 구속조건 적용과 해석에 유리하다.

④ 가상변위는 임의로 선정할 수 없다.

⑤ 재료는 탄성 한도 내에서 거동한다고 가정한다.

43 다음 중 지름이 d인 원형 단면의 단면계수는?

① $\dfrac{d}{4}$

② $\dfrac{\pi d^4}{4}$

③ $\dfrac{\pi d^3}{16}$

④ $\dfrac{\pi d^3}{32}$

⑤ $\dfrac{\pi d^4}{64}$

44 다음 중 강우자료의 일관성을 분석하기 위해 사용하는 방법은?

① 합리식　　　　　　　　　　　② DAD 해석법

③ 누가우량 곡선법　　　　　　　④ SCS 방법

⑤ Thiessen의 가중법

45 압력수두를 P, 속도수두를 V, 위치수두를 Z라고 할 때, 정체압력수두 P_s는?

① $P_s = P - V - Z$　　　　　② $P_s = P + V + Z$

③ $P_s = P - V$　　　　　　　④ $P_s = P + V$

⑤ $P_s = P \times V$

46 침사지의 용량은 계획취수량을 몇 분간 저류시킬 수 있어야 하는가?

① 10 ~ 20분　　　　　　　　　② 20 ~ 30분

③ 30 ~ 40분　　　　　　　　　④ 40 ~ 50분

⑤ 50 ~ 60분

47 어떤 하천의 재폭기계수가 0.2/day이고 탈산소계수가 0.1/day일 때 이 하천의 자정계수는?

① 0.02　　　　　　　　　　　② 0.1

③ 0.3　　　　　　　　　　　　④ 0.5

⑤ 2

48 다음 중 오존에 의한 살균처리법의 특징에 대한 설명으로 옳지 않은 것은?

① 소독의 잔류효과가 크다.

② 유기물 특유의 냄새까지 제거한다.

③ 물에 염소와 같은 고유의 냄새를 남기지 않는다.

④ 복잡한 오존발생 장치가 필요하다.

⑤ 수온이 높아지면 오존소비량이 많아진다.

49 다음 중 철근콘크리트 부재의 철근 이음에 대한 설명으로 옳지 않은 것은?

① D35를 초과하는 철근은 겹침이음을 하지 않아야 한다.

② 인장 이형철근의 겹침이음에서 A급 이음은 $1.3l_d$ 이상, B급 이음은 $1.0l_d$ 이상 겹쳐야 한다(단, l_d는 규정에 의해 계산된 인장 이형철근의 정착 길이이다).

③ 압축 이형철근의 이음에서 콘크리트의 설계기준 압축강도가 21MPa 미미안 경우에는 겹침이음길이를 1/3 증가시켜야 한다.

④ 용접이음과 기계적이음은 철근의 항복강도의 125% 이상을 발휘할 수 있어야 한다.

⑤ 인장 이형철근의 겹침이음에서 A급과 B급 이음은 300mm 이상 겹쳐야 한다.

50 강철 테이프로 경사면의 거리를 측정했더니 65m이었다. 경사 보정량이 1cm일 때 양 끝의 높이 차이는 얼마인가?

① 약 1.14m
② 약 1.27m
③ 약 1.32m
④ 약 1.48m
⑤ 약 1.53m

51 다음 야장에서 B점의 표고는?

측점	후시(m)	전시(m)	지반고(m)	비고
A	1.15	–	10	A점의 표고는 10m
1	2.34	1.04	–	–
2	1.98	1.46	–	–
B	–	0.85	–	–

① 12.12m
② 14.35m
③ 16.47m
④ 18.24m
⑤ 20.82m

52 도로공사에서 거리 20m인 성토구간에 대하여 시작단면 $A_1 = 72\text{m}^2$, 끝 단면 $A_2 = 182\text{m}^2$, 중앙 단면 $A_m = 132\text{m}^2$라고 할 때 각주공식에 의한 성토량은?

① 약 2,540.0m³
② 약 2,573.3m³
③ 약 2,600.0m³
④ 약 2,606.7m³
⑤ 약 2,612.3m³

53 캔트가 C인 노선에서 설계속도와 반지름을 모두 2배로 할 경우, 새로운 캔트 C′는?

① $\dfrac{C}{2}$
② $\dfrac{C}{4}$
③ 2C
④ 4C
⑤ 6C

54 다음 중 지름이 D인 원형 단면의 단주에서 핵(Core)의 지름은?

① $\dfrac{D}{2}$
② $\dfrac{D}{3}$
③ $\dfrac{D}{4}$
④ $\dfrac{D}{8}$
⑤ $\dfrac{D}{10}$

55 다음과 같이 $\gamma_{sat}=2.5\text{t/m}^3$인 토질에 0.28t/m^2의 하중이 작용하고 있다. $Z=10\text{m}$일 때, 가장 아랫면에서의 연직유효응력의 크기는?(단, $\gamma_w=1\text{t/m}^2$로 가정한다)

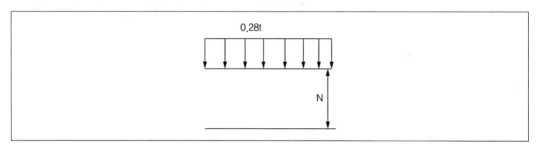

① 15.28t/m^2
② 25.28t/m^2
③ 35.28t/m^2
④ 45.28t/m^2
⑤ 55.28t/m^2

56 길이가 7m인 양단 연속보에서 처짐을 계산하지 않는 경우 보의 최소 두께로 옳은 것은?(단, $f_{ck}=28\text{MPa}$, $f_y=400\text{MPa}$이다)

① 약 275mm
② 약 334mm
③ 약 379mm
④ 약 438mm
⑤ 약 481mm

57 다음 중 서로 평행한 여러 개의 평면력을 가장 쉽게 합성할 수 있는 방법으로 옳은 것은?
① 힘의 삼각형법을 이용한다.
② 힘의 평행사변형법을 이용한다.
③ 힘의 삼각형법과 평행사변형법을 이용한다.
④ 연력도를 이용한다.
⑤ 시력도를 이용한다.

58 직접법으로 등고선을 측정하기 위하여 A점에 레벨을 세우고 기계고 1.5m를 얻었다. 70m 등고선상의 P점을 구하기 위한 표척(Staff)의 관측값은?(단, A점 표고는 71.6m이다)

① 1.0m

② 2.3m

③ 3.1m

④ 3.8m

⑤ 4.2m

59 다음 그림과 같이 A에서의 접선으로부터 이탈된 B점의 처짐량은 A와 B 사이에 있는 휨모멘트 선도의 면적의 B에 관한 1차 모멘트를 EI로 나눈 값과 같다. 이러한 정리의 명칭은?

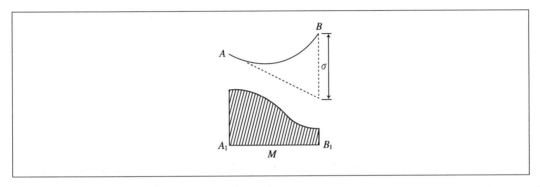

① 모멘트 면적법의 정리

② 3차 모멘트 정리

③ 카스틸랴노(Castigliano)의 제2정리

④ 탄성 변형의 정리

⑤ 바리논(Varignon)의 정리

60 다음 중 단면의 주축에 대한 설명으로 옳지 않은 것은?

① 단면의 주축에 관한 상승모멘트는 최대이다.

② 단면의 주축은 단면의 도심을 지난다.

③ 단면의 주축은 직교한다.

④ 단면의 주축에 관한 2차 모멘트는 최대 또는 최소이다.

⑤ 좌굴방향은 최대주축과 같은 방향, 최소주축과 직각방향이다.

61 다음 중 말뚝의 부마찰력에 대한 설명으로 옳지 않은 것은?

① 말뚝의 허용지지력을 결정할 때 세심하게 고려해야 한다.

② 연약지반에 말뚝을 박은 후 그 위에 성토를 한 경우 일어나기 쉽다.

③ 연약한 점토에 있어서는 상대변위의 속도가 느릴수록 부마찰력은 크다.

④ 연약지반을 관통하여 견고한 지반까지 말뚝을 박은 경우 일어나기 쉽다.

⑤ 파일시공 전 연약지반 개량공법을 충분히 적용하여 방지할 수 있다.

62 토립자의 비중이 2.5인 흙의 전체단위중량이 2.0t/m³이고, 함수비가 25%라고 할 때 이 흙의 포화도는?

① 95%

② 80%

③ 75%

④ 62.5%

⑤ 50%

63 단순 지지된 2방향 슬래브의 중앙점에 집중하중 P가 작용할 때 경간비가 $1:2$라면 단변과 장변이 부담하는 하중비($P_S : P_L$)는?(단, P_S : 단변이 부담하는 하중, P_L : 장변이 부담하는 하중이다)

① $4:1$

② $1:8$

③ $8:1$

④ $1:16$

⑤ $16:1$

64 T형 PSC보에 설계하중을 작용시킨 결과 보의 처짐은 0이었으며, 프리스트레스 도입단계부터 부착된 계측장치로부터 상부 탄성변형률 $\epsilon = 3.5 \times 10^{-4}$을 얻었다. 콘크리트 탄성계수 $E_c = 26,000\text{MPa}$, T형보의 단면적 $A_g = 150,000\text{mm}^2$, 유효율 $R = 0.85$일 때, 강재의 초기 긴장력 P_i를 구하면?

① 약 1,606kN

② 약 1,365kN

③ 약 1,160kN

④ 약 1,069kN

⑤ 약 1,056kN

65 비고 65m의 구릉지에 의한 최대 기복변위는?(단, 사진기의 초점거리는 15cm, 사진의 크기는 23cm×23cm, 축적 1 : 20,000이다)

① 약 0.14cm ② 약 0.35cm

③ 약 0.64cm ④ 약 0.82cm

⑤ 약 0.93cm

66 정착구와 커플러의 위치에서 프리스트레스 도입 직후 포스트텐션 긴장재의 응력은 얼마 이하로 하여야 하는가?(단, f_{pu}는 긴장재의 설계기준 인장강도이다)

① $0.6f_{pu}$ ② $0.64f_{pu}$

③ $0.7f_{pu}$ ④ $0.85f_{pu}$

⑤ $0.9f_{pu}$

67 콘크리트의 강도설계에서 등가 직사각형 응력블록의 깊이 $a = \beta_1 c$로 표현할 수 있다. f_{ck}가 60MPa인 경우 β_1의 값은 얼마인가?

① 0.85 ② 0.732

③ 0.65 ④ 0.626

⑤ 0.55

68 계수 전단강도 $V_u = 60$kN을 받을 수 있는 직사각형 단면이 최소 전단철근 없이 견딜 수 있는 콘크리트의 유효깊이 d는 최소 얼마 이상이어야 하는가?[단, $f_{ck} = 24$MPa, 단면의 폭(b)은 350mm이다]

① 약 560mm ② 약 525mm

③ 약 434mm ④ 약 328mm

⑤ 약 279mm

69 다음 중 수준측량과 관련된 용어에 대한 설명으로 옳지 않은 것은?

① 수준면(Level Surface)은 각 점들이 중력방향에 직각으로 이루어진 곡면이다.

② 지구곡률을 고려하지 않는 범위에서는 수준면을 평면으로 간주한다.

③ 지구의 중심을 포함한 평면과 수준면이 교차하는 선이 수준선이다.

④ 어느 지점의 표고라 함은 그 지역 기준타원체로부터의 수직거리를 말한다.

⑤ 지반고는 건물 등 구조물의 토대로 되어 있는 땅의 높이를 가리킨다.

70 경간 6m인 단순 직사각형 단면($b = 300\text{mm}$, $h = 400\text{mm}$)보에 계수하중 30kN/m가 작용할 때 PS강재가 단면도심에서 긴장되며 경간 중앙에서 콘크리트 단면의 하연 응력이 0이 되려면 PS강재에 얼마의 긴장력이 작용되어야 하는가?

① 5,805kN

② 4,024kN

③ 3,557kN

④ 3,054kN

⑤ 2,025kN

71 지름 D인 원형단면보에 휨모멘트 M이 작용할 때, 최대휨응력은?

① $\dfrac{64M}{\pi D^3}$

② $\dfrac{32M}{\pi D^3}$

③ $\dfrac{16M}{\pi D^3}$

④ $\dfrac{8M}{\pi D^3}$

⑤ $\dfrac{4M}{\pi D^3}$

72 다음 중 지구의 형상에 대한 설명으로 옳지 않은 것은?

① 회전타원체는 지구의 형상을 수학적으로 정의한 것이고, 어느 하나의 국가에 기준으로 채택한 타원체를 기준타원체라 한다.

② 지오이드는 물리적인 형상을 고려하여 만든 불규칙한 곡면이며, 높이 측정의 기준이 된다.

③ 지오이드상에서 중력 포텐셜의 크기는 중력이상에 의하여 달라진다.

④ 임의 지점에서 회전타원체에 내린 법선이 적도면과 만나는 각도를 측지위도라 한다.

⑤ 지오이드는 지표면 정도는 아니지만 국지적으로 요철을 갖는다.

73 다음 중 보의 탄성변형에서 내력이 한 일을 그 지점의 반력으로 1차 편미분한 것은 0이 된다는 정리는 무엇인가?

① 중첩의 원리   ② 맥스웰베티의 상반원리

③ 최소일의 원리   ④ 카스틸리아노의 제1정리

⑤ 테브난의 정리

74 다음 중 체적탄성계수 K를 탄성계수 E와 푸아송비 ν로 옳게 표시한 것은?

① $K = \dfrac{E}{3(1-2\nu)}$ ② $K = \dfrac{E}{2(1-3\nu)}$

③ $K = \dfrac{2E}{3(1-2\nu)}$ ④ $K = \dfrac{3E}{2(1-3\nu)}$

⑤ $K = \dfrac{3E}{4(1-3\nu)}$

75 다음 중 슬래브와 보가 일체로 타설된 비대칭 T형보(반T형보)의 유효폭은?(단, 플랜지 두께는 100mm, 복부 폭은 300mm, 인접보와의 내측거리는 1,600mm, 보의 경간은 6.0m이다)

① 650mm

② 680mm

③ 720mm

④ 760mm

⑤ 800mm

76 확폭량이 S인 노선에서 노선의 곡선반지름(R)을 두 배로 하면 확폭량(S')은?

① $S' = \dfrac{1}{4}S$

② $S' = \dfrac{1}{2}S$

③ $S' = 2S$

④ $S' = 3S$

⑤ $S' = 4S$

77 DGPS를 적용할 경우 기지점과 미지점에서 측정한 결과로부터 공통오차를 상쇄시킬 수 있기 때문에 측량의 정확도를 높일 수 있다. 이때 상쇄되는 오차요인이 아닌 것은?

① 위성의 궤도오차

② 다중경로오차

③ 전리층 신호 지연

④ 대류권 신호 지연

⑤ 위성의 시계오차

78 20m 줄자로 두 지점의 거리를 측정한 결과가 320m였다. 1회 측정마다 ±3mm의 우연오차가 발생한다면 두 지점 간의 우연오차는?

① ±48mm

② ±36mm

③ ±24mm

④ ±14mm

⑤ ±12mm

79 다음 중 GNSS 측량에 대한 설명으로 옳지 않은 것은?

① 다양한 항법위성을 이용한 3차원 측위방법으로, GPS, GLONASS, Galileo 등이 있다.

② VRS 측위는 수신기 1대를 이용한 절대측위 방법이다.

③ 지구질량 중심을 원점으로 하는 3차원 직교좌표체계를 사용한다.

④ 정지측량, 신속정치측량, 이동측량 등으로 측위방법을 구분할 수 있다.

⑤ 편도 거리 측정(One way Ranging) 방식을 기본으로 사용한다.

80 한 힘 R이 두 성분 P_1, P_2로 분해되었을 때 코사인법칙으로 α를 구할 수 있는 식으로 옳은 것은?

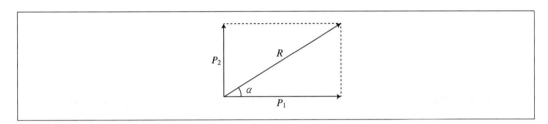

① $\cos\alpha = \dfrac{P_1^2 + R^2 + P_2^2}{2RP_2}$

② $\cos\alpha = \dfrac{P_1^2 + R^2 + P_2^2}{2RP_1}$

③ $\cos\alpha = \dfrac{P_1^2 + R^2 - P_2^2}{2RP_1}$

④ $\cos\alpha = \dfrac{P_1^2 + R^2 - P_2^2}{2RP_2}$

⑤ $\cos\alpha = \dfrac{P_1^2 - R^2 + P_2^2}{2RP_1}$

81 대한민국의 1 ~ 4등 삼각망의 폐합오차의 허용범위를 바르게 구한 것은?

	1등	2등	3등	4등
①	$\pm 1''$	$\pm 2''$	$\pm 3''$	$\pm 4''$
②	$\pm 1''$	$\pm 3''$	$\pm 5''$	$\pm 10''$
③	$\pm 1''$	$\pm 2''$	$\pm 10''$	$\pm 20''$
④	$\pm 2''$	$\pm 3''$	$\pm 5''$	$\pm 10''$
⑤	$\pm 2''$	$\pm 5''$	$\pm 10''$	$\pm 20''$

82 지상고도 3,000m의 비행기 위에서 초점거리가 15cm인 촬영기로 수직공중사진을 촬영했을 때 사진에서 60m의 교량의 크기는?

① 1mm
② 1.5mm
③ 2mm
④ 2.5mm
⑤ 3mm

83 다음 중 흙의 다짐에너지 시험 방법에서 A방법의 다짐에너지의 크기는?(단, 몰드의 부피는 $1,000cm^3$ 이다)

① $56.25N \cdot cm/cm^3$
② $113.5N \cdot cm/cm^3$
③ $56.25kN \cdot cm/cm^3$
④ $113.5kN \cdot cm/cm^3$
⑤ $153.7kN \cdot cm/cm^3$

84 급수인구 20만 명의 도시에 상수도 급수시설을 계획하고자 한다. 계획 1인 1일 최대 급수량이 300L일 때, 계획 1일 평균 급수량은?(단, 급수보급률은 85%이고 급수량 산출계수는 0.7이다)

① $35,700m^3$
② $44,800m^3$
③ $52,600m^3$
④ $58,300m^3$
⑤ $63,500m^3$

85 다음 중 하수관로에 대한 설명으로 옳지 않은 것은?

① 관로의 최소 흙두께는 원칙적으로 1m이지만, 노반두께, 동결심도 등을 고려하여 적절한 흙두께로 한다.

② 관로의 단면은 단면형상에 따른 수리적 특성을 고려하여 선정하되 원형 또는 직사각형을 표준으로 한다.

③ 우수관로의 최소관경은 200mm를 표준으로 한다.

④ 합류관로의 최소관경은 250mm를 표준으로 한다.

⑤ 하수관은 하류로 갈수록 유속은 빠르게, 경사는 완만하게 한다.

86 부유물 농도 200mg/L, 유량 3,000m^3/day인 하수가 침전지에서 70% 제거된다. 이때 슬러지의 함수율이 95%, 비중이 1.1일 때 슬러지의 양은?

① 4.6m^3/day

② 5.3m^3/day

③ 5.9m^3/day

④ 6.1m^3/day

⑤ 7.6m^3/day

87 혐기성 소화공정에서 소화가스 발생량이 저하될 때 그 원인으로 적합하지 않은 것은?

① 소화슬러지의 과잉배출

② 소화조 내 퇴적 토사의 배출

③ 소화조 내 온도의 저하

④ 소화가스의 누출

⑤ 과다한 산 생성

88 플레이트 보(Plate Girder)의 경제적인 높이는 다음 중 어느 것에 의해 구해지는가?

① 전단력　　　　　　　　　　　② 지압력

③ 휨모멘트　　　　　　　　　　④ 비틀림모멘트

⑤ 구속압력

89 리벳으로 연결된 부재에서 리벳이 상·하 두 부분으로 절단되었다면, 그 원인으로 적절한 것은?

① 연결부의 인장파괴　　　　　　② 리벳의 압축파괴

③ 연결부의 지압파괴　　　　　　④ 리벳의 전단파괴

⑤ 연결부의 비틀림파괴

90 다음 중 나선철근기둥과 띠철근기둥의 강도감소계수를 바르게 구한 것은?

	나선철근기둥	띠철근기둥
①	0.7	0.7
②	0.75	0.7
③	0.7	0.75
④	0.7	0.65
⑤	0.65	0.6

01 다음 그림과 같은 ㄷ형강의 전단 중심은 몇 mm인가?(단, 소수점 첫째 자리에서 반올림한다)

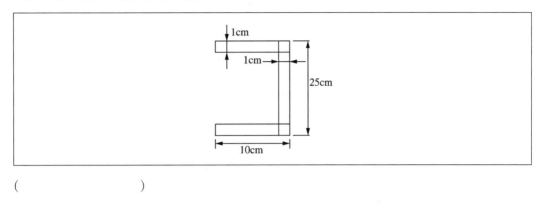

(   )

02 다음 중 길이 5m의 직선재가 7t의 축인장력을 받을 때 늘어나는 길이는 몇 mm인가?(단, 부재 단면적은 2cm^2, 탄성계수 $E=2.0\times10^6\text{kg/cm}^2$이고, 늘어나는 길이는 소수점 첫째 자리에서 반올림한다)

(   )

03 대한민국의 1등 삼각망의 평균 변장은 몇 km인가?

(   )

04 다음 일반적인 상수도 계통도에서 빈칸에 들어갈 단어로 옳은 것을 〈보기〉에서 순서대로 바르게 나열하면?

| 수원 및 저수시설 : (   ) : (   ) : (   ) : (   ) : (   ) : 급수 |

〈보기〉

㉠ 송수   ㉡ 도수
㉢ 배수   ㉣ 취수
㉤ 정수

(   )

05 다음 비접착칙 포스트텐션 공법에 대한 설명에서 빈칸에 들어갈 단어로 옳은 것을 〈보기〉에서 찾아 순서대로 바르게 나열하면?

- PC강선을 콘크리트와 부착하지 않도록 가공하여 설치하고 경화 후 PC강선을 긴장시킨 방식이다.
- 정착구와 콘크리트 지압에 의해 ____A____을/를 콘크리트로 전달한다.
- 긴장재와 콘크리트 분리한다.
- 정착구는 상시 하중에 저항한다.
- 균열 제어 및 응력 전달을 위해 철근이 추가로 필요하다.
- 그라우팅 작업이 ____B____.
- 일반 건물, 주차장 등의 슬래브나 보에 적용한다.

〈보기〉

㉠ 긴장력   ㉡ 비틀림응력
㉢ 열응력   ㉣ 크리프
㉤ 필요하다   ㉥ 필요없다

(A :   B :   )

06 연약지반개량공법에서 일시적인 개량공법에 해당하는 것을 〈보기〉에서 모두 고르면?

┌─────────────────────〈보기〉─────────────────────┐
│ ㉠ 주입 공법   ㉡ 동결 공법   │
│ ㉢ 진공 압밀 공법   ㉣ 모래다짐말뚝 공법   │
│ ㉤ 치환 공법   ㉥ 주입 공법   │
└───┘

(   )

07 콘크리트의 설계기준강도가 38MPa인 경우 콘크리트의 탄성계수(E_e)는 $a \times 10^2$MPa이다. 이때 a의 값은?(단, 보통골재를 사용한다)

(   )

08 사인장 응력에 대응하는 철근 배치 시 중립축과의 적정 각도는 몇 도인가?

(   )

09 측점 수가 n개인 폐합 트레버스의 외각을 측정하였더니 2,700°이었다. 측점 수는 몇 개인가?

(   )

10 다음 빈칸에 들어갈 단어로 옳은 것을 〈보기〉에서 찾아 순서대로 나열하면?

> 등분포 연직하중을 받는 라멘에서 ___A___ 은/는 휨을 받는 부재이고 ___B___ 은/는 휨과 압축을 받는 부재이다.

〈보기〉
- ㉠ 상부
- ㉡ 편심기둥
- ㉢ 하부
- ㉣ 벽체
- ㉤ 중부
- ㉥ 내부

(A :   B :   )

02 건축 - 객관식

41 다음 중 간접조명기구에 대한 설명으로 옳지 않은 것은?

① 직사 눈부심이 없다.
② 매우 넓은 면적이 광원으로서의 역할을 한다.
③ 일반적으로 발산광속 중 상향광속이 90 ~ 100% 정도이다.
④ 천장. 벽면 등은 어두운 색으로, 빛이 잘 흡수되도록 하여야 한다.
⑤ 그림자가 적고 글레어가 적은 조명이 가능하다.

42 다음 중 압축식 냉동기의 냉동사이클의 순서로 옳은 것은?

① 압축 → 응축 → 팽창 → 증발
② 압축 → 팽창 → 응축 → 증발
③ 응축 → 증발 → 팽창 → 압축
④ 응축 → 팽창 → 압축 → 증발
⑤ 팽창 → 증발 → 응축 → 압축

43 수정화조로 유입되는 오수의 BOD농도가 150ppm이고, 방류수의 BOD농도가 60ppm일 때 이 정화조의 BOD 제거율은?

① 40%
② 50%
③ 60%
④ 70%
⑤ 80%

44 다음과 같이 A지점과 B지점의 관경이 각각 d_A=100mm, d_B=200mm이고, 유량이 3.0m³/min이라면 A, B지점에서의 유속은 각각 얼마인가?

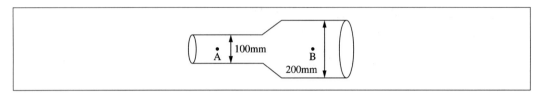

	V_A	V_B
①	약 1.59m/s	약 0.8m/s
②	약 1.59m/s	약 6.37m/s
③	약 6.37m/s	약 3.19m/s
④	약 6.37m/s	약 1.59m/s
⑤	약 6.37m/s	약 0.8m/s

45 다음 중 18세기에서 19세기 초에 있었던 신고전주의 건축의 특징으로 옳은 것은?

① 장대하고 허식적인 벽면 장식

② 고딕건축의 정열적인 예술창조 운동

③ 각 시대의 건축양식의 자유로운 선택

④ 고대 로마와 그리스 건축의 우수성에 대한 모방

⑤ 친환경적인 재료를 사용하면서도 인체공학적인 내부구조

46 다음 중 종합병원계획에 대한 설명으로 옳지 않은 것을 〈보기〉에서 모두 고르면?

— 〈보기〉 —
ㄱ. 수술부는 타 부분의 통과교통이 없는 장소에 배치한다.
ㄴ. 전체적으로 바닥의 단 차이를 가능한 줄이는 것이 좋다.
ㄷ. 외래진료부의 구성단위는 간호단위를 기본단위로 한다.
ㄹ. 내과는 진료검사에 시간이 걸리므로, 소진료실을 다수 설치한다.

① ㄱ
② ㄷ
③ ㄱ, ㄹ
④ ㄴ, ㄷ
⑤ ㄷ, ㄹ

47 다음 중 미술실의 중앙홀 형식에 대한 설명으로 옳지 않은 것은?

① 갤러리 및 코리더 형식에서는 복도 자체도 전시공간으로 이용이 가능하다.
② 중앙홀 형식에서 중앙홀이 크면 동선의 혼란은 많으나 장래의 확장에는 유리하다.
③ 연속순회 형식은 전시 중에 하나의 실을 폐쇄하면 동선이 단절된다는 단점이 있다.
④ 갤러리 및 코리디 형식은 복도에서 각 전시실에 직접 출입할 수 있다.
⑤ 필요 시 자유롭게 독립적으로 폐쇄할 수가 있다.

48 그림과 같은 단순보에서 A점 및 B점에서의 반력을 각각 R_A, R_B라 할 때 반력의 크기로 옳은 것은?

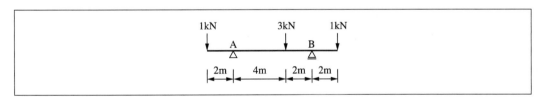

	R_A	R_B
①	2kN	2kN
②	2kN	2.5kN
③	2kN	3kN
④	2.5kN	2kN
⑤	3kN	2kN

49 일정한 온도 상승률에 따라 작동하는 것으로서 화기를 취급하지 않는 사무실 등에 적합한 자동화재 탐지설비는?

① 광전식
② 정온식
③ 열전도식
④ 이온화식
⑤ 차동식

50 각각의 최대수용전력의 합이 1,200kW, 부등률이 1.2일 때 합성최대수용전력은?

① 800kW
② 1,000kW
③ 1,200kW
④ 1,440kW
⑤ 1,500kW

51 실내공기 중에 부유하는 직경 $10\mu m$ 이하의 미세먼지를 의미하는 것은?

① VOC – 10
② PMV – 10
③ PM – 10
④ SS – 10
⑤ DS – 10

52 다음 중 압축재의 길이가 3.5m이고 양단이 힌지인 경우의 좌굴길이는?

① 1.75m
② 2.45m
③ 2.8m
④ 3.5m
⑤ 4.0m

53 그림과 같은 독립기초에 $N=480$kN, $M=96$kN·m가 작용할 때 기초저면에 발생하는 최대 지반반력은?

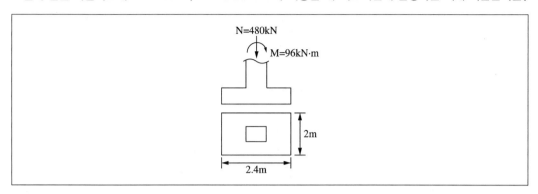

① 15kN/m^2 ② 150kN/m^2

③ 20kN/m^2 ④ 200kN/m^2

⑤ 25kN/m^2

54 다음 중 유체의 흐름을 한 방향으로만 흐르게 하고 반대방향으로는 흐르지 못하게 하는 밸브는?

① 콕   ② 체크밸브

③ 게이트밸브   ④ 글로브밸브

⑤ 버터플라이밸브

55 다음 중 품질관리 사이클의 순서로 옳은 것은?

① 계획 – 검토 – 조치 – 실시   ② 계획 – 검토 – 실시 – 조치

③ 계획 – 실시 – 조치 – 검토   ④ 계획 – 실시 – 검토 – 조치

⑤ 계획 – 조치 – 실시 – 검토

56 다음 그림과 같은 구조에서 C단에 발생하는 휨모멘트는?

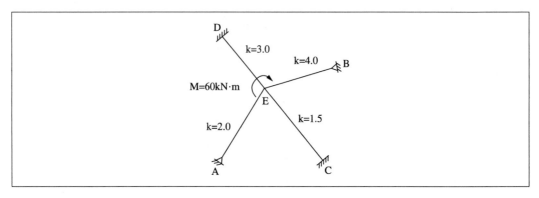

① 2.4kN·m ② 5kN·m

③ 6.5kN·m ④ 10kN·m

⑤ 14kN·m

57 공기조화방식 중 냉풍과 온풍을 공급받아 각 실 또는 각 존의 혼합유닛에서 혼합하여 공급하는 방식은?

① 단일덕트방식

② 이중덕트방식

③ 유인유닛방식

④ 팬코일유닛방식

⑤ 멀티존유닛방식

58 다음 중 고대 로마 건축에 대한 설명으로 옳지 않은 것은?

① 인술라(Insula)는 다층의 집합주거 건물이다.

② 콜로세움의 1층에는 도릭 오더가 사용되었다.

③ 바실리카 울피아는 황제를 위한 신전으로 배럴 볼트가 사용되었다.

④ 판테온은 거대한 돔을 얹은 로툰다와 대형 열주 현관이라는 두 주된 요소로 이루어진다.

⑤ 카라칼라 욕장은 대칭적 질서를 유지하였다.

59 다음 중 토질 및 지반에 대한 설명으로 옳지 않은 것은?

① 자갈층·모래층은 투수성이 큰 편이지만 젖은 점토층은 투수성이 작다.

② 점토와 모래의 중간 크기의 퇴적토인 실트는 압축성이 크고 마찰 저항이 작다.

③ 지진 시 액상화현상은 모래질 지반보다 점토질지반에서 일어나기 쉽다.

④ 점토질 지반에서 흙의 내부마찰각이 같은 경우 점착력이 클수록 옹벽에 가해지는 토압은 작아진다.

⑤ 실트와 점토가 혼합된 흙을 롬이라 한다.

60 다음 설명이 의미하는 봉수파괴 원인은?

> 일반적으로 배수수직관의 상·중층부에서는 압력이 부압으로, 그리고 저층부분에서는 정압으로 된다. 이때 배수수직관 내가 부압으로 되는 곳에 배수수평지관이 접속되어 있으면, 이에 따라서 봉수가 이동하여 손실된다.

① 증발현상   ② 모세관현상

③ 자기사이펀작용   ④ 유도사이펀작용

⑤ 자정(自淨)작용

61 TQC를 위한 7가지 도구 중의 하나로, 다음 글에서 설명하는 것은 무엇인가?

> • 결과에 대한 원인이 어떻게 관계하는지를 알기 쉽게 작성한 그림이다.
> • 문제로 하고 있는 특성과 요인 간의 관계, 요인 간의 상호관계를 쉽게 이해할 수 있도록 화살표를 이용하여 나타낸다.

① 체크시트   ② 관리도

③ 히스토그램   ④ 특성요인도

⑤ 파레토도

62 다음 조건에 따라 바닥재로 화강석을 사용할 경우 소요되는 화강석의 재료량(할증률 고려)으로 옳은 것은?

- 바닥면적 : $300m^2$
- 화강석 판의 두께 : 40mm
- 정형돌
- 습식공법

① $315m^2$

② $321m^2$

③ $330m^2$

④ $345m^2$

⑤ $355m^2$

63 다음 중 통기관의 설치 목적으로 옳지 않은 것은?

① 사이펀작용을 촉진한다.

② 트랩 봉수가 파괴되는 것을 방지한다.

③ 배수관 내에 배수의 흐름을 원활하게 한다.

④ 배수관 내에 신선한 공기를 유통시켜 배수관 내를 청결하게 한다.

⑤ 스케일 부착에 의한 배수관 폐쇄의 보수, 점검을 용이하게 한다.

64 다음 중 가설공사에 대한 설명으로 옳지 않은 것은?

① 가설공사에는 직접가설공사와 공통가설공사가 있다.

② 직접가설공사란 공사를 실시하는 데 직접적으로 필요한 가설공사이다.

③ 직접가설공사의 종류로는 가설도로, 가설울타리, 현장사무실, 현장시험실 등이 있다.

④ 공통가설공사란 2공종 이상의 공사에 공통으로 필요한 가설공사이다.

⑤ 공통가설공사의 종류로는 창고, 공사용수, 가설동력, 운반, 안전설비 등이 있다.

65 다음 중 철근콘크리트 T형보의 유효폭 산정과 가장 관계가 먼 것은?

① 슬래브의 세장비　　　　　　② 슬래브의 두께
③ 양측 슬래브의 중심 간의 거리　④ 보의 경간
⑤ 보의 폭

66 다음 그림과 같은 래티스보에서 $V = 3\text{kN}$일 때 웨브재의 축방향력은?

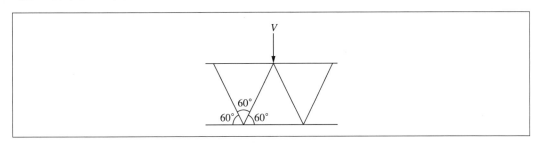

① 1.5kN　　　　　　　　　② $\sqrt{3}\,\text{kN}$
③ 2kN　　　　　　　　　　④ 3kN
⑤ $3\sqrt{3}\,\text{kN}$

67 다음 중 가설공사에서 강관비계 시공에 대한 내용으로 옳지 않은 것은?

① 가새는 수평면에 대하여 $40 \sim 60°$로 설치한다.
② 강관비계의 기둥간격은 띠장 방향 $1.5 \sim 1.8\text{m}$를 기준으로 한다.
③ 띠장의 수직간격은 2.5m 이내로 한다.
④ 수직 및 수평방향 5m 이내의 간격으로 구조체에 연결한다.
⑤ 장선의 수직간격은 1.5m 이하로 한다.

68 다음 그림은 강도설계법에 의한 단철근 직사각형 보의 응력도를 나타낸 것이다. 응력중심 간 거리$\left(d - \dfrac{a}{2}\right)$로 옳은 것은?(단, $A_s = 1,161\text{mm}^2$, $b = 300\text{mm}$, $d = 540\text{mm}$, $f_{ck} = 21\text{MPa}$, $f_y = 300\text{MPa}$이다)

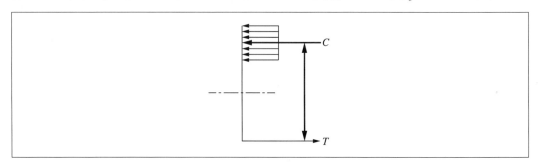

① 약 524.41mm   ② 약 507.48mm

③ 약 486.84mm   ④ 약 472.42mm

⑤ 약 424.47mm

69 다음 중 대변기에 설치한 세정밸브(Flush Valve)의 최저 필요압력은?

① 10kPa 이상   ② 30kPa 이상

③ 50kPa 이상   ④ 70kPa 이상

⑤ 90kPa 이상

70 다음 중 지반조사의 분류 및 정의가 바르게 연결된 것은?

① 지하탐사법 : 로드 선단의 저항체를 지중에 넣어 토층의 강도, 밀도를 측정한다.

② 보링 : 실제의 하중을 가하여 지내력을 측정한다.

③ 사운딩 : 짚어보기, 터파보기, 물리적탐사법 등을 말한다.

④ 시료채취 : 토질의 분포, 토질의 구성 등 주상도에 필요한 정보를 제공한다.

⑤ 토질시험 : 토질의 역학적, 물리적 성질을 측정하기 위한 실내시험이다.

71 다음 중 단면 $b = 350\text{mm}$, $h = 700\text{mm}$인 장방형 보의 균열모멘트(M_{cr})는?(단, [보의 휨파괴강도 (f_r)]= 3MPa이다)

① 85.75kN · m   ② 95.75kN · m

③ 105.75kN · m   ④ 115.75kN · m

⑤ 145.75kN · m

72 다음 중 지역난방 방식에 대한 설명으로 옳지 않은 것은?

① 시설이 대규모이므로 관리가 용이하고 열효율면에서 유리하다.

② 각 건물의 이용시간차를 이용하면 보일러의 용량을 줄일 수 있다.

③ 설비의 고도화로 대기오염 등 공해를 방지할 수 있다.

④ 고온수 난방을 채용할 경우 감압장치가 필요하며 응축수 트랩이나 환수관이 복잡해진다.

⑤ 고온수 난방은 지역난방에 많이 사용된다.

73 다음 중 지반의 구성층을 파악하기 위하여 낙하추 또는 화약의 폭발로 지반을 조사하는 방법은?

① 충격식 보링 지하탐사   ② 전기 저항 지하탐사

③ 방사능 지하탐사   ④ 탄성파 지하탐사

⑤ 회전식 보링 지하탐사

74 개방형헤드를 사용하는 연결살수설비에 있어서 하나의 송수구역에 설치하는 살수헤드의 수는 최대 얼마 이하가 되도록 하여야 하는가?

① 10개   ② 20개

③ 30개   ④ 40개

⑤ 50개

75 다음 중 강도설계법에서 직접설계법을 이용한 슬래브 설계 시 적용조건으로 옳지 않은 것은?

① 각 방향으로 3경간 이상이 연속되어야 한다.

② 슬래브판들은 단변 경간에 대한 장변 경간의 비가 2 이하인 직사각형이어야 한다.

③ 각 방향으로 연속한 받침부 중심 간 경간길이의 차이는 긴 경간의 1/3 이하이어야 한다.

④ 모든 하중은 연직하중으로서 슬래브판 전체에 등분포되어야 하며 활하중은 고정하중의 3배 이하이어야 한다.

⑤ 기둥 중심선을 기준으로 기둥의 어긋남은 그 방향 경간의 10% 이하이어야 한다.

76 다음 중 철근콘크리트 기둥의 띠철근에 대한 내용으로 옳지 않은 것은?

① 주근의 설계 위치를 유지한다.

② 크리프 양을 줄이는 데 효과가 있다.

③ 주근의 좌굴을 방지하는 데 효력이 있다.

④ 수직 간격은 기둥 단면의 최소치수 이하로 한다.

⑤ 주근 주위를 수평으로 둘러 감은 철근이다.

77 다음 〈조건〉을 만족하는 철근콘크리트 벽체의 최소수직철근량과 최소수평철근량은 얼마인가?

─────〈조건〉─────
- 벽체 길이 : 3,000mm
- 벽체 높이 : 2,600mm
- 벽체 두께 : 200mm
- $f_y = 400$MPa, D16

① 수직철근량 : 720mm^2, 수평철근량 : 1,020mm^2

② 수직철근량 : 730mm^2, 수평철근량 : 1,020mm^2

③ 수직철근량 : 720mm^2, 수평철근량 : 1,040mm^2

④ 수직철근량 : 730mm^2, 수평철근량 : 1,040mm^2

⑤ 수직철근량 : 740mm^2, 수평철근량 : 1,040mm^2

78 강도설계법으로 설계된 다음 그림과 같은 보에서 이음이 없는 경우 요구되는 보의 최소폭 b를 구하면?(단, 굵은 골재의 최대치수는 25mm, 피복두께는 40mm, 주철근의 직경은 22mm, 스터럽의 직경은 10mm로 계산한다)

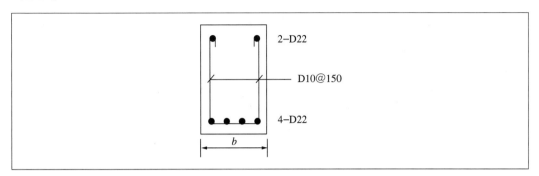

① 287.9mm

② 305.9mm

③ 310.3mm

④ 317.5mm

⑤ 325.3mm

79 인장을 받는 이형철근의 정착길이(l_d)는 기본정착길이(l_{db})에 보정계수를 곱하여 산정한다. 다음 중 이러한 보정계수에 영향을 미치는 사항이 아닌 것은?

① 콘크리트 강도계수

② 경량콘크리트계수

③ 에폭시 도막계수

④ 철근배치 위치계수

⑤ 철근·철선의 크기계수

80 다음 중 철근의 이음에 대한 설명으로 옳지 않은 것은?

① 휨 부재에서 서로 직접 접촉되지 않게 겹침이음된 철근은 횡방향으로 소요 겹침이음길이의 1/5 또는 150mm 중 작은 값 이상 떨어지지 않아야 한다.

② 인장력을 받는 이형철근 및 이형철선의 겹침이음길이는 최소 400mm 이상이어야 한다.

③ 일반적으로 D35를 초과하는 철근은 겹침이음을 하지 않아야 한다.

④ 압축 이형철근의 겹침이음길이는 최소 300mm 이상이어야 한다.

⑤ 기계적 이음은 f_y의 125% 이상을 발휘할 수 있어야 한다.

81 다음 중 말뚝재료별 구조세칙에 대한 내용으로 옳지 않은 것은?

① 현장타설콘크리트말뚝을 배치할 때 그 중심간격은 말뚝머리지름의 1.5배 이상 또한 말뚝머리지름에 500mm를 더한 값 이상으로 한다.

② 나무말뚝은 갈라짐 등의 흠이 없는 생통나무 껍질을 벗긴 것으로 말뚝머리에서 끝마구리까지 대체로 균일하게 지름이 변화하고 끝마구리의 지름이 120mm 이상의 것을 사용한다.

③ 기성콘크리트말뚝을 타설할 때 그 중심간격은 말뚝머리지름의 2.5배 이상 또한 750mm 이상으로 한다.

④ 매입말뚝을 배치할 때 그 중심간격은 말뚝머리지름의 2배 이상으로 한다.

⑤ 현장타설콘크리트말뚝을 배치할 때 선단부는 지지층에 확실히 도달시켜야 한다.

82 다음 중 경질비닐관 공사에 대한 설명으로 옳은 것은?

① 절연성과 내식성이 강하다.

② 자성체이며 금속관보다 시공이 어렵다.

③ 온도 변화에 따라 기계적 강도가 변하지 않는다.

④ 부식성 가스가 발생하는 곳에는 사용할 수 없다.

⑤ 화학공장, 연구실의 배선 등에 사용할 수 없다.

83 볼류트 펌프의 토출구를 지나는 유체의 유속이 2.5m/s, 유량이 $1m^3$/min일 경우, 토출구의 구경은?

① 약 82mm ② 약 92mm

③ 약 99mm ④ 약 105mm

⑤ 약 112mm

84 다음 중 서중 콘크리트에 대한 설명으로 옳은 것은?

① 장기강도의 증진이 크다.

② 마감 및 양생이 수월하다.

③ 워커빌리티가 일정하게 유지된다.

④ 콜드조인트가 쉽게 발생하지 않는다.

⑤ 동일 슬럼프를 얻기 위한 단위수량이 많아진다.

85 다음 중 콘크리트 이어치기에 대한 설명으로 옳지 않은 것은?

① 아치의 이어치기는 아치 축에 직각으로 한다.

② 슬래브(Slab)의 이어치기는 가장자리에서 한다.

③ 기둥의 이어치기는 바닥판 윗면에서 수평으로 한다.

④ 보의 이어치기는 전단력이 가장 적은 스팬의 중앙부에서 수직으로 한다.

⑤ 캔틸레버 보는 지지조건이 불완전함으로 가급적 이이치기를 하지 않는 것이 좋다.

86 유리섬유, 합성섬유 등의 망상포를 적층하여 도포하는 도막방수 공법은?

① 시멘트액체방수 공법   ② 포스트텐션 공법

③ 라이닝 공법   ④ 루핑 공법

⑤ 스터코 마감 공법

87 다음 글이 설명하는 공법으로 옳은 것은?

> 미리 공장 생산한 기둥이나 보, 바닥판, 외벽, 내벽 등을 한 층씩 쌓아 올라가는 조립식으로 구체를 구축하고 이어서 마감 및 설비공사까지 포함하여 차례로 한 층씩 완성해 가는 공법이다.

① 하프 PC합성바닥판 공법 ② 역타 공법

③ 적층 공법   ④ 지하연속벽 공법

⑤ 어스앵커 공법

88 다음 중 건축마감공사로서 단열공사에 대한 설명으로 옳지 않은 것은?

① 단열시공바탕은 단열재 또는 방습재 설치에 못, 철선, 모르타르 등의 돌출물이 도움이 되므로 제거하지 않아도 된다.

② 설치위치에 따른 단열공법 중 내단열공법은 단열성능이 적고 내부 결로가 발생할 우려가 있다.

③ 단열재를 접착제로 바탕에 붙이고자 할 때에는 바탕면을 평탄하게 한 후 밀착하여 시공하되 초기박리를 방지하기 위해 압착상태를 유지시킨다.

④ 단열재료에 따른 공법은 성형판단열재 공법, 현장발포재 공법, 뿜칠단열재 공법 등으로 분류할 수 있다.

⑤ 시공부위에 따른 공법은 벽단열, 바닥단열, 지붕단열 공법 등으로 분류할 수 있다.

89 일반주거지역에서 건축물을 건축하는 경우 건축물의 높이 5m인 부분은 정북방향의 인접 대지경계선으로부터 원칙적으로 최소 얼마 이상을 띄어 건축하여야 하는가?

① 1m

② 1.5m

③ 2m

④ 2.5m

⑤ 3m

90 급수 · 배수(排水) · 환기 · 난방 등의 건축설비를 건축물에 설치하는 경우, 건축기계 설비기술사 또는 공조냉동기계기술사의 협력을 받아야 하는 대상 건축물에 속하지 않는 것은?

① 기숙사로서 해당 용도에 사용되는 바닥면적의 합계가 2,000m²인 건축물

② 의료시설로서 해당 용도에 사용되는 바닥면적의 합계가 2,000m²인 건축물

③ 업무시설로서 해당 용도에 사용되는 바닥면적의 합계가 2,000m²인 건축물

④ 숙박시설로서 해당 용도에 사용되는 바닥면적의 합계가 2,000m²인 건축물

⑤ 유스호스텔로서 해당 용도에 사용되는 바닥면적의 합계가 2,000m²인 건축물

01 잔골재를 사용하는 콘크리트용 골재는 실적률이 최소 몇 % 이상이어야 하는가?

(   )

02 다음 옥내소화전설비의 화재안전기준에서 빈칸에 들어갈 알맞은 수는?

> 특정소방대상물의 어느 층에 있어서도 해당 층의 옥내소화전(5개 이상 설치된 경우에는 5개의 옥내소화전)을 동시에 사용할 경우 각 소화전의 노즐선단에서의 방수압력이 0.17MPa 이상이고, 방수량이 _____L/min 이상이 되는 성능의 것으로 해야 한다.

(   )

03 그림과 같은 구조물의 부정정 차수는?

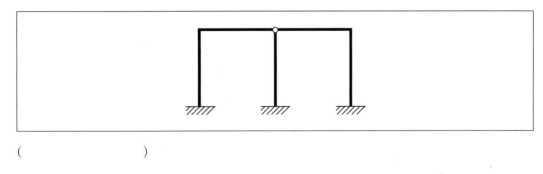

(   )

04 다음 통기관의 직경에 해당하는 기관을 〈보기〉에서 찾아 순서대로 바르게 나열하면?

> - ____A____ : 해당 기구 관지름의 1/2 이상, 32mm 이상
> - ____B____ : 수평배수지관과 통기수직관 중 작은 쪽 관경의 1/2 이상
> - ____C____ : 담당하는 배수지관 관지름의 1/2 이상
> - ____D____ : 통기수직관과 배수수직관 중 작은 쪽 관경 이상
> - ____E____ : 배수수직관의 관경 이상

─────〈보기〉─────
ㄱ 1기구 통기관   ㄴ 회로 · 루프통기
ㄷ 신정통기관   ㄹ 도피통기관
ㅁ 결합통기관

(A :   B :   C :   D :   E :   )

05 다음 지하식 또는 건축물식 노외주차장의 차로에 관한 기준에서 빈칸에 들어갈 수를 〈보기〉에서 찾아 순서대로 나열하면?

> 같은 경사로를 이용하는 주차장의 총 주차대수가 50대 이하인 경우에는 ____A____ m, 이륜자동차전용 노외주차장의 경우에는 ____B____ m를 내변반경으로 한다.

─────〈보기〉─────
ㄱ 1   ㄴ 2
ㄷ 3   ㄹ 3
ㅁ 5   ㅂ 6

(A :   B :   )

06 일반상업지역에 건축할 수 없는 건물을 〈보기〉에서 모두 고르면?

┌─────────────────〈보기〉─────────────────┐
│ ㉠ 자원순환시설   ㉡ 폐차장   │
│ ㉢ 철도시설   ㉣ 가스충전소   │
│ ㉤ 묘지시설   ㉥ 생활숙박시설   │
└───┘

(   )

07 급수배관의 기울기는 몇 분의 1을 표준으로 하여야 하는가?

(   )

08 다음과 같은 조건에서 사무실의 평균조도를 800lx로 설계하고자 할 경우, 광원은 몇 개 필요한가?

┌───┐
│ • 광원 1개의 광속 : 2,000lm   │
│ • 실의 면적 : 10m²   │
│ • 감광 보상률 : 1.5   │
│ • 조명률 : 0.6   │
└───┘

(   )

09 다음 다세대주택에 대한 정의에서 빈칸에 들어갈 알맞은 수는?

> 주택으로 쓰는 1개 동의 바닥면적 합계가 _____m² 이하이고, 4개 층 이하인 주택(2개 이상의 동을 지하주차장으로 연결하는 경우에는 각각의 동으로 본다)을 말한다.

(   )

10 다음 용도별 지역을 세분화했을 때, 그 지역에 대한 설명에서 빈칸에 들어갈 단어로 옳은 것을 〈보기〉에서 찾아 순서대로 바르게 나열하면?

> • _____A_____ : 근린지역에서의 일용품 및 서비스의 공급을 위하여 필요한 지역
> • _____B_____ : 도심·부도심의 상업기능 및 업무기능의 확충을 위하여 필요한 지역

┌─────────────────────────〈보기〉─────────────────────────┐
㉠ 중심상업지역	㉡ 제1종전용주거지역
㉢ 제1종일반주거지역	㉣ 준거주지역
㉤ 근린상업지역	㉥ 개발제한구역
└──┘

(A :   B :   )

4일 차
기출응용 모의고사

〈문항 및 시험시간〉

평가영역	문항 수	시험시간
[NCS] 의사소통능력＋수리능력＋문제해결능력 [전공] 토목 / 건축	100문항	110분

모바일 OMR 답안채점 / 성적분석 서비스	
 토목	 건축

4일 차 기출응용 모의고사

| 문항 수 : 100문항 |
| 시험시간 : 110분 |

제 1영역 직업기초능력평가

※ 다음 기사를 읽고 이어지는 질문에 답하시오. [1~2]

내진설계란 건축물을 설계할 때에 건축물이 지진에 견딜 수 있도록 설계하는 것을 총칭하는데 이에는 크게 기본내진구조 설계, 면진구조 설계, 제진구조 설계 등 세 가지가 있다. 이 가운데 기본내진구조 설계는 지진으로부터 발생하는 지반의 진동에도 건축물이 파괴되지 않도록 강한, 혹은 강화된 건축자재를 사용하거나 건축물 내부의 기둥과 기둥 사이에 내진벽과 같은 *부재를 설치하여 건축물을 설계하는 것을 가리킨다. 기본 내진구조 설계로 지어진 건물은 튼튼한 구조 덕분에 지진이 나더라도 완전 붕괴를 면할 수 있다는 장점이 있다. 그러나 외벽이나 기둥 등 건축물을 지탱하는 구조물들이 지진의 충격을 고스란히 건축물의 내부에까지 전달하기 때문에 건축물 내부의 전기시설이나 통신설비, 가스관, 수도관 등의 파손을 막기 어려워 지진발생 시 2차사고를 막기 어렵다는 단점이 있다.

둘째로 면진구조 설계는 건축물과 지반을 부분적으로 격리시켜 건축물의 고유 진동주기를 길게 변화시키고 그것을 통하여 건축물이 받는 지진 에너지를 줄이는 방법이다. 어떤 물체에 강제적인 힘을 가한 후 이를 해제하면 그 물체는 원상태로 되돌아가려는 복원력과 제자리에 있고자 하는 관성력의 상호작용으로 인하여 일정한 주기로 진동을 하게 되는데, 이처럼 물체가 외부의 힘에 반응하며 진동할 때 따르는 주기를 물체의 고유주기라고 한다. 면진구조 설계는 이 물체의 고유주기가 물체의 재료와 구조, 혹은 형상에 따라 달라진다는 점을 이용하여 지반과 건축물 사이에 액상(液狀)에 가까운 물질이나 탄성이 높은 구슬 같은 물질들을 넣어 건축물의 고유주기를 원래의 것보다 더 길게 바꾸는 방법이다. 앞에서 살펴본 기본내진구조 설계가 '흔들리지 않게 짓는 방법'에 가깝다면 면진구조 설계는 '천천히 흔들리도록 짓는 방법'에 가깝다고 할 수 있는 것이다. 하지만 면진구조 설계로 지어진 고층빌딩들이 밀집해 있는 대도시에 강진이 발생하게 되면 어떻게 될까? 여러 건물들이 크게 흔들리다가 서로 충돌하거나 건물들의 진동으로 발생하는 새로운 에너지에 의하여 붕괴할 가능성이 있다. 즉, 이 면진구조 설계는 그 적용범위에 한계가 있다는 단점이 있다.

제진구조 설계는 면진구조 설계가 지니고 있는 장점을 활용하면서도 바로 이러한 단점을 극복하기 위하여 개발된 것으로서, 이른바 '댐퍼(Damper)'라고 불리는 감쇠장치를 사용하여 지진발생 시 건축물의 진동을 줄이는 설계방식이다. 이 감쇠장치의 역할을 이해하기 위해서는 급정차나 급출발하는 버스 안의 승객을 떠올리면 된다. 승객들의 몸이 버스의 앞, 혹은 뒤 방향으로 급하게 쏠릴 때 누군가 반대편에서 승객들의 몸을 잡아준다면 승객들은 앞뒤로 많이 진동하지 않고 바로 설 수 있게 될 것이다. 바로 이처럼 건축물이 기울어지는 방향과 반대 방향에서 건축물을 잡아주어 건축물의 진동 에너지를 줄이고, 그것을 통하여 건축물의 붕괴를 막는 장치가 감쇠장치인 것이다.

* 부재(部材) : 기둥이나 보처럼 건축물의 뼈대를 형성하는 데 쓰이는 막대모양의 재료

01 다음 중 기사의 서술전개 방식으로 적절하지 않은 것은?

① 핵심개념의 장점과 단점을 구분하여 설명하고 있다.

② 개념 설명 시 비유를 통해 독자의 이해를 돕고 있다.

③ 문제의 원인을 분석하고 해결방안을 모색하고 있다.

④ 핵심개념을 여러 하위개념으로 분류하여 설명하고 있다.

⑤ 질문을 던지고 그에 대한 답을 내리면서 글을 전개하고 있다.

02 다음 중 기사를 읽고 이해한 내용으로 가장 적절한 것은?

① 면진구조 설계는 기본내진구조 설계와 달리 흔들리지 않게 짓는 방법에 가깝다고 볼 수 있다.

② 물체의 고유주기는 물체가 내부의 힘에 반응하여 진동할 때 따르는 주기를 말한다.

③ 기본내진구조 설계의 경우 건축물을 지탱하는 구조물들이 지진의 충격을 전달하는 것을 방지한다.

④ 면진구조 설계는 감쇠장치를 통해 건축물의 진동을 줄일 수 있다.

⑤ 감쇠장치는 건축물이 기울어지는 방향의 반대 방향에서 건축물을 잡아주는 기능을 수행한다.

03 다음 글에 이어질 문단을 논리적 순서대로 바르게 나열한 것은?

> 산수만 가르치면 아이들이 돈의 중요성을 알게 될까? 돈의 가치를 어떻게 가르쳐야 아이들이 돈에 대하여 올바른 개념을 갖게 될까? 이런 생각은 모든 부모의 공통된 고민일 것이다.

(가) 독일의 한 연구에 따르면 부모가 돈에 대한 개념이 없으면 아이들이 백만장자가 될 확률이 500분의 1인 것으로 나타났다. 반면 부모가 돈을 다룰 줄 알면 아이들이 백만장자로 성장할 확률이 5분의 1이나 된다. 특히 백만장자의 자녀들은 돈 한 푼 물려받지 않아도 백만장자가 될 확률이 일반인보다 훨씬 높다는 게 연구 결과의 요지다. 이는 돈의 개념을 이해하는 가정의 자녀들이 그렇지 않은 가정의 자녀들보다 백만장자가 될 확률이 100배 높다는 얘기다.

(나) 연구 결과 만 7세부터 돈의 개념을 어렴풋이나마 짐작하게 되는 것으로 나타났다. 따라서 이때부터 아이들에게 약간의 용돈을 주는 것으로 돈에 대한 교육을 시작하면 좋다. 8세 때부터는 돈의 위력을 이해하기 시작한다. 소유가 뭘 의미하는지, 물물교환은 어떻게 하는지 등을 가르칠 수 있다. 아이들은 돈을 벌고자 하는 욕구를 느낀다. 이때부터 돈은 자연스러운 것이고, 건강한 것이고, 인생에서 필요한 것이라고 가르칠 필요가 있다.

(다) 아이들에게 돈의 개념을 가르치는 지름길은 용돈이다. 용돈을 받아 든 아이들은 돈에 대해 책임감을 느끼게 되고, 돈에 대한 결정을 스스로 내리기 시작한다. 그렇다면 언제부터, 얼마를 용돈으로 주는 것이 좋을까?

(라) 하지만 돈에 대해서 부모가 결코 해서는 안 될 일들도 있다. 예컨대 벌을 주기 위해 용돈을 깎거나 포상 명목으로 용돈을 늘려줘서는 안 된다. 아이들은 무의식적으로 잘못한 일을 돈으로 때울 수 있다고 생각하거나 사랑과 우정을 돈으로 살 수 있다고 생각하게 된다. 아이들은 우리의 미래다. 부모는 아이들이 돈에 대하여 정확한 개념과 가치관을 세울 수 있도록 좋은 본보기가 되어야 할 것이다. 그러한 노력만이 아이들의 미래를 아름답게 만들어 줄 것이다.

① (가) – (나) – (라) – (다)   ② (가) – (다) – (나) – (라)
③ (나) – (가) – (라) – (다)   ④ (나) – (라) – (가) – (다)
⑤ (다) – (가) – (나) – (라)

04 다음 글의 내용으로 가장 적절한 것은?

한국은 일제강점기와 한국전쟁의 고통을 겪었지만, 1960년대부터 정부의 수출주도형 성장 정책과 국민의 근면성을 바탕으로 빠른 경제성장을 이루었다. 그 결과, 현재 많은 개발도상국이 한국의 빠른 경제성장 비결을 배우고 싶어 한다. 이러한 경제발전을 위해서는 반드시 토지개발이 뒷받침되어야 하며, 이로 인해 개발도상국이 한국에게서 전수받고자 하는 제도와 기술 가운데 토지제도와 관련된 기술의 우선순위가 매우 높은 편이다.

토지 개개인의 소유권 확립은 시장에서 토지가 거래될 수 있도록 하는 시장경제의 근간이다. L공사는 이러한 수요를 고려하여 아프리카 대륙에서의 모로코 토지등록방안 수립 및 시범사업을 통해 세계시장에서 토지제도 컨설팅과 토지등록 시범사업을 실시하였다. 모로코 토지제도의 가장 큰 문제점은 오랜 기간 토지등록제도를 시행하였음에도 불구하고 토지 등록률이 매우 낮다는 점이었다. 본격적으로 토지등록을 시작한 지 100년이 다 되었지만 영토 중 20%가 채 안 되는 토지만이 국가에 등록되어 있었다. 이 사업은 이러한 모로코 실정을 고려하여 모로코 전역의 토지를 등록하고 관리하는 방안과 절차를 마련하면서 매뉴얼화 하는 것이 주요 과업이었다. 이 과업을 수행하기 위해 L공사는 먼저 모로코 현지에서 자료조사를 실시하였으며, 모로코의 토지와 관련된 법령을 종합적으로 분석하고 모로코의 지적기능과 특성을 파악하는 등 다양한 분석 과정을 거치면서 사업을 완료하였다.

이러한 경험을 토대로 현재 L공사는 아프리카 소재 튀니지, 에티오피아, 탄자니아 등 여러 국가들을 대상으로 글로벌 사업을 수행하거나 추진 중에 있으며 토지 분야 컨설팅을 통해 대상국에 가장 적합한 토지관리시스템을 구축하는 것을 목표로 하고 있다. 2014년부터는 본격적으로 공간정보 분야로 영역을 확장하여 개발도상국을 대상으로 컨설팅을 진행하고, 개발도상국의 토지 행정 정보화와 토지정보관리시스템 구축을 지원하고 있다.

한 국가가 개발도상국에 도움을 주는 방법은 여러 가지가 있다. 자금을 지원할 수도 있고, 직접 건물이나 시설물을 건설해 줄 수도 있다. 그러나 컨설팅은 대상국에 결과물을 쥐여 주는 것이 아니라 해당 국가가 스스로 결과물을 얻을 수 있도록 힘을 키워주는 수단이다. L공사는 토지 및 공간정보 컨설팅 사업에 각종 원조자금을 활용하여 이들 자금이 본래의 의도대로 대상국의 자생력을 높이는 데에 쓰이도록 매개하는 역할을 수행하고 있다. 이러한 L공사의 컨설팅 사업은 대상국뿐만 아니라 국내 공간정보 기업의 해외진출에도 큰 도움을 주고 있다. 공간정보 정책은 정보 인프라 구축의 뼈대가 되므로 정책이 한번 결정되면 이를 변경하기 어렵다. 그러나 한국 공간정보 정책의 장점과 경험 그리고 기술을 바탕으로 제공된 컨설팅 결과물이 현지 정책에 반영되어 해당 국가에 뿌리내린다면, 한국 기업은 그 국가의 공간정보 정책 특성을 쉽게 파악할 수 있어 해외사업을 개척하거나 수행하는 데 있어 한결 수월해질 것이다.

① 시장경제에서는 토지가 거래될 수 있도록 모든 토지를 국유지로 이전하여 관리하는 것이 중요하다.
② 경제발전을 위해서는 토지개발이 뒷받침 되어야 하므로 개발도상국은 한국의 토지제도 관련 기술을 우선적으로 전수받고자 한다.
③ 모로코 토지제도의 가장 큰 문제점은 토지등록제도가 없어 토지 등록률이 매우 낮다는 점이다.
④ 개발도상국에 도움을 주는 컨설팅은 자금을 지원하거나 건물이나 시설물을 설치해 보다 나은 환경을 제공해주는 것이다.
⑤ 공간정보 정책은 정보 인프라 구축의 뼈대가 되므로 변화되는 요구에 따라 계속적으로 변경되어야 한다.

05 다음 L공사 정관에 대한 내용으로 옳은 것은?

〈L공사 정관〉

자본금(제4조)
① 공사의 자본금은 35조 원으로 하고, 그 전액을 정부가 출자한다.
② 제1항에 따른 출자의 납입 시기와 방법은 기획재정부장관이 정하는 바에 따른다.

출자증권(제5조)
공사는 공사에 출자한 자에게 출자증권을 교부하여야 한다.

공고방법(제6조)
공사의 공고는 일간신문에 게재하거나 공사의 인터넷 홈페이지에 게시한다.

임원(제7조)
① 공사는 임원으로 사장을 포함한 15명 이내의 이사를 둔다.
② 이사는 사장을 포함한 7명 이내의 상임이사와 8명 이내의 비상임이사로 하되, 상임이사의 정수는 이사 정수의 2분의 1미만으로 한다.

임원의 임명(제8조)
① 사장은 제10조의 임원추천위원회(이하 "임원추천위원회"라 한다)가 복수로 추천하여 「공공기관의 운영에 관한 법률」 제8조에 따른 공공기관운영위원회(이하 "운영위원회"라 한다)의 심의·의결을 거친 사람 중에서 국토교통부장관의 제청으로 대통령이 임명한다.
② 사장외의 상임이사는 사장이 임명한다. 다만, 제27조의2에 따른 감사위원회의 감사위원이 되는 상임이사(이하 "상임감사위원"이라 한다)는 임원추천위원회가 복수로 추천하여 운영위원회의 심의·의결을 거친 사람 중에서 기획재정부장관의 제청으로 대통령이 임명한다.
③ 비상임이사는 임원추천위원회가 복수로 추천하는 경영에 관한 학식과 경험이 풍부한 사람(국공립학교의 교원이 아닌 공무원을 제외한다) 중에서 운영위원회의 심의·의결을 거쳐 기획재정부장관이 임명한다.

회의(제24조)
① 이사회의 회의는 의장이나 재적이사 3분의 1 이상의 요구로 소집하고, 의장이 그 회의를 주재한다.
② 이사회는 재적이사 과반수의 찬성으로 의결한다.
③ 이사회의 안건과 특별한 이해관계가 있는 사장이나 이사는 그 안건의 의결에 참여할 수 없다. 이 경우 의결에 참여하지 못하는 이사 등은 제2항에 따른 재적이사 수에 포함되지 아니한다.
④ 이사의 전부 또는 일부가 직접 회의에 출석하지 아니하고 모든 이사가 동시적 양방향 정보통신 수단에 따라 이사회의 결의에 참가할 수 있다. 이 경우 해당 이사는 이사회에 직접 출석한 것으로 본다.

토지 등 자산의 매각위탁 등(제32조의2)
공사는 재무구조 개선 및 경영정상화 등을 위하여 「금융기관부실자산 등의 효율적 처리 및 한국자산관리공사의 설립에 관한 법률」에 따라 설립된 한국자산관리공사에 공사의 토지 등 자산의 매각을 위탁하거나 자산을 매각할 수 있다. 이 경우 위탁가격 및 위탁수수료의 요율 또는 매각가격은 한국자산관리공사와 합의하여 정한다.

손익금의 처리(제39조)
공사는 매 사업연도의 결산결과 이익이 생긴 때에는 다음 각 호의 순으로 이를 처리한다.
1. 이월손실금의 보전
2. 자본금의 2분의 1에 달할 때까지 이익금의 10분의 2 이상을 이익준비금으로 적립
3. 자본금과 동일한 액에 달할 때까지 이익금의 10분의 2 이상을 사업확장 적립금으로 적립
4. 자본금과 동일한 액에 달할 때까지 이익금의 10분의 4 이상을 토지은행적립금으로 적립
5. 국고에 납입

---

① 공사의 자본금 출자의 납입에 관한 사항은 국토교통부장관이 정하는 바에 따른다.

② 현재 이사회 구성이 사장과 상임이사 6명, 비상임이사 8명으로 이루어져 있다면, 상임이사 1명을 추가로 선임할 수 있다.

③ 대통령은 임원추천위원회의 심의·의결을 거친 사람 중에서 국토교통부장관의 제청으로 사장을 임명한다.

④ 평상시 이사회 재적이사가 15명일 때, 안건과의 특별이해관계에 있는 상임이사 A가 회의에 출석하였다면 해당 안건의 의결정족수는 8명이다.

⑤ 한국자산관리공사에 토지 등의 자산 매각을 위탁하거나 매각할 경우, 위탁가격 및 수수료 요율을 정하기 위해 한국주택금융공사에 의뢰해야 한다.

06 다음 글에서 도출한 결론을 반박하는 주장으로 가장 적절한 것은?

> 인터넷은 국경 없이 누구나 자유롭게 정보를 주고받을 수 있는 훌륭한 매체이다. 하지만 최근 급속히 늘고 있는 성인 인터넷 방송처럼 오히려 청소년에게 해로운 매체가 될 수 있다는 사실은 선진국에서도 동감하고 있다. 그러므로 인터넷 등급제를 만들어 유해한 환경으로부터 청소년들을 보호하고, 이를 어긴 사업자는 엄격한 처벌로 다스려야만 한다.

① 인터넷 등급제를 만들어 규제를 하는 것도 완전한 방법은 아니기 때문에 유해한 인터넷 내용에는 원천적으로 접속할 수 없는 조치를 취해야 한다.

② 인터넷 등급제는 정보에 대한 책임을 일방적으로 사업자에게만 지우는 조치로, 잘못하면 국민의 표현의 자유와 알 권리를 침해할 수 있다.

③ 인터넷 등급제는 미니스커트나 장발 규제와 같은 구태의연한 조치이다.

④ 청소년들 스스로가 정보의 유해를 가릴 수 있는 식견을 마련할 수 있도록 가능한 많은 정보를 접해야 한다. 그러므로 인터넷 등급제는 좋은 방법이 아니다.

⑤ 인터넷 등급제는 IT 강국으로서의 대한민국의 입지를 위축시킬 수 있으므로 실행하지 않는 것이 옳다.

※ 다음 빈칸에 들어갈 내용으로 가장 적절한 것을 고르시오. [7~8]

07

> 미세먼지와 황사는 여러모로 비슷하면서도 뚜렷한 차이점을 지니고 있다. 삼국사기에도 기록되어 있는 황사는 중국 내륙 내몽골 사막에 강풍이 불면서 날아오는 모래와 흙먼지를 일컫는데, 장단점이 존재했던 과거와 달리 중국 공업지대를 지난 황사에 미세먼지와 중금속 물질이 더해지며 심각한 환경문제로 대두되었다. 이와 달리 미세먼지는 일반적으로는 대기오염물질이 공기 중에 반응하여 형성된 황산염이나 질산염 등 이온 성분, 석탄·석유 등에서 발생한 탄소화합물과 검댕, 흙먼지 등 금속화합물의 유해성분으로 구성된다.
>
> 미세먼지의 경우 통념적으로는 먼지를 미세먼지와 초미세먼지로 구분하고 있지만, 대기환경과 환경 보전을 목적으로 하는 환경정책기본법에서는 미세먼지를 PM(Particulate Matter)이라는 단위로 구분한다. 즉, 미세먼지(PM_{10})의 경우 입자의 크기가 $10\mu m$ 이하인 먼지이고, 초미세먼지($PM_{2.5}$)는 입자의 크기가 $2.5\mu m$ 이하인 먼지로 정의하고 있다. 이에 비해 황사는 통념적으로는 입자 크기로 구분하지 않으나 주로 지름 $20\mu m$ 이하의 모래로 구분하고 있다. 때문에 _____

① 황사 문제를 해결하기 위해서는 근본적으로 황사의 발생 자체를 억제할 필요가 있다.

② 황사와 미세먼지의 차이를 입자의 크기만으로 구분하긴 어렵다.

③ 미세먼지의 역할 또한 분명히 존재함을 기억해야 할 것이다.

④ 황사와 미세먼지의 근본적인 구별법은 그 역할에서 찾아야 할 것이다.

⑤ 초미세먼지를 차단할 수 있는 마스크라 해도 황사와 초미세먼지를 동시에 차단하긴 어렵다.

08

> 어떻게 그 공이 세 가지가 있다고 말하는가. 그 하나는 직통(直通)이요 다른 하나는 합통(合通)이요 또 다른 하나는 추통(推通)이다. 직통(直通)이라는 것은 많은 여러 물건을 일일이 취하되 순수하고 섞이지 않는 것이다. 합통(合通)이라는 것은 두 물건을 화합하여 아울러서 거두되 그렇고 그렇지 않은 것을 분별한다. 추통(推通)이라는 것은 이 물건으로써 전 물건에 합하고 또 다른 물건에 유추하는 것이다. 직통(直通)은 모두 참되고 오류가 없으니 하나의 사물이 스스로 하나의 사물이 되기 때문이다. 합통(合通)과 추통(推通)은 참도 있고 오류도 있으니 이것으로써 저것에 합하고, 맞는 것도 있고 맞지 않은 것도 있다. _____ 더욱 많으면 맞지 않은 경우가 있기 때문이다.
>
> — 최한기, 『기학』

① 무릇 추통은 다만 사람은 가능하지만 금수는 추통을 하지 못하니

② 무릇 추통은 다만 사람만이 가능하고 유추하는 데는 위험이 더욱 적으니

③ 이것으로써 저것에 합하는 것은 맞지 않는 것보다 맞는 것이 더욱 많으니

④ 이것으로써 저것에 합하고 또 다른 것을 유추하는 데는 위험이 더욱 많으니

⑤ 이것으로 저것에 합하는 것은 참이고, 이것으로 저것을 분별하는 것은 거짓이니

유전학자들의 최종 목표는 결함이 있는 유전자를 정상적인 유전자로 대체하는 것이다. 이렇게 가장 기본적인 세포 내 차원에서 유전병을 치료하는 것을 '유전자 치료'라 일컫는다. 유전자 치료를 하기 위해서는 이상이 있는 유전자를 찾아야 한다. 이를 위해 과학자들은 DNA의 특성을 이용한다.

DNA는 두 가닥이 나선형으로 꼬여 있는 이중 나선 구조로 이루어진 분자이다. 그런데 이 두 가닥에 늘어서 있는 염기들은 임의적으로 배열되어 있는 것이 아니다. 한쪽에 늘어선 염기에 따라, 다른 쪽 가닥에 늘어선 염기들의 배열이 결정되는 것이다. 즉 한쪽에 A염기가 존재하면 거기에 연결되는 반대쪽에는 반드시 T염기가, 그리고 C염기에 대응해서는 반드시 G염기가 존재하게 된다. 염기들이 짝을 지을 때 나타나는 이러한 선택적 특성을 이용하여 유전병을 일으키는 유전자를 찾아낼 수 있다.

유전자를 찾기 위해 사용하는 첫 번째 도구는 DNA 한 가닥 중 극히 일부이다. '프로브(Probe)'라 불리는 이 DNA 조각은, 염색체상의 위치가 알려져 있는 이십여 개의 염기들로 이루어진다. 한 가닥으로 이루어져 있는 특성으로 인해, 프로브는 자신의 염기 배열에 대응하는 다른 쪽 가닥의 DNA 부분에 가서 결합할 것이다. 대응하는 두 가닥의 DNA가 이렇게 결합하는 것을 '교잡'이라고 일컫는다. 조사 대상인 염색체로부터 추출한 많은 한 가닥의 염색체 조각들과 프로브를 섞어 놓았을 때, 프로브는 신비스러울 정도로 자신의 짝을 정확하게 찾아 교잡한다. 두 번째 도구는 '겔 전기영동'이라는 방법이다. 생물을 구성하고 있는 단백질·핵산 등 많은 분자들은 전하를 띠고 있어서 전기장 속에서 분자마다 독특하게 이동을 한다. 이러한 성질을 이용해 생물을 구성하고 있는 물질의 분자량, 각 물질의 전하량이나 형태의 차이를 이용하여 물질을 분리하는 것이 전기영동법이다. 이를 활용하여 DNA를 분리하려면 우선 DNA 조각들을 전기장에서 이동시키고, 이것을 젤라틴 판을 통과하게 함으로써 분리하면 된다.

이러한 조사 도구들을 갖추고서, 유전학자들은 유전병을 일으키는 유전자를 추적하는 데 나섰다. 유전학자들은 먼저 겔 전기영동법으로 유전병을 일으키는 유전자로 의심되는 부분과 동일한 부분에 존재하는 프로브를 긴강한 사람에게서 떼어내었다. 그리고 건강한 사람에게서 떼어낸 프로브에 방사성이나 형광성을 띠게 하였다. 그 후에 유전병 환자들에게서 채취한 DNA 조각들과 함께 교잡 실험을 반복하였다. 유전병과 관련된 유전 정보가 담긴 부분의 염기 서열이 정상인과 다르므로 이 부분은 프로브와 교잡하지 않는다는 점을 이용하는 것이다. 교잡이 일어난 후 프로브가 위치하는 곳은 X선 필름을 통해 쉽게 찾아낼 수 있고, 이로써 DNA의 특정 조각은 염색체상에서 프로브와 같은 위치에 존재한다는 것을 알 수 있다.

언뜻 보기에는 대단한 진보를 이룬 것 같지 않지만, 유전자 치료는 최근 들어 공상 과학을 방불케 하는 첨단 의료 기술의 대표적인 주자로 부각되고 있다. DNA 연구 결과로 인해, 우리는 지금까지 절망적이라고 여겨 온 질병들을 치료할 수 있다는 희망을 갖게 되었다.

① 유전자 추적의 도구와 방법
② 유전자의 종류와 기능
③ 유전자 치료의 의의와 한계
④ 유전자 치료의 상업적 가치
⑤ 유전 질환의 종류와 발병 원인

10 다음 글을 토대로 〈보기〉를 바르게 해석한 것은?

> 폴더블 스마트폰이나 커브드 모니터를 직접 보거나 사용해 본 적이 있는가? 혁신적인 디자인과 더불어 사용자에게 뛰어난 몰입감을 제공하며 시장에서 큰 인기를 끌고 있는 이 제품들의 사양을 자세히 보면 'R'에 대한 값이 표시되어 있음을 알 수 있다. 이 R은 반지름(Radius)을 뜻하며 제품의 굽혀진 곡률을 나타내는데, 이 R의 값이 작을수록 접히는 부분의 비는 공간이 없어 완벽하게 접힌다.
> 일반적으로 여러 층의 레이어로 구성된 패널은 접었을 때 앞면에는 줄어드는 힘인 압축응력이, 뒷면에는 늘어나는 힘인 인장응력이 동시에 발생한다. 이처럼 서로 반대되는 힘인 압축응력과 인장응력이 충돌하면서 패널의 구조에 영향을 주는 것을 '폴딩 스트레스'라고 하는데, 곡률이 작을수록, 즉 더 접힐수록 패널이 받는 폴딩 스트레스가 높아진다. 따라서 곡률이 상대적으로 작은 인폴딩 패널이 곡률이 큰 아웃폴딩 패널보다 개발 난이도가 높은 셈이다.

―〈보기〉―

> L전자는 이번 행사에서 1.4R의 인폴딩 패널을 사용한 폴더블 스마트폰을 개발하는 데 성공했다고 발표했다. 이는 아웃폴딩 패널을 사용한 H기업이나 동일한 인폴딩 패널을 사용한 A기업의 폴더블 스마트폰보다 현저히 작은 곡률이다.

① 이번에 H기업에서 새로 개발한 1.6R의 작은 곡률이 적용된 패널을 사용한 폴더블 스마트폰은 L전자에서 개발한 폴더블 스마트폰과 동일한 방식의 패널을 사용했을 것이다.

② 아웃폴딩 패널을 사용한 H기업의 폴더블 스마트폰은 이번에 L전자에서 개발한 폴더블 스마트폰보다 폴딩 스트레스가 낮을 것이다.

③ 인폴딩 패널을 사용한 A기업의 폴더블 스마트폰은 L전자에서 개발한 폴더블 스마트폰과 개발난이도가 비슷했을 것이다.

④ 아웃폴딩 패널을 사용한 H기업의 폴더블 스마트폰의 R값은 인폴딩 패널을 사용한 A기업의 폴더블 스마트폰의 R값보다 작을 것이다.

⑤ L전자의 폴더블 스마트폰의 R값이 경쟁 기업보다 작은 것은 여러 층으로 구성된 패널의 층수를 타 기업의 패널보다 줄여 압축응력과 인장응력으로 인한 폴딩 스트레스를 줄였기 때문일 것이다.

11 다음 글을 근거로 판단할 때 적절하지 않은 것은?

> 개발도상국으로 흘러드는 외국자본은 크게 원조, 부채, 투자가 있다. 원조는 다른 나라로부터 지원받는 돈으로, 흔히 해외 원조 혹은 공적개발원조라고 한다. 부채는 은행 융자와 정부 혹은 기업이 발행한 채권으로, 투자는 포트폴리오 투자와 외국인 직접투자로 이루어진다. 포트폴리오 투자는 경영에 대한 영향력보다는 경제적 수익을 추구하기 위한 투자이고, 외국인 직접투자는 회사 경영에 일상적으로 영향력을 행사하기 위한 투자이다.
>
> 개발도상국에 유입되는 이러한 외국자본은 여러 가지 문제점을 보이고 있다. 해외 원조는 개발도상국에 대한 경제적 효과가 있다고 여겨져 왔으나 최근 경제학자들 사이에서는 그러한 경제적 효과가 없다는 주장이 점차 힘을 얻고 있다.
>
> 부채는 변동성이 크다는 단점이 지적되고 있다. 특히 은행 융자는 변동성이 큰 것으로 유명하다. 예컨대 1998년 개발도상국에 대하여 이루어진 은행 융자 총액은 500억 달러였다. 하지만 1998년 러시아와 브라질, 2002년 아르헨티나에서 일어난 일련의 금융 위기가 개발도상국을 강타하여 1999 ~ 2002년의 4개년 동안에는 은행 융자 총액이 연평균 −65억 달러가 되었다가, 2005년에는 670억 달러가 되었다. 은행 융자만큼 변동성이 큰 것은 아니지만, 채권을 통한 자본 유입 역시 변동성이 크다. 외국인은 1997년에 380억 달러의 개발도상국 채권을 매수했다. 그러나 1998 ~ 2002년에는 연평균 230억 달러로 떨어졌고, 2003 ~ 2005년에는 연평균 440억 달러로 증가했다.
>
> 한편 포트폴리오 투자는 은행 융자만큼 변동성이 크지는 않지만 채권에 비하면 변동성이 크다. 개발도상국에 대한 포트폴리오 투자는 1997년의 310억 달러에서 1998 ~ 2002년에는 연평균 90억 달러로 떨어졌고, 2003 ~ 2005년에는 연평균 410억 달러에 달했다.

① 개발도상국에 대한 투자는 경제적 수익뿐만 아니라 회사 경영에 영향력을 행사하기 위해서도 이루어질 수 있다.

② 해외 원조는 개발도상국에 대한 경제적 효과가 없다고 주장하는 경제학자들이 있다.

③ 개발도상국에 유입되는 외국자본에는 해외 원조, 은행 융자, 채권, 포트폴리오 투자, 외국인 직접투자가 있다.

④ 개발도상국에 대한 2005년의 은행 융자 총액은 1998년의 수준을 회복하지 못하였다.

⑤ 1998 ~ 2002년과 2003 ~ 2005년의 연평균 금액을 비교할 때, 개발도상국에 대한 포트폴리오 투자가 채권보다 증감액이 크다.

날마다 언론에서는 주식 시장이나 부동산 시장의 움직임을 설명하면서 투자 심리에 대해 이야기하지만, 정작 경제학에서는 '심리'에 대해 그다지 가르쳐 주지 않는다. 이 때문에 2002년에 카네만이라는 심리학자에게 노벨 경제학상이 수여되었을 때 많은 이들이 의아해했던 것이 사실이다. 경제학과 심리학이 무슨 상관이란 말인가?

물론, 1930년대 세계 대공황의 시기에 등장하여 자유방임의 철학에 수정을 가했던 케인스의 경제학이 인간의 심리적 측면에 대한 성찰에 근거하고 있음은 잘 알려진 사실이다. 그러나 케인스는 인간의 심리 그 자체를 과학적으로 파고들었다기보다, 우리의 의사 결정은 늘 미래가 불확실한 상황에서 이루어진다는 점과 우리가 직면하는 불확실성은 확률적으로도 파악하기 힘든 것이 대부분이라는 점을 강조하였다. 앞으로 어떻게 될지 모르는 상황에서도 무엇인가를 선택할 수밖에 없는 것이 인간의 운명이기에 인간의 행동은 경제학에서 가정하는 합리성을 갖추기보다는 때로는 직관에 의존하기도 하고 때로는 충동에 좌우되기도 한다는 것이다. _____㉠_____ 그의 생각은 경제학도들 사이에서 인간 심리의 중요성을 강조하는 경구로 회자되었을지언정 합리성을 전제로 한 경제학의 접근 방법을 바꾸어 놓는 데까지 나아가지는 못했다.

그런데 카네만과 같은 확률 인지 심리학자들의 연구는 경제학의 방법론을 바꾸는 계기를 마련하였다. 그들은 사람들이 확률에 대해 판단할 때에 '주관적 추론'에 의존하는 경향이 매우 크다는 사실을 알아냈다. 예를 들어, A가 B에 속할 확률을 판단할 때 실제 확률에 영향을 미치는 정보보다 A가 B를 얼마나 닮았는지에 더 영향을 받는다거나, ㉡ A의 구체적인 예를 떠올리기 쉬울수록 A가 발생할 확률이 더 크다고 판단한다거나, 새로운 정보가 추가됨에 따라 자신의 평가를 조정하지만 최종적인 추정 결과는 처음의 평가 쪽으로 기울기 쉬운 경향이 있다는 것 등이다. 이러한 주관적 추론은 편리한 인지 방법이지만, 체계적인 편향이나 심각한 오류를 낳기 쉽다.

이러한 성과에 기초하여 이들은 합리적인 인간 행동에 대한 기존의 인식을 비판하는 연구로 나아갔다. 그 가운데 하나가 이득에 관한 의사 결정과 손실에 관한 의사 결정 사이의 비일관성에 대한 연구이다. 이들은 매우 다양한 실험을 통해, 이득이 생기는 경우에는 사람들이 '위험(Risk)'을 기피하지만, 손실을 보는 경우에는 위험을 선호하는 비일관성이 나타난다는 사실을 발견하였다. 이러한 행동은 이해할 만한 것이기는 해도 불확실한 상황에서의 합리적인 행동에 대한 가장 핵심적인 가정, 즉 위험에 대한 태도의 일관성과는 모순된다. 카네만 등은 이러한 실험 결과가 사람들이 위험을 싫어하는 것이 아니라 손실을 싫어하는 것임을 보여 준다고 해석하였다. 손실은 언제나 이득보다 더 크게 보인다는 것이다.

이러한 연구는 합리성에 대한 일정한 가정에 기초하여 사회 현상을 다루어 온 경제학으로 하여금 인간의 행동에 대한 가정보다는 그에 대한 관찰에서 출발할 것을 요구하는 것이라 하겠다. 과연 심리학이 경제학을 얼마나, 그리고 어떻게 바꾸어 놓을지 그 귀추가 기대된다.

12 다음 중 ㉠에 들어갈 내용으로 가장 적절한 것은?

① 투자 관리는 예술도 과학도 아니고 공학이라는

② 직관은 많은 것을 하지만, 모든 것을 하지는 않는다는

③ 시장에만 맡겨둔다면 비참한 결과를 낳을 수 있을 것이라는

④ 과학의 장점은 우리 인간을 미혹으로 이끄는 감정을 배제한다는 것이라는

⑤ 기업 투자는 이자율보다 기업가의 동물적 본능에 더 크게 영향을 받는다는

13 다음 중 밑줄 친 ⓒ의 구체적 사례로 가장 적절한 것은?

① 동전 던지기를 하는데 앞면이 다섯 번 연이어 나왔을 때, 다음에는 뒷면이 나올 가능성이 더 크다고 생각한다.

② 교통사고 소식이 위암으로 인한 사망 소식보다 대중 매체에 더 자주 언급되기 때문에, 교통사고로 사망할 가능성이 위암으로 사망할 가능성보다 더 크다고 생각한다.

③ 50달러와 25달러로 나누어 받는 것보다 75달러를 한꺼번에 받는 것을 선호하는 것에, 150달러를 한꺼번에 지불하는 것보다는 100달러를 내고 다음에 50달러를 지불하는 것을 선호하였다.

④ '$1 \times 2 \times 3 \times 4 \times 5 \times 6 \times 7 \times 8$'이라고 칠판에 쓰면서 5초 이내에 답하라고 하였을 때 응답자들이 낸 답의 중앙값은 512였으나, '$8 \times 7 \times 6 \times 5 \times 4 \times 3 \times 2 \times 1$'이라고 쓴 경우에는 2,250이었다. 정답은 40,320이다.

⑤ 값이 15달러인 계산기를 구입하는 상황에서 5달러를 절약하기 위해 20분 더 운전을 하겠느냐는 질문에 대해 68%가 그렇게 하겠다고 답한 것에 반해, 125달러인 계산기를 구입하는 상황에서는 29%만이 그렇게 하겠다고 대답했다.

14 다음 중 윗글의 내용으로 가장 적절한 것은?

① 카네만은 경제학에서 인간 심리의 중요성을 처음으로 강조하였다.

② 케인스는 심리학의 성과를 바탕으로 경제학의 접근 방법을 변화시켰다.

③ 확률인지심리학은 주관적 추론의 체계적인 편향이나 오류를 시정하였다.

④ 확률인지심리학의 성과는 경제학의 접근 방법에 중요한 변화를 요구한다.

⑤ 기존의 경제학에서는 인간 행동에 대한 가정보다 관찰에 기초하여 합리성을 논한다.

15 다음 글을 바탕으로 할 때, 〈보기〉의 밑줄 친 정책의 방향에 대한 추측으로 가장 적절한 것은?

동일한 환경에서 야구공과 고무공을 튕겨 보면, 고무공이 훨씬 민감하게 튀어 오르는 것을 볼 수 있다. 즉, 고무공은 야구공보다 탄력이 좋다. 일정한 가격에서 사람들이 사고자 하는 물건의 양인 수요량에도 탄력성의 개념이 적용될 수 있다. 재화의 가격이 변화할 때 수요량도 변화하게 되는 것이다. 이때 경제학에서는 가격 변화에 대한 수요량 변화의 민감도를 측정하는 표준화된 방법을 수요 탄력성이라고 한다.

수요 탄력성은 수요량의 변화 비율을 가격의 변화 비율로 나눈 값이다. 일반적으로 가격과 수요량은 반비례하므로 수요 탄력성은 음(−)의 값을 가진다. 그러나 통상적으로 음의 부호를 생략하고 절댓값만 표시한다. 가격에 따른 수요량 변화율에 따라 상품의 수요는 '단위 탄력적', '탄력적', '완전 탄력적', '비탄력적', '완전 비탄력적'으로 나눌 수 있다. 수요 탄력성이 1인 경우 수요는 '단위 탄력적'이라고 불린다. 또한, 수요 탄력성이 1보다 큰 경우 수요는 '탄력적'이라고 불린다. 한편 영(0)에 가까운 아주 작은 가격 변화에도 수요량이 매우 크게 변화하면 수요 탄력성은 무한대가 된다. 이 경우의 수요는 '완전 탄력적'이라고 불린다. 소비하지 않아도 생활에 지장이 없는 사치품이 이에 해당한다. 반면, 수요 탄력성이 1보다 작다면 수요는 '비탄력적'이라고 불린다. 만일 가격이 아무리 변해도 수요량에 어떠한 변화도 나타나지 않는다면 수요 탄력성은 영(0)이 된다. 이 경우 수요는 '완전 비탄력적'이라고 불린다. 생필품이 이에 해당한다.

수요 탄력성의 크기는 상품의 가격이 변할 때 이 상품에 대한 소비자의 지출이 어떻게 변하는지를 알려 준다. 상품에 대한 소비자의 지출액은 가격에 수요량을 곱한 것이다. 먼저 상품의 수요가 탄력적인 경우를 따져 보자. 이 경우에는 수요 탄력성이 1보다 크기 때문에, 가격이 오른 정도에 비해 수요량이 많이 감소한다. 이에 따라, 가격이 상승하면 소비자의 지출액은 가격이 오르기 전보다 감소한다. 반면에 가격이 내릴 때는 가격이 내린 정도에 비해 수요량이 많아지므로 소비자의 지출액은 증가한다. 물론 수요가 비탄력적이면 위와 반대되는 현상이 일어난다. 즉, 가격이 상승하면 소비자의 지출액은 증가하며, 가격이 하락하면 소비자의 지출액은 감소하게 된다.

〈보기〉

L국가의 정부는 경제 안정화를 위해 개별 소비자들이 지출액을 줄이도록 유도하는 정책을 시행하기로 하였다.

① 생필품과 사치품의 가격을 모두 낮추려 하겠군.
② 생필품과 사치품의 가격을 모두 유지하려 하겠군.
③ 생필품의 가격은 낮추고 사치품의 가격은 높이려 하겠군.
④ 생필품의 가격은 유지하고 사치품의 가격은 낮추려 하겠군.
⑤ 생필품의 가격은 높이고 사치품의 가격은 유지하려 하겠군.

16 다음 글을 읽고 추론한 내용으로 적절하지 않은 것은?

> 1인 가구가 급속히 증가하는 이 같은 상황에 대응하기 위하여 L공사는 전력데이터를 활용, 국민이 체감할 수 있는 사회안전망 서비스를 제공하고 사회적 가치를 구현하고자 '1인 가구 안부 살핌 서비스'를 개발하여 지자체에 제공하고 있다. '1인 가구 안부 살핌 서비스'는 전력 빅데이터와 통신데이터를 분석하여 1인 가구의 안부 이상 여부를 확인한 후 이를 사회복지 공무원 등에게 SMS로 알려주어 고독사를 예방하는 인공지능 서비스이다.
>
> 이 서비스의 핵심인 돌봄 대상자의 안부 이상 여부를 판단하는 인공지능 모델은 딥러닝 기법을 활용하는 오토 인코더(Auto Encoder)를 기반으로 설계하였다. 이 모델은 정상적인 전력 사용 패턴을 학습하여 생성되고 난 후, 평소와 다른 비정상적인 사용패턴이 모델에 입력되면 돌봄 대상의 안부에 이상이 있다고 판단하고 지자체 담당 공무원에게 경보 SMS를 발송하는 알고리즘을 가지고 있다. 경보 SMS에는 전력 사용 패턴 이상 여부 이외에 돌봄 대상자의 전화 수·발신, 문자 발신, 데이터사용량 등 통신사용량 정보도 추가로 제공되고 있다. 향후 전력 및 통신데이터 이외에 수도나 가스 등 다양한 이종 데이터도 융합하여 서비스 알람 신뢰도를 더욱 향상시킬 수 있을 것으로 기대하고 있다.
>
> 1인 가구 안부 살핌 서비스는 한 통신사와 사회안전망 서비스를 개발하기 위한 협약의 체결로 시작되었다. 이후 양사는 아이디어 공유를 위한 실무회의 등을 거쳐 서비스를 개발하였고, 서비스의 효과를 검증하기 위하여 광주광역시 광산구 우산동과 협약을 체결하여 실증사업을 시행하였다. 실증사업 기간 동안 우산동 복지 담당자들은 서비스에 커다란 만족감을 나타내었다.
>
> 우산동 복지담당 공무원이었던 A씨는 관내 돌봄 대상자가 자택에서 어지러움으로 쓰러진 후 지인의 도움으로 병원에 내진한 사실을 서비스 알람을 받아 빠르게 파악할 수 있었다. 이 사례를 예로 들며 "관리 지역은 나이가 많고 혼자 사는 분들이 많아 고독사가 발생할 가능성이 큰데, 매일 건강 상태를 확인할 수도 없어 평소에 이를 예방하기란 쉽지가 않다."면서 "L공사의 1인 가구 안부 살핌 서비스가 큰 도움이 되었고 많은 기대가 된다."고 밝혔다.

① L공사는 고독사를 예방하기 위해 데이터 기술을 적용한 서비스를 만들었다.
② 오토 인코더 모델은 비정상적인 패턴을 감지하면 알람이 가도록 설계되었다.
③ 앞으로 1인 가구 알림 살핌 서비스에는 전력 데이터가 추가로 수집될 수 있다.
④ 광주광역시 광산구 우산동 지역 사람들이 처음으로 이 서비스를 사용하였다.
⑤ 우산동에서 이 서비스의 주요 대상은 고령의 1인 가구이다.

17 다음 글을 읽고 알 수 있는 내용으로 적절하지 않은 것은?

우리는 매일의 날씨를 직접 체감하며 살아간다. 어제는 더웠기 때문에 오늘은 옷을 얇게 입고, 저녁에 비가 내리기 시작했기 때문에 다음날 가방에 우산을 챙기기도 한다. 즉, 과거의 날씨를 체험했기 때문에 오늘과 내일의 날씨를 준비하며 살아갈 수 있는 것이다. 이 때문에 19세기 중반부터 전 세계의 기상 관측소와 선박, 부표에서 온도를 측정해왔고, 이를 통해 지난 160년 동안의 온도 변화를 알아낼 수 있었다. 또한 수천 년 동안의 역사 기록물을 통하여 기후와 관련된 정보를 파악함은 물론, 위성 체계가 갖춰진 1979년 이후부터는 지상 위 인간의 시야를 벗어나 대류권, 성층권에서도 지구의 기후 변화를 감시할 수 있게 되었다.

그렇다면 기록 이전의 기후를 알 수 있는 방법은 무엇일까? 인류는 '기후 대리지표'라고 불리는 바다의 퇴적물이나 산호, 빙하, 나무 등에 나타난 반응을 토대로 과거 기후를 추측하고 있다. 이러한 기후 대리지표를 분석하기 위해서는 물리학, 화학, 생물학 등 기초과학을 필요로 한다.

바다의 퇴적물은 1억 7,000만 년 이상 된 해저가 없어 최대 1억 5,000만 년 전까지의 기후가 산출된다. 특히 고요한 바닷가의 물에서 어떠한 방해 없이 쌓인 퇴적물은 대륙에서만 발견되며 1억 7,000만 년을 넘는 과거의 기후를 알 수 있는데, 퇴적물에 포함된 플랑크톤 껍질에 당시의 기후 변화가 담겨 있다.

얼음 기둥은 극지방에 쌓인 눈이 얼음으로 변하고, 또 다시 눈이 쌓여 얼음이 되는 과정을 수십만 년 동안 반복해 만들어진 빙하를 막대기 모양으로 시추한 것을 의미한다. 남극 대륙의 빙하 기둥에서는 약 80만 년 전, 그린란드 빙하에서는 12만 5,000년 전 기후를 알 수 있으며, 산악 빙하의 경우에는 최대 1만 년 전까지의 기후 정보를 담고 있다.

한편, 위와 같은 퇴적물이나 빙하 기둥 안에 있는 산소동위원소를 이용하여 과거 온도를 알 수도 있다. 빙하의 물 분자는 가벼운 산소로 구성되는 비율이 높고 빙하기에는 바닷물에 무거운 산소 비율이 높아지기 때문에, 온도가 낮은 물에서 무거운 산소는 가벼운 산소보다 탄산칼슘에 더 많이 녹아 들어간다. 이를 이용해 퇴적물의 플랑크톤 껍질 속 탄산칼슘의 산소동위원소 비율로 과거 바닷물 온도를 알 수 있는 것이다. 또한 빙하를 만드는 눈의 경우 기온이 높아질수록 무거운 산소 비율이 높아지는 것을 이용해 과거 온도를 추정하기도 한다.

① 19세기 후반부터 세계 각지에서 온도를 측정하기 시작해 1979년 이후부터는 전 세계가 기후 변화를 감시하게 되었다.
② 기후 대리지표를 통하여 인류가 기록하기 전의 기후도 알 수 있게 되었다.
③ 대륙의 퇴적물을 이용하면 바다의 퇴적물로는 알 수 없는 과거의 기후 변화를 알 수 있다.
④ 얼음 기둥으로 가장 오래 전 기후를 알기 위해서는 산악 빙하나 그린란드 빙하보다는 남극 대륙의 빙하를 시추해야 한다.
⑤ 빙하를 만드는 눈은 기온이 높아질수록 무거운 산소에 비해 가벼운 산소 비율이 낮아진다.

18 C사원은 본사 이전으로 인해 집과 회사가 멀어져 회사 근처로 집을 구하려고 한다. L시에 있는 아파트와 빌라 총 세 곳의 월세를 알아본 후 월세와 교통비를 생각해 집을 결정한다고 할 때 옳은 것은?

구분	월세	거리(편도)
A빌라	280,000원	2.8km
B빌라	250,000원	2.1km
C아파트	300,000원	1.82km

※ 월 출근일 : 20일
※ 교통비 : 1km당 1,000원

① 월 예산 40만 원으로는 세 집 모두 불가능하다.
② B빌라에 살 때 회사와 집만 왕복하면 한 달에 33만 4천 원으로 살 수 있다.
③ C아파트의 교통비가 가장 많이 든다.
④ C아파트는 A빌라보다 한 달 금액이 20,000원 덜 든다.
⑤ B빌라에 두 달 살 경우, A빌라와 C아파트의 한 달 금액을 합친 것보다 비싸다.

19 다음은 2022년과 2023년 디지털 콘텐츠에서 제작 분야의 영역별 매출 현황에 대한 자료이다. 이에 대한 설명으로 옳지 않은 것은?

〈제작 분야의 영역별 매출 현황〉

(단위 : 억 원, %)

구분	정보	출판	영상	음악	캐릭터	애니메이션	게임	기타	합계
2022년	208 (10.8)	130 (6.8)	98 (5.2)	91 (4.8)	54 (2.9)	240 (12.6)	1,069 (56.1)	13 (0.7)	1,907 (100.0)
2023년	331 (13.0)	193 (7.6)	245 (9.6)	117 (4.6)	86 (3.4)	247 (9.7)	1,309 (51.4)	16 (0.7)	2,548 (100.0)

※ ( )는 총 매출액에 대한 비율임

① 모든 분야에서 2022년보다 2023년이 매출액이 더 많다.
② 2023년 총 매출액은 2022년 총 매출액보다 641억 원 더 많다.
③ 2022년과 2023년 모두 게임 영역이 차지하는 비율이 50% 이상이다.
④ 2022년과 2023년 총 매출액에 대한 비율의 차이가 가장 작은 것은 음악 영역이다.
⑤ 애니메이션 영역과 게임 영역은 2022년에 비해 2023년에 매출액 비중이 감소하였다.

20 다음은 통계청에서 집계한 장래인구추계에 대한 자료이다. 이에 대한 판단으로 옳은 것을 〈보기〉에서 모두 고르면?

〈장례인구추계〉

(단위 : 천억 원, %)

연도	노년부양비	노령화지수
1990년	6.1	11.2
2000년	7.4	20.0
2010년	10.1	34.3
2020년	15.0	67.7
2024년	18.2	100.7
2030년	21.7	125.9
2040년	37.7	213.8
2050년	56.7	314.8

※ [노령화지수(%)]=[(65세 이상 인구)÷(0 ~ 14세 인구)]×100

〈보기〉

ㄱ. 1990년부터 2050년까지 노년부양비와 노령화지수는 계속 증가한다.
ㄴ. 2024년부터 2040년까지 0 ~ 14세 인구가 65세 이상 인구보다 늘어나고 있다.
ㄷ. 65세 이상 인구가 1,000만, 0 ~ 14세 인구가 900만일 때 노령화지수는 약 111%이다.
ㄹ. 1990년 대비 2050년의 노령화지수 증가율이 노년부양비 증가율보다 낮다.

① ㄱ, ㄴ
② ㄱ, ㄷ
③ ㄴ, ㄷ
④ ㄴ, ㄹ
⑤ ㄷ, ㄹ

21 농도가 3%로 오염된 물 30L가 있다. 깨끗한 물을 채워서 오염물질의 농도를 0.5%p 줄이려고 한다. 깨끗한 물은 얼마나 더 넣어야 하는가?

① 2L

② 3L

③ 4L

④ 5L

⑤ 6L

22 L중학교 1, 2, 3학년 학생들의 수학 점수 평균을 구했더니 각각 38점, 64점, 44점이었다. 각 학년의 학생 수가 50명, 20명, 30명이라고 할 때, 학교 학생들의 전체 수학 점수 평균은 몇 점인가?

① 43점

② 44점

③ 45점

④ 46점

⑤ 47점

23 L기업은 작년에 A제품과 B제품을 합쳐 총 1,000개를 생산하였다. 올해는 작년 대비 A제품의 생산량을 2%, B제품의 생산량을 3% 증가시켜 총 1,024개를 생산한다고 할 때, 올해 생산하는 B제품의 개수는?

① 300개

② 350개

③ 400개

④ 450개

⑤ 500개

24 다음은 2022년부터 2024년까지 전국 병원·의원 및 기관에서 신고한 종별 의료장비에 대한 통계자료이다. 이에 대한 설명으로 옳은 것은?

〈2024년도 종별 의료장비 현황〉

(단위 : 대)

구분	장비명	상급 종합병원	종합 병원	일반 병원	요양 병원	의원	보건 기관	한방 병원
특수 장비	CT (전산화단층 촬영장치)	254	526	710	7	474	5	11
	MRI (자기공명 영상진단기)	161	438	690	1	239	–	23
	유방촬영장치	107	395	643	40	1,983	6	5
고가 장비	PET (양전자단층 촬영기)	79	86	5	–	25	–	–
	감마나이프	20	2	–	–	–	–	–
	사이버나이프	5	6	–	–	–	–	–
기타 장비	체외충격파 쇄석기	48	243	40	1	510	–	–
	인공신장기	2,129	7,041	2,371	3,691	11,497	–	13
	골밀도검사기	107	449	1,155	285	10,553	170	56

〈2023년도 종별 의료장비 현황〉

(단위 : 대)

구분	장비명	상급 종합병원	종합 병원	일반 병원	요양 병원	의원	보건 기관	한방 병원
특수 장비	CT (전산화단층 촬영장치)	253	499	711	8	474	5	10
	MRI (자기공명 영상진단기)	159	414	668	1	232	–	22
	유방촬영장치	111	387	646	42	1,865	6	6
고가 장비	PET (양전자단층 촬영기)	83	86	6	–	25	–	–
	감마나이프	18	2	–	–	–	–	–
	사이버나이프	5	6	–	–	–	–	–
기타 장비	체외충격파 쇄석기	50	237	44	–	482	–	–
	인공신장기	2,173	6,616	2,146	3,271	10,741	–	–
	골밀도검사기	110	435	1,148	305	10,221	167	51

〈2022년도 종별 의료장비 현황〉

(단위 : 대)

구분	장비명	상급 종합병원	종합 병원	일반 병원	요양 병원	의원	보건 기관	한방 병원
특수 장비	CT (전산화단층 촬영장치)	242	480	703	8	490	5	5
	MRI (자기공명 영상진단기)	155	395	627	1	229	–	18
	유방촬영장치	108	381	633	47	1,783	7	4
고가 장비	PET (양전자단층 촬영기)	83	91	7	–	27	–	–
	감마나이프	18	2	–	–	–	–	–
	사이버나이프	5	6	–	–	–	–	–
기타 장비	체외충격파 쇄석기	51	225	44	–	454	–	–
	인공신장기	2,070	6,251	2,029	2,875	10,221	–	–
	골밀도검사기	109	424	1,125	303	9,862	163	31

① 2022년도에 전체 의료장비 중 골밀도검사기의 총 대수가 가장 많다.

② 2022년부터 2024년까지 특수장비들이 가장 많은 곳은 종합병원이고, 고가장비들이 가장 많은 곳은 상급 종합병원이다.

③ 2022년부터 2024년까지 상급종합병원과 종합병원을 제외한 곳에서 모든 특수장비와 기타장비를 갖춘 곳은 3곳이다.

④ 2022년부터 2024년까지 병원·의원 및 기관 7곳이 공통으로 갖고 있는 의료장비는 3가지이다.

⑤ 특수장비와 고가장비 각각 총 대수가 2022년부터 2024년까지 매년 증가하고 있다.

25 다음은 2024년 직장생활 중 직장인들의 스트레스 정도를 조사한 자료이다. 이에 대한 설명으로 옳은 것은? (단, 기준별로 전체 조사 인원은 8,000명이다)

〈직장인 스트레스 정도〉

(단위 : %)

구분		매우 느낌	느끼는 편임	느끼지 않는 편임	전혀 느끼지 않음
성별	남자	17.0	56.3	21.7	5.0
	여자	16.0	53.7	24.7	5.6
연령	10대(13 ~ 19세)	7.4	44.8	30.1	17.7
	20대	19.1	52.9	22.0	6.0
	30대	20.8	57.3	19.1	2.8
	40대	19.6	58.3	18.7	3.4
	50대	14.6	57.8	23.3	4.3
	60대 이상	8.0	46.7	34.8	10.5
교육정도	초졸 이하	7.7	43.1	38.2	11.0
	중졸	11.4	55.2	25.5	7.9
	고졸	16.8	56.1	22.0	5.1
	대졸이상	18.7	56.4	21.1	3.8
혼인상태	미혼	17.6	55.3	21.6	5.5
	배우자 있음	16.6	55.6	23.1	4.7
	사별	8.0	43.5	35.3	13.2
	이혼	17.9	57.1	20.2	4.8
직업	전문관리	18.5	54.4	23.0	4.1
	사무	20.7	56.9	19.2	3.2
	서비스판매	17.0	55.3	22.4	5.3
	농어업	3.1	37.3	45.6	14.0
	기능노무	15.0	58.2	21.4	5.4

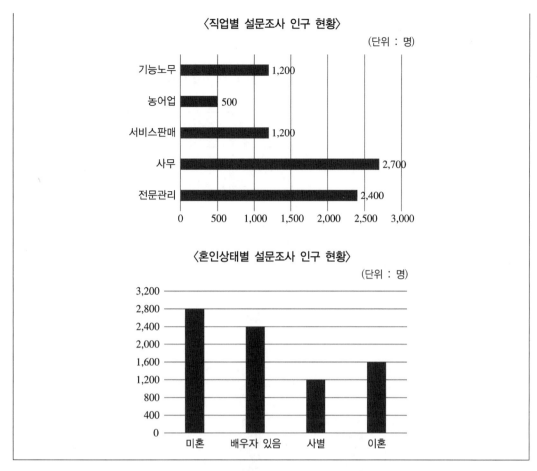

〈직업별 설문조사 인구 현황〉

(단위 : 명)

직업	인원
기능노무	1,200
농어업	500
서비스판매	1,200
사무	2,700
전문관리	2,400

〈혼인상태별 설문조사 인구 현황〉

(단위 : 명)

혼인상태	인원
미혼	2,800
배우자 있음	2,400
사별	1,200
이혼	1,600

① 남자와 여자 직장인 각각 스트레스를 '매우 느낌'을 선택한 인원이 가장 많다.

② 교육정도가 고졸 이하인 조사 인원이 5,700명일 때, 대졸 이상인 직장인 중 '전혀 느끼지 않음'을 택한 인원은 55명 이상이다.

③ 사무, 서비스판매를 하는 직장인 중 스트레스를 '전혀 느끼지 않는 편임'을 택한 인원은 기능노무 직장인 중 '매우 느낌'을 택한 인원보다 20명 더 많다.

④ 40대 직장인 중 스트레스를 느끼는 인원은 60대 이상 직장인 중 스트레스를 전혀 느끼지 않는 인원의 5배 이상이다.

⑤ 미혼인 직장인 중에서 스트레스를 매우 느끼는 인원은 5,000명 이상이다.

26 다음은 매년 버려지는 일회용품의 주요종류별 비율을 나타낸 자료이다. 이에 대한 설명으로 옳지 않은 것은?(단, 비율의 곱은 소수점 둘째 자리에서 반올림한다)

〈일회용품 쓰레기의 주요종류별 비율〉

(단위 : %)

연도 항목	2021년	2022년	2023년
종이컵	18.3	15.2	16.9
비닐봉투	31.5	30.2	29.8
종이봉투	12.4	13.8	15.2
숟가락 · 젓가락	8.7	5.4	5.6
접시 · 그릇	3.5	3.9	3.3
기저귀	22.1	20.2	21.8
기타	3.5	11.3	7.4

〈전체 쓰레기 중 일회용품이 차지하는 비율〉

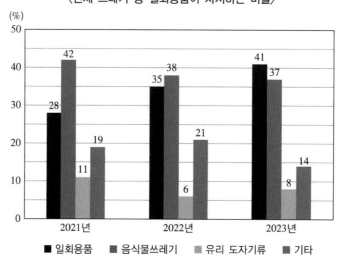

① 일회용품 중 비닐봉투가 차지하는 비율은 매년 낮아지고 있지만, 종이봉투가 차지하는 비율은 매년 높아지고 있다.
② 전체 쓰레기 중 종이컵이 차지하는 비율은 2021년이 2023년보다 2.0%p 이상 더 낮다.
③ 매년 일회용품 중 차지하는 비율이 가장 높은 상위 2개 항목의 비율의 합은 전체 일회용품 비율의 합의 절반 이상을 차지한다.
④ 일회용품 중 숟가락 · 젓가락의 비율이 가장 높은 연도와 가장 낮은 연도의 비율의 차이는 접시 · 그릇 경우의 5.5배이다.
⑤ 전체 쓰레기 중 일회용품의 증감추이와 같은 양상을 보이는 일회용품은 종이봉투뿐이다.

27 프로그램 수출부에서는 예탁결제 시스템 수출을 위해 부서 직원들을 수출대상국으로 파견하고자 한다. 제시된 〈조건〉에 따라 각 직원의 파견여부와 파견국가가 결정된다고 할 때, 다음 〈보기〉 중 항상 참인 것을 모두 고르면?

─〈조건〉─
- A대리가 인도네시아로 파견되지 않는다면, E주임은 몽골로 파견되지 않는다.
- D주임이 뉴질랜드로 파견된다면, B대리는 우즈베키스탄으로 파견된다.
- C주임은 아일랜드로 파견된다.
- E주임이 몽골로 파견되거나, C주임이 아일랜드로 파견되지 않는다.
- A대리가 인도네시아로 파견되지 않거나, B대리가 우즈베키스탄으로 파견되지 않는다.

─〈보기〉─
- ㄱ. B대리는 우즈베키스탄으로 파견되지 않는다.
- ㄴ. D주임은 뉴질랜드로 파견되지 않는다.
- ㄷ. A대리는 인도네시아로 파견되고, E주임은 몽골로 파견되지 않는다.
- ㄹ. C주임과 E주임은 같은 국가로 파견된다.

① ㄱ, ㄴ   ② ㄱ, ㄷ
③ ㄴ, ㄷ   ④ ㄴ, ㄹ
⑤ ㄷ, ㄹ

28 A씨는 최근 빅데이터에 관심이 생겨 관련 도서를 빌리기 위해 도서관에 갔다. 다음 〈조건〉을 근거로 할 때, 빌리고자 하는 도서가 있는 층은?

─〈조건〉─
- 도서관에는 어린이 문헌 정보실, 가족 문헌 정보실, 제1문헌 정보실, 제2문헌 정보실, 보존서고실, 일반 열람실이 있다.
- 1층은 어린이 문헌 정보실과 가족 문헌 정보실이다.
- 제1문헌 정보실은 하나의 층을 모두 사용한다.
- 제2문헌 정보실은 엘리베이터로 이동할 수 없다.
- 5층은 보존서고실로 직원들만 이용이 가능하다.
- 제1문헌 정보실에는 인문, 철학, 역사 등의 도서가 비치되어 있다.
- 제2문헌 정보실에는 정보통신, 웹, 네트워크 등의 도서가 비치되어 있다.
- 3층은 2층과 연결된 계단을 통해서만 이동할 수 있으며, 나머지 층은 엘리베이터로 이동할 수 있다.
- 일반 열람실은 보존서고실 바로 아래층에 있다.

① 1층   ② 2층
③ 3층   ④ 4층
⑤ 5층

29 다음은 청년전세임대주택에 대한 자료이다. 이에 대한 설명으로 옳지 않은 것은?

〈청년전세임대주택〉

• 입주자격
  무주택요건 및 소득·자산기준을 충족하는 다음의 사람
  ① 본인이 무주택자이고 신청 해당연도 대학에 재학 중이거나 입학·복학예정인 만 19세 미만 또는 만 39세 초과 대학생
  ② 본인이 무주택자이고 대학 또는 고등·고등기술학교를 졸업하거나 중퇴한 후 2년 이내이며 직장에 재직 중이지 않은 만 19세 미만 또는 만 39세 초과 취업준비생
  ③ 본인이 무주택자이면서 만 19세 이상 39세 이하인 사람
• 임대조건
  - 임대보증금 : 1순위 100만 원, 2·3순위 200만 원
  - 월임대료 : 전세지원금 중 임대보증금을 제외한 금액에 대한 연 1 ~ 2% 이자 해당액
• 호당 전세금 지원한도액

구분		수도권	광역시
단독거주	1인 거주	1.2억 원	9천 5백만 원
공동거주 (셰어형)	2인 거주	1.5억 원	1.2억 원
	3인 거주	2억 원	1.5억 원

※ 지원한도액을 초과하는 전세주택은 초과하는 전세금액을 입주자가 부담할 경우 지원가능. 단, 전세금 총액은 호당 지원한도액의 150% 이내로 제한(셰어형은 200% 이내)

① 호당 전세금 지원한도액은 수도권이 광역시보다 높다.
② 주택을 보유한 경우 어떠한 유형으로도 입주대상자에 해당되지 않는다.
③ 만 39세를 초과한 경우에도 입주자격을 갖출 수 있다.
④ 수도권에 위치한 3인 공동거주 형태의 경우, 최대 4억 원까지 지원받을 수 있다.
⑤ 대상 유형의 지원 한도액 이내의 범위에서는 전세금 전액을 지원받을 수 있다.

30 L공사 홍보실 직원 A∼J 10명이 점심식사를 하러 가서 〈조건〉에 따라 6인용 원형 테이블 2개에 각각 4명, 6명씩 나눠 앉았다. 다음 중 항상 거짓인 것은?

――――――〈조건〉――――――
- A와 I는 빈자리 하나만 사이에 두고 앉아 있다.
- C와 D는 1명을 사이에 두고 앉아 있다.
- F의 양 옆 중 오른쪽 자리만 비어 있다.
- E는 C나 D의 옆자리가 아니다.
- H의 바로 옆에 G가 앉아 있다.
- H는 J와 마주보고 앉아 있다.

① A와 B는 같은 테이블이다.
② H와 I는 다른 테이블이다.
③ C와 G는 마주보고 앉아 있다.
④ A의 양 옆은 모두 빈자리이다.
⑤ D의 옆에 J가 앉아 있다.

31 20대 남녀, 30대 남녀, 40대 남녀 6명이 뮤지컬 관람을 위해 공연장을 찾았다. 다음 〈조건〉을 참고할 때, 항상 옳은 것은?

――――――〈조건〉――――――
- 양 끝자리에는 다른 성별이 앉는다.
- 40대 남성은 왼쪽에서 두 번째 자리에 앉는다.
- 30대 남녀는 서로 인접하여 앉지 않는다.
- 30대와 40대는 인접하여 앉지 않는다.
- 30대 남성은 맨 오른쪽 끝자리에 앉는다.

〈뮤지컬 관람석〉

① 20대 남녀는 왼쪽에서 첫 번째 자리에 앉을 수 없다.
② 20대 남녀는 서로 인접하여 앉는다.
③ 40대 남녀는 서로 인접하여 앉지 않는다.
④ 20대 남성은 40대 여성과 인접하여 앉는다.
⑤ 30대 남성은 20대 여성과 인접하여 앉지 않는다.

※ 다음 신혼희망타운에 대한 자료를 보고 이어지는 질문에 답하시오. [32~33]

〈신혼희망타운(공공분양)〉

신혼부부 선호를 반영한 평면과 커뮤니티 시설을 적용하고, 육아·교육 등 특화 서비스를 제공하는 신혼부부 특화형 공공주택이다.

- 공급대상
  - 신혼부부 : 혼인기간이 7년 이내 또는 6세 이하의 자녀를 둔 무주택세대구성원
  - 예비신혼부부 : 공고일로부터 1년 이내에 혼인사실을 증명할 수 있는 분
  - 한부모가족 : 6세 이하의 자녀가 있는 무주택세대구성원(자녀의 부 또는 모로 한정함)
- 공급대상별 청약자격
  - 입주기준 : 입주할 때까지 무주택세대구성원일 것
  - 주택청약종합저축 : 가입 6개월 경과, 납입인정횟수 6회 이상
  - 소득기준 : 전년도 가구당 도시근로자 월평균 소득 120%(3인 기준 월 666만 원 기준), 130%(3인 기준 월 722만 원 기준)
  - 총자산기준 : 303,000천 원 이하
- 소득기준
  - 전년도 도시근로자 가구원수별 가구당 월평균소득의 120% 이하인 분(배우자가 근로소득 또는 사업소득이 있는 맞벌이의 경우 130% 이하를 말함)

가구당 월평균소득 비율		3인 이하	4인	비고
70% 수준	배우자 소득이 없는 경우 : 70%	3,888,488원	4,358,439원	배점 3점
	배우자 소득이 있는 경우 : 80%	4,443,986원	4,981,074원	
100% 수준	배우자 소득이 없는 경우 : 100%	5,554,983원	6,226,342원	배점 2점
	배우자 소득이 있는 경우 : 110%	6,110,481원	6,848,976원	
120% 수준	배우자 소득이 없는 경우 : 120%	6,665,980원	7,471,610원	기본자격 및 배점 1점
	배우자 소득이 있는 경우 : 130%	7,221,478원	8,094,245원	

32 다음 신혼희망타운의 우선공급 입주자 선정방식에 따라 가장 높은 점수를 받은 지원자를 L지역 신혼희망타운 입주자로 선정할 때, 입주자로 선정될 사람은?

<우선공급(1단계) 입주자 선정방식>

혼인기간 2년 이내이거나 2세 이하의 자녀를 둔 신혼부부와 예비신혼부부 및 2세 이하의 자녀를 둔 한부모가족에게 가점제로 우선 공급

가점항목	평가항목	점수
(1) 가구소득	70% 이하	3점
	70% 초과 100% 이하	2점
	100% 초과	1점
(2) 해당 시·도 연속 거주기간	2년 이상	3점
	1년 이상 2년 미만	2점
	1년 미만	1점
(3) 주택청약종합저축 납입인정 횟수	24회 이상	3점
	12회 이상 23회 이하	2점
	6회 이상 11회 이하	1점

<지원자 정보>

구분	가구소득	L지역 연속 거주기간	납입인정 횟수	비고
A	110%	11개월	25회	맞벌이 부부
B	70%	18개월	10회	한부모가족
C	80%	20개월	14회	한부모가족
D	80%	24개월	13회	맞벌이 부부
E	110%	28개월	26회	한부모가족

① A
② B
③ C
④ D
⑤ E

33 다음 신혼희망타운의 우선공급 이후 2단계 입주자 선정방식에 따라 가장 높은 점수를 받은 지원자를 L지역 신혼희망타운 입주자로 선정할 때, 입주자로 선정될 사람은?(단, L지역 신혼희망타운 모집 공고일은 2025.01.03.이다)

〈2단계 입주자 선정방식〉

혼인기간이 2년 초과 7년 이내이거나 3세 이상 6세 이하의 자녀를 둔 신혼부부, 3세 이상 6세 이하의 자녀를 둔 한부모가족 및 1단계 우선공급 낙첨자 전원을 대상으로 가점제로 공급

가점항목	평가항목	점수
미성년 자녀수	3명 이상	3점
	2명	2점
	1명	1점
무주택기간	3년 이상	3점
	1년 이상 3년 미만	2점
	1년 미만	1점
해당 시·도 연속 거주기간 (거주기간은 전입일부터 공고일까지 기산)	2년 이상	3점
	1년 이상 2년 미만	2점
	1년 미만	1점
주택청약종합저축 납입인정 횟수	24회 이상	3점
	12회 이상 23회 이하	2점
	6회 이상 11회 이하	1점

※ 동점자 발생 시 추첨 선정

〈지원자 정보〉

구분	혼인기간	미성년 자녀수	무주택기간	L지역 전입일	납입인정 횟수
A	3년	3명	36개월	2024.01.01	8회
B	4년	2명	14개월	2022.02.09	13회
C	5년	1명	28개월	2024.10.22	20회
D	6년	2명	11개월	2023.02.08	25회

① A
② B
③ C
④ D
⑤ 추첨 선정

34 직원 A~E는 다음 사내 교육프로그램 일정에 따라 요일별로 하나의 프로그램에 참가한다. 제시된 〈조건〉을 근거로 할 때, 다음 중 항상 참인 것은?

월	화	수	목	금
필수 1	필수 2	선택 1	선택 2	선택 3

─────〈조건〉─────

- A는 선택 프로그램에 참가한다.
- C는 필수 프로그램에 참가한다.
- D는 C보다 나중에 프로그램에 참가한다.
- E는 A보다 나중에 프로그램에 참가한다.

① D는 반드시 필수 프로그램에 참가한다.
② B가 필수 프로그램에 참가하면 C는 화요일 프로그램에 참가한다.
③ C가 화요일 프로그램에 참가하면 E는 선택 2 프로그램에 참가한다.
④ A가 목요일 프로그램에 참가하면 E는 선택 3 프로그램에 참가한다.
⑤ E는 반드시 목요일 프로그램에 참가한다.

35 L기업은 A~E 다섯 개 제품을 대상으로 내구성, 효율성, 실용성 세 개 영역에 대해 1~3등급을 기준에 따라 평가하였다. A~E제품에 대한 평가 결과가 다음과 같을 때, 반드시 참이 아닌 것은?

─────〈평가 결과〉─────

- 모든 영역에서 3등급을 받은 제품이 있다.
- 모든 제품이 3등급을 받은 영역이 있다.
- A제품은 내구성 영역에서만 3등급을 받았다.
- B제품만 실용성 영역에서 3등급을 받았다.
- C, D제품만 효율성 영역에서 2등급을 받았다.
- E제품은 1개의 영역에서만 2등급을 받았다.
- A와 C제품이 세 영역에서 받은 등급의 총합은 서로 같다.

① A제품은 효율성 영역에서 1등급을 받았다.
② B제품은 내구성 영역에서 3등급을 받았다.
③ C제품은 내구성 영역에서 3등급을 받았다.
④ D제품은 실용성 영역에서 2등급을 받았다.
⑤ E제품은 실용성 영역에서 2등급을 받았다.

36 다음 주에 방문하는 고객사 임직원들의 숙소를 예약하려고 한다. 다음 자료를 참고하여 예약할 호텔과 비용이 바르게 짝지어진 것은?

〈호텔별 숙박 요금표〉

(단위 : 원)

구분	스위트룸(1박)	디럭스룸(1박)	싱글룸(1박)	조식요금	참고
A호텔	1,000,000	250,000	180,000	35,000	스위트룸, 디럭스룸 숙박료에 조식 포함
B호텔	950,000	300,000	150,000	45,000	전체 5실 이상 예약 시 숙박료 10% 할인
C호텔	1,000,000	300,000	120,000	40,000	스위트룸 2박 이상 연박 시 숙박료 10% 할인

〈예약 준비사항〉

• 예약비용을 최소화하면서 모든 임직원이 동일한 호텔에 묵을 수 있도록 한다.
• 모든 임직원이 매일 아침 조식을 먹을 수 있도록 준비한다.
• 각 객실에는 1명이 묵으며, 스위트룸 1실, 디럭스룸 2실, 싱글룸 4실이 필요하다.
• 바이어들의 체류일정은 2박 3일이다.

① A, 455만 원
② B, 450만 원
③ B, 452만 원
④ C, 450만 원
⑤ C, 455만 원

37 다음은 국내 신재생에너지 산업에 대한 SWOT 분석 결과에 대한 자료이다. 이에 따라 SWOT 전략과 경영전략이 바르게 연결되지 않은 것을 〈보기〉에서 모두 고르면?

〈국내 신재생에너지 산업에 대한 SWOT 분석 결과〉

구분	분석 결과
강점(Strength)	• 해외 기관과의 협업을 통한 풍부한 신재생에너지 개발 경험 • 에너지 분야의 우수한 연구개발 인재 확보
약점(Weakness)	• 아직까지 화석연료 대비 낮은 전력 효율성 • 도입 필요성에 대한 국민적 인식 저조
기회(Opportunity)	• 신재생에너지에 대한 연구가 세계적으로 활발히 추진 • 관련 정부부처로부터 충분한 예산 확보
위협(Threat)	• 신재생에너지 특성상 설비 도입 시의 높은 초기 비용

〈보기〉

㉠ SO전략 : 개발 경험을 통해 쌓은 기술력을 바탕으로 향후 효과적인 신재생에너지 산업 개발 가능
㉡ ST전략 : 우수한 연구개발 인재들을 활용하여 초기비용 감축방안 연구 추진
㉢ WO전략 : 확보한 예산을 토대로 우수한 연구원 채용
㉣ WT전략 : 세계의 신재생에너지 연구를 활용한 전력 효율성 개선

① ㉠, ㉡
② ㉠, ㉢
③ ㉡, ㉢
④ ㉡, ㉣
⑤ ㉢, ㉣

38 S씨는 유아용품 판매직영점을 추가로 개장하기 위하여 팀장으로부터 다음 자료를 받았다. 팀장은 직영점을 정할 때에는 영유아 수가 많은 곳이어야 하며, 향후 5년간 수요가 지속적으로 증가하는 지역으로 선정해야 한다고 설명하였다. 이를 토대로 할 때, 유아용품 판매직영점이 설치될 최적의 지역을 선정하라는 요청에 가장 적절한 답변은 무엇인가?

지역	총 인구수(명)	영유아 비중	향후 5년간 영유아 수 변동률(전년 대비)				
			1년 차	2년 차	3년 차	4년 차	5년 차
A	3,460,000	3%	−0.5%	1.0%	−2.2%	2.0%	4.0%
B	2,470,000	5%	0.5%	0.1%	−2.0%	−3.0%	−5.0%
C	2,710,000	4%	0.5%	0.7%	1.0%	1.3%	1.5%
D	1,090,000	11%	1.0%	1.2%	1.0%	1.5%	1.7%

① 총인구수가 많은 A − C − B − D지역 순서로 직영점을 개장하면 충분한 수요로 인하여 영업이 원활할 것 같습니다.

② 현재 시점에서 영유아 비중이 가장 높은 D − B − C − A지역 순서로 직영점을 설치하는 계획을 수립하는 것이 적절할 것 같습니다.

③ 현재 시점에서 영유아 수가 가장 많은 B지역을 우선적으로 개장하는 것이 좋을 것 같습니다.

④ 향후 5년간 영유아 변동률을 참고하였을 때, 영유아 인구 증가율이 가장 높은 A지역이 유력합니다.

⑤ D지역은 현재 영유아 수가 두 번째로 많으나, 향후 5년간 지속적인 영유아 수 증가가 기대되는 지역으로 예상되므로 D지역이 가장 적절하다고 판단합니다.

39 A~G 7명은 주말 여행지를 고르기 위해 투표를 진행하였다. 다음 〈조건〉과 같이 투표를 진행하였을 때, 투표를 하지 않은 사람을 모두 고르면?

───〈조건〉───

• D나 G 중 적어도 한 명이 투표하지 않으면, F는 투표한다.
• F가 투표하면, E는 투표하지 않는다.
• B나 E 중 적어도 한 명이 투표하지 않으면, A는 투표하지 않는다.
• A를 포함하여 투표한 사람은 모두 5명이다.

① B, E
② B, F
③ C, D
④ C, F
⑤ F, G

40 L공사에서는 직원들에게 다양한 혜택이 있는 복지카드를 제공한다. 복지카드의 혜택사항과 B사원의 일과가 다음과 같을 때, ⓐ~ⓔ 중에서 복지카드로 혜택을 볼 수 없는 것은?

〈복지카드 혜택사항〉

구분	세부내용
교통	대중교통(지하철, 버스) 3~7% 할인
의료	병원 5% 할인(동물병원 포함, 약국 제외)
쇼핑	의류, 가구, 도서 구입 시 5% 할인
영화	영화관 최대 6천 원 할인

〈B사원의 일과〉

B는 오늘 친구와 백화점에서 만나 쇼핑을 하기로 약속을 했다. 집에서 ⓐ 지하철을 타고 약 20분이 걸려 백화점에 도착한 B는 어머니 생신 선물로 ⓑ 화장품과 옷을 산 후, 동생의 이사 선물로 줄 ⓒ 침구류도 구매하였다. 쇼핑이 끝난 후 B는 ⓓ 버스를 타고 집에 돌아와 자신이 키우는 애완견의 예방접종을 위해 ⓔ 병원에 가서 진료를 받았다.

① ⓑ, ⓒ
② ⓒ, ⓔ
③ ⓓ, ⓔ
④ ⓐ, ⓑ, ⓒ
⑤ ⓐ, ⓑ, ⓓ

| 01 | 토목

41 단면이 20cm×30cm이고 지간이 5m인 단순보의 중앙에 집중 하중 1.68t이 작용할 때, 다음 중 최대 휨 응력은?

① $50\text{kg}_f/\text{cm}^2$
② $70\text{kg}_f/\text{cm}^2$
③ $90\text{kg}_f/\text{cm}^2$
④ $120\text{kg}_f/\text{cm}^2$
⑤ $130\text{kg}_f/\text{cm}^2$

42 폭 b, 높이 h인 직사각형 단면에서 중립축의 단면 2차 모멘트를 I_A, 밑면의 단면 2차 모멘트를 I_B라 할 때 $\dfrac{I_A}{I_B}$는?

① 1
② $\dfrac{1}{2}$
③ $\dfrac{1}{3}$
④ $\dfrac{1}{4}$
⑤ $\dfrac{1}{5}$

43 다음과 같은 라멘 구조에서 반력 H_D의 크기는?

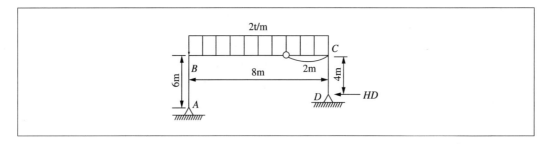

① 약 2.67t
② 약 4t
③ 약 7.33t
④ 약 8.67t
⑤ 약 9t

44 10km×10km인 정방형의 지역을 항공사진 촬영하고자 할 때 필요한 사진 매수는?(단, 간이 계산법에 의하며, 사진축척 1 : 10,000, 사진크기 23cm×23cm, 종중복도 60%, 횡중복도 30%, 안전율은 고려하지 않는다)

① 60매　　　　　　　　　　② 64매

③ 68매　　　　　　　　　　④ 72매

⑤ 76매

45 축척 1/10,000의 지형도에서 경사가 12%인 등경사선의 주곡선간 도상거리는?(단, 소수점 넷째 자리에서 반올림한다)

① 0.013mm　　　　　　　　② 0.014mm

③ 0.015mm　　　　　　　　④ 0.016mm

⑤ 0.017mm

46 다음 중 흙의 다짐시험에서 다짐에너지를 증가시킬 때, 일어나는 결과는?

① 최적함수비는 증가하고, 최대건조 단위중량은 감소한다.

② 최적함수비는 감소하고, 최대건조 단위중량은 증가한다.

③ 최적함수비와 최대건조 단위중량이 모두 감소한다.

④ 최적함수비와 최대건조 단위중량이 모두 증가한다.

⑤ 아무런 변화가 없다.

47 다음 중 합류식과 분류식에 대한 설명으로 옳지 않은 것은?

① 합류식의 경우 관경이 커지기 때문에 2계통인 분류식보다 건설비용이 많이 든다.

② 분류식의 경우 오수와 우수를 별개의 관로로 배제하기 때문에 오수의 배제계획이 합리적이 된다.

③ 분류식의 경우 관거 내 퇴적은 적으나 수세효과는 기대할 수 없다.

④ 합류식의 경우 일정량 이상이 되면 우천 시 오수가 월류한다.

⑤ 분류식의 경우 관경이 작기 때문에 검사, 수리, 청소가 곤란하다.

48 양수량이 50m³/min, 전양정이 8m일 때, 펌프의 축동력은?(단, 펌프의 효율 $n = 0.8$이다)

① 65.26kW

② 73.62kW

③ 81.34kW

④ 92.41kW

⑤ 97.96kW

49 1인 1일 평균급수량의 일반적인 증가 및 감소에 대한 설명으로 옳지 않은 것은?

① 기온이 낮은 지방일수록 증가한다.

② 인구가 많은 도시일수록 증가한다.

③ 문명도가 낮은 도시일수록 감소한다.

④ 누수량이 증가하면 비례하여 증가한다.

⑤ 대한민국은 2000년대 중반 이후 1인 1일 평균 270 ~ 310L를 사용하고 있다.

50 깊은 보의 강도는 다음 중 무엇에 의해 지배되는가?

① 전단

② 인장

③ 휨

④ 비틀림

⑤ 압축

51 다음 중 토적곡선(Mass Curve)을 작성하는 목적으로 옳지 않은 것은?

① 토량의 배분 ② 토공기계의 선정

③ 토량의 운반거리 산출 ④ 교통량 산정

⑤ 토량과 건축물의 중량 산정

52 다음 그림과 같은 구조물의 중앙 C점에서 휨모멘트가 0이 되기 위한 $\dfrac{a}{l}$ 의 비는?(단, $P = 2wl$ 이다)

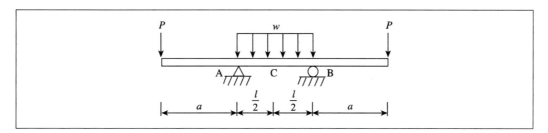

① $\dfrac{1}{4}$ ② $\dfrac{1}{6}$

③ $\dfrac{1}{8}$ ④ $\dfrac{1}{16}$

⑤ $\dfrac{1}{24}$

53 길이가 10m이고 지름이 50cm인 강봉이 길이방향으로 작용하는 인장력에 의하여 10cm 변형되었다. 강봉의 푸아송비가 0.2일 때, 강봉의 반지름의 변화로 옳은 것은?

① 0.1cm 증가 ② 0.1cm 감소

③ 0.05cm 증가 ④ 0.05cm 감소

⑤ 0.01cm 증가

54 다음 중 노선측량에서 교각이 $32° \ 15' \ 00''$, 곡선 반지름이 600m일 때의 곡선장은?

① 355.52m
② 337.72m
③ 328.75m
④ 315.35m
⑤ 306.62m

55 다음 중 지형의 토공량 산정 방법이 아닌 것을 〈보기〉에서 모두 고르면?

┌─────────────〈보기〉─────────────┐
ㄱ. 각주공식　　　　　　　　ㄴ. 삼변법
ㄷ. 양단면 평균법　　　　　　ㄹ. 중앙단면법
ㅁ. 지거법
└──────────────────────────────┘

① ㄱ, ㄴ
② ㄱ, ㄷ
③ ㄴ, ㄷ
④ ㄴ, ㅁ
⑤ ㄹ, ㅁ

56 평균지름 $d=1,200\text{mm}$, 벽두께 $t=6\text{mm}$를 갖는 긴 강제 수도관이 $P=10\text{kg/cm}^2$의 내압을 받고 있다. 이 관벽 속에 발생하는 원환응력 σ의 크기는?

① 16.6kg/cm^2
② 450kg/cm^2
③ 900kg/cm^2
④ $1,000\text{kg/cm}^2$
⑤ $1,200\text{kg/cm}^2$

57 도로 기점으로부터 교점($I.P$)까지의 추가거리가 400m, 곡선 반지름 $R=200\text{m}$, 교각 $I=90°$인 원곡선을 설치할 경우, 곡선시점($B.C$)은?(단, 중심말뚝거리는 20m이다)

① $N_0 9$
② $N_0 9 + 10\text{m}$
③ $N_0 10$
④ $N_0 10 + 10\text{m}$
⑤ $N_0 10 + 20\text{m}$

58 다음 중 단면의 전단중심으로 옳은 것은?

① 단면의 도심을 통하는 축

② 단면의 휨 축

③ 대칭축을 갖는 단면의 중심축

④ 단면에 작용하는 최대 전단응력의 축

⑤ 단면에 비틀림 모멘트를 작용시킬 때 변형이 생기지 않는 축

59 중공 원형 강봉에 비틀림력 T가 작용할 때 최대 전단 변형률 $\gamma_{max} = 750 \times 10^{-6}$으로 측정되었다. 봉의 내경은 60mm이고 외경은 75mm일 때, 봉에 작용하는 비틀림력 T를 구하면?(단, 전단탄성계수 $G = 8.15 \times 10^{5} kg/cm^{2}$ 이다)

① 29.9t·cm   ② 32.7t·cm

③ 35.3t·cm   ④ 39.2t·cm

⑤ 41.3t·cm

60 축척 1 : 2,000 도면상의 면적을 축척 1 : 1,000으로 잘못 알고 면적을 관측하여 24,000m²를 얻었다면 실제 면적은?

① 6,000m²   ② 12,000m²

③ 24,000m²   ④ 48,000m²

⑤ 96,000m²

61 다음 중 적합비틀림에 대한 설명으로 옳은 것은?

① 균열의 발생 후 비틀림모멘트의 재분배가 일어날 수 없는 비틀림

② 균열의 발생 후 비틀림모멘트의 재분배가 일어날 수 있는 비틀림

③ 균열의 발생 전 비틀림모멘트의 재분배가 일어날 수 없는 비틀림

④ 균열의 발생 전 비틀림모멘트의 재분배가 일어날 수 있는 비틀림

⑤ 균열의 발생 전 비틀림모멘트의 분배가 일어날 수 있는 비틀림

62 다음 중 옹벽에서 T형보로 설계해야 하는 부분은?

① 뒷부벽식 옹벽의 뒷부벽　　　　② 뒷부벽식 옹벽의 전면벽

③ 앞부벽식 옹벽의 저판　　　　　④ 앞부벽식 옹벽의 앞부벽

⑤ 앞부벽식 옹벽의 전면벽

63 다음 중 다짐에 대한 설명으로 옳지 않은 것은?

① 세립토의 비율이 클수록 최적함수비는 증가한다.

② 세립토의 비율이 클수록 최대건조단위중량은 증가한다.

③ 다짐에너지가 클수록 최적함수비는 감소한다.

④ 최대건조단위중량은 사질토에서 크고 점성토에서 작다.

⑤ 다짐곡선의 경사는 조립토가 날카롭다.

64 25cm×25cm인 항공사진에서 주점기선의 길이가 10cm일 때, 이 항공사진의 중복도는?

① 40%　　　　　　　　　　　② 50%

③ 60%　　　　　　　　　　　④ 70%

⑤ 80%

65 곡선설치에서 교각 $I=60°$, 반지름 $R=150$m일 때 접선장($T.L$)은?

① 약 100.0m　　　　　　　　② 약 86.6m

③ 약 76.8m　　　　　　　　　④ 약 38.6m

⑤ 약 25.6m

66 트래버스 측량의 결과로 위거 오차 0.4m, 경거 오차 0.3m를 얻었다. 총 측선의 길이가 1,500m였다면 폐합비는?

① $\dfrac{1}{2,000}$ 　　　　　　② $\dfrac{1}{3,000}$

③ $\dfrac{1}{4,000}$ 　　　　　　④ $\dfrac{1}{5,000}$

⑤ $\dfrac{1}{6,000}$

67 4변에 의해 지지되는 2방향 슬래브 중에서 1방향 슬래브로 보고 해석할 수 있는 경우에 대한 기준으로 옳은 것은?(단, L : 2방향 슬래브의 장경간, S : 2방향 슬래브의 단경간이다)

① $\dfrac{L}{S}$이 2보다 클 때 　　　　　② $\dfrac{L}{S}$이 1일 때

③ $\dfrac{L}{S}$이 $\dfrac{3}{2}$ 이상일 때 　　　④ $\dfrac{L}{S}$이 3보다 작을 때

⑤ $\dfrac{L}{S}$이 2보다 작을 때

68 다음 중 이상유체에 대한 정의로 옳은 것은?

① 오염되지 않은 순수한 유체
② 점성이 없는 모든 유체
③ 비점성, 비압축성인 유체
④ 뉴턴(Newton)의 점성법칙을 만족하는 유체
⑤ 전단응력이 발생하는 유체

69 다음 중 축척 1:5,000 수치지형도의 주곡선 간격으로 옳은 것은?

① 5m 　　　　　　② 10m

③ 15m 　　　　　④ 20m

⑤ 25m

70 인장응력 검토를 위한 $L-150\times90\times12$인 형강(Angle)의 전개 총폭(b_g)은?

① 228mm   ② 232mm

③ 240mm   ④ 252mm

⑤ 268mm

71 콘크리트의 강도설계법에서 $f_{ck}=38$MPa일 때 직사각형 응력분포의 깊이를 나타내는 β_1의 값은?

① 0.92   ② 0.80

③ 0.78   ④ 0.75

⑤ 0.66

72 트래버스 ABCD에서 각 측선에 대한 위거와 경거 값이 다음과 같을 때, 측선 BC의 배횡거는?

측선	위거(m)	경거(m)
AB	+75.39	+81.57
BC	−33.57	+18.78
CD	−61.43	−45.60
DA	+44.61	−52.65

① 81.57m   ② 155.10m

③ 163.14m   ④ 181.92m

⑤ 192.64m

73 단면이 400×500mm이고 150mm^{2}의 PSC강선 4개를 단면 도심축에 배치한 프리텐션 PSC부재가 있다. 초기 프리스트레스가 10,000MPa일 때 콘크리트의 탄성변형에 의한 프리스트레스 감소량의 값은?(단, $n=6$이다)

① 22MPa   ② 20MPa

③ 18MPa   ④ 16MPa

⑤ 12MPa

74 다음 그림과 같이 댐 여수로상에 설치된 회전식 수문의 꼭짓점까지 물이 가득 차 있다. 수문에 작용하는 정수압의 수평분력과 연직분력을 각각 구하면 얼마인가?(단, 수문의 직경과 길이는 각각 2m이다)

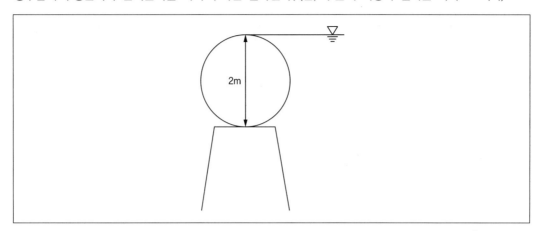

① 수평분력 : 39.2kN, 연직분력 : 약 19.6kN

② 수평분력 : 39.2kN, 연직분력 : 약 24.6kN

③ 수평분력 : 39.2kN, 연직분력 : 약 30.79kN

④ 수평분력 : 30.77kN , 연직분력 : 약 7.69kN

⑤ 수평분력 : 30.77kN, 연직분력 : 약 15.39kN

75 다음 중 답사나 홍수 등 급하게 유속관측을 필요로 하는 경우에 편리하여 주로 이용하는 방법은?

① 이중부자   ② 표면부자

③ 스크루형 유속계   ④ 프라이스식 유속계

⑤ 에크만 유속계

76 측정 M의 표고를 구하기 위하여 수준점 A, B, C로부터 수준측량을 실시하여 다음과 같은 결과를 얻었다면 M의 표고는?

측점	표고(m)	관측방향	고저차(m)	노선길이(km)
A	11.03	A → M	+2.10	2
B	13.60	B → M	−0.30	4
C	11.64	C → M	+1.45	1

① 약 13.09m

② 약 13.13m

③ 약 13.17m

④ 약 13.22m

⑤ 약 13.45m

77 다음 중 불도저의 종류가 아닌 것은?

① 틸트

② 앵글

③ 스트레이트

④ 트렌처

⑤ 레이크

78 다음 우력에 대한 설명에서 빈칸에 들어갈 단어를 바르게 연결한 것은?

어떤 물체에 크기가 ___㉠___ 방향이 서로 평행으로 ___㉡___ 2개의 힘이 작용할 때, 작용선이 일치하면 합력이 0이 되고, 작용선이 일치하지 않고 나란하면 합력은 0이 되지만 힘의 효과가 물체에 ___㉢___ 을 일으킨다. 이와 같이 크기가 ___㉠___ 방향이 서로 평행으로 ___㉡___ 한 쌍의 힘을 우력이라 한다.

	㉠	㉡	㉢		㉠	㉡	㉢
①	같고	반대인	회전운동	②	다르고	반대인	회전운동
③	다르고	같은	평행운동	④	같고	같은	평행운동
⑤	같고	같은	회전운동				

79 다음 그림과 같은 부정정보에서 지점 A의 처짐각(θ_A) 및 수직 반력(R_A)은?(단, 휨강성 EI는 일정하다)

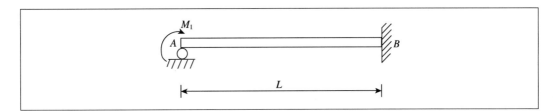

① $\theta_A = \dfrac{M_1 L}{4EI}$ (시계방향), $R_A = \dfrac{M_1}{2L}(\downarrow)$

② $\theta_A = \dfrac{M_1 L}{4EI}$ (시계방향), $R_A = \dfrac{3M_1}{2L}(\downarrow)$

③ $\theta_A = \dfrac{5M_1 L}{12EI}$ (시계방향), $R_A = \dfrac{M_1}{2L}(\downarrow)$

④ $\theta_A = \dfrac{5M_1 L}{12EI}$ (시계방향), $R_A = \dfrac{3M_1}{2L}(\downarrow)$

⑤ $\theta_A = \dfrac{5M_1 L}{12EI}$ (시계방향), $R_A = \dfrac{2M_1}{L}(\downarrow)$

80 다음 중 휨모멘트와 전단력을 받고 있는 보의 중립축에서의 최대 주응력과 최소 주응력의 차이는?(단, τ은 최대 전단응력이다)

① τ

② 2τ

③ 3τ

④ 4τ

⑤ 5τ

81 설계기준압축강도(f_{ck}) 25MPa이고, 쪼갬인장강도(f_{sp})가 2.4MPa 인 경량골재콘크리트에 적용하는 경량콘크리트계수(λ)는?

① 0.756

② 0.797

③ 0.811

④ 0.838

⑤ 0.857

82 다음 중 단위유량도 이론의 가정에 대한 설명으로 옳지 않은 것은?

① 초과강우는 유효지속기간 동안에 일정한 강도를 가진다.

② 초과강우는 전 유역에 걸쳐서 균등하게 분포된다.

③ 주어진 지속기간의 초과강우로부터 발생된 직접유출 수문곡선의 기저시간은 일정하다.

④ 동일한 기저시간을 가진 모든 직접유출 수문곡선의 종거들은 각 수문곡선에 의하여 주어진 총 직접유출 수문곡선에 반비례한다.

⑤ 총 유출량은 단위시간으로 분할한 각 유효우량의 유출량을 합한 것과 동일하다.

83 지름이 2m이고, 영향권의 반지름이 1,000m이며, 원지하수의 수위 H가 7m, 집수정의 수위 h_0가 5m인 심정에서의 양수량은 얼마인가?(단, $K=0.0038$m/s이고 $\ln 10 = 2.3$이다)

① 약 $0.0415 \text{m}^3/\text{s}$

② 약 $0.0461 \text{m}^3/\text{s}$

③ 약 $0.083 \text{m}^3/\text{s}$

④ 약 $0.145 \text{m}^3/\text{s}$

⑤ 약 $0.283 \text{m}^3/\text{s}$

84 촬영고도 1,000m로부터 초점거리 15cm의 카메라로 촬영한 중복도 60%인 2장의 사진이 있다. 각각의 사진에서 주점기선장을 측정한 결과 124mm와 132mm이었다면 비고 60m인 굴뚝의 시차차는?

① 약 8.0mm

② 약 7.9mm

③ 약 7.7mm

④ 약 7.4mm

⑤ 약 7.2mm

85 높이 2,774m인 산의 정상에 위치한 저수지의 가장 긴 변의 거리를 관측한 결과 1,950m이었다면 평균해수면으로 환산한 거리는?(단, 지구반지름 $R=6,377$km이다)

① 1,949.152m

② 1,950.849m

③ 1,962.356m

④ -0.848m

⑤ $+0.848$m

86 하천에서 2점법으로 평균유속을 구할 경우 관측하여야 할 두 지점의 위치는?

① 수면으로부터 수심의 $\frac{1}{5}$, $\frac{3}{5}$ 지점

② 수면으로부터 수심의 $\frac{1}{5}$, $\frac{4}{5}$ 지점

③ 수면으로부터 수심의 $\frac{2}{5}$, $\frac{3}{5}$ 지점

④ 수면으로부터 수심의 $\frac{2}{5}$, $\frac{4}{5}$ 지점

⑤ 수면으로부터 수심의 $\frac{3}{5}$, $\frac{4}{5}$ 지점

87 다음 중 사질토 지반에 축조되는 강성기초의 접지압 분포에 대한 설명으로 옳은 것은?

① 기초 모서리 부분에서 최대 응력이 발생한다.

② 기초에 작용하는 접지압 분포는 토질에 관계없이 일정하다.

③ 기초의 중앙 부분에서 최대 응력이 발생한다.

④ 기초 밑면의 응력은 어느 부분이나 동일하다.

⑤ 기초의 가장 최상부에서 최대 응력이 발생한다.

88 부재측에 직각으로 배치하는 전단철근의 전단강도(V_s)를 구하는 식으로 옳은 것은?[단, A_v(전단철근 단면적), s(전단철근 간격), d(부재의 유효깊이), f_{yt}(전단철근의 항복강도), ϕ(강도감소계수)이다]

① $V_s = \dfrac{A_v \times f_{yt} \times s}{d}$

② $V_s = \dfrac{A_v \times s \times d}{f_{yt}}$

③ $V_s = \dfrac{A_v \times f_{yt} \times d}{s}$

④ $V_s = \phi \times \dfrac{A_v \times f_{yt} \times d}{s}$

⑤ $V_s = \dfrac{A_v \times f_{yt} \times d}{\phi \times s}$

89 $b = 300\text{mm}$, $d = 500\text{mm}$, $A_S = 3 - \text{D25} = 1{,}520\text{mm}^2$가 1열로 배치된 단철근 직사각형 보의 설계 휨강도 ϕM_n은 얼마인가?(단, $f_{ck} = 28\text{MPa}$, $f_y = 400\text{MPa}$이고, 과소철근보이다)

① 약 236.4kN·m

② 약 307.7kN·m

③ 약 312.7kN·m

④ 약 325.6kN·m

⑤ 약 333.5kN·m

90 다음 중 프리스트레스의 감소 원인으로 옳지 않은 것은?

① 콘크리트의 탄성 변형

② 콘크리트의 건조 수축과 크리프

③ 단단한 콘크리트 강도

④ PS 강재의 미끄러짐과 마찰

⑤ 정착 장치에서의 긴장재의 활동

| 01 | 토목 - 주관식

01 한 등변 L형 강($100 \times 100 \times 10$)의 단면적 $A = 19.0\text{cm}^2$, 1축과 2축의 단면 2차 모멘트 $I_1 = I_2 = 175\text{cm}^4$ 이고, 1축과 45°를 이루는 U축의 $I_U = 278\text{cm}^4$이면 V축의 단면 2차 모멘트 I_V는 몇 cm^4인가?(단, C는 도심을 나타내는 거리이다)

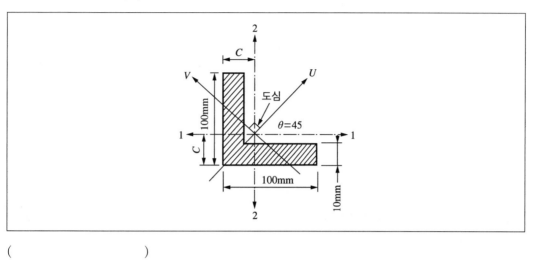

(   )

02 다짐되지 않은 어떤 사질토 지반의 두께가 1.8m이고 상대밀도는 50%이다. 이 사질토의 최대간극비가 0.75이고 최소간극비가 0.55일 때 이 사질토를 상대밀도가 80%가 될 때까지 다짐하면 두께의 감소량은 몇 mm인가?

(   )

03 지름 10cm의 관에 물이 흐를 때 층류가 되려면 관의 평균유속이 몇 mm/s 이하를 유지하여야 하는가? (단, 동점성계수는 $0.012\text{cm}^2/\text{s}$이다)

(   )

04 PSC 콘크리트 보에서 5개의 PS강재가 〈보기〉와 같을 때, 포물선으로 배치할 경우 프리스트레스 보에 작용하는 상향력의 크기가 큰 순서대로 바르게 나열하면?(단, 5개의 보 모두 $P=2,000$kN이 작용한다)

---〈보기〉---

- ㉠ $L=10$m, $b=250$mm, $h=550$mm, $s=100$mm
- ㉡ $L=15$m, $b=250$mm, $h=550$mm, $s=200$mm
- ㉢ $L=10$m, $b=250$mm, $h=550$mm, $s=300$mm
- ㉣ $L=15$m, $b=250$mm, $h=550$mm, $s=400$mm
- ㉤ $L=20$m, $b=250$mm, $h=550$mm, $s=500$mm

(   )

05 다음 트레버스 측량에 대한 설명에서 빈칸에 들어갈 단어로 옳은 것을 〈보기〉에서 골라 순서대로 바르게 나열하면?

트래버스 측량에서 폐합오차 조정방법 중 ___A___ 법칙은 각관측 정밀도와 거리관측의 정밀도가 동일할 때 실시하며, ___B___ 법칙은 각관측 정밀도가 거리관측의 정밀도보다 더 높을 때 실시한다.

---〈보기〉---

㉠ 방위각법	㉡ 수준측량
㉢ 컴퍼스	㉣ 사진측량
㉤ 관측오차	㉥ 트랜싯

(A :   B :   )

06 다음 중 투수계수에 영향을 주는 요인을 〈보기〉에서 모두 고르면?

---〈보기〉---

㉠ 토립자의 크기	㉡ 포화도
㉢ 토립자의 비중	㉣ 습도
㉤ 간극의 형상	㉥ 간극의 배열

(   )

07 노건조한 흙 시료의 부피가 $1,000\text{cm}^3$, 무게가 $1,700\text{g}$, 비중이 2.65일 때, 간극비는 $\dfrac{a}{100}$이다. 이때 a의 값은?(단, 소수점 첫째 자리에서 반올림한다)

(   )

08 어떤 지반의 미소한 흙에 작용하는 최대주응력과 최소주응력이 각각 $6\text{kg}f/\text{cm}^2$, $2\text{kg}f/\text{cm}^2$일 때, 최소주응력면과 $75°$를 이루는 평면상의 전단응력은 몇 $\text{kg}f/\text{cm}^2$인가?

(   )

09 다음 전단철근에 대한 설명에서 빈칸에 들어갈 알맞은 수는?

전단철근으로 용접철망을 사용할 경우 전단철근의 설계기준항복강도는 _____MPa를 초과할 수 없다.

(   )

10 다음 A급 이음에 대한 설명에서 빈칸에 들어갈 알맞은 수를 〈보기〉에서 골라 순서대로 바르게 나열하면?

A급 이음은 배치된 철근량이 이음부 전체 구간에서 해석결과 요구되는 소요 철근량의 ___A___배 이상이고 소요 겹침이음길이 내 겹침이음된 철근량이 전체 철근량의 ___B___배 이하인 경우를 말한다.

〈보기〉

㉠ 4	㉡ 2
㉢ 1	㉣ 1/2
㉤ 1/3	㉥ 1/4

(A :   B :   )

41 벽돌의 품질을 결정하는 것으로 가장 중요한 요인은?

① 전단강도, 인장강도
② 흡수율, 전단강도
③ 흡수율, 압축강도
③ 압축강도, 전단강도
⑤ 인장강도, 전단강도

42 아스팔트 방수층, 개량아스팔트 시트 방수층, 합성고분자계 시트 방수층 및 도막 방수층 등 불투수성 피막을 형성하여 방수하는 공사를 총칭하는 용어로 옳은 것은?

① 실링방수
② 멤브레인방수
③ 구체침투방수
④ 벤토나이트방수
⑤ 시멘트액체방수

43 철근콘크리트 PC 기둥을 8ton 트럭으로 운반하고자 한다. 차량 1대에 최대로 적재 가능한 PC 기둥의 수는?(단, PC 기둥의 단면크기는 30cm×60cm, 길이는 3m임)

① 1개
② 2개
③ 4개
④ 6개
⑤ 8개

44 콘크리트 공사 중 적산온도와 가장 관계 깊은 것은?

① 매스 콘크리트 공사
② 수밀 콘크리트 공사
③ 한중 콘크리트 공사
④ 서중 콘크리트 공사
④ AE 콘크리트 공사

45 압력탱크식 급수설비에서 탱크 내의 최고압력이 350kPa, 흡입양정이 5m인 경우, 압력탱크에 급수하기 위해 사용되는 급수펌프의 양정은?

① 3.5m   ② 8.5m

③ 35m   ④ 40m

⑤ 45m

46 최대수용전력이 500kW, 수용률이 80%일 때 부하 설비 용량은?

① 400kW   ② 625kW

③ 800kW   ④ 1,250kW

⑤ 1450kW

47 동일단면, 동일재료를 사용한 캔틸레버보 끝단에 집중하중이 작용하였다. P_1이 작용한 부재의 최대처짐량이, P_2가 작용한 부재의 최대처짐량의 2배일 경우 $P_1 : P_2$는?

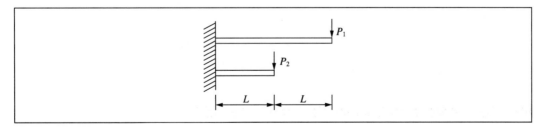

① 1 : 4   ② 1 : 8

③ 4 : 1   ④ 8 : 1

⑤ 10 : 1

48 그림과 같이 수평하중을 받는 라멘에서 휨모멘트의 값이 가장 큰 위치는?

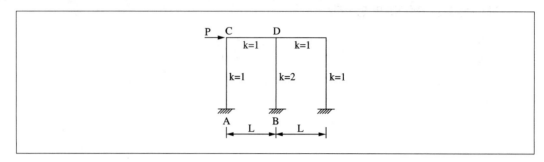

① A

② B

③ C

④ D

⑤ 모두 같다.

49 과도한 처짐에 의해 손상되기 쉬운 비구조 요소를 지지 또는 부착하지 않은 바닥구조의 활하중 l에 의한 순간처짐의 한계는?

① $\dfrac{l}{180}$

② $\dfrac{l}{240}$

③ $\dfrac{l}{360}$

④ $\dfrac{l}{480}$

⑤ $\dfrac{l}{600}$

50 다음 중 주택법상 주택단지의 복리시설에 속하지 않는 것은?

① 경로당

② 관리사무소

③ 어린이놀이터

④ 주민운동시설

⑤ 근린생활시설

51 다음 중 증기난방에 대한 설명으로 옳지 않은 것은?

① 스팀해머가 발생할 수 있다.

② 예열시간이 길고, 간헐운전에 사용할 수 없다.

③ 온수난방에 비해 배관경이나 방열기가 작아진다.

④ 증기의 유량제어가 어려우므로 실온조절이 곤란하다.

⑤ 온수난방에 비해 부하변동에 따른 실내방열량의 제어가 곤란하다.

52 다음 중 모래의 전단력을 측정하는 가장 유효한 지반조사 방법은?

① 보링   ② 베인테스트

③ 표준관입시험   ④ 재하시험

⑤ 콘관입시험

53 다음 중 표준관입시험(SPT)에 대한 설명으로 옳은 것은?

① 점토지반에서는 표준관입시험이 불가능하다.

② 추의 낙하높이는 100cm이다.

③ 지반의 전단강도를 직접 측정하는 방법이다.

④ N값은 샘플러를 30cm 관입하는 데 소요되는 타격횟수이다.

⑤ 보링 후 십자형의 날개를 회전시켜 회전력으로 연약점토의 점착력과 전단강도를 판별하는 시험 방법이다.

54 다음 중 온수난방에 대한 설명으로 옳지 않은 것은?

① 증기난방에 비해 예열시간이 짧다.

② 온수의 현열을 이용하여 난방하는 방식이다.

③ 한랭지에서 운전 정지 중에 동결의 우려가 있다.

④ 온수의 순환방식에 따라 중력식과 강제식으로 구분할 수 있다.

⑤ 증기난방에 비해 난방부하 변동에 따른 온도조절이 비교적 용이하다.

55 다음 중 고층건물의 구조형식 중에서 건물의 외곽기둥을 밀실하게 배치하고 일체화한 형식은?

① 트러스구조
② 튜브구조
③ 골조 아웃리거구조
④ 슈퍼프레임구조
⑤ 전단코어구조

56 다음 중 복사난방에 대한 설명으로 옳지 않은 것은?

① 열용량이 커서 예열시간이 짧다.
② 대류난방에 비하여 설비비가 비싸다.
③ 방을 개방상태로 하여도 난방효과가 있다.
④ 수직온도분포가 균일하고 실내가 쾌적하다.
⑤ 실내에 방열기를 설치하지 않으므로 바닥을 유용하게 이용할 수 있다.

57 다음 중 강구조에 대한 설명으로 옳지 않은 것은?

① 콘크리트구조물에 비해 처짐 및 진동 등의 사용성이 우수하다.
② 철근콘크리트구조에 비해 경량이다.
③ 수평력에 대해 강하다.
④ 대규모 건축물이 가능하다.
⑤ 면에 비하여 부재 길이가 비교적 길고 두께가 얇아 좌굴하기 쉽다.

58 다음 중 웰포인트 공법의 특징으로 옳지 않은 것은?

① 지하수위를 낮추며 지내력이 증가하는 등 흙의 안전성을 대폭 향상시킨다.
② 흙막이의 토압이 줄어들고 흙파기 밑면의 토질 약화를 예방한다.
③ 출수가 많은 깊은 터파기에 적합한 지하수 강제배수공법이다.
④ 투수성이 비교적 낮은 사질실트층까지도 강제배수가 가능하다.
⑤ 모래지반보다 점토질 지반에서 탈수효과가 크다.

59 다음 중 보일러 하부의 물드럼과 상부의 기수드럼을 연결하는 다수의 관을 연소실 주위에 배치한 구조로 상부 기수드럼 내의 증기를 사용하는 보일러는?

① 수관 보일러 ② 관류 보일러
③ 주철제 보일러 ④ 노통연관 보일러
⑤ 입형 보일러

60 다음 중 한 시간당 급탕량이 $5m^3$일 때 급탕부하는?(단, 물의 비열은 $4.2kJ/kg \cdot K$, 급탕온도는 $70℃$, 급수온도는 $10℃$이다)

① 35kW ② 126kW
③ 350kW ④ 620kW
⑤ 1,260kW

61 다음 중 철골구조의 소성설계와 관계없는 것은?

① 형상계수 ② 소성힌지
③ 붕괴기구 ④ 잔류응력
⑤ 항복모멘트

62 다음 자료에서 설명하는 재래식 현장타설 콘크리트 말뚝의 종류를 바르게 나열한 것은?

(가)	원뿔형 추를 낙하시켜 지반에 구멍을 뚫고, 그 구멍에 콘크리트를 타설하면서 추로 다짐하여 시공하는 공법이다.
(나)	선시공한 중공형 강관 내부에 콘크리트를 타설하고 무거운 추로 다져가며 강관을 뽑아내는 공법이다.
(다)	내관과 외관으로 구성된 이중강관을 선시공한 후 강관 내부에 콘크리트를 타설하고 내관으로 다짐하며 외관을 뽑아내는 공법이다.

	(가)	(나)	(다)
①	프랭키파일	레이먼드파일	컴프레솔파일
②	심플렉스파일	컴프레솔파일	레이먼드파일
③	컴프레솔파일	심플렉스파일	페데스탈파일
④	컴프레솔파일	프랭키파일	레이먼드파일
⑤	페데스탈파일	컴프레솔파일	프랭키파일

63 다음 중 철근 이음의 종류 중 원형강관 내에 이형철근을 삽입하고 이 강관을 상온에서 압착가공함으로써 이형철근의 마디와 밀착되게 하는 이음방법은?

① 용접이음
② 슬리브충전이음
③ 슬리브압착이음
④ 가스압접이음
⑤ 커플러이음

64 다음 그림에서 필릿용접부의 유효용접면적은?

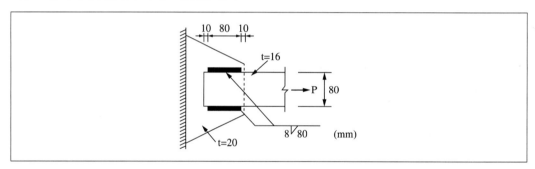

① 518.8mm²
② 592.6mm²
③ 614.4mm²
④ 691.2mm²
⑤ 716.8mm²

65 다음 중 공기조화방식 중 전공기방식에 속하지 않는 것은?

① 2중덕트 방식
② 팬코일유닛 방식
③ 멀티존유닛 방식
④ 변풍량 단일덕트 방식
⑤ 단일덕트 방식

66 다음 중 굳지 않은 콘크리트 측압에 영향을 주는 요소로 옳은 것은?

① 콘크리트 온도가 높을수록 측압은 크다.

② 타설속도가 빠를수록 측압이 작다.

③ 부배합일수록 측압은 작다.

④ 물 – 시멘트비가 작을수록 측압이 작다.

⑤ 철근량이 적을수록 측압이 작다.

67 지름 100mm, 높이 200mm인 원주 공시체로 콘크리트의 압축강도를 시험하였더니 200kN에서 파괴되었다. 다음 중 이 콘크리트의 압축강도는?

① 약 12.89MPa   ② 약 17.48MPa

③ 약 25.46MPa   ④ 약 50.9MPa

⑤ 약 53.7MPa

68 AE제, AE감수제 및 고성능 AE감수제를 사용하는 콘크리트의 적정 공기량은 콘크리트 용적 대비 얼마가 적당한가?(단, 굵은 골재의 최대치수가 20mm이며, 환경은 간혹 수분과 접촉하여 결빙이 되면서 제빙화학제를 사용하지 않는 경우이다)

① 2%   ② 3%

③ 5%   ④ 8%

⑤ 10%

69 다음 중 공기조화 방식 중 단일덕트 방식에 대한 설명으로 옳지 않은 것은?

① 전공기방식의 특성이 있다.

② 냉·온풍의 혼합손실이 없다.

③ 각 실이나 존의 부하변동에 즉시 대응할 수 있다.

④ 2중덕트 방식에 비해 덕트 스페이스를 적게 차지한다.

⑤ 부하특성이 다른 여러 개의 실이나 존이 있는 건물에 적용하기가 곤란하다.

70 다음 중 고강도 콘크리트 시공 시 배합에 대한 사항으로 옳지 않은 것은?

① 물시멘트비는 50% 이하로 한다.

② 단위수량은 210kg/m^3 이하로 한다.

③ 슬럼프값은 150mm 이하로 한다.

④ 단위시멘트량은 소요 워커빌리티 및 강도를 얻을 수 있는 범위 내에서 가능한 한 적게 되도록 정한다.

⑤ 잔골재율은 소요 워커빌리티 내에서 최소화한다.

71 다음 중 빈칸 ㉠, ㉡에 들어갈 수로 옳은 것은?

> 매스 콘크리트로 다루어야 하는 구조물의 부재치수는 일반적인 표준으로서 넓이가 넓은 평판구조의 경우 두께 ___㉠___ m 이상, 하단이 구속된 벽조의 경우 두께 ___㉡___ m 이상으로 한다.

	㉠	㉡		㉠	㉡
①	0.6	0.3	②	0.7	0.4
③	0.8	0.5	④	0.9	0.6
⑤	1	0.7			

72 다음 중 타일의 흡수율 크기의 대소관계로 옳은 것은?

① 석기질＞도기질＞자기질　　　② 도기질＞석기질＞자기질

③ 자기질＞석기질＞도기질　　　④ 석기질＞자기질＞도기질

⑤ 도기질＞자기질＞석기질

73 유리 내부 중심에 철, 황동, 알루미늄 등의 금속망을 삽입하고 압착성형한 판유리로 파손방지, 내열효과가 있으며 도난방지, 방화 목적으로 사용하는 유리는?

① 강화유리   ② 무늬유리

③ 망입유리   ④ 복층유리

⑤ 형판유리

74 공기조화방식 중 이중덕트 방식에 대한 설명으로 옳지 않은 것은?

① 전공기식 방식이다.

② 덕트가 2개의 계통이므로 설비비가 많이 든다.

③ 부하특성이 다른 다수의 실이나 존에도 적용할 수 있다.

④ 냉풍과 온풍을 혼합하는 혼합상자가 필요 없으므로 소음과 진동도 적다.

⑤ 혼합손실로 인한 에너지소비량이 크다.

75 다음 중 모래의 전단력을 측정하는 데 가장 유효한 지반조사 방법은?

① 보링   ② 베인시험

③ 표준관입시험   ④ 재하시험

⑤ 콘관입시험

76 다음 중 아파트와 같이 평면상 상·하부가 동일한 단면 구조물에서 외부 벽체 거푸집과 발판용 케이지를 일체로 제작하는 대형 거푸집은?

① 갱 폼   ② 슬라이딩 폼

③ 동바리   ④ 스틸 폼

⑤ 슬립 폼

77 다음 중 굳지 않은 콘크리트의 성질로 옳지 않은 것은?

① 워커빌리티 : 반죽질기 여하에 따르는 작업의 난이도 및 재료의 분리에 저항하는 정도를 나타내는 성질이다.

② 컨시스턴시 : 주로 수량의 다소에 따르는 반죽의 되고 진 정도를 나타내는 성질이다.

③ 피니셔빌리티 : 굵은골재의 최대치수, 잔골재율, 잔골재의 입도, 반죽질기에 따르는 마무리하기 쉬운 정도를 나타내는 성질이다.

④ 플라스티시티 : 굳지 않은 시멘트 페이스트, 모르타르 또는 콘크리트의 유동성의 정도를 나타내는 성질이다.

⑤ 펌퍼빌리티 : 펌프 압송 시 콘크리트의 종류 및 품질, 압송 조건 등에 의한 압송 작업의 용이성을 나타내는 성질이다.

78 다음 중 콘크리트용 부순굵은골재의 입형 판정 실적률의 최소치는?

① 37%

② 55%

③ 63%

④ 75%

⑤ 82%

79 다음 중 공기조화방식에 대한 설명으로 옳은 것은?

① 전공기방식의 종류에는 단일덕트 방식, 팬코일유닛 방식 등이 있다.

② 공기·수방식은 각 실의 온도제어는 곤란하나, 관리 측면에서 유리하다.

③ 전수방식은 실내 공기가 오염되기 쉬우나 개별제어, 개별운전이 가능한 장점이 있다.

④ 전공기방식은 중간기에 외기냉방은 불가능하나, 다른 방식에 비해 열매의 반송동력이 적게 든다.

⑤ 팬코일유닛 방식은 전공기방식으로 수배관으로 인한 누수의 우려가 없다.

80 다음 중 고속덕트에 대한 설명으로 옳지 않은 것은?

① 원형덕트의 사용이 불가능하다.

② 동일한 풍량을 송풍할 경우 저속덕트에 비해 덕트의 단면치수가 작아도 된다.

③ 동일한 풍량을 송풍할 경우 저속덕트에 비해 송풍기 동력이 많이 든다.

④ 공장이나 창고 등과 같이 소음이 별로 문제가 되지 않는 곳에 사용된다.

⑤ 덕트 설치공간을 작게 할 수 있다.

81 다음 중 사무소 건물의 엘리베이터 배치 시 고려사항으로 옳지 않은 것은?

① 교통동선의 중심에 설치하여 보행거리가 짧도록 배치한다.

② 여러 대의 엘리베이터를 설치하는 경우, 그룹별 배치와 군 관리 운전방식으로 한다.

③ 알코브형 배치는 최소 4대를 배치하는 것을 원칙으로 한다.

④ 대면배치의 경우, 대면거리는 동일 군 관리의 경우 3.5~4.5m로 한다.

⑤ 일렬 배치는 6대를 한도로 하고, 엘리베이터 중심 간 거리는 10m 이하가 되도록 한다.

82 다음 중 필로티 구조에 대한 설명으로 옳지 않은 것은?

① 건물의 1층을 주차장, 통행 등의 확보를 위해 개방된 형태이다.

② 2층은 다른 층에 비해 난방비가 많이 나온다.

③ 분리형 구조의 경우 지진에 매우 취약하다.

④ 건축물의 건축제한을 필수항목으로 포함하는 지구단위계획에서는 1층 공간도 포함해야 한다.

⑤ 다가구주택에서는 1층 전체 또는 일부를 주차장으로 사용하고 그 외 공간을 주택 외의 용도로 사용하는 경우에도 해당 층을 주택의 층수로 포함한다.

83 다음 중 도막방수 시공 시 유의사항으로 옳지 않은 것은?

① 도막방수재는 혼합에 따라 재료 물성이 크게 달라지므로 반드시 혼합비를 준수한다.

② 용제형의 프라이머를 사용할 경우에는 화기에 주의하고, 특히 실내 작업의 경우 환기장치를 사용하여 인화나 유기용제 중독을 미연에 예방하여야 한다.

③ 코너부위, 드레인 주변은 보강이 필요하다.

④ 도막방수 공사는 바탕면 시공과 관통공사가 종결되지 않더라도 할 수 있다.

⑤ 5℃ 이하의 기온에서는 시공하지 않는다.

84 주관적 온열요소 중 인체의 활동상태의 단위로 사용되는 것은?

① lm

② clo

③ met

④ cd

⑤ kW

85 다음 중 수경성 미장재료인 것은?

① 진흙

② 석회크림

③ 경석고 플라스터

④ 에폭시 수지 바닥재

⑤ 돌로마이트 플라스터

86 그림과 같은 구조물에 있어 AB부재의 재단모멘트 M_{AB}는?

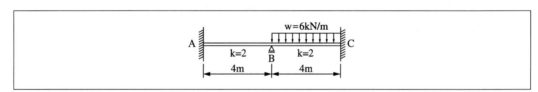

① 0.5kN · m

② 1kN · m

③ 1.5kN · m

④ 2kN · m

⑤ 2.5kN · m

87 강구조 용접에서 용접결함에 속하지 않는 것은?

① 오버랩

② 크랙

③ 가우징

④ 언더컷

⑤ 스펠트

88 다음 중 공개공지에 포함되는 지역이 아닌 것은?

① 준주거지역   ② 준공업지역

③ 일반주거지역   ④ 전용주거지역

⑤ 상업지역

89 제1종일반주거지역 안에서 건축할 수 있는 건축물에 속하지 않는 것은?

① 아파트   ② 단독주택

③ 노유자시설   ④ 교육연구시설 중 고등학교

⑤ 오피스텔

90 건축물의 노대 등의 바닥은 난간 등의 설치 여부와 관계없이 노대 등의 바닥 면적에서 노대 등이 접한 가장 긴 외벽에 접한 길이에 몇 m를 곱한 값을 뺀 면적을 바닥면적에 산입하여야 하는가?

① 0.5m   ② 1m

③ 1.5m   ④ 2m

⑤ 2.5m

01 면적이 100m^2인 건물의 조명설비에서 40W짜리 형광등 10개를 설치할 때 평균조도는 얼마인가?(단, 40W 형광등 1개의 광속은 2,000lm, 조명율 60%, 감광보상률 1.5이고, 단위는 lx이다)

(   )

02 조적벽을 쌓을 때, 표준형벽돌 1.5B의 경우 기본벽돌은 단위 벽면적(m^2)당 몇 장을 필요로 하는가?

(   )

03 고력볼트 1개의 인장파단 한계상태에 대한 설계인장강도는 몇 kN인가?(단, 볼트의 등급 및 호칭은 F10T, M24, $\phi=0.75$이고 소수점 첫째 자리에서 반올림한다)

(   )

04 건축법 시행령 제80조에 따라 건축물이 있는 대지는 대통령령으로 정하는 범위에서 해당 지방자치단체의 조례로 정하는 면적에 못 미치게 분할할 수 있다. 각 지역에 알맞은 값을 〈보기〉에서 찾아 순서대로 바르게 나열하면?

구분	주거지역	상업지역	공업지역	녹지지역	기타
면적(m^2)	A	B	C	D	E

〈보기〉

㉠ 50　　　　　　　　　　　　㉡ 60
㉢ 100　　　　　　　　　　　㉣ 150
㉤ 200

(A :　　B :　　C :　　D :　　E :　　)

05 다음 건물골조방식에 대한 설명에서 빈칸에 들어갈 단어로 옳은 것을 〈보기〉에서 골라 순서대로 나열하면?

건물골조방식은 ___A___ 은 입체골조가 저항하고 ___B___ 은 전단벽이나 가새골조가 저항하는 구조방식이다.

〈보기〉

㉠ 수직하중　　　　　　　　　㉡ 수평하중
㉢ 인장하중　　　　　　　　　㉣ 압축하중
㉤ 지진하중　　　　　　　　　㉥ 동하중

(A :　　　　　B :　　　　　)

06 다음 중 열가소성 수지에 해당하는 것을 〈보기〉에서 모두 고르면?

〈보기〉

㉠ 아크릴수지　　　　　　　　㉡ 폴리스티렌수지
㉢ 폴리에틸렌수지　　　　　　㉣ 멜라민수지
㉤ 에폭시수지　　　　　　　　㉥ 폴리프로필렌수지

(　　　　　　　　　　)

07 인장을 받는 이형철근의 직경이 D16(직경 15.9mm)이고, 콘크리트 강도가 30MPa인 표준갈고리의 기본 정착길이는 몇 mm인가?(단, f_y=400MPa, β=1.0, m_c=2,300kg/m³이고 소수점 첫째 자리에서 반올림한다)

(   )

08 장애인 전용 주차단위구획의 최소 너비는 몇 cm인가?(단, 평행주차형식이 아닌 경우이다)

(   )

09 부설주차장 설치대상 시설물이 문화 및 집회시설 중 예식장으로서 시설면적이 1,200m²인 경우, 설치하여야 하는 부설주차장의 최소 대수는?

(   )

10 다음 트렌치 컷 공법에 대한 설명에서 빈칸에 들어갈 단어로 옳은 것을 〈보기〉에서 골라 순서대로 바르게 나열하면?

트렌치 컷 공법은 건물의 ___A___만 남겨두고, 주위 부분에 먼저 흙막이를 설치하고 굴착하여 기초부와 주위벽체, 바닥판 등을 구축하고 난 다음 ___B___을/를 시공하는 터파기 공법

─────〈보기〉─────	
㉠ 하부	㉡ 상부
㉢ 중앙부	㉣ 주변 부분
㉤ 좌측	㉥ 우측

(A :   B :   )

현재 나의 실력을 객관적으로 파악해 보자!

모바일 OMR
답안채점 / 성적분석 서비스

도서에 수록된 모의고사에 대한 객관적인 결과(정답률, 순위)를 종합적으로 분석하여 제공합니다.

OMR 입력

성적분석

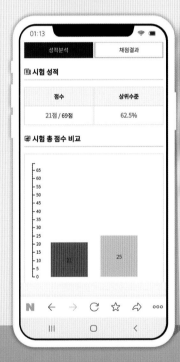

채점결과

※OMR 답안채점 / 성적분석 서비스는 등록 후 30일간 사용 가능합니다.

도서 내 모의고사 우측 상단에 위치한 QR코드 찍기 → 로그인 하기 → '시작하기' 클릭 → '응시하기' 클릭 → 나의 답안을 모바일 OMR 카드에 입력 → '성적분석 & 채점결과' 클릭 → 현재 내 실력 확인하기

2025
최신판

사이다 기출응용
모의고사 시리즈

사

이

다

사일 동안
이것만 풀면
다 합격!

LH
한국토지주택공사
기술직
4회분 | 정답 및 해설

모바일 OMR
답안채점 / 성적분석
서비스
—
NCS
핵심이론 및
대표유형 PDF
—
[합격시대]
온라인 모의고사
무료쿠폰
—
무료
NCS
특강

SDC
SDC는 시대에듀 데이터 센터의 약자로 약 30만 개의 NCS · 적성 문제
데이터를 바탕으로 최신 출제경향을 반영하여 문제를 출제합니다.

편저 | SDC(Sidae Data Center)

시대에듀

기출응용 모의고사
정답 및 해설

LH 한국토지주택공사 기술직 NCS + 전공
1일 차 기출응용 모의고사 정답 및 해설

제 1 영역 직업기초능력평가

01	02	03	04	05	06	07	08	09	10
④	③	⑤	②	③	②	⑤	②	⑤	①
11	12	13	14	15	16	17	18	19	20
③	①	④	③	⑤	④	⑤	④	③	①
21	22	23	24	25	26	27	28	29	30
③	②	⑤	③	③	⑤	⑤	①	④	②
31	32	33	34	35	36	37	38	39	40
④	③	③	③	①	④	④	①	⑤	①

01 정답 ④

두 번째 문단을 통해 주거급여 부양의무자 기준이 전면 폐지됨에 따라 주거급여 혜택을 받을 수 있는 대상이 증가하였음을 알 수 있다.

오답분석

① 마지막 문단에 따르면 주거급여 신청은 읍·면·동 주민센터 방문접수와 복지로 홈페이지의 온라인 접수로 가능하므로 온라인과 오프라인에서 모두 가능하다.
② 세 번째 문단에 따르면 L공사 주거급여 전담직원들은 주거급여제도의 잠재적 지원 대상이 밀집되어 있는 여관, 고시원을 직접 방문할 예정이다. 즉, 잠재적 지원 대상 중 일부는 여관, 고시원에 거주하고 있음을 알 수 있다.
③ 두 번째 문단에 따르면 주거급여제도의 지원 대상은 소득 인정액이 4인 가구 기준 약 203만 원 이하인 임차 및 자가 가구이므로, 소득 인정액이 190만 원인 4인 가구는 지원 대상에 해당된다.
⑤ 두 번째 문단에 따르면 전·월세 임차 가구에는 기준 임대료를 상한으로 실제 임차료를 지원하지만, 자가 가구에는 주택보수 범위별 수선비용을 상한으로 주택 개·보수를 지원한다. 따라서 서로 다른 수준으로 주거비를 지원함을 알 수 있다.

02 정답 ③

ⓒ 응모 아이디어 수가 3배수 미만이면 1차 심사를 생략하고 2차 심사 한 단계로만 진행된다.

ⓔ 부문별 중복 수상은 불가하므로 1인이 받을 수 있는 최대 상금은 부문별 최우수상에 해당하는 상금의 합으로 총 300만 원이다.

오답분석

㉠ 공모분야 중 실천수기에는 사진이, 홍보영상에는 영상이 필수 이므로 촬영기기가 필요하나, 캘리그라피에는 필수가 아니므로 촬영기기가 없더라도 본 공모전에 참여할 수 있다.
ⓒ 1차 심사와 2차 심사의 평가항목과 각 항목의 배점은 동일하다.
ⓜ 실제 지급받는 상금은 공고에서 언급된 상금에서 원천징수세액을 공제 후 지급되므로 공고에서 제시된 금액보다 적다.

03 정답 ⑤

두 번째 문단을 통해 '셉테드'는 건축물 설계 과정에서부터 범죄를 예방·차단하기 위해 공간을 구성하는 것임을 알 수 있다. ①·②·③·④는 모두 건축물 및 구조물의 설계에 적용되어 범죄를 예방하는 사례이나, ⑤는 각 가정에 방범창을 설치하는 것으로 셉테드와는 거리가 멀다.

04 정답 ②

아이들이 따뜻한 구들에 누워 자는 것이 습관이 되어 사지의 활동량이 적어 발육이 늦어진 것이지, 구들이 체온을 높였기 때문에 발육이 늦어진 것은 아니다.

오답분석

④·⑤ 두 번째 문단 두 번째 문장에서 확인할 수 있다.
①·③ 두 번째 문단 마지막 문장을 통해 알 수 있다.

05 정답 ③

아동 학대 신고는 증가하고 있으나, 이에 대한 지원 예산은 감소하고 있다고 하였다.

오답분석

① '사랑의 치료비' 캠페인은 온라인 모금 활동과 오프라인 모금 활동을 함께 진행할 것이라고 하였다.
② 온라인 모금 활동의 목표 금액은 제시문에서 알 수 없다.
④ 학대 피해 아동의 치료비 및 치료실 개보수 지원을 할 예정이다.
⑤ 학대 피해 아동의 심리치료는 10% 미만이라 하였다.

06
정답 ②

한국토지주택공사법 제12조 제3항과 한국토지주택공사법 시행령 제30조 제1항에 따라 한국토지주택공사는 도시지역 외의 지역에서 동일인이 소유하는 600제곱미터 이상의 주택건설용지를 매입할 수 있다.

오답분석

① 한국토지주택공사법 제12조 제5항에 따르면 한국토지주택공사는 매입 후 개발이 어려울 것으로 예상될 때에는 해당 토지를 매입할 수 없으므로 개발제한구역 내의 토지는 매입할 수 없다.

③ 한국토지주택공사법 시행령 제30조 제3항에 따르면 기업과 그 기업의 임원이 소유하는 여러 필지의 토지는 서로 인접한 경우에만 동일인이 소유하는 토지로 보므로 시행령 제30조 제1항에 따라 한국토지주택공사는 해당 토지를 매입할 수 없다.

④ 한국토지주택공사법 시행령 제30조 제4항에 따라 한 필지의 토지로 볼 수 있으나, 제30조 제1항 제2호에서 명시하는 600제곱미터 이상의 토지에 해당하지 않으므로 한국토지주택공사는 해당 토지를 매입할 수 없다.

⑤ 한국토지주택공사법 시행령 제30조 제4항에 따르면 여러 필지의 토지가 서로 맞닿아 있을 때 토지소유자가 소유하는 도로에 의하여 구획되는 경우만 한 필지의 토지로 보므로 제30조 제1항에 따라 한국토지주택공사는 해당 토지를 매입할 수 없다.

07
정답 ⑤

한국토지주택공사법 제14조 제2항에 따르면 한국토지주택공사는 매입한 토지를 매각할 때까지 임대할 수 있으나, 이는 매입한 토지의 관리 방법 중 하나로 토지의 매각을 촉진하기 위한 조치에 해당하지 않는다.

오답분석

① 한국토지주택공사법 제14조 제1항 제2호
② 한국토지주택공사법 제14조 제1항 제1호
③ · ④ 한국토지주택공사법 제14조 제1항 제3호

08
정답 ②

한국토지주택공사법 시행령 제31조 제1항에 따르면 한국토지주택공사가 토지를 매입하기로 결정하였으면 매입 요청일로부터 3개월 이내에 해당 토지를 매입하여야 한다. 따라서 한국토지주택공사는 매입 요청일인 8월 5일로부터 3개월 이내인 11월 5일 이내로 토지를 매입하여야 한다.

오답분석

① 한국토지주택공사법 시행령 제31조 제1항
③ · ④ 한국토지주택공사법 시행령 제31조 제2항
⑤ 한국토지주택공사법 시행령 제31조 제3항

09
정답 ⑤

4차 산업혁명으로 인한 현대인의 디지털 라이프스타일이 사람들의 가치와 직업을 변화시킨다는 내용의 첫 문단 다음으로는 먼저 최근 등장한 '친환경 일자리'로 인해 나눔·봉사의 가치가 직업선택에 중요한 기준으로 부상하였다는 (라) 문단이 오는 것이 적절하다. 그다음으로는 여가와 성공의 가치가 변화하고 있다고 언급하며 여가와 성공에 대한 가치 변화를 각각 설명하는 (다) 문단과 (나) 문단이 차례대로 오는 것이 적절하다. 마지막으로는 개방성·다양성·역동성의 가치 변화를 설명하는 (가) 문단이 오는 것이 적절하다.

10
정답 ①

제시문에서는 4차 산업혁명으로 인한 라이프스타일의 변화가 사람들의 가치를 변화시키고, 이에 따라 직업 선택에서도 변화가 나타난다고 설명하고 있다. 따라서 제시문의 제목으로는 4차 산업혁명과 직업세계의 관계를 나타내는 ①이 가장 적절하다.

11
정답 ③

현재 충남에는 20곳의 배달점이 있으며, 정부는 올해 안으로 30곳을 추가로 설치할 계획이다. 따라서 추가로 설치될 배달점을 포함하면 올해 충남의 배달점은 총 50곳이 될 예정이다.

12
정답 ①

㉠ 조종(操縱) : 비행기나 선박, 자동차 따위의 기계를 다루어 부림
㉡ 방침(方針) : 앞으로 일을 치러 나갈 방향과 계획
㉢ 소요(所要) : 필요로 하거나 요구되는 바

오답분석

• 조정(調整) : 어떤 기준이나 실정에 맞게 정돈함
• 지침(指針) : 생활이나 행동 따위의 지도적 방법이나 방향을 인도하여 주는 준칙
• 소모(消耗) : 써서 없앰

13
정답 ④

첫 번째 문단에 따르면 제진구조는 신기술을 통해 지진에 능동적으로 대처하고자 하는 설계기법이며, 면진구조는 지진파의 강한 에너지 대역으로부터 도피하여 지진과 대항하지 않고자 하는 설계기법이다. 따라서 면진구조는 수동적, 제진구조는 능동적인 설계기법으로 볼 수 있다.

14 정답 ③

두 번째 문단에 따르면 제진구조물이란 구조물 자체에서 구조물의 진동과 반대되는 방향으로 인위적인 힘을 가하여 진동을 제어하는 설비를 갖춘 구조물을 의미한다. 따라서 제진구조의 삼각형 구조는 지진의 진동과 같은 방향이 아닌 반대되는 방향의 제어력을 가함으로써 진동을 줄인다.

15 정답 ⑤

정부의 규제 장치나 법률 제정은 장벽을 만들어, 특정 산업의 로비스트들이 지대추구 행위를 계속할 수 있도록 도와준다.

오답분석

①·②·③은 첫 번째 문단에서, ④는 세 번째 문단에서 알 수 있다.

16 정답 ④

의병장들은 대부분 각 지역에서 사회·경제적 기반을 확고히 갖춘 인물들이었다. 따라서 자신의 지역적 기반을 유지하려는 현실적 이해관계가 얽혀 의병 활동에 참여한 것으로 보인다.

오답분석

①·② 전쟁 당시 조정에 대한 민심은 부정적이었다. 따라서 나라에 대한 충성심보다는 자신과 주변을 지키기 위한 목적이 크다.
③ 의병들은 의병장의 명령에 따라 지역적으로 움직였다.
⑤ 조정에서는 의병장에게 관직을 부여함으로써 의병의 적극적인 봉기를 유도하기도 했다는 걸로 보아 관직이 의병장들에게 매력적이었던 것으로 파악된다.

17 정답 ⑤

광역시의 2024년도 2월, 3월, 4월은 2 이하로 증가하였다.

오답분석

① 수도권의 1분기 평균 지수 대비 2분기 평균 지수가 7 높으므로
$$\frac{152.6+148.9+x}{3}=\frac{146.4+143.4+139.6}{3}+7\text{이다. 따라}$$
서 $x=146.4+143.4+139.6+21-152.6-148.9=148.9$
이다.
② 2023년 10월 ~ 2024년 5월 동안 경기의 상승지수는 149.2－121.5＝27.7로 부산의 119－101＝18.0보다 크다.
③ 서울지역에서 2024년도 1월에 전달 대비 가장 적게 상승한 곳은 도심권이다.

구분	24.01	23.12	차이
도심권	152.9	150.5	2.4
동북권	169.1	163.9	5.2
동남권	157.5	152.4	5.1
서북권	158.9	154.6	4.3
서남권	158.0	153.4	4.6

④ 부산지역의 매월 전달 대비 가격지수 상승폭은 다음과 같다.
- 2024년 5월 : 119.0－116.3＝2.7
- 2024년 4월 : 116.3－115.2＝1.1
- 2024년 3월 : 115.2－114.3＝0.9
- 2024년 2월 : 114.3－113.2＝1.1
- 2024년 1월 : 113.2－112.1＝1.1
- 2023년 12월 : 112.1－106.7＝5.4
- 2023년 11월 : 106.7－101.0＝5.7

따라서 가격지수 상승폭이 전월대비 가장 컸던 때는 2023년 11월이다.

18 정답 ④

ㄴ. 서울 도심권은 2024년 3월에 0.6 감소하였다.
ㄹ. 2024년 중 인천의 가격지수는 2024년 3월부터 광역시보다 높아졌다.

오답분석

ㄱ. 서울 내에서 2023년 10월 ~ 2024년 5월 동안 모든 년도와 달에서 동북권이 가장 많은 상승을 하였다.
ㄷ. 전국적으로는 가격지수 상승폭이 가장 컸던 때는 2024년 1월이다.

19 정답 ③

- 2020년 대비 2021년 사고 척수의 증가율
$$\frac{2,362-1,565}{1,565}\times100≒50.9\%$$
- 2020년 대비 2021년 사고 건수의 증가율
$$\frac{2,101-1,330}{1,330}\times100≒58.0\%$$

20 정답 ①

연도별 사고 건수당 인명피해 인원수를 구하면 다음과 같다.

- 2020년 : $\frac{710}{1,330}≒0.53$명/건
- 2021년 : $\frac{395}{2,101}≒0.19$명/건
- 2022년 : $\frac{411}{2,307}≒0.18$명/건
- 2023년 : $\frac{523}{2,582}≒0.20$명/건
- 2024년 : $\frac{455}{2,671}≒0.17$명/건

따라서 2020년의 사고 건수당 인명피해 인원수가 가장 많다.

21
정답 ③

예제에 제시된 지도는 축척 1/25,000로 제작되었다. 등고선에 대한 설명을 보면 축척 1/25,000 지도에서는 표고 10m마다 등고선을 그린다고 하였으므로 A의 표고는 180m, B의 표고는 150m이다. 즉, A, B 두 지점 사이의 표고 차이는 180－150＝30m이다. 축척 1/25,000 지도는 25,000cm를 1cm로 나타내므로, 4cm는 실제 거리로 환산하면 25,000×4＝100,000cm＝1,000m이다.

따라서 경사도는 $\dfrac{30}{1,000}=0.03$이다.

22
정답 ②

2015년 강북의 주택전세가격을 100이라고 한다면, 그래프는 전년 대비 증감률을 나타내므로 2016년에는 약 5% 증가해 100×1.05＝105이고, 2017년에는 전년 대비 약 10% 증가해 105×1.1＝115.5라고 할 수 있다. 따라서 2017년 강북의 주택전세가격은 2015년 대비 약 $\dfrac{115.5-100}{100}\times100=15.5\%$ 증가했다고 볼 수 있다.

오답분석
① 전국 주택전세가격의 증감률은 2014년부터 2023년까지 모두 양의 값(＋)이므로 매년 증가하고 있다고 볼 수 있다.
③ 2020년 이후 서울의 주택전세가격 증가율이 전국 평균 증가율보다 높은 것을 확인할 수 있다.
④ 강남 지역의 주택전세가격 증가율이 가장 높은 시기는 2017년인 것을 확인할 수 있다.
⑤ 주택전세가격이 전년 대비 감소했다는 것은 전년 대비 증감률이 음의 값(－)을 가지고 있다는 것이므로 2014년 강남뿐이다.

23
정답 ⑤

• 1973년 대비 1983년의 도시 인구수 증가율
$$\frac{16,573-6,816}{6,816}\times100≒143\%$$
• 1973년 대비 1983년의 농촌 인구수 감소율
$$\frac{28,368-18,831}{28,368}\times100≒34\%$$
따라서 1973년 대비 1983년 도시 인구수는 100% 이상 증가하였고, 농촌 인구수는 25% 이상 감소하였다.

오답분석
① 1973년과 1983년에는 도시 인구수가 농촌 인구수보다 적었으나, 1993년부터 도시 인구수가 농촌 인구수보다 많아졌다.
② 6,816×4＝27,264＜28,368이므로 1973년의 농촌 인구수는 도시 인구수의 4배 이상이다.
③ 2013년 대비 2023년의 도시 인구수는 감소하였고, 농촌 인구수는 증가하였다.

④ 조사 연도별 전체 인구수는 다음과 같다.
• 1973년 : 6,816＋28,368＝35,184천 명
• 1983년 : 16,573＋18,831＝35,404천 명
• 1993년 : 32,250＋14,596＝46,846천 명
• 2003년 : 35,802＋12,763＝48,565천 명
• 2013년 : 36,784＋12,402＝49,186천 명
• 2023년 : 33,561＋12,415＝45,976천 명
따라서 전체 인구수는 1893년부터 2013년까지 증가하였고, 2023년에 감소하였다.

24
정답 ①

집에서 서점까지의 거리를 x km라 하면 집에서 서점까지 갈 때 걸리는 시간은 $\dfrac{x}{12}$ 시간, 서점에서 집으로 되돌아올 때 걸리는 시간은 $\dfrac{x}{10}$ 시간이다.

$$\frac{x}{12}+\frac{x}{10}=\frac{44}{60}$$
$$\to \frac{5x+6x}{60}=\frac{44}{60}$$
$$\to 11x=44$$
$$\therefore x=4$$
따라서 집에서 서점까지의 거리는 4km이다.

25
정답 ③

전체 인원을 x명이라고 하면,
$$\left(x\times\frac{3}{7}-13\right)+\left(x\times\frac{1}{2}+33\right)=x$$
$$\to x\times\left(\frac{3}{7}+\frac{1}{2}\right)+20=x$$
$$\to \left(1-\frac{13}{14}\right)x=20$$
$$\therefore x=20\times14=280$$
따라서 공청회에 참석한 전체 인원은 280명이다.

26
정답 ③

1월의 난방요금을 $7k$원, 6월의 난방요금을 $3k$이라고 하자(단, k는 비례상수).
$(7k-20,000):3k=2:1$
$\therefore k=2$
따라서 1월의 난방요금은 14만 원이다.

27
정답 ⑤

버팀목 대출은 지역별 차등 지원이므로 지역별 문의가 필요하고, 월 최대 30만 원씩 2년간 대출이 가능한 것은 주거안정 월세대출이다.

28 정답 ①

A씨는 계약전력이 3kW 이하이며 전세계약을 했으므로 사용자로 변동된 경우이다. 이때 계약전력이 5kW 이하인 고객은 전화신청도 가능하며, 사용자로 변동된 경우에는 전기사용변경신청서와 고객 변동일을 입증할 수 있는 서류로 임대차계약서 또는 사업자등록증 사본을 구비하면 된다.

29 정답 ④

기회는 외부환경요인 분석에 속하므로 회사의 내부 요인을 제외하고 외부의 긍정적인 면으로 작용하는 요인을 말한다. 그러나 ④는 외부의 부정적인 면으로 위협요인에 해당된다. ① · ② · ③ · ⑤는 외부환경의 긍정적인 요인으로 볼 수 있어 기회요인에 속한다.

30 정답 ②

심사기준에 따라 각 귀농가구의 점수를 정리하면 다음과 같다. D는 신청자격에서 거주기간이 4개월이므로 조건을 충족하지 못하므로 제외한다.

(단위 : 점)

귀농가구	거주기간	가족 수 (명)	영농규모 (ha)	주택노후도 (년)	사업시급성	총점
A	10	4	4	8	10	36
B	4	8	10	6	10	38
C	6	6	8	10	10	40
E	8	8	10	8	4	36

이를 순위대로 나열하면 C - B - (A, E)이다. 자료의 지원내용을 보면 하나의 읍 · 면당 1가구만 지원 가능하므로 창녕군 성산면은 B과 C 중에서는 총점이 높은 B만 지원 대상이 되고, 총점(36점)이 동일한 A과 E 중에서는 연령이 더 높은 A가 선정된다.
따라서 귀농가구의 주택 개 · 보수 비용을 지원 받는 가구는 A, C이다.

31 정답 ④

ㄴ. 재정지원으로 50%, 기금으로 20%를 보전하므로 거주자는 나머지인 30%를 부담한다.
ㄹ. 예비자 결정순차는 모두 입주자격 1순위자를 대상으로 한다.

오답분석

ㄱ. 50년 임대주택은 분양전환 없이 50년간 임대로만 거주할 수 있는 주택이다.
ㄷ. 세대원 전원이 무주택자여야 입주자격을 얻을 수 있다.

32 정답 ③

정보에 따라 점수를 계산하면 다음과 같다.

구분	신청자연령	L시 거주기간	세대원수	가점	총점
ㄱ	19점	24점	24점	–	67점
ㄴ	21점	26점	30점	7점	84점
ㄷ	25점	30점	24점	7점	86점
ㄹ	19점	24점	28점	11점	82점

따라서 가장 배점이 높은 상위 2명은 ㄴ, ㄷ이다.

33 정답 ③

배우자의 소득이 있는 경우 전년도 도시근로자 가구당 월평균소득의 90%까지를 소득 기준으로 하고 있으므로, 배우자와의 합산 소득이 해당 기준을 충족하는 경우에는 입주대상이 될 수 있다.

34 정답 ③

ㄱ. A는 소득 및 자산 기준을 충족하며, 만 6세 이하인 자녀가 있고 혼인 기간이 7년 이내이므로 자녀가 있는 신혼부부 유형에 해당되므로 1순위 입주대상이다.
ㄷ. 2년 단위로 재계약을 9회 할 수 있으므로, 최대 20년까지 거주가 가능하다.

오답분석

ㄴ. 자산 기준 중 자동차 가액 기준은 충족하지만, 총자산은 30,500만 원이 되어 기준인 29,200만 원을 초과하므로 입주대상에서 제외된다.

35 정답 ①

마지막 규칙에 따라 C대리가 가장 먼저 출근하며, 두 번째 규칙에 따라 그다음에 B과장이 출근한다. 팀원이 총 5명이므로 세 번째 규칙에 따라 D주임이 세 번째로 출근하며, 나머지 팀원인 E사원과 A팀장 중 첫 번째 규칙에 따라 E사원이 먼저 출근한다. 따라서 출근 순서는 'C대리 - B과장 - D주임 - E사원 - A팀장'이다.

36 정답 ④

상준이는 토, 일을 운동하지 못하고, 금요일 오후에 운동을 했다. 또한 월요일과 금요일에는 이틀 연속으로 할 수 없으므로 월요일, 목요일에는 운동을 할 수 없다.
따라서 상준이는 운동을 시작한 첫 주 화요일(오전), 수요일(오전), 금요일(오후)에 운동을 했다.

37

정답 ④

- A<C<F
- E<□<D
- D<B
- □<A
- D<F<□
- E<□<C
- C<□<A(불가능 ∵ A<C)

주어진 조건에 따라 학생들의 키 순서를 정리하면 다음과 같다.

앞	6	5	4	3	2	1	뒤
	E	A	C	D	F	B	

따라서 C는 6명 중 네 번째로 키가 큰 것을 알 수 있다.

38

정답 ①

교육·연구기관 수와 공공기관 수는 수치가 작을수록 순위가 높고, 현재 거주 세대수, 관광지 수, 재정자립도, 면적 대비 현세대수는 수치가 높을수록 순위가 높다. 이에 따라 항목별 순위를 구한 후 부여된 점수를 계산하면 다음과 같다.

(단위 : 점)

구분	잠재성 점수	필요성 점수	효율성 점수	혁신적합 점수
A	54	38	28	120
B	38	26	34	98
C	54	26	36	116
D	48	32	32	112
E	40	26	20	86
F	36	32	30	98

따라서 혁신적합점수가 120점으로 가장 높은 A지역이 선정된다.

39

정답 ⑤

각 업체의 선정점수를 항목별로 동일한 가중치로 합산하여 계산하면 다음과 같다.

(단위 : 점)

구분	A업체	B업체	C업체	D업체	E업체
선정점수	67	75	72	72	73

세 번째 조건에 따라 건축안정성 점수가 17점 미만인 업체는 없으므로 이로 인해 제외되는 업체는 없고, 네 번째 조건에 따라 입찰가격 점수가 10점 미만인 B업체는 제외된다. 또한, 마지막 조건에 따라 C업체는 내진설계를 포함하지 않아 제외된다. 따라서 나머지 업체인 A, D, E업체 중 선정점수가 가장 높은 E업체가 선정된다.

40

정답 ①

휴게소별 김대리가 지출할 금액은 다음과 같다.

- A휴게소 : 7,500+2,800+(1,580×15)−1,000=33,000원
- B휴게소 : 7,000+3,200+(1,590×15)=34,050원
- C휴게소 : 7,300+3,000+(1,640×15)=34,900원

따라서 A휴게소를 방문하는 것이 가장 저렴하다.

제**2**영역 직무역량평가

| 01 | 토목

토목 - 객관식

41	42	43	44	45	46	47	48	49	50
②	④	②	③	④	⑤	①	①	①	④
51	52	53	54	55	56	57	58	59	60
②	③	①	③	②	⑤	④	③	②	②
61	62	63	64	65	66	67	68	69	70
③	④	④	④	①	⑤	①	②	③	④
71	72	73	74	75	76	77	78	79	80
④	④	④	⑤	②	①	①	④	④	②
81	82	83	84	85	86	87	88	89	90
③	⑤	③	⑤	①	②	③	④	②	④

41

정답 ②

(정사각형의 면적)$=h^2$, (원의 면적)$=\dfrac{\pi D^2}{4}$

단면적이 같으므로 $h^2=\dfrac{\pi D^2}{4} \rightarrow h=\dfrac{\sqrt{\pi}\,D}{2}$

$\therefore Z_1=\dfrac{bh^2}{6}=\dfrac{h^3}{6}=\dfrac{\left(\dfrac{\sqrt{\pi}\,D}{2}\right)^3}{6}=\dfrac{\pi\sqrt{\pi}\,D^3}{48}$, $Z_2=\dfrac{\pi D^3}{32}$

$Z_1 : Z_2=\dfrac{\pi\sqrt{\pi}\,D^3}{48} : \dfrac{\pi D^3}{32}=\dfrac{\sqrt{\pi}}{48} : \dfrac{1}{32}\fallingdotseq 1 : 0.85$

42

정답 ④

$I_1=\dfrac{(4b)\times(3b+5b)^3}{3}=\dfrac{2,048b^4}{3}$

$I_2=\dfrac{(2b)\times(5b)^3}{3}=\dfrac{250b^4}{3}$

$I=I_1+I_2=\dfrac{2,048b^4}{3}+\dfrac{250b^4}{3}=\dfrac{2,298b^4}{3}=766b^4$

따라서 A–A'축에 대한 단면 2차 모멘트는 $766b^4$이다.

43

정답 ②

$\sigma=E\times\dfrac{\delta}{l}$ 이므로

$E=\sigma\times\dfrac{l}{\sigma}=300\times\dfrac{10}{15\times10^{-3}}$

$=20\times10^4=2\times10^5\,\mathrm{MPa}=2\times10^5\,\mathrm{N/mm^2}$ 이다.

44

정답 ③

중첩의 원리를 이용하여 휨모멘트를 구한다.

하중 P에 의한 휨모멘트는 $M_1 = \dfrac{PL}{4}$ 이고,

분포하중 w에 의한 휨모멘트는 $M_2 = \dfrac{wL^2}{8}$ 이다. 따라서 전체

휨모멘트는 $M = M_1 + M_2 = \dfrac{PL}{4} + \dfrac{wL^2}{8}$ 이다.

45

정답 ④

길이가 L인 외팔보의 지지점으로부터 a만큼 떨어진 지점에 집중하중 P가 작용할 때, 보의 최대처짐량은 $\delta = \dfrac{Pa^2}{6EI}(3L-a)$이다.

따라서 처짐량은 $\delta = \dfrac{120 \times 10^3 \times 3,000^2}{6 \times (3.8 \times 10^8) \times (2.3 \times 10^5)} \times 9,000$

$\fallingdotseq 18.5\text{mm}$이다.

46

정답 ⑤

$\sum F_y = 0, \ P - F_B \sin30° = 0$

$F_B = \dfrac{P}{\sin30°} = \dfrac{P}{\cos60°}$

47

정답 ①

$\sum F_x = -F_{AC}\sin30° + F_{BC}\sin60° = 0$

$F_{BC} = 0.577 F_{AC}$

$\sum F_y = F_{AC}\cos30° + F_{BC}\cos60° - 1,000 = 0$

$F_{AC}(\cos30° + 0.577\cos60°) = 1,000$

$F_{AC} = 866\text{kg}_f$

48

정답 ①

오답분석

② 측량 구역이 상대적으로 협소하여 지구의 곡률을 고려하지 않아도 되는 측량은 평면측량이다.

③ 지상 여러 점의 고·저의 차이나 표고를 측정하기 위한 측량은 수준측량이다.

④ 측량 순서에 따라 평면기준점 측량과 고저기준점 측량으로 구분한다.

⑤ 기본측량, 공공측량, 일반측량으로 분류한다.

49

정답 ①

다각측량의 순서는 '계획 – 답사 – 선점 – 조표 – 관측'이다.

50

정답 ④

측점 수가 n개일 때 트래버스에서 측정한 외각의 합은 $180° \times (n+2)$이다. 따라서 $180° \times (15+2) = 3,060°$이다.

51

정답 ②

축척이 $1 : A$이므로 면적비는 $1 : A^2 = 576 : 51.84 \times 10^{10}$ 이다 ($\because 1\text{km}^2 = 10^6 \text{m}^2 = 10^{10} \text{cm}^2$).

$\dfrac{1}{A^2} = \dfrac{576}{51.84 \times 10^{10}} = \dfrac{838}{(\text{밭의 면적})}$ 이므로

$(\text{밭의 면적}) = (51.84 \times 10 \times 10^{10}) \times \dfrac{838}{576} = 0.09 \times 10^{10} \times 838 = 7,542 \times 10^8 \text{cm}^2 = 75.42\text{km}^2$ 이다.

52

정답 ③

표고가 53.85m인 A점의 표척이 1.34m이므로 전시 F·S는 $53.85 + 1.34 = 50 + \text{F·S}$ 에 의해 F·S=5.19이다.

따라서 전시를 5.19m로 관측한 점을 연결했을 때 50m 등고선이 된다.

53

정답 ①

오차의 범위를 제외한 면적을 $A_0 \text{m}^2$라 하면, $A_0 = 75 \times 100 = 7,500$이다. 이때, 면적 A의 오차의 범위 $dA = \pm \sqrt{(100 \times 0.003)^2 + (75 \times 0.008)^2} = \pm 0.67$이므로 $A = 7,500 \pm 0.67\text{m}^2$ 이다.

54
정답 ②

측각오차 $w=\alpha+\beta+\gamma-180°=+9''$이다.

따라서 조정량은 $-\dfrac{w}{3}$ 이므로 $-\dfrac{9}{3}=-3''$이다.

55
정답 ②

$V=C_0\sqrt{2gH}=0.5\times\sqrt{2\times9.8\times4.9}=4.9\text{m/s}$

$Q=A\,V=0.01\times4.9=0.049\text{m}^3/\text{s}$

56
정답 ⑤

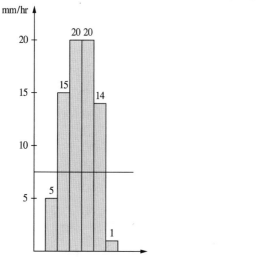

(침투량)=(총강우량)−(지표유출량)이므로 침투량은 $75-33=42$ mm/hr이다.

ø를 5 ~ 10mm/hr 구간이라 가정하면 $5+ø+ø+ø+ø+1=42$ 이므로 ø=9mm/hr이다.

57
정답 ④

$Re=\dfrac{\left(\dfrac{4\times0.03}{0.15^2\times\pi}\right)\times0.15}{1.35\times10^{-4}}≒1,886.28<2,000$

레이놀즈수가 2,000보다 작으므로 층류이다.

58
정답 ③

[A지역의 평균면적 강우량(P_a)]

$=\dfrac{(30\times60)+(45\times35)+(80\times45)}{(30+45+80)}=45\text{mm}$

59
정답 ②

- 0 ~ 15분 : $2+4+6=12$mm
- 5 ~ 20분 : $4+6+4=14$mm
- 10 ~ 25분 : $6+4+8=18$mm
- 15 ~ 30분 : $4+8+6=18$mm

15분 동안 가장 많은 강수량을 기록한 때는 10 ~ 25분이다.
따라서 15분 최대강우강도(I)는

$I=\dfrac{18\text{mm}}{15\text{min}}\times\dfrac{60\text{min}}{hr}=72\text{mm/hr}$이다.

60
정답 ②

하상계수는 하천의 최소유량에 대한 최대유량의 비이며, 이 값이 클수록 하천 수량의 변화 상태가 불안정함을 의미한다.

61
정답 ③

$V=\dfrac{100-M_{w_1}}{100-M_{w_2}}\times V_0=\dfrac{100-97}{100-95}\times10=6\text{m}^3$

62
정답 ④

$t=(\text{유입시간})+(\text{유달시간})=t_1+\dfrac{L}{v}=10+\dfrac{1,000}{25}=50\text{min}$

$I=\dfrac{4,000}{t+31}=\dfrac{4,000}{50+31}≒49.38\text{mm/hr}$

$Q=\dfrac{1}{360}CIA=\dfrac{1}{360}\times0.8\times49.38\times12≒1.32\text{m}^3/\text{s}$

63
정답 ④

$(\text{F/M비})=\dfrac{(\text{BOD용적부하})}{(\text{MLSS농도})}$ 이므로 $1.0=\dfrac{(\text{BOD용적부하})}{2,000\times10^{-3}}$이다.

따라서 (BOD 용적부하)=2kg BOD/m³ · day이다.

64
정답 ③

공동현상(Cavitation) 방지책
- 펌프의 운전속도는 규정속도(3.5m/s) 이하가 되도록 할 것
- 흡입관의 굵기는 유압 펌프 본체의 연결구의 크기와 같은 것을 사용할 것
- 흡입구의 양정은 1m 이하로 할 것
- 기름탱크 내 기름의 점도는 800ct를 넘지 않도록 할 것

65
정답 ①

MPN(Most Probable Number : 최확수)은 검수 100mL 중 이론 상 있을 수 있는 대장균군의 수를 의미한다.

66 정답 ⑤

강도증진을 목적으로 하는 도로 토공의 경우 건조측 다짐이, 차수를 목적으로 하는 심벽재의 경우 습윤측 다짐이 바람직하다.

67 정답 ①

$[\text{공극비}(e)] = \dfrac{n}{100-n} = \dfrac{50}{100-50} = 1$

$[\text{비중}(G_s)] = \dfrac{S \cdot e}{w} = \dfrac{100 \times 1}{40} = 2.5$

$[\text{한계동수경사}(i_c)] = \dfrac{G_s - 1}{1+e} = 0.75\text{d}$

$[\text{안전율}(F_s)] = \dfrac{i_c}{i} = 3.5$이므로 $i = \dfrac{i_c}{F_s} = \dfrac{0.75}{3.5} = 0.21$이다.

68 정답 ②

사질토이므로 $c = 0$이다.

따라서 $[\text{안전율}(F_s)] = \dfrac{\gamma_{sub}}{\gamma_{sat}} \times \dfrac{\tan\phi}{\tan i}$

$= \dfrac{1.8 - 0.98}{1.8} \times \dfrac{\tan 33°}{\tan 45°}$

$= \dfrac{0.82}{1.8} \times \dfrac{0.65}{1}$

$= 0.3$이다.

69 정답 ③

$\alpha = 1 + 0.3 \times \dfrac{4}{5} = 1.24$

$\beta = 0.5 - 0.1 \times \dfrac{4}{5} = 0.42$

Terzaghi 지지력(q_u)

$q_u = \alpha c N_c + \beta \gamma_1 B N_r + \gamma_2 D_f N_q$

• 기초형상에 따른 형상계수 α, β

단면형상	연속	정사각형	직사각형	원형
α	1	1.3	$1 + 0.3\dfrac{B}{L}$	1.3
β	0.5	0.4	$0.5 - 0.1\dfrac{B}{L}$	0.3

• 편심하중이 작용할 때 유효폭(B')

$[\text{편심거리}(e)] = \dfrac{M}{Q}$, $[\text{유효폭}(B')] = B - 2e$

• γ_1 : 기초저면 하부의 흙의 단위중량
• γ_2 : 기초저면 상부의 흙의 단위중량
• D_f : 근입깊이
• N_c, N_r, N_q : 지지력계수(내부마찰각 ϕ에 따라 다르다)

70 정답 ④

액상화현상은 포화된 모래가 비배수 상태로 변하여 전단 응력을 받으면, 모래 속의 간극수압이 높아지면서 액체 상태와 유사해지는 현상으로, 액상화현상의 요인 중 외적 요인으로는 지진의 강도나 그 지속시간 등을 들 수가 있으며, 내적 요인으로는 모래의 밀도(간극비, 상대밀도 등), 지하수면의 깊이, 모래의 입도분포, 기반암의 지질구조 등이 있다.

71 정답 ④

$A_r = \dfrac{D_w^2 - D_e^2}{D_e^2} \times 100 = \dfrac{6^2 - 5.5^2}{5.5^2} \times 100 ≒ 19\%$

72 정답 ②

$[\text{건조단위중량}(\gamma_d)] = \dfrac{\gamma_t}{1 + \dfrac{w}{100}} = \dfrac{2}{1 + \dfrac{20}{100}} ≒ 1.67\text{g/cm}^3$

$[\text{간극비}(e)] = \dfrac{G_s \cdot \gamma_w}{\gamma_d} - 1 = \dfrac{2.7 \times 1}{1.67} - 1 ≒ 0.62$

$[\text{포화도}(S)] = \dfrac{w}{e} \cdot G_s = \dfrac{20}{0.62} \times 2.7 ≒ 87.1\%$

73 정답 ①

일시적인 개량공법의 종류로는 웰 포인트(Well Point) 공법, 대기압 공법(진공 압밀 공법), 동결 공법 등이 있다.

74 정답 ④

$t_{50} = \dfrac{T_v H^2}{C_v}$ 이므로 압밀하는데 걸리는 시간은 높이의 제곱에 비례한다. 따라서 같은 조건으로 15m를 압밀하는 데 걸리는 시간은

$35 \times \dfrac{15^2}{8^2} ≒ 123$일이다.

75 정답 ⑤

TBM공법은 굴착단면형성에 제약을 받는다.

76

정답 ②

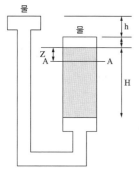

$H=100\text{cm}$, $h=30\text{cm}$이므로

[침투수압(F)]$=i\gamma_w Z=\dfrac{h}{H}\gamma_w Z=\dfrac{30}{100}\times 1\times 20=6\text{g}_f/\text{cm}^2$ 이다.

따라서 유효응력은 $\sigma_A{}'=\gamma_s Z-F=(\gamma_{sat}-\gamma_w)Z-F$

$=(2.2-1)\times 20-6=18\text{g}_f/\text{cm}^2$ 이다.

77

정답 ①

두 지지력 중 가장 작은 값을 허용 지지력으로 고른다.

• $q_y=\dfrac{P_y}{A}=\dfrac{5}{\pi\times 0.3^2}\fallingdotseq 17.68\text{t/m}^2 \rightarrow q_a=\dfrac{q_y}{2}=8.84\text{t/m}^2$

• $q_u=\dfrac{P_u}{A}=\dfrac{9}{\pi\times 0.3^2}\fallingdotseq 31.83\text{t/m}^2$

$\rightarrow q_u=\dfrac{q_u}{3}=10.61\text{t/m}^2$

따라서 허용 지지력은 8.84t/m^2 이다.

78

정답 ②

최소 전단철근은 전체 깊이가 250mm 이하인 보의 경우에는 배치하지 않는다.

79

정답 ④

나선철근으로 둘러싸인 경우 축방향 주철근의 최소 개수는 6개이다.

축방향 주철근의 최소 개수
• 삼각형 띠철근 : 3개
• 사각형 및 원형 띠철근 : 4개
• 나선철근 : 6개

80

정답 ②

보의 강도가 증가하면 탄성계수가 증가하고, 탄성계수가 증가하면 처짐은 감소한다. 따라서 보의 강도는 처짐에 영향을 준다.

보의 처짐에 영향을 주는 요인
• 온도차이 : 상하부재 사이의 온도 차이가 클수록 열팽창의 변화량의 차이에 의해 처짐량은 증가한다.
• 보의 재질 : 보의 재질에 따라 열팽창의 정도에 변화가 생긴다.
• 보의 형태 : 길이가 긴 보는 자체적으로 처짐이 발생한다.
• 보의 지지조건 : 완전 고정된 본에 비해 자유롭게 이동 가능한 지지보의 처짐량이 더 크다.

81

정답 ③

$f_{ck}=23\text{MPa}\leq 40\text{MPa}$이므로

$\varepsilon_{cu}=0.0033$, $\eta=1$, $\beta_1=0.8$이다.

또한 $f_y=400\text{MPa}$이므로

$\varepsilon_{t,\min}=0.004$, $\varepsilon_c=\dfrac{400}{200,000}=0.002$이다.

따라서 균형철근비는 $\rho_b=\beta_1\dfrac{\eta(0.85f_{ck})}{f_y}\times\dfrac{\varepsilon_{cu}}{\varepsilon_{cu}+\varepsilon_c}$

$=0.8\times\dfrac{1\times 0.85\times 23}{400}\times\dfrac{0.0033}{0.0033+0.002}\fallingdotseq 0.024$이다.

등가직사각형의 응력분포 변수 값

f_{ck}	≤ 40	50	60	70	80	90
f_{cu}	0.0033	0.0032	0.0031	0.003	0.0029	0.0028
η	1	0.97	0.95	0.91	0.87	0.84
β_1	0.8	0.8	0.76	0.74	0.82	0.7

철근의 항복강도의 최소 허용변형률

f_y	300MPa	350MPa	400MPa	500MPa
$\varepsilon_{t,\min}$	0.004	0.004	0.004	0.005

82

정답 ⑤

오답분석

① 콘크리트의 건조수축 발생 시 표면에는 인장응력이 발생하고 내부에는 압축응력이 발생한다.
② 건조수축의 진행속도는 외부 환경의 상대습도와 밀접한 관련이 있다.
③ 물과 시멘트의 비율이 클수록 크리프는 크게 발생한다.
④ 흡수율이 낮은 골재를 사용해야 건조수축을 억제할 수 있다.

83
정답 ③

• 부재축에 직각인 스터럽(수직스터럽)
  – RC 부재일 경우 : d/2 이하
  – PSC 부재일 경우 : 0.75h 이하
  – 어느 경우이든 600mm 이하
위의 경우 중 (1) RC 부재일 경우에 해당되기 때문에 간격(s)은

$$s = \frac{d}{2} = \frac{450}{2} = 225\text{mm}이다.$$

84
정답 ⑤

슬럼프 150mm 이하의 된비빔콘크리트에 내부 진동기를 사용하지만, 얇은 벽 내부 진동기의 사용이 곤란한 장소에는 거푸집 진동기를 사용한다.

85
정답 ①

$V_s > \dfrac{1}{3}\lambda\sqrt{f_{ck}}\,b_w d$의 경우에는 전단철근의 간격($s$)은 다음 값 중에서 가장 작은 것을 택한다.

• $\dfrac{d}{4}$ 이하

• 300mm 이하

• [간격(s)] $= \dfrac{f_{yt} \times A_v \times d}{V_s}$ 이하

86
정답 ②

다음 값 중 가장 작은 값을 플랜지 유효폭으로 선정한다.

• $16t_f + b_w = (16 \times 150) + (500) = 2,900\text{mm}$

• (양쪽 슬래브 중심간 거리) $= 2,200\text{mm}$

• (보 경간의 1/4) $= (12 \times 10^3) \times \dfrac{1}{4} = 3,000\text{mm}$

따라서 가장 작은 값인 2,200mm를 플랜지 유효폭으로 선정한다.

87
정답 ③

보통골재를 사용하는 경우, 탄성계수 구하기

$f_{ck} \leq 40\text{MPa}$, $\triangle f = 4\text{MPa}$

$E_e = 8,500 \times \sqrt[3]{f_{ck}}$ 의 식을 사용하여

$E_e = 8,500 \times \sqrt[3]{(38+4)} \fallingdotseq 29,546.226\text{MPa}$

$\quad = 2.9546 \times 10^4\,\text{MPa}$

88
정답 ④

폭이 2,000m인 단철근직사각형 보로 가정했을 때 등가직사각형 응력블록 깊이는

$$a = \frac{A_s f_y}{\eta(0.85f_{ck})b} = \frac{7,460 \times 300}{1 \times (0.85 \times 24) \times 2,000} \fallingdotseq 54.9\text{mm}이다.$$

이 값이 40mm이므로 T형보로 해석한다.

[플랜지 내민부의 인장철근량(A_{sf})] $= \dfrac{\eta(0.85f_{ck}(b-b_w)t_f}{f_y}$

$$= \frac{1 \times (0.85 \times 24) \times (2,000 - 500) \times 40}{300} = 4,080\text{mm}^2$$

따라서 T형보의 등가직사각형 응력블록의 깊이는

$$a = \frac{(A_s - A_{sf})f_y}{\eta(0.85f_{ck})b_w} = \frac{(7,460 - 4,080) \times 300}{1 \times (0.85 \times 24) \times 500} \fallingdotseq 99.4\text{mm}이다.$$

단철근보와 T형보의 등가직사각형 응력블록깊이(a)

단철근보	T형보
$\dfrac{A_s f_y}{\eta(0.85f_{ck})b}$	$\dfrac{(A_s - A_{sf})f_y}{\eta(0.85f_{ck})b_w}$

* $A_{sf} = \dfrac{\eta(0.85f_{ck}(b-b_w)t_f}{f_y}$

89
정답 ②

강도감소계수의 사용 목적

• 부정확한 설계방정식에 대비한 여유를 반영하기 위함
• 구조물에 차지하는 각 부재들의 중요도를 반영하기 위함
• 재료의 강도 및 치수 변동에 의한 강도 저하를 대비하기 위함
• 예상하지 못한 초과하중의 재하에 대비하기 위함

90
정답 ④

주변에 염화물이 있을 때, 주위 온도가 높을 때, 건조와 습윤이 반복될 때, 예상을 벗어난 전류가 철근에 흐를 때 철근은 쉽게 부식된다.

01	02	03	04		05
281	389	288	㉣, ㉢, ㉡, ㉺, ㉠		㉺, ㉢
06			07	08	09	10

06			07	08	09	10
㉡, ㉢, ㉺, ㉻			26	6	790	㉢, ㉻

01
정답 281

A점의 반력은 $wL \times \dfrac{\left(\dfrac{3}{2}\right)}{2} = \dfrac{3}{4} 2L$

반력, $V = \dfrac{3wL}{4} - (w \times x) = 0$

[$w \times x$ = (등분포 하중) × (하중이 가해진 거리)]

휨모멘트, $M = \left(\dfrac{3wL}{4} \times \dfrac{3L}{4}\right) - \left(w \times \dfrac{3L}{4}\right) \times \dfrac{\left(\dfrac{3L}{4}\right)}{2}$

$\fallingdotseq 0.281 wL^2 = \dfrac{a}{1,000} wL^2$

따라서 $a = 281$이다.

02
정답 389

길이가 L인 단순보에 등분포하중 w가 작용할 때, 중앙점에서의 최대처짐량(δ)은 $\dfrac{5wL^4}{384EI}$이다. 따라서 $a + b = 5 + 384 = 389$이다.

03
정답 288

$\nu = \dfrac{\varepsilon'}{\varepsilon} = \dfrac{\dfrac{\triangle d}{d}}{\dfrac{\triangle l}{l}} = \dfrac{\dfrac{\triangle d}{1.5}}{\dfrac{0.032}{50}} = 0.30$이므로

$\triangle d = \dfrac{0.3 \times 1.5 \times 0.032}{50} = 0.000288\text{cm} = 288 \times 10^{-6}\text{cm}$이다.

04
정답 ㉣, ㉢, ㉡, ㉺, ㉠

다각측량 순서는 '도상 계획 → 답사 및 선점 → 조표 → 거리관측 → 각관측 → 거리 및 각의 오차 배분 → 좌표 계산 및 측점 전개'이다.

05
정답 ㉺, ㉢

정수 처리된 물을 배수지로 수송하는 시설은 송수시설이며, 원수를 정수장으로 이송하는 시설은 도수시설이다.

06
정답 ㉡, ㉢, ㉺, ㉻

유체가 1지점에서 2지점으로 흐를 때, 유체를 수두에 대한 베르누이의 정리로 표현하면 다음과 같다.

$$\dfrac{v_1^2}{2g} + \dfrac{p_1}{\gamma} + z_1 = \dfrac{v_2^2}{2g} + \dfrac{p_2}{\gamma} + z_2 + h_L$$

이때, h_L은 1지점에서 2지점으로 흐르는 동안 발생한 모든 마찰 손실을 수두로 계산한 것이다.

07
정답 26

입자가 둥글고 입도분포가 나쁘므로 $\phi = \sqrt{12N} + 15$이다.
$N = 100$이므로 $\phi = \sqrt{12 \times 10} + 15 \fallingdotseq 26°$이다.

Dunham 공식
- 흙 입자가 둥글고 입도가 불량 : $\phi = \sqrt{12N} + 15$
- 흙 입자가 둥글고 입도가 양호 : $\phi = \sqrt{12N} + 20$
- 흙 입자가 모나고 입도가 불량 : $\phi = \sqrt{12N} + 20$
- 흙 입자가 모나고 입도가 양호 : $\phi = \sqrt{12N} + 25$

08
정답 6

- 각 지점의 CBR 평균
  $= \dfrac{5.3 + 5.7 + 7.6 + 8.7 + 7.4 + 8.6 + 7.2}{7} \fallingdotseq 7.21$
- $n = 7$이므로 $d_2 = 2.83$이다.
- (설계 CBR)
  = (각 지점의 CBR 평균) $- \left\{ \dfrac{(\text{CBR최대치}) - (\text{CBR최소치})}{d_2} \right\}$
  $= 7.21 - \left(\dfrac{8.7 - 5.3}{2.83} \right)$
  $\fallingdotseq 6 (\because$ 소수점 아래 절사)

09
정답 790

$w_u = 1.2w_D + 1.6w_L$의 공식을 사용하면,
$w_u = (1.2 \times 18) + (1.6 \times 26) = 63.2\text{kN} \cdot \text{m}$이다.
하지만 위의 값이 $1.4w_D$보다 클 경우에 위의 값을 사용한다.
$63.2\text{kN} \cdot \text{m} \geq 1.4 \times 18 (= 25.2\text{kN} \cdot \text{m})$이므로, $63.2\text{kN} \cdot \text{m}$를 사용한다.

따라서 계수휨모멘트는 $M_u = \dfrac{w_u \times L^2}{8} = \dfrac{(63.2) \times (10)^2}{8}$
$= 790\text{kN} \cdot \text{m}$이다.

10
정답 ㉢, ㉻

복부판의 두께가 너무 얇으면 지간 중앙부의 휨모멘트가 증가하여 복부판에는 큰 압축응력이 생기므로 좌굴의 우려가 있다. 따라서 강종에 따라 복부판의 두께를 제한하고 있다.

41	42	43	44	45	46	47	48	49	50
①	③	②	⑤	①	①	⑤	④	②	④
51	52	53	54	55	56	57	58	59	60
③	⑤	④	①	②	⑤	①	④	③	⑤
61	62	63	64	65	66	67	68	69	70
②	②	①	⑤	④	①	③	②	③	⑤
71	72	73	74	75	76	77	78	79	80
②	①	③	⑤	④	②	②	⑤	④	④
81	82	83	84	85	86	87	88	89	90
③	③	②	①	③	⑤	①	④	③	②

41
정답 ①

벤치마크(기준점)는 건물의 높이 및 위치의 기준이 되는 표식을 말하며, 세로(수직)규준틀은 조적공사 등에서 수직면의 기준으로 사용되는 직접가설공사이다.

42
정답 ③

목재 자연건조의 특징
• 그늘에서 자연적으로 건조시킨다.
• 옥외에서 예상되는 수축, 팽창의 발생을 감소시킬 수 있다.
• 비교적 균일한 건조가 가능하며, 결함이 적은 편이다.
• 시설 및 작업비용이 적다.
• 시일이 오래 걸린다.

43
정답 ②

보강블록조 벽체의 줄눈은 배근 등이 용이하도록 통줄눈으로 한다.

블록	콘크리트용 블록은 물축임하지 않는다.
쌓기	보강블록조와 라멘구조가 접하는 부분은 보강블록조를 먼저 쌓는다.
줄눈	배근 등이 용이하도록 원칙적으로 통줄눈으로 한다.
사춤	콘크리트 또는 모르타르 사춤은 세 켜 이내마다 하며, 사춤콘크리트를 다져 넣을 때 철근이 이동하지 않게 한다.
철근 보강	철근은 굵은 것을 조금 넣는 것보다 가는 것을 많이 넣는 것이 좋다.

44
정답 ⑤

스프레이도장(뿜칠)은 운행의 한 줄마다 뿜칠 폭의 1/3 정도를 겹쳐서 뿜어야 한다.

스프레이도장(뿜칠)의 시공
• 스프레이건의 운행은 항상 평행하게 한다.
• 운행의 한 줄마다 뿜칠 폭의 1/3 정도를 겹쳐 뿜는다.
• 뿜칠의 각도는 칠바탕에 직각으로 한다.
• 각 회의 뿜도장 방향은 전회의 방향에 직각으로 한다.
• 매회 붓도장과 동등한 정도의 두께로 한다.
• 2회분의 도막 두께를 한 번에 도장하지 않는다.
• 뿜칠 공기압은 $2 \sim 4 kg/cm^2$를 표준으로 한다.

45
정답 ①

주요 용접 결함

블로홀	금속이 녹아들 때 용접부분 안에 발생하는 기포이다.
언더컷	용착금속이 채워지지 않고 홈이 남아있는 것이다.
오버랩	용착금속이 모재와 융합하지 않고 겹쳐 있는 상태이다.
피시아이	용착금속 단면에 수소의 영향으로 생긴 은색 점으로 100℃로 가열하여 24시간 정도 방치하면 회복된다.
피트	블로홀이 용접부 표면에 부상하여 생긴 작은 구멍으로 도료, 녹, 밀 스케일, 모재의 수분 등에 의해 발생한다.
크랙	용착금속과 모재 사이에 냉각 속도의 차이 또는 가스 등의 요인으로 인해 발생하는 균열이다.
슬래그 섞임	용접부분 안에 슬래그가 섞여 있는 것을 말한다.
크레이터	용접부분 비드 종단부가 움푹 패인 것을 말한다.

46
정답 ①

한중 콘크리트에서 가열보온양생 종료 후에는 콘크리트가 급격히 건조 및 냉각되지 않도록 해야 한다.

47
정답 ⑤

건설사업관리(Construction Management) 업무
• 설계부터 공사관리까지 전반적인 지도·조언·관리 업무
• 입찰 및 계약 관리 및 원가 관리 업무
• 현장조직 관리 업무
• 공정 관리 업무

48
정답 ④

철근의 구분에 따른 관통구멍 직경은 다음과 같다.

구분	D10	D13	D16	D19	D22
이형철근	21mm	24mm	28mm	31mm	35mm
원형철근	철근 직경 + 10mm				

따라서 이형철근 D22의 관통구멍 직경은 35mm이다.

49
정답 ②

미장 시공 부위에서는 백화, 균열, 들뜸, 탈락, 오염 등의 결함이 발생할 수 있다.

50
정답 ④

파이프구조
- 건축물의 주요 구조부를 파이프로 구성한 것을 말한다.
- 큰 건물에 적합하며, 대규모의 공장, 창고, 체육관, 동 · 식물원 등에 이용된다.
- 부재의 형상이 단순하고 외관이 경쾌하다.
- 형강에 비해 경량이며, 공사비가 저렴하다.
- 접합부의 절단 및 가공이 어렵다.

51
정답 ③

교실의 이용률은 1주간의 평균 수업시간에서 교실이 사용되는 시간의 비율이고, 순수율은 해당 교실이 사용되는 시간에서 특정 교과를 위해 사용되는 시간의 비율이다.

따라서 이용률은 $\frac{20}{40} \times 100 = 50\%$, 순수율은 $\frac{15}{20} \times 100 = 75\%$이다.

52
정답 ⑤

엘리베이터는 주출입구에서 먼 곳에, 에스컬레이터는 그 중간지점에 배치하여 에스컬레이터의 이용을 유도한다.

53
정답 ④

극장의 주요 제실 계획

그린룸 (Green room)	• 출연자 대기실을 말한다. • 주로 무대와 가까운 곳에 배치한다.
앤티룸 (Anti room)	• 출연자들이 출연 바로 직전 대기하는 공간이다. • 무대와 그린룸 사이에 배치한다.
의상실	• 크기는 1인당 최소 $4 \sim 5\text{m}^2$ 정도가 필요하다. • 그린룸이 있는 경우, 무대와 같은 층에 배치할 필요는 없다.
배경제작실	• 위치는 무대에 가까울수록 편리하다. • 소음을 고려하여 차음설비를 갖추어야 한다.

54
정답 ①

몰(Mall)은 쇼핑센터 내의 주 보행동선으로, 핵점포 · 전문점에서의 출입이 이루어지는 페데스트리언 지대의 일부이며 고객의 휴식처로서의 기능을 한다.

외기에 개방된 오픈몰, 별도로 격리된 엔클로즈드몰, 일부 개방된 세미오픈몰이 있으며, 공기조화로 쾌적한 실내기후를 유지할 수 있는 엔크로즈드몰이 선호된다.

55
정답 ②

극장의 가시한계

상세한 감상의 가시한계	• 15m • 연기자의 표정 · 동작을 상세히 감상할 수 있다. • 인형극, 아동극, 연극 등에 해당한다.
제1차 허용한도	• 22m • 잘 보이는 동시에 많은 관객을 수용할 수 있다. • 국악, 실내악 등에 해당한다.
제2차 허용한도	• 35m • 연기자의 일반적인 동작만 감상할 수 있다. • 뮤지컬, 발레, 오페라 등에 해당한다.

56
정답 ⑤

오픈 시스템은 미국 · 유럽식 운영방식이며, 클로즈드 시스템은 한국 · 일본식 운영방식이다.

57

건물이 대지의 북측에 배치되는 것이 대지와 건물의 남향 일조에 좋다.

주택부지의 자연적 고려사항

대지의 위치	• 자연환경이 좋고 소음, 공해, 재해 등의 염려가 없어야 한다.
대지의 방위	• 건물의 일조와 관계가 깊고, 남향으로 열린 것이 가장 좋다. • 동지 때 최소 4시간 이상의 일조가 가능해야 한다.
대지의 형태	• 대지는 직사각형, 정사각형에 가까운 것이 좋다. • 건물은 남향 일조를 위해 대지의 북측에 배치되는 것이 좋으며, 가능한 한 동서로 긴 형태가 좋다.
지형과 지반상태	• 경사지 주택은 평지 주택에 비해 통풍, 조망, 프라이버시 확보 등이 유리하나, 접근성이 떨어진다. • 부동침하 등이 우려되지 않는 견고한 지반이 좋다.

58

미의 특성

변화 및 다양성	억양, 대비, 황금비(비율), 비례 등
통일	대칭, 반복, 균일 등

59

오페라하우스는 요른 웃손이 설계한 건축물이다.

60

애리나(Arena)형 극장

• 객석이 무대를 360° 둘러싼 형태로, Central stage라고도 한다.
• 가까운 거리에서 관람하면서 많은 관객을 수용할 수 있다.
• 무대의 배경을 만들지 않으므로 경제성이 있다.
• 무대의 장치나 소품은 주로 낮은 기구들로 구성한다.
• 객석과 무대가 하나의 공간에 있으므로 양자의 일체감을 높여 긴장감이 높은 연극 공간을 형성한다.

61

콘크리트 최소 피복 두께(KDS 14 20 50)

구분			두께
수중에서 타설하는 콘크리트			100mm
흙에 접하여 콘크리트를 친 후 영구히 흙에 묻혀 있는 콘크리트			75mm
흙에 접하거나 옥외의 공기에 직접 노출되는 콘크리트	D16 이상		50mm
	D16 이하 지름 16mm 이하 철선		40mm
옥외의 공기나 흙에 직접 접하지 않는 콘크리트	슬래브 벽체 장선	D35 초과	40mm
		D35 이하	20mm
	보, 기둥 ($f_{ck} \geq$ 40MPa인 경우 10mm 저감 가능)		40mm
	셸, 절판부재		20mm

62

$P \times h = M_{상부} + M_{하부}$이므로, $P = \dfrac{M_{상부} + M_{하부}}{h}$이다.

따라서 $P = \dfrac{(20\text{kN} \cdot \text{m} \times 2) + (40\text{kN} \cdot \text{m} \times 2)}{4\text{m}} = \dfrac{120\text{kN} \cdot \text{m}}{4\text{m}}$

이므로, $P = 30\text{kN}$이다.

63

데크플레이트는 바닥 슬래브를 타설하기 전 철골보 위에 설치하고 콘크리트를 타설하여 바닥판 등으로 사용하는 절곡된 얇은 판의 합성 슬래브이다.

64

sin 법칙에서 수직하중 60kN과 대응하는 각은 30°, AC부재가 받는 힘과 대응하는 각은 90°이다.

$\dfrac{60\text{kN}}{\sin 30°} = \dfrac{F_{AC}}{\sin 90°}$이므로

$F_{AC} = \dfrac{\sin 90° \times 60\text{kN}}{\sin 30°} = 120\text{kN}$이다.

16   LH 한국토지주택공사 기술직

65
정답 ④

철근의 부착성능 요인

부착성능	증가	감소
콘크리트의 강도	클수록	작을수록
콘크리트의 피복두께	클수록	작을수록
철근의 주장	길수록	짧을수록
철근의 지름	많은 수의 가는 철근	적은 수의 굵은 철근
철근의 방향	수직철근	수평철근
철근의 위치	하부철근	상부철근
철근의 종류	이형철근	원형철근

66
정답 ①

등분포하중이 작용할 때 3힌지단 포물선 아치에는 축방향력만 존재한다.

67
정답 ③

팬코일유닛 방식은 전수방식이므로 누수의 우려가 있다.

68
정답 ②

고압수은램프의 평균 연색평가수(Ra)는 45 ~ 50 범위이다.

광원의 연쇄성
- 물체가 광원에 의하여 조명될 때 물체의 색의 보임을 정하는 광원의 성질이다.
- 평균 연색평가수는 많은 물체의 대표색으로서 8종류의 시험색을 사용하여 그 평균값으로부터 구한 것으로, 100에 가까울수록 연색성이 좋다.
- 연색성은 할로겐전구 > 주광색 형광램프 > 메탈핼라이드램프 > 고압나트륨램프, 고압수은램프 순이다.

69
정답 ③

전압의 기준

구분	교류	직류
저압	1,500V 이하	1,000V 이하
고압	1,500V 초과 7,000V 이하	1,000V 초과 7,000V 이하
특고압	7,000V 초과	

70
정답 ⑤

대규모 건물의 구내 배전방식으로는 3상 동력과 단상 전등, 전열부하를 동시에 사용할 수 있는 3상 4선식이 많이 사용된다.

간선의 전기방식

구분		용도
단상	2선식	주택, 소규모 건물
	3선식	중·대규모 건물, 일반사무실, 학교 등
3상	3선식	동력용(냉동기, 송풍기, 전동기 등), 소규모 공장
	4선식	동력용, 전등용, 대규모 건물, 공장

71
정답 ②

$$[필요환기량(m^3/h)] = \frac{(현열부하)}{(밀도) \times (비열) \times (온도차)}$$

$$= \frac{25,200}{1.2 \times 1.01 \times (22-12)}$$

$$\fallingdotseq 2,079m^3/h$$

72
정답 ①

청소구(소제구)의 설치 위치
- 배수수평주관 및 배수수평지관의 기점
- 배관길이가 긴 수평배수관의 도중
- 배수관이 45°를 넘는 각도에서 방향을 전환하는 개소
- 배수수직관의 최하부 또는 그 부근
- 배수수평주관과 부지 배수관의 접속점에 가까운 곳

73
정답 ③

옥내소화전의 설치개수가 가장 많은 층의 설치개수(5개 이상 설치된 경우에는 5개)에 $2.6m^3$를 곱한 양 이상이 되도록 한다. 따라서 $2.6 \times 5 = 13m^3$이다.

74
정답 ⑤

증기난방의 단점
- 실내 상하 온도차가 크고 방열기의 표면온도가 높다.
- 난방의 쾌감도가 낮고 스팀해머가 발생할 수 있다.
- 부하변동에 따른 실내방열량의 제어가 곤란하다.
- 계통별 용량제어가 곤란하다.

75 정답 ④

물의 체적 변화
- 물은 대기압에서 0℃ 이하에서는 얼음으로 존재하며, 0 ~ 100℃ 사이에서는 물로 존재하고 100℃에 도달하면 수증기로 존재한다.
- 대기압에서 0℃의 물이 0℃의 얼음으로 될 경우 체적이 9% 팽창한다.
- 대기압에서 100℃의 물이 100℃의 수증기가 될 경우 부피가 약 1,680배 팽창한다.

76 정답 ②

가스배관의 시공
- 배관은 원칙적으로 직선, 직각으로 한다.
- 배관 도중에 신축 흡수를 위한 이음을 한다.
- 건물의 주요구조부를 관통하여 설치하지 않는다.
- 건축물 내의 배관은 외부에 노출하여 시공한다.
- 보호조치를 한 배관을 이음매 없이 설치할 때에는 매설할 수 있다.
- 건물 규모가 크고 배관 연장이 긴 경우는 계통을 나누어 배대한다.
- 가스사용시설의 지상배관은 황색으로 도색하는 것이 원칙이다.

77 정답 ②

문화 및 집회시설
- 관람장(경마장, 경륜장, 체육관 및 운동장으로서 관람석의 바닥면적의 합계가 1,000m² 이상인 것)
- 공연장(극장, 영화관 등 근린생활시설에 해당하지 않는 것)
- 집회장(예식장, 공회당, 회의장, 마권 장외 발매소 등)
- 전시장(박물관, 미술관, 과학관, 기념관, 박람회장 등)
- 동물원, 식물원, 수족관 등

78 정답 ⑤

바닥면적의 합계가 3,000m² 이상인 공연장·집회장·관람장 또는 전시장을 지하층에 설치하는 경우, 각 실에 있는 자가 지하층 각 층에서 건축물 밖으로 피난하여 옥외 계단 또는 경사로 등을 이용하여 피난층으로 대피할 수 있도록 천장이 개방된 외부 공간을 설치하여야 한다.

79 정답 ④

축조 시 신고 대상 주요 공작물
- 높이 8m를 넘는 고가수조
- 높이 6m를 넘는 굴뚝, 장식탑, 기념탑, 골프연습장 등의 운동시설을 위한 철탑, 주거지역·상업지역에 설치하는 통신용 철탑
- 높이 5m를 넘는 태양에너지를 이용하는 발전설비
- 높이 4m를 넘는 광고탑, 광고판
- 높이 2m를 넘는 옹벽 또는 담장
- 바닥면적 30m²를 넘는 지하대피호

80 정답 ④

피난안전구역의 구조
- 높이는 2.1m 이상일 것
- 내부마감재료는 불연재료로 설치할 것
- 건축물 내부에서 피난안전구역으로 통하는 계단은 특별피난계단의 구조로 설치할 것
- 피난안전구역에 연결되는 특별피난계단은 피난안전구역을 거쳐 상·하층으로 갈 수 있는 구조로 설치할 것

81 정답 ③

기반시설 중 도로·자동차정류장·광장의 세분

도로	일반도로, 고가도로, 지하도로, 자동차전용도로, 보행자전용도로, 자전거전용도로, 보행자우선도로
자동차 정류장	여객자동차터미널, 화물터미널, 공영차고지, 공동차고지, 화물자동차 휴게소, 복합환승센터
광장	교통광장, 일반광장, 경관광장, 지하광장, 건축물부설광장

82 정답 ③

연립주택은 주택으로 쓰는 1개 동의 바닥면적(2개 이상의 동을 지하주차장으로 연결하는 경우에는 각각의 동으로 본다) 합계가 660m²를 초과하고, 층수가 4개 층 이하인 주택을 말한다.

83 정답 ②

주차단위구획(평행주차형식 외)

구분	너비	길이
경형	2.0m 이상	3.6m 이상
일반형	2.5m 이상	5m 이상
확장형	2.6m 이상	5.2m 이상
장애인전용	3.3m 이상	5m 이상
이륜자동차전용	1m 이상	2.3m 이상

84 정답 ①

종교시설, 업무시설, 숙박시설, 운수시설은 해당 용도로 쓰는 바닥면적의 합계가 5,000m²인 경우 공개공지 또는 공개공간을 확보하여야 한다.

공개공지 등의 확보

대상 지역	• 일반주거지역, 준주거지역, 상업지역, 준공업지역 • 도시화의 가능성이 크거나 노후 산업단지의 정비가 필요하다고 인정하여 지정·공고하는 지역
대상 건축물	• 해당 용도의 바닥면적 합계 5,000m² 이상인 문화 및 집회시설, 종교시설, 판매시설(농수산유통시설 제외), 운수시설(여객용), 업무시설, 숙박시설 • 다중이 이용하는 시설로서 건축조례로 정하는 건축물

85
정답 ③

회전문의 설치기준
- 계단, 에스컬레이터로부터 2m 이상의 거리를 둘 것
- 분당회전수가 8회를 넘지 않도록 할 것
- 회전문과 문틀 사이는 5cm 이상, 회전문과 바닥 사이는 3cm 이하로 할 것
- 출입에 지장이 없도록 일정한 방향으로 회전하는 구조로 할 것
- 자동회전문은 충격이 가하여지거나 사용자가 위험한 위치에 있는 경우에는 전자감지장치 등을 사용하여 정지하는 구조로 할 것
- 회전문의 중심축에서 회전문과 문틀 사이의 간격을 포함한 회전문 날개 끝부분까지의 길이는 140cm 이상이 되도록 할 것

86
정답 ⑤

도시지역의 용적률

주거지역	상업지역	공업지역	녹지지역
500% 이하	1,500% 이하	400% 이하	100% 이하

87
정답 ①

(조경면적)$=1,500\text{m}^2 \times 0.1=150\text{m}^2$

(조경면적의 50%)$=150 \times 0.5=75\text{m}^2$

건축물의 옥상조경
- 건축물의 옥상에 조경이나 그 밖에 필요한 조치를 하는 경우에는 옥상부분 조경면적의 3분의 2에 해당하는 면적을 대지의 조경면적으로 산정할 수 있다.
- 조경면적으로 산정하는 옥상부분 조경면적은 조경면적의 100분의 50을 초과할 수 없다.

88
정답 ④

배연설비의 설치대상
다음 건축물은 거실에 배연설비를 한다(피난층의 거실은 제외).

용도	요양병원, 정신병원, 노인요양시설, 장애인 거주시설
6층 이상	문화 및 집회시설, 종교시설, 판매시설, 운수시설, 의료시설, 연구소, 아동 관련 시설, 노인복지시설, 유스호스텔, 운동시설, 업무시설, 숙박시설, 위락시설, 관광휴게시설, 장례시설
바닥면적 합계 300m² 이상	공연장, 종교집회장, 인터넷컴퓨터 게임시설제공업소

89
정답 ③

태양열을 주된 에너지원으로 이용하는 주택의 건축면적과 단열재를 구조체의 외기 측에 설치하는 단열공법으로 건축된 건축물의 건축면적은 건축물의 외벽 중 내측 내력벽의 중심선을 기준으로 한다.

90
정답 ②

광역계획권의 장기발전방향을 제시하는 계획은 광역도시계획에 대한 내용이다.

도시·군관리계획의 내용

도시개발·정비	도시개발사업이나 정비사업에 관한 계획
용도지역·지구	용도지역·용도지구의 지정 또는 변경
지구단위계획구역	• 지구단위계획구역의 지정·변경, 지구단위계획 • 개발제한구역, 도시자연공원구역, 시가화조정구역, 수산자원보호구역의 지정 또는 변경 • 입지규제최소구역의 지정·변경, 입지규제최소구역계획
기반시설	기반시설의 설치·정비 또는 개량에 관한 계획

01	02	03	04	05
140	300	26	ⓜ, ⓞ, ⓒ, ⓔ, ⓛ	ⓑ, ⓒ
06		07	08	09	10

06	07	08	09	10
ⓞ, ⓛ, ⓒ, ⓑ	144	30	300	ⓒ, ⓞ

01
정답 140

회전문의 설치기준(건축물의 피난 · 방화구조 등의 기준에 관한 규칙 제12조)
• 계단이나 에스컬레이터로부터 2미터 이상의 거리를 둘 것
• 회전문과 문틀사이 및 바닥사이는 다음 각 목에서 정하는 간격을 확보하고 틈 사이를 고무와 고무펠트의 조합체 등을 사용하여 신체나 물건 등에 손상이 없도록 할 것
  − 회전문과 문틀 사이는 5센티미터 이상
  − 회전문과 바닥 사이는 3센티미터 이하
• 출입에 지장이 없도록 일정한 방향으로 회전하는 구조로 할 것
• 회전문의 중심축에서 회전문과 문틀 사이의 간격을 포함한 회전문 날개 끝부분까지의 길이는 140센티미터 이상이 되도록 할 것
• 회전문의 회전속도는 분당회전수가 8회를 넘지 아니하도록 할 것
• 자동회전문은 충격이 가하여지거나 사용자가 위험한 위치에 있는 경우에는 전자감지장치 등을 사용하여 정지하는 구조로 할 것

02
정답 300

경량골재콘크리트의 배합
• 공기연행 콘크리트로 하는 것을 원칙으로 한다.
• 슬럼프 값은 180mm 이하로 하고, 단위시멘트량의 최솟값은 300kg/m³, 물 − 결합재비의 최댓값은 60%로 한다.
• 굵은골재의 최대치수는 원칙적으로 20mm로 한다.
• 기건단위질량의 범위는 1종은 1,700~2,000m³, 2종은 1,400~1,700m³이다.

03
정답 26

콘크리트 블록은 단위 면적(m^2)당 13장이 필요하다.
따라서 $13 \times 2 = 26$장이 필요하다.

04
정답 ⓜ, ⓞ, ⓒ, ⓔ, ⓛ

서양 건축양식의 발달 순서는 '이집트 → 서아시아 → 그리스 → 로마 → 초기 기독교 → 비잔틴 → 이슬람(사라센) → 로마네스크 → 고딕 → 르네상스 → 바로크 → 로코코'이다.

05
정답 ⓑ, ⓒ

AIDMA 법칙

Attention	Interest	Desire	Memory	Action
주의	흥미	욕망	기억	행동

06
정답 ⓞ, ⓛ, ⓒ, ⓑ

건축물과 공포의 형식

주심포식	봉정사(극락전), 관음사(원통사), 부석사(무량수전, 조사당), 수덕사(대웅전), 무위사(극락전), 강릉 객사 문 등
다포식	경복궁(근정전), 창경궁(명정전), 남대문, 동대문, 심원사(보광전), 불국사(극락전), 전등사(대웅전), 화암사(극락전), 위봉사(보광전), 석왕사(응진전), 봉정사(대웅전), 내소사(대웅전) 등
익공식	강릉 오죽헌 등
절충식	경복궁(향원정) 등

07
정답 144

$$\sigma = \frac{P}{A} = \frac{65 \times 10^3}{\frac{\pi \times 24^2}{4}} \fallingdotseq 144\text{MPa}$$

08
정답 30

에스컬레이터의 일반사항

경사도	• 에스컬레이터의 경사도는 30° 이하로 한다. • 높이 6m 이하, 공칭속도 0.5m/s 이하인 경우 35°까지 증가시킬 수 있다.	
정격속도	하강방향의 안전을 고려하여 30m/min 이하로 한다.	
공칭속도	경사도 30° 이하	경사도 30° 초과 35° 이하
	0.75m/s 이하	0.5m/s 이하
공칭수송 능력	800형	1,200형
	6,000인/h	9,000인/h

09
정답 300

주차장 수급실태 조사구역
• 사각형 또는 삼각형 형태로 조사구역을 설정하되 조사구역 바깥 경계선의 최대거리가 300m를 넘지 않도록 한다.
• 각 조사구역은 건축법에 따른 도로를 경계로 구분한다.
• 아파트단지와 단독주택단지가 섞여 있는 지역 또는 주거기능과 상업 · 업무기능이 섞여 있는 지역의 경우에는 주차시설 수급의 적정성, 지역적 특성 등을 고려하여 같은 특성을 가진 지역별로 조사구역을 설정한다.

10 정답 ⓒ, ㉠

건축물의 공사감리(건축법 제25조)

공사감리자는 국토교통부령으로 정하는 바에 따라 감리일지를 기록·유지하여야 하고, 공사의 공정(工程)이 대통령령으로 정하는 진도에 다다른 경우에는 감리중간보고서를, 공사를 완료한 경우에는 감리완료보고서를 국토교통부령으로 정하는 바에 따라 각각 작성하여 건축주에게 제출하여야 한다.

2일 차 기출응용 모의고사 정답 및 해설

제 **1**영역 직업기초능력평가

01	02	03	04	05	06	07	08	09	10
②	①	③	③	⑤	①	①	②	④	⑤
11	12	13	14	15	16	17	18	19	20
③	④	②	②	①	②	④	①	②	③
21	22	23	24	25	26	27	28	29	30
③	①	③	②	④	②	③	②	①	③
31	32	33	34	35	36	37	38	39	40
④	③	③	②	③	⑤	③	④	⑤	④

01
정답 ②

제시된 기사는 여성 고위공무원과 공공기관의 임원 여성 비율을 확대하기 위한 정부의 정책과 이에 대한 성과를 이야기하고 있다. 또한 앞으로 정부가 민간부문에 대해서도 지원할 계획이라고 밝히며 여성 고위관리직 확대를 위한 정부의 노력을 이야기하고 있다. 따라서 주제로 ②가 가장 적절하다.

02
정답 ①

제시문은 케렌시아는 힐링과 재미에 머무는 것이 아니라 능동적인 취미 활동을 하는 곳이고, 창조적인 활동을 하기 위한 공간으로 변모해 감을 설명하고 있다. 따라서 ①은 적절하지 않다.

오답분석

② 케렌시아는 다양한 사례를 통해 휴식과 힐링을 위한 자기만의 공간을 의미함을 알 수 있다.
③ 맨케이브, 자기만의 방과 같은 유사한 표현을 볼 수 있다.
④ 북카페, 3프리존, 책맥 카페 등을 통해 케렌시아를 위한 수익 창출 활동이 나타남을 알 수 있다.
⑤ 케렌시아가 필요한 사람들에게 전시장, 음악회 등 문화 현장에 가는 것을 권함을 알 수 있다.

03
정답 ③

수화 반응은 상온에서 일어나기 때문에 콘크리트 역시 상온에서 제작한다.

오답분석

① 로마 시기에 만들어진 판테온은 콘크리트를 이용해 만들어진 구조물이다.
② 콘크리트는 시멘트에 모래와 자갈 등의 골재를 섞어 만든다.
④ 골재들 간의 접촉을 높여야 강도가 높아지기 때문에, 서로 다른 크기의 골재를 배합하여 콘크리트를 만드는 것이 좋다.
⑤ 콘크리트가 철근 콘크리트로 발전함에 따라 더욱 다양하고 자유로운 표현이 가능해졌다.

04
정답 ③

제시문은 사회복지의 역할을 긍정하며 사회복지 찬성론자의 입장을 설명하고 있다. 따라서 사회 발전을 위한 사회복지가 오히려 장애가 될 수 있다는 내용의 ③이 이에 대한 반박으로 가장 적절하다.

오답분석

① 사회복지는 소외 문제를 해결하고 예방하기 위하여 사회 구성원들이 각자의 사회적 기능을 원활하게 수행하게 한다.
② 사회복지는 삶의 질을 향상시키는 데 필요한 제반 서비스를 제공하는 행위와 그 과정을 의미한다.
④ 현대 사회가 발전함에 따라 생기는 문제의 기저에는 경제 성장과 사회 분화 과정에서 나타나는 불평등과 불균형이 있다.
⑤ 찬성론자들은 병리 현상을 통해 생겨난 희생자들을 방치하게 되면 사회 통합은 물론 지속적 경제 성장에 막대한 지장을 초래할 것이라고 주장한다.

05
정답 ⑤

제시문은 돌림힘에 대해 설명하고 있다. 먼저 우리에게 친숙한 지레의 원리에서 돌림힘의 개념이 숨어 있다고 흥미를 유발하는 (라) 문단이 맨 처음에 와야 한다. 이후 돌림힘의 정의에 대해 설명하는 (가) 문단으로 이어져야 하며, 확장된 개념인 알짜 돌림힘에 대해 정의하는 (다) 문단으로 이어진 후, 알짜 돌림힘이 어떻게 적용되는지 설명하는 (나) 문단이 오는 것이 자연스럽다.

06
정답 ①

A사원의 경우 계획을 세워 순차적으로 업무를 수행하므로 효율적인 업무 수행을 하고 있다.

오답분석

② 다른 사람의 업무에 지나칠 정도로 책임감을 느끼며 괴로워하는 B대리는 '배려적 일중독자'에 해당한다.
③ 음식을 과다 섭취하는 폭식처럼 일을 한번에 몰아서 하는 C주임은 '폭식적 일중독자'에 해당한다.
④ 휴일이나 주말에도 일을 놓지 못하는 D사원은 '지속적인 일중독자'에 해당한다.
⑤ 혼자서 소화할 수 없을 만큼 많은 업무를 담당하는 E대리는 '주의결핍형 일중독자'에 해당한다.

07
정답 ①

제시된 기사의 주된 내용은 LH가 연료전지 전문 중소기업과 25kW급 건물용 연료전지 개발 및 기술 실증 업무협약을 체결했다는 것이다. 따라서 제목으로는 ①이 가장 적절하다.

오답분석

② · ③ · ④ 업무협약에 따라 향후 실시될 구체적 사항으로 보도자료 내용의 일부만을 제시하므로 전체 내용을 나타내는 제목으로 적절하지 않다.
⑤ LH 관계자에 따르면 이번 업무협약은 단순 에너지 절감에 그치는 것이 아니므로 보도자료의 제목으로 적절하지 않다.

08
정답 ②

제시문은 제4차 산업혁명으로 인한 노동 수요 감소로 인해 나타날 수 있는 문제점으로 대공황에 대한 위험을 설명하면서도, 긍정적인 시각으로 노동 해방을 통해 인간적인 삶의 향유가 이루어질 수 있다고 말한다. 따라서 제4차 산업혁명의 밝은 미래와 어두운 미래를 나타내는 ②가 제목으로 가장 적절하다.

09
정답 ④

제시문을 통해 4세대 신냉매는 온실가스를 많이 배출하는 기존 3세대 냉매의 대체 물질로 사용되어 지구 온난화 문제를 해결하는 열쇠가 될 것임을 알 수 있다.

10
정답 ⑤

제시문에서는 토지 이용의 전통은 정원에서 시작되었으며, 만여 종의 경작용 식물들이 대량 생산에 들어가기 전에 정원에서 자라는 단계를 거쳐 왔다고 하였다. 또한 여성들이 주도적으로 정원을 이용하면서 식물에 대한 지식과 경험을 얻었다고 하였다. 따라서 빈칸에 들어갈 내용은 ⑤가 가장 적절하다.

11
정답 ③

모든 식물이 아닌 전체 식물의 90%가 피보나치 수열의 잎차례를 따르고 있다.

12
정답 ④

기사는 피보나치 수열과 식물에서 나타나는 피보나치 수열을 설명하고 있으므로 제목으로 ④가 가장 적절하다.

오답분석

①은 첫 번째 문단, ②는 두 번째 문단, ③은 여섯 번째 문단, ⑤는 다섯 번째 문단에 대한 내용으로 기사 전체에 대한 제목으로는 적절하지 않다.

13
정답 ②

㉠은 '진리, 가치, 옳고 그름 따위가 판단되어 드러나 알려지다.'의 의미로 사용된 것이다. ②는 '드러나게 좋아하다.'의 의미로 사용되었다.

14
정답 ②

르네상스의 야만인 담론은 이전과는 달리 현실적 구체성을 띠고 있지만 서구의 전통 야만인관에 의해 각색되는 것은 여전하다.

15
정답 ①

스페인 정복군들은 멕시코 원주민들이 발달된 문화를 가지고 있었음에도 불구하고 그들을 식인종으로 규정했다. 이는 그들을 정복하기 위해 자신들에게 이롭게 생각한 것이라 볼 수 있다. '아전인수(我田引水)'는 '자기 논에 물 대기'라는 뜻으로, 자기에게만 이롭게 되도록 생각하거나 행동함을 비유하는 말이다.

16
정답 ②

2021년 출생아 수는 그해 사망자 수의 $\dfrac{438,420}{275,895} \fallingdotseq 1.59$로, 1.7배 미만이므로 옳지 않은 설명이다.

오답분석

① 출생아 수가 가장 많았던 해는 2021년이므로 옳은 설명이다.
③ 2020년 출생아 수는 2023년 출생아 수보다 $\dfrac{435,435-357,771}{357,771}\times100 \fallingdotseq 21.7\%$ 더 많으므로 옳은 설명이다.
④ 표를 보면 사망자 수는 2020년부터 2023년까지 매년 전년 대비 증가하고 있음을 알 수 있다.
⑤ 사망자 수가 가장 많은 2023년의 사망자 수는 285,534명이고, 가장 적은 2019년의 사망자 수는 266,257명으로, 두 연도의 사망자 수 차이는 285,534-266,257=19,277명으로 15,000명 이상이다.

17 정답 ④

2023년의 어린이보호구역의 합계는 15,136(=5,946+6,735+131+2,313+11)개이고, 2018년의 어린이보호구역의 합계는 8,429(=5,365+2,369+76+619)개이므로 2023년 어린이보호구역은 2018년보다 총 6,707개 증가했다.

오답분석

① 2018년 어린이보호구역의 합계는 8,429(=5,365+2,369+76+619)개이다.

② 초등학교 어린이보호구역은 5,365개 → 5,526개 → 5,654개 → 5,850개 → 5,917개 → 5,946개로 계속해서 증가하고 있다.

③ 2022년까지는 학원 앞 어린이보호구역은 없었으나, 2023년에 어린이보호구역이 11개 지정되었다.

⑤ 2022년과 2023년의 특수학교 지정현황은 131개로 같으므로 옳은 내용이다.

18 정답 ①

65세 이상 인구 비중이 높은 지역은 '전남 – 경북 – 전북 – 강원 – 충남 – …' 순서이다.

따라서 65세 이상 인구 비중이 세 번째로 높은 전북의 64세 이하 비율은 100−19=81%이다.

19 정답 ②

인천 지역의 총 인구가 300만 명이라고 할 때, 65세 이상 인구는 300×0.118=35.4만 명이다.

오답분석

① 울산의 40세 미만 비율과 대구의 40세 이상 64세 이하 비율 차이는 48.5−40.8=7.7%p이다.

③ 40세 미만 비율이 높은 다섯 지역을 차례로 나열하면 '세종 (56.7%) – 대전(49.7%) – 광주(49.4%) – 경기(48.8%) – 울산(48.5%)'이다.

④ 조사 지역의 인구가 모두 같을 경우 40세 이상 64세 이하 인구가 두 번째로 많은 지역은 그 비율이 두 번째로 높은 지역을 찾으면 된다. 따라서 첫 번째는 41.5%인 울산이며, 두 번째는 40.8%인 대구이다.

⑤ 40세 미만 비율이 가장 높은 지역은 세종이고, 65세 미만 비율이 가장 낮은 지역 또한 세종이다.

20 정답 ③

내일 검은 펜을 사용하려면 오늘은 파란 펜이나 빨간 펜을 사용해야 한다.

$$\therefore \left(\frac{1}{2} \times \frac{1}{2}\right) + \left(\frac{1}{3} \times \frac{2}{3}\right) = \frac{17}{36}$$

21 정답 ③

깃발은 2개이고, 깃발을 5번 들어서 표시할 수 있는 신호는 $2 \times 2 \times 2 \times 2 \times 2 = 32$가지이다. 여기서 5번 모두 흰색 깃발만 사용하거나 검은색 깃발만 사용하는 경우의 수 2가지를 빼면 30가지이다.

22 정답 ①

버린 소금물의 양을 xg이라 하면

$$\frac{\frac{12}{100} \times (500-x) + \frac{6}{100} \times 2x}{500 - x + 2x} \times 100 \leq 10$$

$$\rightarrow \frac{12 \times (500-x) + 6 \times 2x}{500 + x} \leq 10$$

$$\rightarrow 6,000 - 12x + 12x \leq 5,000 + 10x$$

$$\therefore x \geq 100$$

따라서 버린 소금물의 양은 최소 100g이다.

23 정답 ③

합격자 수를 x명이라고 하면 불합격자 수는 $(100-x)$명이다. 전체 응시자의 점수의 합은 $64 \times 100 = 6,400$점이고 이는 합격자 점수와 불합격자 점수의 합과 같다.

$$80x + 60 \times (100-x) = 6,400$$

$$\rightarrow 20x = 400$$

$$\therefore x = 20$$

따라서 합격률은 $\frac{20}{100} \times 100 = 20\%$이다.

24 정답 ②

$$\frac{2+8+(\text{가})}{2+8+(\text{가})+44+17+10+1} \times 100 = 40\%$$

$$\rightarrow \frac{10+(\text{가})}{82+(\text{가})} = \frac{2}{5}$$

$$\rightarrow 5 \times [10+(\text{가})] = 2 \times [82+(\text{가})]$$

$$\rightarrow 3 \times (\text{가}) = 114$$

$$\therefore (\text{가}) = 38$$

25 정답 ④

• 2022년 : $\frac{16,452}{19,513} \times 100 ≒ 84.31\%$

• 2021년 : $\frac{6,989}{13,321} \times 100 ≒ 52.47\%$

$\therefore$ 84.31−52.47=31.84%p

26

중국의 의료 빅데이터 예상 시장 규모의 전년 대비 성장률을 구하면 다음과 같다.

구분	성장률(%)
2015년	–
2016년	56.3
2017년	90.0
2018년	60.7
2019년	93.2
2020년	64.9
2021년	45.0
2022년	35.0
2023년	30.0
2024년	30.0

따라서 옳은 그래프는 ②이다.

27

정답 ③

전 지역의 50대 이상 유권자 수는 6,542천 명이고, 모든 연령대의 유권자 수는 19,305천 명이다. 따라서 전 지역의 유권자 수에서 50대 이상의 유권자 수가 차지하는 비율은 $\frac{6,542}{19,305} \times 100 ≒$ 33.9%로, 30% 이상 35% 미만이다.

오답분석

① 남성 유권자 수가 다섯 번째로 많은 지역은 전라 지역(1,352천 명)이며, 이 지역의 20대 투표자 수는 (208천×0.94)+(177천×0.88)=351.28천 명으로 35만 명 이상이다.

② 지역 유권자가 가장 적은 지역은 제주 지역이며, 제주 지역의 유권자 수가 전체 유권자 수에서 차지하는 비율은 $\frac{607+608}{19,305}$ $\times 100 = \frac{1,215}{19,305} \times 100 ≒ 6.3\%$로 6% 이상이다.

④ 20대 여성투표율이 두 번째로 높은 지역은 93%인 충청 지역이며, 충청 지역의 20대 여성 유권자 수는 201천 명이고, 20대 남성 유권자 수는 182천 명이다. 따라서 20대 여성 유권자 수는 20대 남성 유권자 수의 1.2배인 182천×1.2=218.4천 명이하이다.

⑤ 인천의 여성투표율이 세 번째로 높은 연령대는 30대(86%)로 30대의 경상 지역 남녀 투표자 수는 남성이 231천×0.87=200.97천 명, 여성이 241천×0.91=219.31천 명으로 여성이 남성보다 많다.

28

정답 ③

2017년 대비 2023년 농업 온실가스 배출량의 감소율은 $\frac{21.2-20.6}{21.2} \times 100 ≒ 2.83\%$이므로 3% 미만 감소했다.

오답분석

① 온실가스 순 배출량은 2021년까지 지속해서 증가하다가 2022년부터 감소하는 것을 확인할 수 있다.

② 2018 ~ 2023년 중 온실가스 총 배출량이 전년 대비 감소한 해는 2022년이고, 다른 해에 비해 2022년 산업공정 온실가스 배출량이 55.2CO$_2$ eq.로 가장 많다.

④ 2017년 온실가스 순 배출량에서 에너지 온실가스 배출량이 차지하는 비중은 $\frac{505.3}{534.8} \times 100 ≒ 94.48\%$이므로 옳은 설명이다.

⑤ 2023년 온실가스 총 배출량은 전년 대비 $\frac{690.2-689.1}{689.1} \times 100 ≒ 0.16\%$ 증가했으므로 0.2% 미만으로 증가했다.

29

정답 ①

• 2022년 대비 2023년 폐기물 온실가스 배출량의 증가율
: $\frac{16.4-15.4}{15.4} \times 100 ≒ 6.5\%$

• 2022년 대비 2023년 에너지 온실가스 배출량의 증가율
: $\frac{601-597.7}{597.7} \times 100 ≒ 0.6\%$

따라서 2022년 대비 2023년 폐기물 온실가스 배출량의 증가율과 에너지 온실가스 배출량의 증가율의 차는 6.5-0.6=5.9%p이다.

30

정답 ③

ㄴ에 들어갈 대응 전략은 약점을 극복하여 기회를 활용하는 WO전략이다. 그러나 ㄴ의 내용은 단순히 약점요인 극복에 대한 전략만 포함하고 있으며, 기회요인 활용에 대한 전략은 포함되어 있지 않다. ㄷ에 들어갈 대응 전략은 강점을 활용하여 위협을 회피하는 ST전략이다. 그러나 ㄷ의 내용은 해외 공장 가동률 확대라는 강점요인에 대한 전략만 포함하고 있으며, 위협요인의 구체적인 회피 전략은 포함되어 있지 않다.

오답분석

ㄱ. SO전략으로서 가동이 가능한 해외 공장들이 많다는 강점을 활용해 국내 자동차부품 제조업체 폐업으로 인한 내수공급량 부족을 점유할 전략이므로 적절하다.

ㄹ. WT전략으로서 국내 공장 가동률이 저조한 점을 보완할 수 있는 방안을 통해, 위협요인인 동남아 제조사의 진입을 억제하는 전략으로 적절하다.

31
정답 ④

딸기 쿠키 1개(박력분 10g, 버터 5g, 설탕 8g, 딸기잼 20g)+마카다미아 쿠키 4개(박력분 40g, 버터 40g, 설탕 32g, 마카다미아 12개)=박력분 50g, 버터 45g, 설탕 40g, 딸기잼 20g, 마카다미아 12개이므로 버터가 40g이 넘게 필요하기 때문에 주어진 재료로 한 번에 만들 수 없다.

오답분석

① 스모어스 쿠키 4개(박력분 40g, 버터 20g, 설탕 32g, 초코시럽 40g, 마쉬멜로우 4개)

② 스모어스 쿠키 2개(박력분 20g, 버터 10g, 설탕 16g, 초코시럽 20g, 마쉬멜로우 2개)
   초코칩 쿠키 1개(박력분 10g, 버터 5g, 설탕 8g, 초코시럽 5g, 초코칩 10개)
   → 박력분 30g, 버터 15g, 설탕 24g, 초코시럽 25g, 마쉬멜로우 2개, 초코칩 10개

③ 딸기 쿠키 1개(박력분 10g, 버터 5g, 설탕 8g, 딸기잼 20g)
   초코칩 쿠키 3개(박력분 30g, 버터 15g, 설탕 24g, 초코시럽 15g, 초코칩 30개)
   → 박력분 40g, 버터 20g, 설탕 32g, 초코시럽 15g, 딸기잼 20g, 초코칩 30개

⑤ 초코칩 쿠키 3개(박력분 30g, 버터 15g, 설탕 24g, 초코시럽 15g, 초코칩 30개)
   마카다미아 쿠키 2개(박력분 20g, 버터 20g, 설탕 16g, 마카다미아 6개)
   → 박력분 50g, 버터 35g, 설탕 40g, 마카다미아 6개, 초코시럽 15g, 초코칩 30개

32
정답 ③

세 번째 조건과 네 번째 조건을 기호로 나타내면 다음과 같다.
• D → ~E
• ~E → ~A
각각의 대우 E → ~D와 A → E에 따라 A → E → ~D가 성립하므로 A를 지방으로 발령한다면 E도 지방으로 발령하고, D는 지방으로 발령하지 않는다. 이때, 첫 번째 조건에 의해 회사는 B와 D에 대하여 같은 결정을 하고, 두 번째 조건에 의해 C와 E에 대하여는 다른 결정을 하므로 B와 C를 지방으로 발령하지 않는다.
따라서 A를 지방으로 발령한다면 지방으로 발령하지 않는 직원은 B, C, D 총 3명이다.

33
정답 ③

보고서에서는 50대 이상 연령대가 40대에 비해 2년 미만 생활 기간이 상대적으로 높게 나타났다고 설명하고 있으나, 그래프에서는 반대로 40대가 50대 이상보다 더 높게 나타나 있다.

34
정답 ②

건축물	기준	구분
A	준공 후 15년이 경과된 5층 이상 15층 이하의 아파트	제3종 시설물
B	연면적 5,000m^2 이상의 지하도상가	제2종 시설물
C	해당 없음	–
D	연면적 30,000m^2 이상의 철도역시설 및 관람장	제1종 시설물
E	준공 후 15년이 경과된 연면적 1,000m^2 이상의 공공업무시설	제3종 시설물
F	연면적 5,000m^2 이상의 문화 및 집회시설 등	제2종 시설물
G	준공 후 15년이 경과된 연면적 500m^2 이상 1,000m^2 미만의 문화 및 집회시설	제3종 시설물

정밀안전점검을 받아야 하는 시설물은 제1종 시설물, 제2종 시설물이다. 제1종 시설물은 D이고 제2종 시설물은 B, F이므로 정밀안전점검을 받아야 하는 시설물은 B, D, F이다.

35
정답 ③

조건에 따라 A ~ E의 이번 주 당직일을 정리하면 다음과 같다.

구분	월	화	수	목	금
경우 1	A, B, E	B	C	D	A, D
경우 2	A, B	B	C	D	A, D, E
경우 3	A, D, E	D	C	B	A, B
경우 4	A, D	D	C	B	A, B, E

따라서 C는 수요일에 혼자 당직을 선다는 진술은 항상 참이다.

36
정답 ⑤

WO전략은 약점을 극복함으로써 기회를 활용할 수 있도록 내부 약점을 보완해 좀 더 효과적으로 시장 기회를 추구한다. 따라서 바로 옆에 유명한 프랜차이즈 레스토랑이 생겼다는 사실을 이용하여 홍보가 미흡한 점을 보완할 수 있도록 레스토랑과 제휴하여 레스토랑 내에 홍보물을 비치하는 전략은 적절하다.

37
정답 ③

예산이 가장 많이 드는 B사업과 E사업은 사업기간이 3년이므로 최소 1년은 겹쳐야 한다는 것을 기반으로 정리하면 다음과 같다.

(단위 : 원)

연도 예산 사업명	1년 20조	2년 24조	3년 28.8조	4년 34.5조	5년 41.5조
A		1조	4조		
B		15조	18조	21조	
C					15조
D	15조	8조			
E			6조	12조 원	24조
실질사용 예산합	15조	24조	28조	33조	39조

따라서 D사업을 첫해에 시작해야 한다.

38
정답 ④

먼저 첫 번째 조건과 두 번째 조건에 따라 6명의 신입 사원을 부서별로 1명, 2명, 3명으로 나누어 배치한다. 이때, 세 번째 조건에 따라 기획부에 3명, 구매부에 1명이 배치되므로 인사부에는 2명의 신입 사원이 배치된다. 또한 1명이 배치되는 구매부에는 마지막 조건에 따라 여자 신입 사원이 배치될 수 없으므로 반드시 1명의 남자 신입 사원이 배치된다. 남은 5명의 신입 사원을 기획부와 인사부에 배치하는 방법은 다음과 같다.

구분	기획부(3명)	인사부(2명)	구매부(1명)
경우 1	남자 1명, 여자 2명	남자 2명	남자 1명
경우 2	남자 2명, 여자 1명	남자 1명, 여자 1명	

따라서 경우 1에서는 인사부에 남자 신입 사원만 배치되므로 '인사부에는 반드시 여자 신입 사원이 배치된다.'는 옳지 않다.

39
정답 ⑤

월요일부터 토요일까지 각 팀의 회의 진행 횟수가 같으므로 6일 동안 6개 팀은 각각 두 번씩 회의를 진행해야 한다. 주어진 조건에 따라 A ~ F팀의 회의 진행 요일을 정리하면 다음과 같다.

월	화	수	목	금	토
C, B	D, B	C, E D, E	A, F	A, F	D, E C, E

따라서 반드시 참인 것은 ⑤이다.

오답분석

① E팀은 수요일과 토요일에 모두 회의를 진행한다.
② 화요일에 회의를 진행한 팀은 B팀과 D팀이다.
③ C팀과 E팀은 수요일과 토요일 중 하루는 함께 회의를 진행한다.
④ C팀은 월요일에 한 번 회의를 진행하였고, 수요일 또는 토요일 중 하루만 회의를 진행한다.

40
정답 ④

조건에 따라 각 프로그램의 점수와 선정 여부를 구하면 다음과 같다.

(단위 : 점)

운영 분야	프로그램명	가중치 반영 인기 점수	가중치 반영 필요성 점수	수요도 점수	비고
운동	강변 자전거 타기	12	5	–	탈락
진로	나만의 책 쓰기	10	7+2	19	
여가	자수 교실	8	2	–	탈락
운동	필라 테스	14	6	20	선정
교양	독서 토론	12	4+2	18	
여가	볼링 모임	16	3	19	선정

수요도 점수는 나만의 책 쓰기와 볼링 모임이 19점으로 같지만, 인기 점수가 더 높은 볼링 모임이 선정된다. 따라서 하반기 동안 운영될 프로그램은 필라테스와 볼링 모임이다.

제**2**영역 직무역량평가

|01| 토목

토목 - 객관식

41	42	43	44	45	46	47	48	49	50
①	②	④	②	②	③	①	③	①	④
51	52	53	54	55	56	57	58	59	60
④	③	①	④	③	①	②	④	①	②
61	62	63	64	65	66	67	68	69	70
⑤	④	④	①	②	①	④	②	①	④
71	72	73	74	75	76	77	78	79	80
①	④	④	③	①	③	①	①	②	①
81	82	83	84	85	86	87	88	89	90
⑤	③	⑤	④	②	⑤	①	④	③	①

41   정답 ①

$$G = \frac{E}{2(1+\nu)} = \frac{(2.1 \times 10^6)}{2 \times (1+0.25)} = 8.4 \times 10^5 \, \text{kg}_f/\text{cm}^2$$

42   정답 ②

전단력이 0인 곳에 최대 휨모멘트가 일어난다.

$R_A + R_b = 3 \times 6 = 18t$

$M_A = 18 \times 9 - R_B \times 12 = 0$

$R_B = 13.5t, \ R_A = 4.5t$

B점에서 x인 곳이 전단력 0이라면

$\sum V = 0$

$4.5 - 3(6-x) = 0$

$\therefore \ x = 4.5m$

43   정답 ④

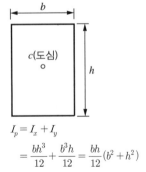

$I_p = I_x + I_y$

$\quad = \frac{bh^3}{12} + \frac{b^3 h}{12} = \frac{bh}{12}(b^2 + h^2)$

44   정답 ②

$\sum M_A = 0$

$Pl + Pl - R_D \times 2l = 0$

$\therefore \ R_D = P$

45   정답 ②

연속 휨부재의 부모멘트 재분배

• 근사해법에 의해 휨모멘트를 계산한 경우를 제외하고 어떠한 가정의 하중을 적용하여 탄성이론에 의하여 산정한 연속 휨 부재 받침부의 부모멘트는 20% 이내에서 $1,000\epsilon_t$ 퍼센트만큼 증가 또는 감소시킬 수 있다.

• 경간 내의 단면에 대한 휨 모멘트의 계산은 수정된 부모멘트를 사용하여야 한다.

• 부모멘트의 재분배는 휨 모멘트를 감소시킬 단면에서 최외단 인장철근의 순인장 변형률 $\epsilon_t = 0.0075$ 이상인 경우에만 가능하다.

46   정답 ③

탄성처짐이 아닌 장기처짐에 대한 설명이다.

47   정답 ①

3점법에 의해 계산하면 평균유속은 다음과 같다.

$V_m = \frac{1}{4}(V_{0.2} + 2V_{0.6} + V_{0.8})$

$\quad = \frac{1}{4}(0.622 + 2 \times 0.442 + 0.332)$

$\quad = 0.4695 \text{m/s}$

48   정답 ③

하수관거 내의 유속에서 최소 유속은 관내 부유물 침전 방지를 위한 것이며, 우수 및 합류관거 내 부유물의 비중이 더 크므로 분류식 관거에 비해 최소 유속을 조금 크게 한다. 우수 및 합류관거의 경우 0.8m/sec, 분류식 관거의 경우 0.6m/sec이다.

49   정답 ①

$Q = AV = \frac{\pi D^2}{4} V$

$\therefore \ D = \sqrt{\frac{4Q}{\pi V}} = \sqrt{\frac{4 \times 32}{\pi \times 1.2}} \fallingdotseq 5.83m$

50
정답 ④

$Q = A V = A \sqrt{\dfrac{2gh}{f_i + f\dfrac{l}{d} + f_0}}$ 이므로

$0.0628 = \dfrac{\pi \cdot 0.2^2}{4} \times \sqrt{\dfrac{2 \times 9.8 \times h}{0.5 + 0.035 \times \dfrac{200}{0.2} + 1}}$

$h \fallingdotseq 7.44$

따라서 A저수지와 B저수지의 수위차는 약 7.44m이다.

51
정답 ④

재료에 힘을 가해 변형시킨 후 힘을 제거했을 때 원래대로 돌아온 다면 탄성변형이라 하고, 원래대로 돌아오지 않는다면 처음 상태와 최종 상태의 차이(변형량)만큼 소성변형되었다고 한다.

52
정답 ③

$\sigma = \dfrac{P}{A} = \dfrac{P}{\dfrac{\pi(d_1^2 - d_2^2)}{4}}$

$d_2 = \sqrt{d_1^2 - \dfrac{4P}{\sigma\pi}} = \sqrt{10^2 - \dfrac{4 \times 30,000}{1,200 \times \pi}} \fallingdotseq 8.26\text{cm}$

53
정답 ①

복철근 보에서의 압축철근에 대한 효과로 단면 저항 모멘트의 큰 증대는 기대할 수 없다.

54
정답 ④

$\begin{aligned}\dfrac{1}{m} &= \dfrac{f}{H - h} \\ &= \dfrac{0.153}{3,000 - 600} \\ &= \dfrac{1}{15,686}\end{aligned}$

따라서 사진축척은 $\dfrac{1}{15,686}$ 이다.

55
정답 ③

삼각망 중에서 정확도가 가장 높은 것은 조건식의 수가 가장 많은 사변형망이다.

56
정답 ①

오일러의 좌굴 공식 $P_{cr} = \dfrac{\pi^2 EI}{(2L)^2}$ 에서

$L = \sqrt{\dfrac{\pi^2 EI}{4P_{cr}}} = \sqrt{\dfrac{\pi^2 \times 2,100,000 \times \dfrac{10 \times 5^3}{12}}{4 \times 20,000}} \fallingdotseq 164\text{cm}$
$= 1.64\text{m}$

57
정답 ②

$M_{AB} = -\dfrac{P \times a \times b(a + 2b)}{2l^2} = -\dfrac{Pab}{2l^2}(l + b)$

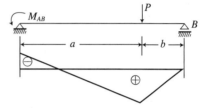

58
정답 ④

철근 콘크리트 휨부재에서 최소철근비를 규정한 이유는 인장측 콘크리트의 취성파괴를 방지하기 위해서이다.

59
정답 ①

핵반경 $e = \dfrac{D}{8} = \dfrac{(25 \times 2)}{8} = 6.25$ 이므로

핵의 면적은 $A = \pi r^2 = \pi(e)^2 = \pi(6.25)^2 \fallingdotseq 122.7\text{cm}^2$ 이다.

60
정답 ②

$\triangle B = \dfrac{1}{2} \times x \times Px \times \dfrac{2}{3} x = 4\delta = 4 \times \dfrac{Pl^3}{3EI}$

$x = \sqrt[3]{4l} \fallingdotseq 1.6l$

61
정답 ⑤

수중타설한 저부 콘크리트 품질에 문제가 발생할 수 있다.

62
정답 ④

단면적이 A이고, 단면 2차모멘트가 I인 단면의 단면 2차 반경은 $r = \sqrt{\dfrac{I}{A}}$ 이다.

63
정답 ④

이중누가우량곡선법은 강수량 자료의 일관성을 검증하는 방법이다. 여기서 이중누가곡선은 자료의 일관성을 검증하기 위해 주변에 있는 여러 관측소의 연 또는 계절 강우량의 누적 총량의 평균을 문제가 된 관측점에서의 연 또는 계절 강우량의 누적 총량과 비교한 것이다.

64
정답 ①

수면적부하$\left(\dfrac{Q}{A}\right)$는 100% 제거할 수 있는 가장 작은 입자의 침전속도를 말한다.

$A=10\times40\times2=800\text{m}^2$이므로

수면적부하는 $\dfrac{Q}{A}=\dfrac{50,000}{800}=62.5\text{m/day}$이다.

65
정답 ②

면적을 보면 $A=1\text{km}\times1\text{km}=100,000\text{cm}\times100,000\text{cm}=1.0\times10^{10}\text{cm}^2$이다. $a=4\text{cm}^2$이므로 축척과 면적과의 관계는 다음과 같이 구할 수 있다.

$$\left(\frac{1}{m}\right)^2=\frac{a}{A}\ \rightarrow\ \frac{1}{m}=\sqrt{\frac{a}{A}}=\sqrt{\frac{4}{1\times10^{10}}}=\frac{1}{50,000}$$

66
정답 ①

횡방향 비틀림 철근의 간격은 $P_h/8$ 이하, 300mm 이하여야 한다.

67
정답 ④

$$\sigma_{\max}=\frac{P}{A}\left(1+\frac{e_x}{e_{x_{\max}}}+\frac{e_y}{e_{y_{\max}}}\right)$$
$$=\frac{200}{5\times4}\left(1+\frac{6\times0.5}{5}+\frac{6\times0.8}{4}\right)=28\text{kPa}$$

68
정답 ②

$E=R\left(\sec\dfrac{I}{2}-1\right)$에서 $R=\dfrac{E}{\left(\sec\dfrac{I}{2}-1\right)}=97.16\text{m}$이며, $T.L$

$=R\cdot\tan\dfrac{I}{2}=31.57\text{m}$이므로 도로 기점에서 원곡선 시점까지 거리는 다음과 같이 구할 수 있다.

$500-T.L=468.43\text{m}=N_0 23+8.43\text{m}(\because$ 말뚝은 20m 간격으로 박음)

따라서 시단현 길이는 $N_0 24-$ 기점에서 원곡선 시점까지 거리로 $480-468.43=11.57\text{m}$이다.

69
정답 ①

면적의 정밀도$\left(\dfrac{dA}{A}\right)$와 거리의 정밀도$\left(\dfrac{dl}{l}\right)$ 사이 관계는 다음과 같다.

$$\frac{dA}{A}=2\left(\frac{dl}{l}\right)$$

따라서 면적의 정밀도는 $2\times\left(\dfrac{1}{100}\right)=\dfrac{1}{50}$이다.

70
정답 ④

$$P_n=0.85(P_c+P_s)=0.85[0.85\times f_{ck}(A_g-A_{st})+f_yA_{st}]$$
$$=0.85\times[0.85\times24\times(180,000-4,500)+350\times4,500]$$
$$=4,381,920\text{N}\fallingdotseq4,381.9\text{kN}$$

71
정답 ①

최소 휨 철근량$(A_{s,\min})$을 구하면 다음과 같다.

- $\left(\dfrac{1.4}{f_y}\right)b_w d=\dfrac{1.4}{400}\times300\times500=525\text{mm}^2$

- $\left(\dfrac{0.25\sqrt{f_{ck}}}{f_y}\right)b_w d=\left(\dfrac{0.25\sqrt{35}}{400}\right)\times300\times500$
$$=554.63\text{mm}^2\fallingdotseq555\text{mm}^2$$

따라서 이 중 최댓값 555mm² 를 최소 휨 철근량으로 한다.

72
정답 ④

도수로 인한 에너지 손실

$$\triangle H_e=\frac{(H_2-H_1)^3}{4h_1h_2}=\frac{(9.24-1.5)^3}{4\times1.5\times9.24}\fallingdotseq8.36\text{m}$$

73
정답 ④

원격탐사란 어떤 대상물 또는 현상에 관한 정보를 접촉에 의하지 않고 원격적으로 수집하는 방법이다.

74
정답 ③

$y=-\dfrac{I}{Ae}\ (y=-\dfrac{h}{2}$ 또는 $\dfrac{h}{2}$, $I=\dfrac{bh^3}{12}$, $A=bh)$

$\therefore e=\dfrac{h}{6}$ 또는 $-\dfrac{h}{6}$

75
정답 ①

[세장비(λ)]$=\dfrac{[\text{기둥의 유효자굴 길이}(l)]}{[\text{최소 회전 반지름}(r)]}=\dfrac{l}{\sqrt{\dfrac{I}{A}}}$

76
정답 ③

접선은 시점에서 직선에, 종점에서 원호에 접한다.

77
정답 ①

각 관측에서 경중률은 측정회수에 비례한다.

$P_A : P_B : P_C = 1 : 2 : 3$

 i) (측각오차) $= (\angle A + \angle B + \angle C) - 180° = -33''$

 ii) 조정량은 경중률에 반비례한다.

$$(조정량) = -E \times \frac{\dfrac{1}{P_B}}{\left[\dfrac{1}{P}\right]} = 33'' \times \frac{3}{6+3+2} = 9''$$

 iii) $\therefore\ \angle B = 60° \ 00' \ 11'' + 09'' = 60° \ 00' \ 20''$

78
정답 ①

설계전단강도를 구하는 식을 나타내면 다음과 같다.

$$\phi V_c = \phi \left(\frac{\lambda \sqrt{f_{ck}}}{6} \right) b_w d = 0.75 \times \left(\frac{1 \times \sqrt{21}}{6} \right) \times 250 \times 500$$
$$\fallingdotseq 71,602.7\text{N} = 71.6\text{kN}$$

따라서 설계전단강도는 약 71.6kN이다.

79
정답 ②

$$T = \frac{W}{4} = \frac{500}{4} = 125\text{kN}$$

80
정답 ①

온도가 높고 습도가 낮으면 경화가 빠르므로 측압이 작아진다.

81
정답 ⑤

$$[파괴면에 작용하는 전단응력(\tau)] = \frac{\sigma_1 - \sigma_2}{2}\sin 2\theta$$
$$= \frac{2-1}{2}\sin(2 \times 30)$$
$$\fallingdotseq 0.433\text{kg}_f/\text{cm}^2$$

82
정답 ③

방위각법은 오차가 이후의 측량에 계속 누적되는 단점이 있다.

83
정답 ⑤

지형측량의 순서는 '측량계획 – 골조측량 – 세부측량 – 측량원도 작성'이다.

84
정답 ④

벽체 최소 전단 철근 배치의 예외
 – 슬래브와 기초판(또는 확대기초)
 – 콘크리트 장선 구조
 – 전체깊이가 250mm 이하인 보
 – I형보와 T형보에서 그 깊이가 플랜지 두께의 2.5배와 복부폭 1/2 중 큰 값 이하인 보
 – 교대 벽체 및 날개벽, 옹벽의 벽체, 암거 등과 같이 휨이 주거동인 판 부재

85
정답 ②

$$P = 100\cos 45° + 100\cos 45° \fallingdotseq 141\text{kg}_f$$

86
정답 ⑤

• [건조단위중량(γ_d)] $= \dfrac{\gamma}{1+\dfrac{w}{100}} = \dfrac{2}{1+\dfrac{20}{100}} \fallingdotseq 1.67\text{t}/\text{m}^3$

• [간극비(e)] $= \dfrac{G_s \times \gamma_w}{\gamma_d} - 1 = \dfrac{2.6 \times 1}{1.667} - 1 \fallingdotseq 0.56$

• [포화도(S)] $= \times G_s \dfrac{w}{e} = \dfrac{20}{0.56} \times 2.6 \fallingdotseq 92.85$

87
정답 ①

앞부벽식 옹벽에서 전면벽은 2방향 슬래브로 설계를 한다.

88
정답 ④

상수도계획 연차 결정 시 고려사항
• 도시발전 상황과 인구증가의 전망
• 장비 및 시설물의 내구연한
• 시설확장 시 난이도
• 금융사정 및 설비

89
정답 ③

취수보 취수구에서의 표준 유입속도는 0.4 ~ 0.8m/s이다.

90
정답 ①

T형교 슬래브(바닥판)의 두께
• 차도 부분 바닥판의 두께 : 최소 22cm 이상
• 보도 부분 바닥판의 두께 : 최소 14cm 이상

토목 – 주관식				
01	02	03	04	05
210	10	80	ⓒ, ⓐ, ⓛ, ⓖ, ⓔ	ⓖ, ⓔ
06		07	08	09	10
ⓖ, ⓒ, ⓐ, ⓗ		76	500	704	ⓔ, ⓒ

01

정답 210

$$\sigma = \frac{P}{A} = E\varepsilon = E\frac{\delta}{l}$$

$$P = AE\frac{\delta}{l} = 1 \times (2.1 \times 10^4) \times \frac{1}{100} = 210 \text{kN}$$

02

정답 10

$$l = \sqrt{100} = 10$$

$$\frac{dA}{A} = 2\frac{dl}{l} \text{ 이므로 } \frac{0.2}{100} = 2 \times \frac{dl}{10}$$

$$dl = \frac{1}{100} \text{m} = 10 \text{mm}$$

03

정답 80

[초기 과잉간극수압(u_i)] $= 10 \text{t/m}^2$

[현재 과잉간극수압(u_e)] $= 2 \text{t/m}^2$

$$U = \frac{u_i - u_e}{u_i} \times 100 = \frac{10-2}{10} \times 100 = 80\%$$

04

정답 ⓒ, ⓐ, ⓛ, ⓖ, ⓔ

$Re = \frac{\rho VD}{\mu} = \frac{VD}{\nu}$ 이므로 동점성계수가 같다면 유속(V)과 직경(D)의 곱이 클수록 레이놀즈수가 크다.

ⓖ : $0.3 \times 1 = 0.3$

ⓛ : $0.5 \times 0.8 = 0.4$

ⓒ : $2 \times 0.6 = 1.2$

ⓔ : $1.5 \times 0.1 = 0.15$

ⓐ : $1 \times 0.5 = 0.5$

따라서 레이놀즈수가 큰 순서대로 나열하면 'ⓒ-ⓐ-ⓛ-ⓖ-ⓔ'이다.

05

정답 ⓖ, ⓔ

압성토 공법은 고성토의 제방에서 전단파괴가 발생되기 전에 성토 비탈면 옆에 소단 모양의 압성토를 만들어 활동에 대한 저항모멘트를 증가시키는 공법이다.

06

정답 ⓖ, ⓒ, ⓐ, ⓗ

$[항력(F_D)] = C_D \dfrac{A\rho V^2}{2}$ 에서 C_D는 항력계수, A는 투영면적, ρ는 유체의 밀도, V는 유체와 물체의 상대속도이다. 물체의 무게, 유체의 굴절율은 항력의 크기에 영향을 주지 않는다.

07

정답 76

콘크리트구조 휨 및 압축 설계 기준(KDS 14 20 20)
등가직사각형 응력분포 변수 값은 다음과 같다.

f_{ck}(MPa)	40	50	60
ε_{cu}	0.0033	0.0032	0.0031
η	1.00	0.97	0.95
β_1	0.80	0.80	0.76
f_{ck}(MPa)	70	80	90
ε_{cu}	0.003	0.0029	0.0028
η	0.91	0.87	0.84
β_1	0.74	0.72	≤ 0.70

08

정답 500

전단철근의 설계기준항복강도는 500MPa을 초과할 수 없다.

09

정답 704

$$w_u = 1.2w_d + 1.6w_l = 1.2 \times 40 + 1.6 \times 25 = 88 \text{kN/m}$$

$$M_u = \frac{w_u l^2}{8} = \frac{88 \times 8^2}{8} = 704 \text{kN} \cdot \text{m}$$

10

정답 ⓔ, ⓒ

• 지물 : 지표면 위에 자연적 물체 또는 인공적인 시설물(하천, 호수, 도로, 철도, 건축물 등)

• 지모 : 지표면의 생김새(능선, 계곡, 언덕 등)

| 02 | 건축

건축 – 객관식

41	42	43	44	45	46	47	48	49	50
①	②	④	③	④	④	⑤	②	③	④
51	52	53	54	55	56	57	58	59	60
③	③	②	②	①	①	④	④	②	②
61	62	63	64	65	66	67	68	69	70
④	③	⑤	②	①	⑤	⑤	②	③	④
71	72	73	74	75	76	77	78	79	80
①	②	①	③	①	①	④	③	①	①
81	82	83	84	85	86	87	88	89	90
①	①	④	⑤	②	①	②	①	③	⑤

41
정답 ①

아일랜드 전시는 사방에서 감상해야 할 필요가 있는 전시물을 독립된 전시 케이스 등을 활용하여 벽면에 띄어놓아 전시하는 특수 전시기법이다.

오답분석

② 디오라마 전시 : 축소 모형을 통해 하나의 주제를 실제 상황처럼 연출해내는 기법이다.
③ 파노라마 전시 : 실제 경관을 보는 느낌을 주도록 하나의 주제를 공간적으로 집약시켜 반원형 공간의 중앙에 전시의 중심이 되는 것을 설치하는 기법이다.
④ 하모니카 전시 : 동일한 공간에서 하나의 주제를 통일된 규칙에 맞추어 반복하여 설치하는 기법이다.
⑤ 영상 전시 : 동영상, 홀로그램, 가상현실 및 증강현실 등을 통해 주제를 보여주는 기법이다.

42
정답 ②

사무실 엘리베이터 설치 기준

• 건축물의 종류, 규모, 임대 상황 등을 고려한다.
• 승객의 층별 대기시간은 평균 운전간격 이하가 되게 한다.
• 출입층이 2개 층일 경우 각각의 교통 수요량 이상이 되도록 한다.
• 5분간 총 수송능력이 5분간 최대 교통 수요량(아침 출근시간)과 같거나 그 이상이 되도록 한다.
• 5대 이하는 직선 배치하고 6대 이상은 앨코브 또는 대면 배치한다.

43
정답 ④

집중(코어)형 아파트

• 중앙에 엘리베이터나 계단실을 두고 많은 주호가 집중 배치된다.
• 대지 이용률이 가장 높고, 건물 이용도가 높다.
• 채광·통풍 등 환경이 균등하지 않아 기계적으로 환경 조절이 필요하다.

44
정답 ③

$$m = \frac{\delta / l}{\triangle d / d} = \frac{0.04 / 50}{0.0006 / 2.2} ≒ 2.93$$

45
정답 ④

• A지점의 휨모멘트
$$M_A = P \times l + P \times 2l = 3Pl$$

• 중앙 하중 작용점(C점)의 휨모멘트
$$M_C = P \times l = Pl$$

• 공액보 B점의 처짐각
$$S_B{}' = (\frac{2Pl}{EI} \times l \times \frac{1}{2}) + (\frac{Pl}{EI} \times l) + (\frac{Pl}{EI} \times l \times \frac{1}{2}) = \frac{5Pl^2}{2EI}$$

46
정답 ④

잔향시간

• 소리 발생이 중지된 후, 소리가 실내에 남는 시간을 말한다.
• 음 에너지의 밀도가 최소값보다 60dB 감소하는 데 걸리는 시간이다.
• 실의 용적에 비례하고 흡음력에 반비례한다.
• 잔향시간이 짧을수록 명료도는 높아진다.
• 음성전달을 목적으로 하는 공간의 잔향시간은 짧게, 음향청취를 목적으로 하는 공간은 비교적 길게 계획하는 것이 좋다.

47
정답 ⑤

일사조절

• 일사에 의한 건물의 수열이나 흡열은 하계의 실내 환경을 악화시킨다.
• 일사에 의한 건물의 수열은 시간, 계절, 방위에 따라 상당한 차이가 있다.
• 추녀와 차양은 창면에서의 일사조절 방법으로 사용된다.
• 블라인드, 루버, 롤스크린은 계절이나 시간, 실내의 사용상황에 따라 일사를 조절할 수 있다.

48
정답 ②

환기량 : $300 \times 2.7 \times 0.5 = 405 \text{m}^3/\text{h}$
현열부하 : $1.2 \times 405 \times 1.01 \times (20 - (-10)) \times 14,725.8 \text{kJ/h}$
1W≒3.6kJ/h이므로, $14,725.8 \text{kJ/h} ≒ 4,090.5\text{W} ≒ 4.1\text{kW}$

49
정답 ③

압력에 따른 도시가스의 분류

고압	중압	저압
1MPa 이상	0.1MPa 이상 1MPa 미만	0.1MPa 미만

50

정답 ④

개발밀도관리구역

개발로 인하여 기반시설이 부족할 것으로 예상되나 기반시설을 설치하기 곤란한 지역을 대상으로 건폐율이나 용적률을 강화하여 적용하기 위하여 지정하는 구역이다.

51

정답 ③

㉠ 전도 발생지점에 대한 옹벽의 도심
  - 옹벽 단면의 좌직단 꼭짓점으로부터의 옹벽의 도심을 구한다.
  - 옹벽의 전면부 삼각형($2m \times 6m$)과 배면부 사각형($1m \times 6m$)으로 나누어 계산한다.
  - $x_0 = \dfrac{G_y}{A}$

$$= \dfrac{\left(2m \times 6m \times \frac{1}{2}\right)\left(2m \times \frac{2}{3}\right) + (1m \times 6m)\left(2m + 1m \times \frac{1}{2}\right)}{\left(2m \times 6m \times \frac{1}{2}\right) + (1m \times 6m)}$$

$$= \dfrac{23}{12}m$$

㉡ 전도 모멘트와 저항 모멘트의 계산
  - 전도 모멘트 : $P \times y_1 = 10kN \times 2m = 20kN \cdot m$
  - 저항 모멘트 : $W \times x_0 = W \times \dfrac{23}{12}m$
  - 저항 모멘트 > 전도 모멘트이어야 하므로,

  $W \times \dfrac{23}{12}m > 20kN \cdot m, \; W > 10.435kN \doteqdot 10.44kN$

52

정답 ③

플라이갤러리(Fly gallery)
  - 무대 주위의 벽에 $6 \sim 9m$ 높이로 설치되는 좁은 통로이다.
  - 캣워크(Cat walk)라고도 한다.

오답분석
① 출연자 대기실을 말한다.
② 와이어로프의 조정장소를 말한다.
④ 이동식 무대 장치를 말한다.
⑤ 무대 배경용 벽을 말한다.

53

정답 ②

바우싱거 효과는 하중을 가해 소성상태에 들어선 재료에 다시 반대 방향으로 하중을 가할 경우, 하중을 가하지 않은 재료보다 낮은 항복점을 보이는 현상이다.

54

정답 ②

영업장의 면적은 은행원 1인당 $4 \sim 5m^2$ 정도이다.

은행의 영업장
  - 영업장(영업실)의 면적은 은행건축의 규모를 결정한다.
  - 면적은 은행원 1인당 $4 \sim 5m^2$ 정도이다.
  - 영업대는 고객과 은행원의 업무기능이 함께 이루어지는 공간으로, 인간공학적인 배려가 요구된다.
  - 영업대(카운터)의 높이는 고객 방향 $100 \sim 110cm$, 은행원 방향 $75cm$ 정도로 하며, 폭은 $60 \sim 75cm$ 정도로 한다.
  - 고객을 직접 상대하는 업무 외에는 고객과의 직접적인 접촉을 피한다.

55

정답 ①

[사다리꼴의 도심(y_0)] $= \dfrac{h}{3} \times \dfrac{2a+b}{a+b}$

56

정답 ①

방화구조의 기준
  - 철망모르타르로서 그 바름두께가 2cm 이상인 것
  - 석고판 위에 시멘트모르타르 또는 회반죽을 바른 것으로서 그 두께의 합계가 2.5cm 이상인 것
  - 시멘트모르타르 위에 타일을 붙인 것으로서 그 두께의 합계가 2.5cm 이상인 것
  - 심벽에 흙으로 맞벽치기한 것
  - 한국산업표준의 방화 2급 이상에 해당하는 것

57

정답 ④

고가수조 급수방식은 저수조에서 물이 오염될 가능성이 가장 크다.

58

정답 ④

애리나형에 대한 설명이다. 프로시니엄형은 객석 수용 능력에 제한이 있다.

프로시니엄형(Proscenium) 극장

개요	• 연기자와 관객의 접촉면이 한 면으로 한정된 가장 일반적인 형태로, Picture frame stage라고도 한다.
특징	• 투시도법을 무대공간에 응용한 형식이다. • 연기는 한정된 액자 속에서 나타나는 구성화의 느낌을 준다. • 배경이 한 폭의 그림과 같은 느낌을 주므로 전체적인 통일의 효과를 얻는 데 가장 좋은 형태이다. • 객석 수용 능력에 제한이 있다. • 강연, 콘서트, 독주, 연극 공연 등에 적합하다.

59
정답 ②

단면계수는 휨부재의 휨응력 계산에 사용되며, 휨강도비는 단면계수 값에 비례한다.

60
정답 ②

고가수조방식에 대한 설명이다.

61
정답 ④

희석제의 분류

송진 건류품	• 테레빈유
송근 건류품	• 송근유
석유 건류품	• 휘발유, 석유, 미네랄 스피리트
콜타르 증류품	• 벤졸(벤젠), 솔벤트, 나프타
알코올	• 에틸, 메틸 알코올
에스테르	• 초산 아밀, 초산 부틸

62
정답 ③

• F의 크기

$\Sigma V=0$, $P_1+P_2+P_3+P_4=0$

$-25+100-100+F=0$

$F=25\text{kN}$

• 거리 x

$\Sigma M=0$, $-(P_1\times(a+b))+(P_2\times b)-(P_4\times c)$

$-(25\times1.5)+(100\times0.5)-(25\times x)=0$

$x=0.5\text{m}$

63
정답 ⑤

압력수조 급수방식은 탱크의 설치위치에 제한이 없어 미관상 유리한 방식이다.

64
정답 ②

할증률은 재료의 운반, 가공, 시공과정 등에서 발생하는 손실량을 예측하여 적용하는 비율로, 단열재의 할증률은 10%이다.

	3%	이형철근, 고장력 볼트
	5%	원형철근, 일반볼트, 강관, 소형형강, 봉강, 평강대강, 각파이프
강재	6~7%	이형철근 (교량, 지하철 및 복잡한 구조물의 주철근)
	7%	대형형강
	10%	강판

	1%	레디믹스트콘크리트구조물(철근, 철골), 유리
	2%	레디믹스트콘크리트구조물(무근), 장혼합콘크리트구조물(철근), 아스팔트콘크리트포설, 도료
기타	3%	일반용 합판, 붉은벽돌, 내화벽돌, 타일(도기, 자기)
	4%	블록, 콘크리트포장혼합물의 포설
	5%	각재(목재), 수장용 합판, 시멘트벽돌, 텍스, 기와, 아스팔트 등
	10%	판재(목재), 단열재, 조경용 수목 등

65
정답 ①

• 좌측 구조물의 부정정 차수

$m=(n+s+r)-2k$

$=(2+2+4+2)-(2\times5)=0$

• 우측 구조물의 부정정 차수

$m=(n+s+r)-2k$

$=(3+3+9+10)-(2\times8)=9$

따라서 부정정 차수의 합은 $0+9=9$이다.

66
정답 ⑤

고가수조 급수방식에 대한 설명이다.

67
정답 ⑤

할증률은 단열재(10%), 자기타일(3%), 붉은벽돌(3%), 이형철근(3%, 일반), 레디믹스트콘크리트구조물(1%) 순서이다.

68
정답 ②

D16 이형철근의 구멍직경은 28mm이고, 원형철근의 구멍직경은 그 값이 10mm를 추가한다. 따라서 28+10=38mm이다.

철근 관통구멍의 구멍직경

구분	D10	D13	D16	D19	D22
이형철근	21mm	24mm	28mm	31mm	35mm
원형철근	철근 직경 + 10mm				

69
정답 ③

펌프직송방식은 설비·유지관리비가 가장 고가이며, 정교한 제어가 필요한 급수방식이다.

70   정답 ④

- 레미콘 시공량 : $6 \times 0.15 \times 630 = 567 \text{m}^3$
- 레미콘 트럭 대수 : $567 \div 7 = 81$대

71   정답 ①

- 보 1개의 체적 : $0.4 \times (0.6 - 0.12) \times (8 - 0.5) = 1.44 \text{m}^3$
- 보 8개의 체적 : $1.44 \times 8 = 11.52 \text{m}^3$

콘크리트의 체적

연속기초	[줄기초 단면적(m²)]×[줄기초 중심길이(m)]
기둥	(기둥 단면적)×(바닥판 사이의 높이)
벽	(벽면적)−(개구부면적)×(벽두께)
보	(보폭)×(바닥판 두께를 뺀 보의 춤)×(내부유효길이)
바닥판	(가로변)×(세로변)−(개구부면적)
계단	(길이)×(평균두께)×(계단폭)

72   정답 ②

$Q = 1,500 \text{m}^2 \times 0.5 \times 0.2 \text{인/m}^2 \times 100 \text{L/d} = 15,000 \text{L/d}$
$15,000 \text{L} = 15 \text{m}^3$

73   정답 ①

공기에 대한 언급이 별도로 없으므로, 일반식을 적용한다.
$0.4 \times 600 \div 13 \fallingdotseq 18.46 \text{m}^2$

74   정답 ③

등변분포하중이 작용할 때 전단력선은 2차 곡선, 휨모멘트도는 3차 곡선이다.

구간별 하중	전단력도	휨모멘트도
하중 없음	평행 직선 (값이 일정)	평행 직선(값이 일정) 1차 직선
집중하중	불연속 직선	경사 직선
등분포하중	1차 직선	2차 곡선
등변분포하중	2차 곡선	3차 곡선

75   정답 ①

펌프의 양수량은 회전수에 비례하므로 1.2배 증가한다.

76   정답 ①

600포 이상, 공기는 8개월이므로, (시멘트 포대수)$\times \dfrac{1}{3}$ 을 적용한다.

$0.4 \times 2,397 \times \dfrac{1}{3} \div 13 \fallingdotseq 24.58 \text{m}^2$

77   정답 ④

승용 승강기의 설치대수

건축물의 용도	6층 이상 거실면적의 합계	
	3,000m² 이하	3,000m² 초과
공연장, 집회장, 관람장, 판매시설, 의료시설	2대	2대에 3,000m²를 초과하는 2,000m² 이내마다 1대를 더한 대수
전시장, 동물원, 식물원, 업무시설, 숙박시설, 위락시설	1대	1대에 3,000m²를 초과하는 2,000m² 이내마다 1대를 더한 대수
공동주택, 교육연구시설, 노유자시설, 기타	1대	1대에 3,000m²를 초과하는 3,000m² 이내마다 1대를 더한 대수

※ 8인승 이상 15인승 이하 1대 기준이며, 16인승 이상의 승강기는 2대로 본다.

78   정답 ③

$\dfrac{1,000 \times 1 \times (30 + 6 + 1.5)}{6,120 \times 0.5} \fallingdotseq 12.3 \text{kW}$

79   정답 ②

$\sqrt{[\text{전력용량(kWh)}]} \times 3.3 = \sqrt{15} \times 3.3 \fallingdotseq 12.78 \text{m}^2$

80   정답 ③

노외주차장을 설치할 수 있는 자연녹지지역

- 하천구역 및 공유수면으로서 주차장이 설치되어도 해당 하천 및 공유수면의 관리에 지장을 주지 않는 지역
- 토지의 형질변경 없이 주차장 설치가 가능한 지역
- 주차장 설치를 목적으로 토지의 형질변경 허가를 받은 지역

81
정답 ①

가스배관의 시공
- 배관은 원칙적으로 직선, 직각으로 한다.
- 배관 도중에 신축 흡수를 위한 이음을 한다.
- 건물의 주요구조부를 관통하여 설치하지 않는다.
- 건축물 내의 배관은 외부에 노출하여 시공한다.
- 보호조치를 한 배관을 이음매 없이 설치할 때에는 매설할 수 있다.
- 건물 규모가 크고 배관 연장이 긴 경우는 계통을 나누어 배관한다.
- 가스사용시설의 지상배관은 황색으로 도색하는 것이 원칙이다.

82
정답 ①

평행식(개별식) 배선방식
- 분전반마다 배전반으로부터 각각의 간선을 설치하는 방식이다.
- 공급 신뢰도가 높고, 중요 부하, 큰 용량의 부하에 적용이 가능하다.
- 전압강하가 평균화되며, 사고발생 시 파급되는 범위가 좁다.
- 배선이 복잡하고 설비비가 많이 소요된다.
- 대규모 건축물에 적당하다.

83
정답 ④

안전개가식 출납시스템

절차	• 서가 접근 → 열람 후 선택 → 대출 수속 → 열람석
특징	• 서고와 열람실이 분리되어 있다. • 서가 열람이 가능하여 도서를 직접 뽑을 수 있다. • 검열·기록·감시를 위한 관원이 필요하다.
적용	• 1실 15,000권 이하의 소규모 도서관에 적합하다.

84
정답 ⑤

복층(메조넷)형과 스킵플로어형의 장점
- 엘리베이터의 정지층수가 줄어 효율적이다.
- 주·야간별 생활공간을 층별로 나눌 수 있다.
- 유효면적, 전용면적, 임대면적이 증가하고 공용면적이 감소한다.
- 각기 다른 평면계획으로 단면 및 입면상의 다양한 변화가 있다.
- 복도가 없는 층은 남북으로 트여 통풍, 채광, 프라이버시 확보가 용이하다.

85
정답 ②

밀 스케일은 금속을 800℃ 이상으로 가열하면 표면에 발생하는 산화 피막을 말한다.

86
정답 ①

콘크리트의 공기량 변화

증가	감소
• AE제 혼입량이 많을수록 • 혼합온도가 낮을수록 • 슬럼프가 클수록 • 잔골재 중 0.15 ~ 0.6mm 입경분포가 증가할수록	• 단위시멘트량이 클수록 • 시멘트 분말도가 클수록 • 혼합시간이 길수록 • 진동을 가할수록

87
정답 ②

기본벽돌쌓기
기본벽돌은 정미량, 모르타르는 소요량이다.

구분	단위	0.5B	1.0B	1.5B
기본벽돌	m²당	75장	149장	224장
모르타르	1,000매당	0.25m³	0.33m³	0.35m³

※ 할증률 : 붉은벽돌 3%, 내화벽돌 3%, 시멘트벽돌 5%
따라서 40×75=3,000장이 필요하다.

88
정답 ①

금속관 배선공사
- 금속관 내부에 절연전선을 넣어서 설치하는 공사이다.
- 고조파의 영향을 받지 않는다.
- 은폐 및 노출장소, 옥내, 옥외, 다습한 장소에도 시공이 가능하다.
- 과열에 의한 화재의 우려가 없고 기계적인 보호성이 우수하다.
- 고압, 저압, 통신설비 등 옥내배선의 모든 공사에 널리 사용된다.
- 전선의 인입이 우수하며 철근콘크리트건물의 매입배선으로 사용된다.
- 별도의 접지가 필요하다.

89
정답 ③

시가지방재지구는 건축물·인구 밀집 지역으로서 시설 개선 등을 통하여 재해 예방이 필요한 지구를 말한다.

90
정답 ⑤

인근 설치가 가능한 부설주차장
- 주차대수 300대 이하인 경우 시설물의 부지인근에 부설주차장을 설치할 수 있다.
- 부지인근의 범위 기준은 해당 부지의 경계선으로부터 부설주차장의 경계선까지의 직선거리 300m 이내 또는 도보거리 600m 이내이다.

01	02	03	04		05
30	4	24	⑩, ©, ⓒ, @, ⓐ		ⓒ, ⓐ
06			07	08	09	10
ⓐ, ⓒ, @			8	85	4	⑩, ⓒ

01
정답 30

건축법 시행령 제34조 제5항에 따르면초고층 건축물에는 피난층 또는 지상으로 통하는 직통계단과 직접 연결되는 피난안전구역(건축물의 피난·안전을 위하여 건축물 중간층에 설치하는 대피공간을 말한다. 이하 같다)을 지상층으로부터 최대 30개 층마다 1개소 이상 설치하여야 한다.

02
정답 4

$1+(12,000-3,000)÷3,000=1+3=4$대

승용 승강기의 설치대수

건축물의 용도	6층 이상 거실면적의 합계	
	3,000m² 이하	3,000m² 초과
공연장, 집회장, 관람장, 판매시설, 의료시설	2대	2대에 3,000m²를 초과하는 2,000m² 이내마다 1대를 더한 대수
전시장, 동물원, 식물원, 업무시설, 숙박시설, 위락시설	1대	1대에 3,000m²를 초과하는 2,000m² 이내마다 1대를 더한 대수
공동주택, 교육연구시설, 노유자시설, 기타	1대	1대에 3,000m²를 초과하는 3,000m² 이내마다 1대를 더한 대수

※ 8인승 이상 15인승 이하 1대, 16인승 이상의 승강기는 2대로 취급

03
정답 24

$$V_A + V_B = wl \text{이고 } V_A = \frac{5wl}{8} \text{이므로, } V_B = \frac{3wl}{8}$$

따라서 $a=3$, $b=8$이므로 $ab=3×8=24$이다.

04
정답 ⑩, ©, ⓒ, @, ⓐ

목재면 바탕 만들기 공정

오염, 부착물의 제거 → 송진의 처리 → 연마지 닦기 → 옹이땜 → 구멍땜

05
정답 ⓒ, ⓐ

메탈라스(Metal lath)
- 일정 간격으로 금을 내고 늘려서 그물모양으로 만든 얇은 연강판의 총칭이다.

- 메탈라스, 리브라스, 익스펜디드라스 등이 있다.
- 천장, 내벽 등의 회반죽, 모르타르 바탕에 균열방지용 등으로 사용된다.

06
정답 ⓐ, ⓒ, @

거푸집의 설계 시 적용하는 하중

보의 바닥 / 슬래브	보의 측면 / 벽 / 기둥
고정하중, 충격하중, 작업하중 등	콘크리트에 의한 측압

07
정답 8

$1,200÷150×1=8$대

시설면적당 부설주차장 설치기준

400m²당 1대	창고시설, 학생용 기숙사
350m²당 1대	수련시설, 공장(아파트형 제외), 발전시설
300m²당 1대	기타 건축물
200m²당 1대	제1, 2종근린생활시설, 숙박시설
150m²당 1대	문화 및 집회시설(관람장 제외), 종교시설, 판매시설, 운수시설, 의료시설(정신병원·요양병원·격리병원 제외), 운동시설(골프장·골프연습장·옥외수영장 제외), 업무시설(외국공관·오피스텔 제외), 방송국, 장례식장
100m²당 1대	위락시설

08
정답 85

건축신고 시 건축허가를 받은 것으로 보는 주요 항목
- 연면적의 합계가 100m² 이하인 건축물
- 바닥면적의 합계가 85m² 이내인 증축·개축 또는 재축
- 건축물의 높이를 3m 이하의 범위에서 증축하는 건축물
- 연면적이 200m² 미만이고 3층 미만인 건축물의 대수선
- 주요구조부의 해체가 없는 등 대통령령으로 정하는 대수선

09
정답 4

건축법상 연립주택은 주택으로 쓰는 1개 동의 바닥면적 합계가 660m²를 초과하고, 층수가 4개 층 이하여야 한다.

10
정답 ⑩, ⓒ

직통계단을 2개소 이상 설치해야 하는 공동주택 또는 업무시설

공동주택(층당 4세대 이하인 것은 제외한다) 또는 업무시설 중 오피스텔의 용도로 쓰는 층으로서 그 층의 해당 용도로 쓰는 거실의 바닥면적의 합계가 300m² 이상인 건축물에는 직통계단을 2개소 이상 설치하여야 한다.

3일 차 기출응용 모의고사 정답 및 해설

제 1영역 직업기초능력평가

01	02	03	04	05	06	07	08	09	10
③	④	⑤	④	②	⑤	②	⑤	②	④
11	12	13	14	15	16	17	18	19	20
②	②	⑤	⑤	④	③	④	①	④	①
21	22	23	24	25	26	27	28	29	30
③	③	④	④	④	④	④	⑤	①	④
31	32	33	34	35	36	37	38	39	40
②	②	③	⑤	②	⑤	③	③	⑤	④

01
정답 ③

제시문은 고대 그리스, 헬레니즘, 로마 시대를 순서대로 나열하며 역사적 순서대로 주제의 변천에 대해 서술하고 있다. 따라서 ③이 제시문의 서술상 특징으로 적절하다.

02
정답 ④

스마트시티 전략은 정보통신기술을 적극적으로 활용하여 도시의 혁신을 이끌고 도시 문제를 해결하는 것으로 볼 수 있다. ④는 물리적 기반시설 확대의 경우로 정보통신기술의 활용과는 거리가 멀다.

03
정답 ⑤

시골개, 떠돌이개 등이 지속적으로 유입되었다는 내용으로 미루어 짐작할 수 있는 사실이다.

오답분석
① 2018년 이후부터의 수를 제시하고 있기 때문에 이전에도 그랬는지는 알 수가 없다.
② 지난해 경기 지역이 가장 많은 유기견 수를 기록했다는 내용만 알 수 있을 뿐, 항상 그랬는지는 알 수가 없다.
③ 2016년도부터 2019년도까지는 꾸준히 증가하는 추세였으나, 작년에는 12만 8,719마리로 감소했음을 알 수 있다.
④ 유기견 번식장에 대한 규제가 필요하다는 말을 미루어 봤을 때 적절한 규제가 이루어지지 않음을 짐작할 수 있다.

04
정답 ④

탄소배출권거래제는 의무감축량을 초과 달성했을 경우 초과분을 거래할 수 있는 제도이다. 따라서 온실가스의 초과 달성분을 구입 혹은 매매할 수 있음을 추측할 수 있으며, 빈칸 이후 문단에서도 탄소배출권을 일종의 현금화가 가능한 자산으로 언급함으로써 이러한 추측을 돕고 있다. 따라서 ④가 빈칸에 들어갈 말로 가장 적절하다.

오답분석
① 청정개발체제에 대한 설명이다.
② 제시문에는 탄소배출권거래제가 가장 핵심적인 유연성체제라고는 언급되어 있지 않다.
③ 제시문에서 탄소배출권거래제가 6대 온실가스 중 이산화탄소를 줄이는 것을 특히 중요시한다는 내용은 확인할 수 없다.
⑤ 탄소배출권거래제가 탄소배출권이 사용되는 배경이라고는 볼 수 있으나, 다른 감축의무국가를 도움으로써 탄소배출권을 얻을 수 있다는 내용은 제시문에서 확인할 수 없다.

05
정답 ②

제시문에서 '당분 과다로 뇌의 화학적 균형이 무너져 정신에 장애가 왔다고 주장'한 것과, '정제한 당의 섭취를 원천적으로 차단'한 실험 결과를 토대로 추론하면 '과다한 정제당 섭취는 반사회적 행동을 유발할 수 있다.'로 귀결된다.

06
정답 ⑤

새로 개설된 3기 신도시 홈페이지의 경우 LH 청약센터와 감정원의 청약홈 등 기존 청약 인프라와 연계해 접근성을 높였다는 내용을 통해 확인할 수 있다.

오답분석
① 기존의 3기 신도시 홈페이지를 개편하여 3기 신도시 종합정보포털을 새로 개설하였다.
② 청약 일정 알리미 서비스는 이미 기존의 3기 신도시 홈페이지에서 시행되었다.
③ 2020년 12월 새로 개설된 홈페이지가 아닌 2019년 8월 개설된 기존 3기 신도시 홈페이지의 현재까지 방문자가 190만 명 이상이다.
④ 새로 개설된 종합정보포털의 접속 주소는 기존 홈페이지와 동일하므로 기존의 3기 신도시 홈페이지로 접속되었을 것이다.

07
정답 ②

직장에서의 프라이버시 침해 위협에 대해 우려하는 것이 제시문의 논지이므로 ②는 제시문의 내용으로 적절하지 않다.

08
정답 ⑤

쇼펜하우어는 표상의 세계 안에서의 이성의 역할, 즉 시간과 공간, 인과율을 통해서 세계를 파악하는 주인의 역할을 함에도 불구하고 이 이성이 다시 의지에 종속됨으로써 제한적이며 표면적일 수밖에 없다는 한계를 지적하고 있다.

오답분석
① 세계의 본질은 의지의 세계라는 내용은 쇼펜하우어 주장의 핵심 내용이라는 점에서는 옳지만, 제시문의 주요 내용은 주관 또는 이성 인식으로 만들어내는 표상의 세계는 결국 한계를 가질 수밖에 없다는 것이다.
② 제시문에서는 표상 세계의 한계를 지적했을 뿐, 표상 세계의 극복과 그 해결 방안에 대한 내용은 없다.
③ 제시문에서 의지의 세계와 표상 세계는 의지가 표상을 지배하는 종속관계라는 차이를 파악할 수는 있으나, 중심 내용으로는 적절하지 않다.
④ 쇼펜하우어가 주관 또는 이성을 표상의 세계를 이끌어 가는 능력으로 주장하고 있다는 점에서 타당하나 글의 중심 내용으로는 적절하지 않다.

09
정답 ②

세조의 집권과 추락된 왕권 회복을 위한 세조의 정책을 설명하는 (나) 문단이 첫 번째 문단으로 적절하며, 이후 세조의 왕권 강화 정책 중 특히 주목되는 술자리 모습을 소개하는 (라) 문단이 다음으로, 이후 당시 기록을 통해 세조의 술자리 모습을 설명하는 (가) 문단이, 마지막으로 세조의 술자리가 가지는 의미를 해석하는 (다) 문단이 적절하다.

10
정답 ④

제시문의 첫 문장인 '한국토지주택공사는 토목 및 조경공사에 적용되는 주요 자재와 공법 선정에 있어 전문성과 공정성을 강화하기 위해 자재ㆍ공법 선정제도를 개선했다고 밝혔다.'를 통해 앞으로 전개될 내용이 '한국토지주택공사의 자재ㆍ공법 선정제도 개선'에 관한 것임을 추론할 수 있다. 또한, 이어지는 내용에서도 심의위원회 구성 및 심의 방식의 개편 등 자재ㆍ선정제도에서 개선된 세부 내용에 관해 설명하고 있으므로 기사의 제목으로 ④가 가장 적절하다.

오답분석
① 선정과정에서의 문제점에 관한 언급은 기사에서 찾아볼 수 없다.
② 심의위원의 선정 방법은 개선된 사항의 일부이므로 글 전체의 내용을 포괄하는 제목으로 적절하지 않다.

③ 시공 자재 및 공법에 대한 평가 강화 및 우수 신기술 보유업체 지원 확대는 개선 사항의 일부이므로 글 전체의 내용을 포괄하는 제목으로 적절하지 않다.
⑤ 한국토지주택공사의 자재ㆍ공법 선정방식의 해외 진출에 관한 언급은 기사에서 찾아볼 수 없다.

11
정답 ②

(라) 문단에서 '갑돌'의 성품이 탁월하다고 볼 수 있는 것은 그의 성품이 곧고 자신감이 충만하며, 다수의 옳지 않은 행동에 대하여 비판의 목소리를 낼 것이며 그렇게 하는 데에 별 어려움을 느끼지 않을 것이기 때문이다.
또한 (다) 문단에 따르면 탁월한 성품은 올바른 훈련을 통해 올바른 일을 바르고 즐겁게 그리고 어려워하지 않으며 처리할 수 있는 능력을 뜻한다. 따라서 아리스토텔레스의 입장에서는 엄청난 의지를 발휘하고 자신과의 힘든 싸움을 해야 했던 '병식'보다는 잘못된 일에 별 어려움 없이 비판의 목소리를 내는 '갑돌'의 성품을 탁월하다고 여길 것이다.

12
정답 ②

(나)는 논제를 친근하고 익숙한 사례(리라 켜기, 말 타기 등)에 비유해서 설명하고 있으나, 함축적 의미의 어휘를 사용하거나 개념 정의를 하고 있지는 않다.

13
정답 ⑤

보기는 어떤 행위가 도덕적인 행위가 되려면 행위자의 감정이나 욕구 또는 성향은 배제돼야 하며, 도덕 법칙을 지키려는 의지에서 비롯된 것이어야 한다.라고 주장하고 있다. 또한 (다) 문단에 따르면 아리스토텔레스는 '늘 관대한 행동을 하고 그런 행동에 감정적으로 끌리는 성향을 갖고 있어야 비로소 관대함에 관하여 성품의 탁월함을 갖고 있다고 할 수 있다고 여기므로 아리스토텔레스는 도덕적 행위에 있어 도덕 법칙에 대한 의지보다는 성향, 성품을 강조한다고 볼 수 있다. 따라서 보기의 입장에서 아리스토텔레스의 의견을 비판하려면 아리스토텔레스가 강조한 성품, 성향은 부정하고, 의지는 강조할 필요가 있다.

14
정답 ⑤

제시문은 사회복지와 자유와의 관계 규명을 통해 사회복지 정책의 바람직한 방향을 제시하고 있는데, 사회복지 정책은 소극적 자유보다는 적극적 자유를 증가시키는 방향으로 시행해야 한다는 것이 글쓴이의 생각이다.

15
정답 ④

제시문은 첫 번째 문단에서 논점을 밝히고, (가)에서 글쓴이의 의견과 상반되는 논리를 소개한 다음, (나) 이후로 이에 대한 반론을 펼치고 네 번째, 다섯 번째 문단에서 마무리하는 구조로 이루어져 있다.

16
정답 ③

㉠은 소수가 누리는 소극적 자유의 제한이 다수가 누리는 적극적 자유를 증가시킴을 뜻한다. ①·②·④·⑤는 모두 이러한 사례에 해당하지만, ③은 승용차를 가진 소수의 소극적 자유를 위해 주민들 다수의 통행권이 라는 적극적 자유를 제한하는 사례이다.

17
정답 ④

지방 전체 주택수의 10% 이상을 차지하는 수도권 외 지역은 부산, 경북, 경남이다. 이 중 지방 주택보급률인 109.1%보다 낮은 지역은 부산이며, 부산의 주택보급률과 전국 주택보급률의 차이는 104.2%−103.6=0.6%p이다.

오답분석

① 전국 주택보급률보다 낮은 지역은 수도권, 지방은 부산, 대구, 대전이다.
② 수도권 외 지역 중 주택수가 가장 적은 지역은 130.9천호인 세종이며, 세종의 주택보급률 110%보다 높은 지역은 울선, 충북, 충남, 전남, 경북, 경남으로 여섯 곳이다.
③ 가구수가 주택수보다 많은 지역은 주택보급률이 100% 미만인 지역으로 서울 지역이며, 전국에서 가구수가 두 번째로 많다.
⑤ 주택수가 가구수의 1.1배 이상인 지역은 주택보급률이 110% 이상인 지역을 말한다. 울산, 세종, 충북, 충남, 전남, 경북, 경남에서 가구수가 세 번째로 적은 지역인 충북의 주택보급률은 지방 부택부급률보다 113.8−109.1=4.7% 높다.

18
정답 ①

3인 가구의 경우 26℃ 이상 28℃ 미만일 때 에어컨 가동시간은 10.4시간으로, 30℃ 이상일 때의 16시간의 $\frac{10.4}{16} \times 100 = 65\%$ 수준이다.

오답분석

② 평균 실내온도가 26℃ 미만일 때와 28℃ 이상 30℃ 미만일 때, 6인 이상 가구에서의 에어컨 가동시간은 5인 가구보다 많지만, 나머지 두 구간에서는 적다.
③ 평균 실내온도가 28℃ 미만일 때, 자녀가 있는 2인 가구의 일평균 에어컨 가동시간은 자녀가 없을 때보다 2배 이상 많지만, 28℃ 이상일 경우에는 2배 미만이다.
④ 28℃ 이상 30℃ 미만일 때, 4인 가구의 일평균 에어컨 가동시간은 18.8시간이다.
⑤ 1인 가구의 경우 30℃ 이상일 때 일평균 에어컨 가동시간은 6.3시간으로, 26℃ 미만일 때의 1.4시간보다 $\frac{6.3}{1.4}=4.5$배 더 많다.

19
정답 ④

연도별 교원 1인당 원아 수를 구하면 다음과 같다.

• 2021년 : $\frac{8,423}{566} ≒ 14.88$명

• 2022년 : $\frac{8,391}{572} ≒ 14.67$명

• 2023년 : $\frac{8,395}{575} = 14.6$명

• 2024년 : $\frac{8,360}{578} ≒ 14.46$명

따라서 연도별 교원 1인당 원아 수는 점점 감소하고 있다.

오답분석

① 2021년에는 $\frac{327}{112} ≒ 2.92$개, 2022년에는 $\frac{344}{124} ≒ 2.77$개이고, 2023년에는 $\frac{340}{119} ≒ 2.86$개, 2024년에는 $\frac{328}{110} ≒ 2.98$개이므로 유치원당 평균 학급 수는 3개를 넘지 않는다.

② • 2021년 학급당 원아 수 : $\frac{8,423}{327} ≒ 25.76$

• 2022년 학급당 원아 수 : $\frac{8,391}{344} ≒ 24.39$명

• 2023년 학급당 원아 수 : $\frac{8,395}{340} ≒ 24.69$명

• 2024년 학급당 원아 수 : $\frac{8,360}{328} ≒ 25.49$명

따라서 2022년과 2023년은 학급당 평균 원아 수가 25명을 넘지 않는다.

③ 취원율이 가장 높았던 해와 원아 수가 가장 많은 해는 2021년으로 동일하다.

⑤ • 2021년 학급당 교원 수 : $\frac{566}{327} ≒ 1.73$개

• 2022년 학급당 교원 수 : $\frac{572}{344} ≒ 1.66$개

• 2023년 학급당 교원 수 : $\frac{575}{340} ≒ 1.69$개

• 2024년 학급당 교원 수 : $\frac{578}{328} ≒ 1.76$개

따라서 학급당 교원 수는 2022년에 가장 낮고, 2024년에 가장 높다.

20 정답 ①

1인당 1일 폐기물 배출량을 정리하면 다음과 같다.

구분	1일 폐기물 배출량	인구수	1인당 폐기물 배출량
용산구	305.2톤	132,259명	2.31kg/일
중구	413.7톤	394,679명	1.05kg/일
종로구	339.9톤	240,665명	1.41kg/일
서대문구	240.1톤	155,106명	1.55kg/일
마포구	477.5톤	295,767명	1.61kg/일

따라서 1인당 1일 폐기물 배출량이 가장 큰 구인 용산구(2.31kg/일)에 폐기물 처리장을 설치해야 한다.

21 정답 ③

폐기물 처리장이 설치되는 용산구에서 출발하여 1인당 1일 폐기물 배출량이 많은 지역을 순서대로 이동하면 용산구 → 마포구 → 서대문구 → 종로구 → 중구 → 용산구 순서이다. 따라서 폐기물 수집에 걸리는 최소시간은 $100+80+50+60+50=340=5$시간 40분이다.

22 정답 ③

• 첫 번째 문제를 맞힐 확률 : $\dfrac{1}{5}$

• 첫 번째 문제를 틀릴 확률 : $1-\dfrac{1}{5}=\dfrac{4}{5}$

• 두 번째 문제를 맞힐 확률 : $\dfrac{2}{5}\times\dfrac{1}{4}=\dfrac{1}{10}$

• 두 번째 문제를 틀릴 확률 : $1-\dfrac{1}{10}=\dfrac{9}{10}$

∴ 두 문제 중 하나만 맞힐 확률 : $\dfrac{1}{5}\times\dfrac{9}{10}+\dfrac{4}{5}\times\dfrac{1}{10}=\dfrac{13}{50}$

$=26\%$

23 정답 ④

ⅰ) 네 번째 시합에서 홍보부서가 우승할 경우는 네 경기 모두 홍보부서가 이겨야 하므로 확률은 $\dfrac{1}{2}\times\dfrac{1}{2}\times\dfrac{1}{2}\times\dfrac{1}{2}=\dfrac{1}{16}$ 이다.

ⅱ) 다섯 번째 시합에서 홍보부서가 우승할 경우는 홍보부서는 네 번째 시합까지 3승 1패를 하고, 다섯 번째 시합에서 이겨야 한다. 홍보부서가 한 번 졌을 경우는 총 4가지이므로 확률은 $4\times\left(\dfrac{1}{2}\times\dfrac{1}{2}\times\dfrac{1}{2}\times\dfrac{1}{2}\right)=\dfrac{1}{4}$ 이다.

따라서 홍보부서가 네 번째 시합 또는 다섯 번째 시합에서 결승에 우승할 확률은 $\dfrac{1}{16}+\dfrac{1}{4}=\dfrac{1+4}{16}=\dfrac{5}{16}$ 임을 알 수 있다.

24 정답 ⑤

먼저 영희와 친구들의 선호 메뉴를 살펴보면, A는 다른 친구들과 선호하는 메뉴가 겹치지 않는 것을 확인할 수 있기 때문에 영희와 B, C를 중심으로 파악한다.

영희와 B, C의 선호 메뉴를 고려하여 겹치는 메뉴가 무엇인지를 파악해보면, 영희와 C는 돈가스, B와 C는 제육덮밥이 겹치는 것을 확인할 수 있다. 또한 C는 돈가스와 제육덮밥을 동시에 주문할 수 없으므로 영희와 친구들이 각자 다른 메뉴를 고르는 경우의 수는 '(전체 모든 경우의 수)−(영희와 C가 돈가스를 같이 고르는 경우의 수)−(B와 C가 제육덮밥을 같이 고르는 경우의 수)'이다. 따라서 영희와 친구들의 주문에 대한 경우의 수는 $(3\times3\times3\times4)-(3\times3)-(3\times3)=90$가지이다.

25 정답 ④

ⓒ 중위소득 20% 이하에서 지급인원과 지급금액이 적은 순서대로 연령대를 나열하면 31~40세, 30세 이하, 41~50세, 51~60세, 61세 이상으로 동일하다.

ⓒ 1인당 평균 주거급여 지급금액은 (총지급금액)÷(총지급인원)이므로 중위소득 30% 초과 45% 이하인 전체사람들의 1인당 평균 지급 금액은 $165,000\div7,500=22$만 원이다. 이와 같이 각 연령대의 1인당 평균 주거급여 지급금액을 구하면 다음과 같다.

• 30세 이하 : $19,200\div800=24$만 원
• 31~40세 : $4,800\div200=24$만 원
• 41~50세 : $21,000\div1,400=15$만 원
• 51~60세 : $30,000\div1,500=20$만 원
• 61세 이상 : $90,000\div3,600=25$만 원

따라서 1인당 평균 주거급여 지급금액이 중위소득 30% 초과 45% 이하의 전체 평균보다 적은 연령대는 41~50세와 51~60세이다.

오답분석

ⓐ 31~40세에서 소득구간이 '20% 초과 30% 이하(100명)' 대비 '20% 이하(55명)'의 비율은 $\dfrac{55}{100}\times100=55\%$이고, 소득구간이 '30% 초과 45% 이하(200명)' 대비 '20% 초과 30% 이하(100명)'의 비율은 $\dfrac{100}{200}\times100=50\%$이다

26
정답 ④

중위소득 '20% 이하', '20% 초과 30% 이하', '30% 초과 45% 이하' 중 총지급인원이 가장 적은 구간은 3,575명으로 '20% 이하'이고, 총지급금액이 가장 적은 구간도 82,850만 원으로 '20% 이하'이다.

오답분석

① 중위소득 '20% 이하', '20% 초과 30% 이하', '30% 초과 45% 이하'의 연령대별 총지급인원을 구분하면 다음과 같다.

(단위 : 명)

연령	소득구분		
	20% 이하	20% 초과 30% 이하	30% 초과 45% 이하
30세 이하	280	400	800
31 ~ 40세	55	100	200
41 ~ 50세	560	1,500	1,400
51 ~ 60세	880	2,000	1,500
61세 이상	1,800	2,500	3,600

따라서 41 ~ 50세, 51 ~ 60세는 지급인원이 감소하므로 옳지 않은 설명이다.

② 중위소득 '20% 초과 30% 이하'인 구간의 총지급인원은 6,500명이고, 50세 이하 총지급인원은 400+100+1,500=2,000명이므로 6,500÷2,000=3.25배이다.

③ 30% 초과 45% 이하 구간에서 41 ~ 50세의 1인당 평균 주거급여 지급금액은 21,000÷1,400=15만 원이고, 61세 이상 1인당 평균 주거급여 지급금액은 90,000÷3,600=25만 원이므로 $\frac{15}{25}\times100$=60%이다.

⑤ 소득구간 '20% 이하'의 전체 지급인원은 3,575명으로 '20% 초과 30% 이하'의 전체 지급인원인 6,500명의 $\frac{3,575}{6,500}\times100$=55%에 해당한다.

27
정답 ④

1원당 부피를 판별하면 되므로, 총부피를 가격으로 나누어 가장 큰 값을 갖는 생수를 고르면 된다.
- A : (500×20)÷6,000≒1.67ml/원
- B : (700×15)÷4,000≒2.63ml/원
- C : (1,000×10)÷5,000=2.00ml/원
- D : (1,500×8)÷4,500≒2.67ml/원
- E : (2,000×6)÷5,500≒2.18ml/원

따라서 1원당 부피가 가장 큰 D업체를 고르는 것이 가장 이득이다.

28
정답 ⑤

A ~ E의 진술을 차례대로 살펴보면, A는 B보다 먼저 탔으므로 서울역 또는 대전역에서 승차하였다. 이때, A는 자신이 C보다 먼저 탔는지 알지 못하므로 C와 같은 역에서 승차하였음을 알 수 있다. 다음으로 B는 A와 C보다 늦게 탔으므로 첫 번째 승차 역인 서울역에서 승차하지 않았으며, C는 가장 마지막에 타지 않았으므로 마지막 승차 역인 울산역에서 승차하지 않았다. 한편, D가 대전역에서 승차하였으므로 같은 역에서 승차하는 A와 C는 서울역에서 승차하였음을 알 수 있다. 또한 마지막 역인 울산역에서 혼자 승차하는 경우에만 자신의 정확한 탑승 순서를 알 수 있으므로 자신의 탑승 순서를 아는 E가 울산역에서 혼자 승차하였다.
이를 토대로 A ~ E의 승차 역을 정리하면 다음과 같다.

구분	서울역		대전역		울산역
탑승객	A	C	B	D	E

따라서 'E는 울산역에서 승차하였다.'는 항상 참이 된다.

오답분석

① A는 서울역에서 승차하였다.
② B는 대전역, C는 서울역에서 승차하였으므로, 서로 다른 역에서 승차하였다.
③ C는 서울역, D는 대전역에서 승차하였으므로, 서로 다른 역에서 승차하였다.
④ D는 대전역, E는 울산역에서 승차하였으므로, 서로 다른 역에서 승차하였다.

29
정답 ①

'KS90101-2'는 아동용 10kg 이하의 자전거로, 109동 101호 입주민이 2번째로 등록한 자전거이다.

오답분석

② 등록순서를 제외한 일련번호는 7자리로 구성되어야 한다.
③ 자전거 무게를 구분하는 두 번째 자리에는 L, M, S 중 하나만 올 수 있다.
④ 등록순서를 제외한 일련번호는 7자리로 구성되어야 하며, 종류와 무게 구분 번호의 자리가 서로 바뀌어야 한다.
⑤ 등록순서는 1자리로 기재한다.

30
정답 ④

마지막의 숫자는 동일 세대주가 자전거를 등록한 순서를 나타내므로 해당 자전거는 2번째로 등록한 자전거임을 알 수 있다. 따라서 자전거를 2대 이상 등록한 입주민의 자전거이다.

오답분석

① 'T'를 통해 산악용 자전거임을 알 수 있다.
② 'M'을 통해 자전거의 무게는 10kg 초과 20kg 미만임을 알 수 있다.
③ 104동 1205호에 거주하는 입주민의 자전거이다.
⑤ 자전거 등록대수 제한에 대한 정보는 나와 있지 않다.

31　　정답 ②

단지사정에 따라 정기모집과 상관없이 입주자를 모집하는 경우도 있다고 하였고, 이 같은 경우 콜센터에 연락하여 관심 단지를 등록해 놓으면 문자로 편리하게 안내받을 수 있다고 하였다.

오답분석
① 수도권을 제외한 나머지 지역 모집공고일은 3월 15일이므로 A씨는 3월 15일에 신청할 수 있다.
③ 입주자모집공고일 현재 무주택세대구성원이어야 하며 세대구성원 전원이 주택을 소유하고 있지 않아야 한다.
④ 임신 중인 경우 태아까지 포함해서 가구원 수를 측정하므로 A씨와 아내, 아들과 태아까지 4인 가구에 해당한다.
⑤ 모집 공고가 등록된 이후 며칠 동안은 상담이 지연될 수 있으므로 모집 공고가 등록되자마자 전화 상담을 하는 것은 바람직하지 않다.

32　　정답 ②

무주택세대구성원 조건 중 '비고'란을 보면, 신청자(B씨)의 배우자가 주민등록표상 분리되어 있을 시 분리 배우자(아내) 및 분리 배우자(아내)와 동일주민등록표상 같이 거주하는 신청자(B씨)의 직계존비속을 포함한다고 하였다. 처제는 아내의 여동생이며 B씨의 직계존비속이 아니므로 포함되지 않는다.

33　　정답 ③

주어진 조건에 따라 네 명의 직원이 함께 탄 5인승 택시의 자리는 다음과 같다.

1) 경우 1

택시 운전기사	• 소속 : 디자인팀 • 직책 : 과장 • 신발 : 노란색	
• 소속 : 연구팀 • 직책 : 대리 • 신발 : 흰색 　또는 연두색	• 소속 : 홍보팀 • 직책 : 부장 • 신발 : 검은색	• 소속 : 기획팀 • 직책 : 사원 • 신발 : 흰색 　또는 연두색

2) 경우 2

택시 운전기사	• 소속 : 디자인팀 • 직책 : 과장 • 신발 : 노란색	
• 소속 : 기획팀 • 직책 : 사원 • 신발 : 흰색 　또는 연두색	• 소속 : 홍보팀 • 직책 : 부장 • 신발 : 검은색	• 소속 : 연구팀 • 직책 : 대리 • 신발 : 흰색 　또는 연두색

따라서 '과장은 노란색 신발을 신었다.'는 ③은 항상 참이 된다.

오답분석
① 택시 운전기사 바로 뒤에는 사원 또는 대리가 앉을 수 있다.
② 부장은 뒷좌석 가운데에 앉는다.
④ 부장 옆에는 대리와 사원이 앉는다.
⑤ 사원은 흰색 또는 연두색 신발을 신었다.

34　　정답 ⑤

한 사람이 거짓이므로 서로 상반된 주장을 하고 있는 박과장과 이부장을 비교해본다.
ⅰ) 박과장이 거짓일 경우 : 김대리와 이부장이 참이므로 이부장은 가장 왼쪽에, 김대리는 가장 오른쪽에 위치하게 된다. 이 경우 김대리가 자신의 옆에 있다는 박과장의 주장이 참이 되므로 모순이 된다.
ⅱ) 이부장이 거짓일 경우 : 김대리와 박과장이 참이므로 이부장은 가장 왼쪽에 위치하고, 이부장이 거짓이므로 김대리는 가운데, 박과장은 가장 오른쪽에 위치하게 된다. 이 경우 이부장의 옆에 주차하지 않았으며 김대리 옆에 주차했다는 박과장의 주장과도 일치한다.
따라서 주차장에 주차한 순서는 이부장 – 김대리 – 박과장 순서가 된다.

35　　정답 ②

제품번호 'IND22Q03D9210'을 항목에 따라 구분하면 다음과 같다.
[IND] – [22] – [Q03] – [D92] – [10]
따라서 인도네시아에서 생산되었고, 2022년에 생산되었으며, 생산 분기는 3분기이고, 의류에 해당되며, 일반운송 대상임을 알 수 있다.

36　　정답 ⑤

발표내용을 볼 때, W음료의 천연재료의 추출, 철저한 위생 관리와 같은 강점(Strength)을 통해 건강음료를 선호하고 식품의 위생을 중요시하는 오늘날의 트렌드와 같은 기회(Opportunity)를 포착하는 모습을 확인할 수 있으므로, SO전략(강점 – 기회 전략)이 적절하다.

37
정답 ③

현재의 부정적인 평판은 약점(Weakness)으로, 소비자들을 위한 효과적인 마케팅은 강점(Strength)으로 볼 수 있다. 약점 – 강점 전략은 SWOT 분석에 의한 경영 전략에 포함되지 않는다.

오답분석
① '착한 기업' 이미지를 통해 부정적인 평판(약점)을 보완하여 경쟁시장(위협)에서 이길 수 있도록 하는 WT전략(약점 – 위협 전략)으로 볼 수 있다.
② 차별화된 광고(강점)를 통해 음료 소비의 성장세(기회)를 극대화하도록 함으로써 SO전략(강점 – 기회 전략)으로 볼 수 있다.
④ 탄산음료만이(약점) 아닌 건강음료를 개발하여 생수를 선호(기회)하는 건강시대에 발맞춰 생산함으로써 WO전략(약점 – 기회 전략)으로 볼 수 있다.
⑤ 높은 브랜드 가치(강점)를 통해 탄산음료 산업 경쟁(위협)에서 우위에 있음을 적극 홍보하는 것은 ST(강점 – 위협)전략으로 볼 수 있다.

38
정답 ③

직원들이 지망하는 지역에 따라 정리하면 다음과 같다.

구분	서울	대구	대전	광주	울산	부산
직원	A, E	D, I	B, G	C	F, J	H

근태 점수가 가장 높은 A, C, E, F, G, J가 희망하는 지역을 먼저 배치한다.
다음으로 근태 점수가 높은 B, D, I를 배치한다.
그다음으로 H를 배치시켜야 하는데 각 지방에 적어도 1명씩 발령해야 하므로 9명에 대한 배치가 끝나고 1명도 배치되지 않은 부산에 배치한다.
따라서 H는 부산에 발령해야 하므로 ③은 옳지 않다.

39
정답 ⑤

10명의 직원의 환산점수를 구하면 다음과 같다.

(단위 : 점)

구분	근태 환산점수	성과 환산점수	환산점수 합계
A	$100 \times 0.3 = 30$	$60 \times 0.7 = 42$	$30 + 42 = 72$
B	$60 \times 0.3 = 18$	$60 \times 0.7 = 42$	$18 + 42 = 60$
C	$100 \times 0.3 = 30$	$20 \times 0.7 = 14$	$30 + 14 = 44$
D	$60 \times 0.3 = 18$	$100 \times 0.7 = 70$	$18 + 70 = 88$
E	$100 \times 0.3 = 30$	$100 \times 0.7 = 70$	$30 + 70 = 100$
F	$100 \times 0.3 = 30$	$60 \times 0.7 = 42$	$30 + 42 = 72$
G	$100 \times 0.3 = 30$	$100 \times 0.7 = 70$	$30 + 70 = 100$
H	$20 \times 0.3 = 6$	$60 \times 0.7 = 42$	$6 + 42 = 48$
I	$60 \times 0.3 = 18$	$20 \times 0.7 = 14$	$18 + 14 = 32$
J	$100 \times 0.3 = 30$	$100 \times 0.7 = 70$	$30 + 70 = 100$

환산점수 합계가 가장 높은 직원을 원하는 지방으로 순서대로 배치하면 다음과 같다.

구분	서울	대구	대전	광주	울산	부산
직원	A, E	D	B, G	C, H	F, J	I

따라서 H직원은 부산이 아닌 광주로, I직원은 대구가 아닌 부산으로 발령 받았다.

40
정답 ④

선정방식에 따라 업체별 최종점수를 도출하면 다음과 같다.
• A : $20 + 18 + 15 + 13 + 7 = 73$점
• B : $30 + 20 + 15 + 3 + 5 = 83$점
• C : $25 + 15 + 22 + 13 + 3 = 78$
• D : $25 + 18 + 22 + 10 + 10 = 85$점
• E : $15 + 12 + 19 + 15 + 7 = 68$점
따라서 최종점수가 가장 높은 D업체가 선정될 것이며, 이에 따라 D업체의 입찰가격인 28억 원이 소요될 것이다.

| 01 | 토목

토목 – 객관식

41	42	43	44	45	46	47	48	49	50
①	④	④	③	④	①	⑤	①	②	①
51	52	53	54	55	56	57	58	59	60
①	④	③	③	①	②	④	③	①	①
61	62	63	64	65	66	67	68	69	70
③	②	③	①	②	③	③	①	④	⑤
71	72	73	74	75	76	77	78	79	80
②	③	③	②	②	②	②	⑤	②	③
81	82	83	84	85	86	87	88	89	90
③	⑤	①	①	③	⑤	②	③	④	②

41
정답 ①

$$\sigma = \frac{P}{A} + \frac{M}{Iy}x = \frac{P}{A} + \frac{M}{Z}$$

$$A = \frac{\pi d^2}{4} = 1,256$$

$$Z = \frac{\pi d^3}{32} = 6,280$$

$$\sigma = \frac{4 \times 10^3}{1,256} + \frac{4 \times 10^3 \times 10}{6,280} \fallingdotseq 9.55 \text{kg}_f/\text{cm}^2$$

42
정답 ④

가상일의 원리는 임의의 가상변위와 구속력의 곱인 가상일은 항상 0이 된다는 법칙이다.

43
정답 ④

원형 단면의 단면계수

$$Z = \frac{I_G}{\frac{d}{2}} = \frac{\frac{\pi d^4}{64}}{\frac{d}{2}} = \frac{\pi d^3}{32}$$

44
정답 ③

누가우량 곡선법은 강우자료의 일관성을 검증하거나 교정하기 위해 사용한다.

45
정답 ④

(정체압력수두)=(압력수두)+(속도수두)이므로
$P_s = P + V$이다.

46
정답 ①

침사지의 용량은 계획취수량을 10 ~ 20분간 저류시킬 수 있어야 한다.

47
정답 ⑤

$$[\text{자정계수}(f)] = \frac{(\text{재폭기계수})}{(\text{탈산소계수})} = \frac{0.2}{0.1} = 2$$

48
정답 ①

오존살균법은 고도의 정수처리 방법으로 여과수에 가하는 주입량은 2 ~ 3mg/l이며, 쉽게 분리되어 발생기 산소가 되어 소독작용을 하지만, 소독의 잔류효과가 없다.

49
정답 ②

인장 이형철근의 겹침이음길이

(1) A급 이음 : $1.0l_d$ 이상, 300mm 이상
(2) B급 이음 : $1.3l_d$ 이상, 300mm 이상

50
정답 ①

$$C_h = \frac{H^2}{2L} \text{이므로 } H = \sqrt{2LC_h} = \sqrt{2 \times 65 \times 0.01} \fallingdotseq 1.14\text{m}$$이다.

51
정답 ①

고차식 야장이므로
$$H_B = H_A + \sum B \cdot S - \sum F \cdot S$$
$$= 10 + (1.15 + 2.34 + 1.98) - (1.04 + 1.46 + 0.85)$$
$$= 12.12\text{m}$$이다.

52
정답 ④

$$V = \frac{l}{6} \times (A_1 + 4A_m + A_2) = \frac{20}{6} \times (72 + 4 \times 132 + 182)$$
$$\fallingdotseq 2,606.7\text{m}^3$$

53
정답 ③

$C = \dfrac{sV^2}{gR}$ 에서 V와 R을 2로 하면 $C' \fallingdotseq \dfrac{2^2}{2} \cdot C = 2C$이다.

따라서 새로운 캔트 C'는 2C이다.

54
정답 ③

지름이 D이므로 핵의 반지름은 $\dfrac{D}{8}$ 이다.

따라서 핵의 지름은 $2 \times \dfrac{D}{8} = \dfrac{D}{4}$ 이다.

55
정답 ①

$\gamma_{sat} = 2.5t/m^3$, $\gamma_w = 1t/m^3$이므로
유효응력 $\bar{\sigma} = 10 \times (2.5-1) + 0.28 = 15.28t/m^2$이다.

56
정답 ②

$t_{min} = \dfrac{l}{21}\left(0.43 + \dfrac{f_y}{700}\right)(1.65 - 0.00031m_c \geq 1.09)$에서
보통중량콘크리트이고, $f_y = 400MPa$인 표준상태이므로
$t_{min} = \dfrac{l}{21} = \dfrac{7,000}{21} \fallingdotseq 334mm$이다.

57
정답 ④

연력도는 한 점에 적용하지 않는 여러 힘을 합성하고자 할 때 그 합력의 작용선을 찾아낸다.

58
정답 ③

$H_A + i - z = 700$이므로 $z = 71.6 + 1.5 - 70 = 3.1m$이다. 따라서 표척(Staff)의 관측값은 3.1m이다.

59
정답 ①

- 모멘트 면적법 제1정리 : $\triangle\theta_{AB} = \left[\text{AB 간} \left(\dfrac{M}{EI}\right)\text{도}(°)\text{의 면적}\right]$

- 모멘트 면적법 제2정리 : $\delta_B = \left(\dfrac{M}{EI}\right)_{AB} \times x_B$

60
정답 ①

상승모멘트가 0인 축을 단면의 주축이라 한다.

61
정답 ③

말뚝의 부마찰력은 상대변위 속도가 빠를수록 크다.

62
정답 ②

- $[\text{건조단위중량}(\gamma_d)] = \dfrac{\gamma}{1 + \dfrac{w}{100}} = \dfrac{2}{1 + \dfrac{25}{100}} = 1.6t/m^3$

- $[\text{간극비}(e)] = \dfrac{G_s \times \gamma_w}{\gamma_d} - 1 = \dfrac{2.6 \times 1}{1.6} - 1 = 0.625$

- $\text{포화도}(S) = \dfrac{w}{e} \times G_s = \dfrac{20}{0.625} \times 2.5 = 80\%$

63
정답 ③

$P_L = \dfrac{S^3}{S^3 + L^3}P = \dfrac{S^3}{S^3 + (2S)^3}P = \dfrac{1}{9}P$이고,

$P_S = \dfrac{L^3}{S^3 + L^3}P = \dfrac{(2S)^3}{S^3 + (2S)^3}P = \dfrac{8}{9}P$이므로 $\dfrac{P_S}{P_L} = \dfrac{8}{1}$ 이다.

따라서 하중비$(P_S : P_L)$는 8 : 1이다.

64
정답 ①

ⅰ) 유효프리스트레스 힘(P_e)
   설계하중이 재하된 후 처짐이 없으므로 프리스트레스 힘만의 응력을 받고 있다.
   $f_c = \dfrac{P_e}{A_g} = E_c\epsilon$에서 $P_e = E_cA_g\epsilon = 26,000 \times 150,000 \times (3.5 \times 10^{-4}) = 1,365,000N = 1,365kN$

ⅱ) 초기 프리스트레스 힘(P_i)
   $R = \dfrac{P_e}{P_i}$에서 $P_i = \dfrac{P_e}{R} = \dfrac{1,365}{0.85} \fallingdotseq 1,606kN$

65
정답 ②

$\dfrac{\triangle r}{r} = \dfrac{h}{H}$에서 $\triangle r = r \times \dfrac{h}{H}$이다.

최대 기복변위는 r이 최대인 경우에 발생하므로
$\triangle r_{max} = r_{max} \times \dfrac{h}{H} = \left(\sqrt{2} \times \dfrac{23}{2}\right) \times \dfrac{65}{0.15 \times 20,000}$
$\fallingdotseq 0.35cm$

66
정답 ③

프리스트레스 도입 직후 포스트텐션 긴장재의 응력은 정착구와 커플러의 위치에서 $0.7f_{pu}$ 이하여야 한다.

67 정답 ③

$\beta_1 = 0.85 - 0.007(f_{ck} - 28) = 0.85 - 0.007 \times (60 - 28) = 0.626$
이다. 그런데 β_1은 0.65 이상이어야 하므로 $\beta_1 = 0.65$이다.

68 정답 ①

$V_u \le \dfrac{1}{2}\phi V_c$일 경우 최소 전단철근을 보강하지 않아도 된다.

$V_u \le \dfrac{1}{2}\phi V_c = \dfrac{1}{2}\phi\left(\dfrac{\lambda\sqrt{f_{ck}}}{6}\right)b_w d$

$\therefore\ d = \dfrac{12 V_c}{\phi\lambda\sqrt{f_{ck}}\,b_w} = \dfrac{12 \times (60 \times 10^3)}{0.75 \times 1.0 \times \sqrt{24} \times 350} \fallingdotseq 560\text{mm}$

69 정답 ④

표고는 평균 해수면으로부터의 수직거리를 말한다.

70 정답 ⑤

$f_{\text{하연}} = \dfrac{P}{A} = \dfrac{M}{Z} = 0$에서

$P = \dfrac{AM}{Z} = \dfrac{bh \times \left(\dfrac{wl^2}{8}\right)}{\dfrac{bh^2}{6}} = \dfrac{3wl^2}{4h} = \dfrac{3 \times 30 \times 6^2}{4 \times 0.4} = 2{,}025\text{kN}$

따라서 PS강재에 2,025kN의 긴장력이 작용되어야 한다.

71 정답 ②

최대휨응력 $\sigma_{\max} = \dfrac{M}{Z} = \dfrac{M}{\dfrac{\pi D^3}{32}} = \dfrac{32M}{\pi D^3}$이다.

72 정답 ③

지오이드는 높이가 0인 높이의 기준면이므로 위치에너지가 0인 등포텐셜면이다.

73 정답 ③

최소일의 원리(Theorem of Least Work)
- 외력을 받고 있는 부정정 구조물의 각 부재에 의하여 발생한 내적인 일(Work)은 평형을 유지하기 위하여 필요한 최소의 일이라는 개념이다.
- 일반식 : $\delta_i = \dfrac{\partial U}{\partial P_i} = \displaystyle\int \dfrac{M}{EI}\left(\dfrac{\partial M}{\partial P_i}\right)dx = 0$

74 정답 ①

탄성계수와 체적탄성계수와의 관계는 $K = \dfrac{E}{3(1 - 2\nu)}$이며, 탄성계수와 전단탄성계수와의 관계는 $G = E \cdot \dfrac{1}{2(1 + \nu)}$이다.

75 정답 ⑤

ⅰ) $6t_f + b_w = 6 \times 100 + 300 = 900\text{mm}$

ⅱ) 인접한 보와의 내측거리의 $\dfrac{1}{2} + b_w = \dfrac{1{,}600}{2} + 300 = 1{,}100\text{mm}$

ⅲ) 보의 경간의 $\dfrac{1}{12} + b_w = \dfrac{6{,}000}{12} + 300 = 800\text{mm}$

따라서 유효폭은 최솟값 800mm로 한다.

76 정답 ②

확폭량(S)은 $S = \dfrac{L^2}{2R}$와 같이 나타낼 수 있다. 이때, L은 차량전면에서 뒷축까지의 거리를, R은 곡선반지름을 나타낸다. 확폭량은 곡선반지름에 반비례하므로 $S' = \dfrac{1}{2}S$이다.

77 정답 ②

DGPS란 GPS가 갖는 오차를 보정하여 정확도를 높이고자 기준국을 설치하고 보정신호를 받아 수신기의 위치오차를 보정하는 방식이다. 여기서 보정되는 오차에는 위성의 궤도오차, 위성의 시계오차, 전리층 신호 지연, 대류권 신호 지연 등이 있다. 다중경로오차는 수신기에서 신호의 세기를 비교해 약한 신호를 제거하여 오차를 보정한다.

78 정답 ⑤

우연오차는 측정 횟수의 제곱근에 비례한다.

$E = \pm E_a \cdot \sqrt{n} = \pm 3 \times \sqrt{\dfrac{320}{20}} = \pm 12\text{mm}$

따라서 두 지점 간의 우연오차는 ±12mm이다.

79 정답 ②

VRS 측위는 수신기 1대를 이용한 절대측위 방법이 아닌, 전국의 위성 기준점을 이용하여 가상의 기준점을 생성하고, 이 가상의 기준점과 이동국과 통신하여 정밀한 이동국의 위치를 결정하는 측량 방법으로, 금잠자 상대측위 방식의 RTK 측량의 일종이다. 따라서 ②는 옳지 않은 설명이다.

80
정답 ③

코사인법칙 $P_2^2 = P_1^2 + R^2 - 2RP_1\cos\alpha$ 에서

$\cos\alpha = \dfrac{P_1^2 + R^2 - P_2^2}{2RP_1}$ 이다.

81
정답 ③

삼각망의 폐합오차

- 1등 : $\pm 1''$
- 2등 : $\pm 2''$
- 3등 : $\pm 10''$
- 4등 : $\pm 20''$

82
정답 ⑤

$\dfrac{f}{H} = \dfrac{l}{L} = \dfrac{1}{m}$ 에서 $\dfrac{15}{300,000} = \dfrac{1}{20,000} = \dfrac{l}{60}$ 이므로

$l = \dfrac{60}{20,000} = 3\times 10^{-3}\text{m} = 3\text{mm}$ 이다.

83
정답 ①

다짐에너지 시험 방법의 A시험 방법은

$W_R = 25\text{N}$, $N_L = 3$, $N_B = 25$이고 $H = 30\text{cm}$이다.

$\therefore E = \dfrac{W_R H N_B N_L}{V} = \dfrac{25\times 30\times 3\times 25}{1,000} = 56.25\text{N}\cdot\text{cm/cm}^3$

84
정답 ①

(계획 1일 평균 급수량)

=(계획 1일 최대 급수량)×(급수량 산출계수)

=(계획 1인 1일 최대 급수량)×(계획급수 인구수)

×(급수보급률)×(급수량 산출계수)

=$300\times 200,000\times 0.85\times 0.7$

=35,700,000L

=35,700m^3

85
정답 ③

우수 및 합류관로의 최소관경은 250mm이며, 오수관거의 최소관경은 200mm이다.

86
정답 ⑤

부유물농도는 $\dfrac{200mg}{L}\times\dfrac{1,000}{1,000} = \dfrac{200g}{m^3} = \dfrac{0.2kg}{m^3}$ 이다.

슬러지의 비중이 1.1이므로 슬러지 단위중량은 $\dfrac{1,100kg}{m^3}$ 이다.

슬러지발생량은 (처리수량)×(제거된 부유물 농도)×$\dfrac{100}{100-함수율}$

×$\dfrac{1}{단위중량}$ 으로 구한다.

$\dfrac{3,000m^3}{day}\times\dfrac{0.2kg}{m^3}\times\dfrac{70}{100}\times\dfrac{100}{100-95}\times\dfrac{m^3}{1,100kg} = \dfrac{7.64m^3}{day}$

이므로 슬러지의 양은 7.6m^3/day이다.

87
정답 ②

혐기성 소화 시 가스발생량 저하 원인

- 저농도 슬러지 유입
- 소화조 내 온도의 저하
- 소화가스의 누출
- 소화슬러지 과잉배출
- 과다한 산 생성

88
정답 ③

플레이트 보의 경제적인 높이는 $h = 1.1\sqrt{\dfrac{M}{f_a t_w}}$ 이다.

따라서 경제적인 높이는 휨모멘트에 의해 구할 수 있다.

89
정답 ④

리벳으로 연결된 부재에서 리벳이 상·하 두 부분으로 절단되는 원인은 리벳의 전단파괴가 원인이다.

90
정답 ②

나선철근기둥 압축부재의 강도감소계수는 0.75이고, 띠철근기둥 압축부재의 강도감소계수는 0.7이다.

토목 - 주관식				
01	02	03	04	05
37	88	30	ㄹ, ㄴ, ㅁ, ㄱ, ㄷ	ㄱ, ㅂ
06		07	08	09	10
ㄴ, ㄷ		295	45	13	ㄱ, ㄹ

01
정답 37

$$I_x = \frac{1}{12} \times 10 \times 25^3 - \frac{1}{12} \times 9 \times 23^3 ≒ 3,896 \text{cm}^4$$

$$I_f = b^2 t_f \left(\frac{h}{2} \right)^2 = 14,400 \text{cm}^4$$

$$e = \frac{I_f}{I_x} b = \frac{14,400}{3,896} \times 10 ≒ 37 \text{mm}$$

02
정답 88

$$\triangle l = \frac{Pl}{EA} = \frac{7,000 \times 500}{2.0 \times 10^6 \times 2} = 0.875 \text{cm} ≒ 88 \text{mm}$$

03
정답 30

우리나라 삼각망의 평균 변장은 1등이 30km, 2등이 10km, 3등이 5km, 4등이 2.5km이다.

04
정답 ㄹ, ㄴ, ㅁ, ㄱ, ㄷ

일반적인 상수도 계통도는 '수원 및 저수시설 → 취수 → 도수 → 정수 → 송수 → 배수 → 급수' 순으로 이루어진다.

05
정답 ㄱ, ㅂ

비접착식 포스트텐션 공법

구분	비접착식 포스트텐션(Unbonded Post-Tension)
특징	• PC강선을 콘크리트와 부착하지 않도록 가공하여 설치하고 경화 후 PC강선을 긴장시킨 방식 • 정착구와 콘크리트 지압에 의해 긴장력을 콘크리트로 전달 • 긴장재와 콘크리트 분리 • 정착구는 상시 하중에 저항 • 균열 제어 및 응력 전달을 위해 추가 철근 필요 • 그라우팅 불필요 • 일반 건물, 주차장 등의 슬래브나 보에 적용

06
정답 ㄴ, ㄷ

일시적인 개량공법의 종류로는 웰 포인트(Well Point) 공법, 대기압 공법(진공 압밀 공법), 동결 공법 등이 있다.

07
정답 295

보통골재를 사용하는 경우, 탄성계수 구하기

$f_{ck} \leq 40MPa$, $\triangle f = 4$MPa

$E_e = 8,500 \times \sqrt[3]{f_{ck}}$ 식을 사용하여

$E_e = 8,500 \times \sqrt[3]{(38+4)}$

$≒ 29,546.226$MPa

$= 2.9546 \times 10^4$MPa

$≒ 295 \times 10^2$MPa

08
정답 45

사인장 응력에 대응하는 철근 배치 시 중립축과의 적정 각도는 45도이다.

09
정답 13

측점 수가 n개일 때
트래버스에서 측정한 외각의 합은 $180° \times (n+2)$이다.

$2,700 = 180 \times (n+2)$

$\rightarrow n+2 = \frac{2,700}{180} = 15$

$\therefore n = 13$이다.

10
정답 ㄱ, ㄹ

• 편심기둥, 아치 : 축방향 압축과 휨을 받는 부재
• 등분포 연직하중을 받는 라멘
 – 상부 : 휨을 받는 부재
 – 벽체 : 휨과 압축을 받는 부재

| 02 | 건축

건축 – 객관식

41	42	43	44	45	46	47	48	49	50
④	①	③	④	④	②	②	③	⑤	②
51	52	53	54	55	56	57	58	59	60
③	④	②	②	④	②	②	③	③	④
61	62	63	64	65	66	67	68	69	70
④	③	⑤	③	①	②	③	②	④	⑤
71	72	73	74	75	76	77	78	79	80
①	④	④	①	④	②	③	①	①	②
81	82	83	84	85	86	87	88	89	90
①	①	②	⑤	②	③	③	①	②	③

41 정답 ④

천장, 벽면 등은 빛이 잘 확산되도록 밝은 색으로 하여야 한다.

42 정답 ①

압축식 냉동기의 냉동사이클의 순서는 '압축 → 응축 → 팽창 → 증발'이다.

43 정답 ③

$(\text{BOD 제거율})=\dfrac{150-60}{150}\times100=60\%$

44 정답 ④

$[유량(Q)]=[단면적(A)]\times[유속(V)]$이므로, $V=\dfrac{Q}{A}$

- $V_A=\dfrac{3}{\pi\times(0.05)^2}≒382\text{m/min}\div60≒6.37\text{m/s}$

- $V_B=\dfrac{3}{\pi\times(0.1)^2}≒95.5\text{m/min}\div60≒1.59\text{m/s}$

45 정답 ④

신고전주의 건축은 고대 로마와 그리스 건축을 재현하려 한 것이며, 대표적인 건축물에는 파리 개선문이 있다.

46 정답 ②

ㄷ. 병동부는 간호단위를 기본으로 구성되며, 외래진료부는 외과, 내과 등의 각종 과로 구성되어 있다.

47 정답 ②

중앙홀 형식

개요	• 중심부에 큰 홀을 두고 홀에 접하여 전시실을 배치한 형식이다.
특징	• 각 실에 직접 들어갈 수 있고 전시실의 선택적 사용이 가능하다. • 중앙홀이 크면 동선에 혼란이 없으나 장래 확장이 어렵다. • 부지의 이용률이 높은 지점에 건립할 수 있다. • 대표적으로 프랭크 로이드 라이트의 뉴욕 구겐하임 미술관이 있다.

48 정답 ③

$\sum M_B=0$이므로

$-1\times(2+4+2)-3\times2+1\times2+R_A\times(2+4)=0$

$R_A=2\text{kN}$

$R_A+R_B=2+R_B=1+3+1$이므로 $R_B=3\text{kN}$이다.

49 정답 ⑤

차동식 감지기는 주변 온도가 일정 온도 상승률 이상이 되었을 때 작동하는 자동화재 탐지설비이며, 사무실 등 화기를 취급하지 않는 장소에 적합하다.

50 정답 ②

$(부등률)=\dfrac{(각\ 부하의\ 최대수용전력의\ 합계)}{(합성최대수용전력)}$이므로

$(합성최대수용전력)=\dfrac{(각\ 부하의\ 최대수용전력의\ 합계)}{(부등률)}$

$=\dfrac{1,200}{1.2}=1,000\text{kW}$이다.

51 정답 ③

PM(Particulate Matter)-10은 다중이용시설 실내공기질 유지기준에서 허용기준을 제시하고 있는 것으로, 실내공기 중에 부유하는 직경 $10\,\mu m$ 이하의 미세먼지를 의미한다.

52

정답 ④

- 유효좌굴계수(K)는 양단힌지일 때 1.0이다.
- [좌굴길이(l_k)]=[유효좌굴계수(K)]×[길이(l)]

  $=1.0 \times 3.5m = 3.5m$

구분	1단 고정 1단 자유	양단 힌지	1단 고정 1단 힌지	양단 고정
유효좌굴계수(K)	2.0	1.0	0.7	0.5
좌굴길이(l_k)	$2.0 \times l$	$1.0 \times l$	$0.7 \times l$	$0.5 \times l$
좌굴강도(n)	1/4	1.0	2.0	4.0

53

정답 ②

$$\sigma_{max} = \frac{P}{A} + \frac{M}{Z} = \frac{480}{2 \times 2.4} + \frac{96}{\frac{2 \times 2.4^2}{6}} = 150 kN/m^2 (압축)$$

독립기초 저면의 압축 측 최대응력도

- σ_{max}=[축하중(P)]÷[면적(A)]+[휨모멘트(M)]÷[단면계수(Z)]
- $\sigma_{max} = \frac{P}{A} + \frac{M}{Z}$

54

정답 ②

체크밸브는 유체를 일정한 방향으로만 흐르게 하고 역류를 방지하는 데 사용된다.

55

정답 ④

품질관리는 계획 → 실시 → 검토 → 조치 순서로 진행된다.

56

정답 ②

- EC부재에 대한 분배율

  A지점과 B지점은 회전단의 조건이므로, 유효강비 $0.75k$를 적용한다.

  $$f_{EC} = \frac{K_{EC}}{\Sigma K} = \frac{1.5}{(2+4) \times 0.75 + 1.5 + 3} = \frac{1}{6}$$

- EC부재에 대한 분배모멘트

  $$M_{EC} = f_{EC} \times M_E = \frac{1}{6} \times 60kN \cdot m = 10kN \cdot m$$

- C지점에 대한 전달모멘트

  $$M_{CE} = \frac{1}{2} \times M_{EC} = \frac{1}{2} \times 10kN \cdot m = 5kN \cdot m$$

57

정답 ②

이중덕트방식은 냉풍과 온풍을 공급받아 각 실 또는 각 존의 혼합유닛에서 혼합하여 공급하는 방식이다.

이중덕트방식

- 2개의 공급덕트(냉풍, 온풍)와 1개의 환기덕트로 구성되어 있으며, 각 실의 혼합상자에서 공기를 혼합하는 방식이다.
- 부하변동에 즉시 대응할 수 있고, 다수의 실이나 존에 적용할 수 있다.
- 실의 냉난방 부하가 감소되어도 취출공기의 부족현상이 없다.
- 혼합상자에서 냉풍과 온풍의 혼합손실과 소음, 진동이 발생한다.
- 에너지소비량이 가장 많고 덕트 스페이스가 크며 설비비가 고가이다.

58

정답 ③

바실리카 울피아는 재판 및 집회에 사용된 시장 건물이며, 아일(Aisle) 부분의 천정에 배럴 볼트가 사용되었다.

고대 로마의 주요 건축물

판테온	• 거대한 돔을 얹은 로툰다와 대형 열주 현관으로 구성된 신전이다.
콜로세움	• 석재, 콘크리트, 볼트 등으로 구성된 원형 투기장이다. • 1층은 도릭, 2층은 이오닉, 3층은 코린트 오더를 수직으로 중첩시키는 방식을 사용하였다.
바실리카 (공회당)	• 재판 및 집회에 사용된 시장 건물이다. • 바실리카 울피아는 로마식의 광대한 내부 공간을 보여주며, 초기 기독교 교회당의 규준이 된 건축물이다.
인술라	• 다층의 평민용 집합주거 건물이다.

59

정답 ③

액상화현상은 점토질지반보다 사질지반에서 일어나기 쉽다.

60

정답 ④

유도사이펀작용에 대한 설명이다.

61 정답 ④

통합품질관리(TQC)를 위한 7가지 도구

파레토도 (파레토그램)	• 층별 요인이나 특성에 대한 불량점유율을 나타낸 그림이다. • 가로축에는 층별 요인이나 특성을, 세로축에는 불량건수나 불량손실금액 등을 표시하여 그 점유율을 나타낸 불량해석도이다.
산포도 (산점도)	• 통계적 요인이나 특성에 대한 두 변량 간의 상관관계를 파악하기 위한 그림이다. • 두 변량을 각각 가로축과 세로축에 취하여 측정값을 타점하여 작성한다.
특성요인도 (생선뼈그림)	• 결과에 대한 원인이 어떻게 관계하는지를 알기 쉽게 작성한 그림이다. • 문제로 하고 있는 특성과 요인 간의 관계, 요인 간의 상호관계를 쉽게 이해할 수 있도록 화살표를 이용하여 나타낸다.
히스토그램	• 모집단에 대한 품질특성을 알기 위한 도수분포도이다. • 모집단의 분포상태, 분포의 중심위치, 분포의 산포 등을 쉽게 파악할 수 있도록 막대 그래프 형식으로 작성한다.
층별	• 품질의 분산이나 불량 원인에 대한 데이터를 몇 개의 그룹 또는 층으로 구분하여 해석 및 파악하는 기법이다.
체크시트	• 불량이나 결점 등 가산의 데이터가 항목별로 집중되어 있는 지점을 쉽게 알아보기 위해 나타내는 그림 또는 표이다.
관리도 (Control Chart)	• 품질특성값의 변화를 파악하고, 공정의 안정성을 판단하는 그래프이다. • 중심선과 관리한계선(상한선, 하한선)을 가로축으로 설정하여 작성한다.

62 정답 ③

재료량 : $300\text{m}^2 \times 1.1 = 330\text{m}^2$

건설공사표준품셈에서 석재판 붙임용재의 할증률

정형돌	부정형돌
10%	30%

63 정답 ⑤

플랜지 이음에 대한 설명이다.

64 정답 ③

직접가설공사의 종류로는 비계, 흙막이, 규준틀, 보양, 양중 및 하역설비 등이 있다.

65 정답 ①

슬래브의 세장비는 T형보의 유효폭 산정과 관계가 없다.
T형보의 유효폭은 다음 값 중에서 최소인 값으로 한다.
• $b = 16t$(슬래브 두께)$+ b_w$(보의 폭)
• $b =$(양측 슬래브의 중심 간 거리)
• $b = \dfrac{1}{4} \times$(보의 경간)

66 정답 ②

$\Sigma V = 0, \ -V + 2 \times N \sin 60° = 0$

$-3\text{kN} + 2 \times N \times \dfrac{\sqrt{3}}{2} = 0, \ N = \sqrt{3}\,\text{kN}$

67 정답 ③

강관비계 설치 시 띠장의 수직간격은 1.5m 이하로 한다.

68 정답 ②

• $a = \dfrac{A_s \times f_y}{0.85 f_{ck} \times b} = \dfrac{1,161 \times 300}{0.85 \times 21 \times 300} ≒ 65.04\text{mm}$

• $d - \dfrac{a}{2} = 540 - \dfrac{65.04}{2} = 507.48\text{mm}$

69 정답 ④

대변기 세정밸브의 최저 필요압력은 70kPa 이상이다.

70 정답 ⑤

지반조사의 분류 및 정의

지하탐사법	• 짚어보기, 터파보기, 물리적탐사법 등을 말한다.
보링	• 지반에 구멍을 뚫고 그 안에 있는 토사를 채취하여 조사한다. • 토질의 분포, 토질의 구성 등 주상도에 필요한 정보를 제공한다.
사운딩	• 로드 선단의 저항체를 지중에 넣어 토층의 강도, 밀도를 측정한다.
시료채취	• 시료에는 교란시료, 불교란시료가 있다.
토질시험	• 토질의 역학적, 물리적 성질을 측정하기 위한 실내시험이다.
지내력시험	• 실제의 하중을 가하여 지내력을 측정한다.

71
정답 ①

$$M_{cr} = f_r \times Z = f_r \times \frac{bh^2}{6}$$

$$= 3\text{N/mm}^2 \times \frac{350\text{mm} \times (700\text{mm})^2}{6}$$

$$= 85,750,000\text{N} \cdot \text{mm} = 85.75\text{kN} \cdot \text{m}$$

72
정답 ④

증기난방을 채용할 경우에 대한 설명이다.

지역난방의 특징

장점	• 건물마다 보일러 시설을 할 필요가 없다. • 관리가 용이하고 열효율면에서 유리하다. • 설비면적이 감소하고 유효면적이 증가한다. • 도시의 매연을 경감시킬 수 있다. • 위험물 취급이 제한되어 화재위험이 적다. • 보일러의 용량을 줄일 수 있다.
단점	• 초기투자비가 높다. • 배관의 길이가 길어서 열손실이 많다. • 사용요금의 분배가 곤란하다.

73
정답 ④

탄성파 지하탐사는 낙하추·화약의 폭발로 발생시킨 지진파를 측정한다.

물리적탐사법의 종류

탄성파식	낙하추·화약의 폭발로 발생시킨 지진파를 측정
전기저항식	지중에 전기를 흘려보내 저항값을 측정
방사능	방사성 원소가 방출하는 방사능 강도를 측정

74
정답 ①

개방형헤드를 사용하는 연결살수설비에 있어서 하나의 송수구역에 설치하는 살수헤드의 수는 10개 이하가 되도록 하여야 한다.

연결살수설비의 살수헤드
• 개방형헤드를 사용하는 연결살수설비에 있어서 하나의 송수구역에 설치하는 살수헤드의 수는 10개 이하가 되도록 하여야 한다.
• 송수구는 구경 65mm의 쌍구형으로 설치하여야 한다. 다만, 하나의 송수구역에 부착하는 살수헤드의 수가 10개 이하인 것은 단구형의 것으로 할 수 있다.

75
정답 ④

활하중은 고정하중의 2배 이하이어야 한다.

76
정답 ②

띠철근은 횡방향의 보강 철근으로, 주근 주위를 수평으로 둘러 감은 철근이다. 사용 목적으로는 주근의 좌굴을 방지하고, 주근을 고정시키며 수평력에 대한 전단보강의 작용을 한다. 띠철근의 수직간격기준은 주근 지름의 16배 이하, 띠철근이나 철선지름의 48배 이하, 기둥 단면의 최소치수 이하이어야 한다.

77
정답 ③

$f_y \geq 400\text{MPa}$, D16 이하의 이형철근이다.

• 최소 수직철근량 : $3,000 \times 200 \times 0.0012 = 720\text{mm}^2$
• 최소 수평철근량 : $2,600 \times 200 \times 0.0020 = 1,040\text{mm}^2$

벽체의 전체 단면적에 대한 철근비

구분	최소 수직철근비	최소 수평철근비
$f_y \geq 400\text{MPa}$, D16 이하의 이형철근	0.0012	0.0020
기타 이형철근	0.0015	0.0025
지름 16mm 이하의 용접철망	0.0012	0.0020

78
정답 ①

평행 철근의 순간격은 다음 값 중에서 가장 큰 값을 적용한다.
• 25mm 이상
• 철근의 공칭지름 이상
• 굵은골재최대치수의 4/3 이상
그러므로 25mm 이상, 22mm 이상, 25mm×4/3≒33.3 이상이므로, 33.3mm 이상을 적용한다.
따라서 보의 최소폭 $b = (40 \times 2) + (10 \times 2) + (22 \times 4) + (33.3 \times 3) = 287.9\text{mm}$이다.

79 정답 ①

콘크리트 강도계수는 보정계수에 영향을 미치지 않는다.

인장 이형철근·철선의 정착길이 보정계수

구분			계수	비고
α	철근배치 위치계수	상부철근	1.3	정착길이 또는 겹침이음부 아래 300mm를 초과되게 굳지 않은 콘크리트를 친 수평철근
		기타철근	1.0	–
β	철근 도막계수	에폭시 도막철근 / 철선	1.5	피복두께가 $3d_b$ 미만 또는 순간격이 $6d_b$ 미만
			1.2	기타
		아연도금 철근	1.0	–
		도막되지 않은 철근	1.0	–
λ	경량콘크리트 계수	보통중량	1.0	보통중량콘크리트 ($m_c = 2,300\text{kg/m}^3$)
		전경량	0.75	전경량콘크리트
		모래경량	0.85	모래경량콘크리트
γ	철근·철선의 크기계수		0.8	D19 이하의 철근과 이형철선
			1.0	D22 이상의 철근

80 정답 ②

인장력을 받는 이형철근 및 이형철선의 겹침이음길이는 최소 300mm 이상이어야 한다.

81 정답 ①

현장타설콘크리트말뚝을 배치할 때 그 중심간격은 말뚝머리지름의 2배 이상 또한 말뚝머리지름에 1,000mm를 더한 값 이상으로 한다.

82 정답 ①

합성수지관(경질비닐관) 배선공사

• 경질비닐제 합성수지관과 절연전선을 사용하는 공사이다.
• 관 자체가 절연체이므로 감전의 우려가 없고 시공이 쉽다.
• 내식성이 좋으므로 부식성가스 및 용액을 발산하는 환경에 적합하다.
• 열적영향, 기계적 외상을 받기 쉬운 곳에는 적용이 어렵다.
• 옥내의 은폐장소, 화학공장, 연구실의 배선 등에 사용된다.

83 정답 ②

$$D = 1.13 \sqrt{\dfrac{\dfrac{1}{60}}{2.5}} \fallingdotseq 0.09226\text{m} \fallingdotseq 92\text{mm}$$

84 정답 ⑤

서중 콘크리트의 문제점

• 증발로 인한 소요수량의 증가 및 슬럼프 저하가 우려된다.
• 수화열과 응결속도의 증가로 균열, 콜드조인트가 발생하기 쉽다.
• 장기강도가 감소하고 마감 및 양생이 어렵다.

85 정답 ②

보 및 슬래브의 이어 붓기는 전단력이 작은 스팬의 중앙부에서 수직으로 한다.

86 정답 ③

라이닝공법은 유리섬유, 합성섬유 등을 적층하여 두꺼운 도막층을 형성하는 도막방수 공법이다.

87 정답 ③

적층 공법은 미리 공장 생산한 기둥이나 보, 바닥판, 외벽, 내벽 등을 한 층씩 쌓아 올라가는 조립식으로 구체를 구축하고 이어서 마감 및 설비공사까지 포함하여 차례로 한 층씩 완성해 가는 공법이다.

88 정답 ①

단열시공바탕은 단열재 또는 방습재 설치에 지장이 없도록 못, 철선, 모르타르 등의 돌출물을 제거하여 평탄하게 청소한다.

단열공사의 공법 및 시공

공법의 분류	단열재료	•성형판단열재 공법, 현장발포재 공법, 뿜칠단열재 공법 등이 있다.
	시공부위	•벽단열, 바닥단열, 지붕단열 공법 등이 있다.
	설치위치	•내단열, 중단열, 외단열 등이 있다. •내단열공법은 단열성능이 적고 내부 결로가 발생할 우려가 있다.
시공		•단열시공바탕은 단열재 또는 방습재 설치에 지장이 없도록 못, 철선, 모르타르 등의 돌출물을 제거하여 평탄하게 청소한다. •단열재를 접착제로 바탕에 붙이고자 할 때에는 바탕면을 평탄하게 한 후 밀착하여 시공하되 초기박리를 방지하기 위해 압착상태를 유지시킨다.

89

정답 ②

일조 등의 확보를 위한 건축물의 높이 제한

• 전용주거지역과 일반주거지역 안에서 건축하는 건축물의 높이는 일조(日照) 등의 확보를 위하여 정북방향의 인접 대지경계선으로부터의 거리에 따라 대통령령으로 정하는 높이 이하로 하여야 한다.
• 건축물의 각 부분을 정북(正北) 방향으로의 인접 대지경계선으로부터 일정 거리 이상을 띄어 건축한다.
  – 높이 9m 이하인 부분은 인접 대지경계선으로부터 1.5m 이상
  – 높이 9m를 초과하는 부분은 인접 대지경계선으로부터 해당 건축물 각 부분 높이의 2분의 1 이상

90

정답 ③

관계전문기술자와의 협력

구분	건축전기설비기술사 또는 발송배전기술사	건축기계설비기술사 또는 공조냉동기계기술사
분야	전기, 승강기 및 피뢰침	급수·배수·난방· 환기설비 등
대상 건축물	연면적 10,000m² 이상인 건축물(창고시설 제외) 또는 에너지를 대량으로 소비하는 건축물 중 해당 용도의 바닥면적이 아래와 같은 건축물	
	10,000m² 이상	문화 및 집회시설, 종교시설, 교육 연구시설(연구소 제외), 장례식장
	3,000m² 이상	판매시설, 연구소, 업무시설
	2,000m² 이상	기숙사, 의료시설, 유스호스텔, 숙박 시설
	500m² 이상	목욕장, 실내 물놀이형 시설, 실내 수영장
	무관	아파트, 연립주택

건축 – 주관식				
01	02	03	04	05
53	130	4	㉠, ㉡. ㉣, ㉤, ㉢	㉤, ㉣
06		07	08	09	10
㉠, ㉡, ㉣, ㉤, ㉥		250	10	660	㉤, ㉠

01

정답 53

콘크리트용 골재는 부순골재를 사용할 경우 실적률은 굵은 골재의 경우 55% 이상, 잔골재의 경우 53% 이상이 되어야 한다.

02

정답 130

가압송수장치(옥내소화전설비의 화재안전기준 제5조 제3항)

특정소방대상물의 어느 층에 있어서도 해당 층의 옥내소화전(5개 이상 설치된 경우에는 5개의 옥내소화전)을 동시에 사용할 경우 각 소화전의 노즐선단에서의 방수압력이 0.17MPa 이상이고, 방수량이 130L/min 이상이 되는 성능의 것으로 해야 한다.

03

정답 4

$m = [$지점 반력수$(n)] + [$부재수$(s)] + [$강절점수$(r)]$
$\quad - 2 \times [$절점수$(k)]$
따라서 $m = (3 + 3 + 3 + 5 + 2) - (2 \times 6) = 4$이다.

04

정답 ㉠, ㉡. ㉣, ㉤, ㉢

통기관의 종류와 직경

1기구 통기관	해당 기구 관지름의 1/2 이상, 32mm 이상
회로·루프통기	수평배수지관과 통기수직관 중 작은 쪽 관경의 1/2 이상
도피통기관	담당하는 배수지관 관지름의 1/2 이상
결합통기관	통기수직관과 배수수직관 중 작은 쪽 관경 이상
신정통기관	배수수직관의 관경 이상

05

정답 ㉤, ㉣

같은 경사로를 이용하는 주차장의 총 주차대수가 50대 이하인 경우에는 5m, 이륜자동차전용 노외주차장의 경우에는 3m를 내변반경으로 한다.

06

정답 ㉠, ㉡, ㉣, ㉤, ㉥

국토의 계획 및 이용에 관한 법률 시행령 제71조에 따르면 자원순환 관련 시설, 폐차장, 가스충전소, 묘지시설, 생활숙박시설은 일반상업지역에 건축할 수 없다.

07

정답 250

급수관의 모든 기울기는 통상 1/250을 표준으로 한다.

08

정답 10

$$(램프수량) = \frac{[평균조도(E)] \times [실의\ 면적(A)]}{[램프당\ 광속(F)] \times [조명률(U)] \times [보수율(M)]}$$
$$= \frac{800 \times 10}{2,000 \times 0.6 \times 10/15} = 10개$$

09

정답 660

다세대주택은 주택으로 쓰는 1개 동의 바닥면적 합계가 660m² 이하이고, 층수가 4개 층 이하인 주택을 말한다. 단, 2개 이상의 동을 지하주차장으로 연결하는 경우에는 각각의 동으로 본다.

10

정답 ㉥, ㉠

근린상업지역은 근린지역에서의 일용품 및 서비스의 공급을 위하여 필요한 지역이고, 중심상업지역은 도심·부도심의 상업기능 및 업무기능의 확충을 위하여 필요한 지역이다.

4일 차 기출응용 모의고사 정답 및 해설

제 **1** 영역 직업기초능력평가

01	02	03	04	05	06	07	08	09	10
③	⑤	②	②	④	②	②	④	①	②
11	12	13	14	15	16	17	18	19	20
④	⑤	②	④	③	③	①	②	④	②
21	22	23	24	25	26	27	28	29	30
⑤	③	③	④	②	②	①	③	④	①
31	32	33	34	35	36	37	38	39	40
①	④	⑤	④	④	②	⑤	⑤	④	①

01
정답 ③

기사는 기본내진구조 설계, 면진구조 설계, 제진구조 설계 세 가지를 설명하는 설명문의 모습을 보이고 있으며, 해결 방안을 모색하는 모습은 찾아볼 수 없다.

오답분석

① 기본내진구조 설계의 장점과 단점을 구분하여 설명하고 있음을 알 수 있다.
② 감쇠장치의 역할에 대하여 급정차나 급출발하는 버스 안의 승객을 반대편에서 잡아주는 것으로 비유하는 모습을 확인할 수 있다.
④ 내진설계를 기본내진구조 설계, 면진구조 설계, 제진구조 설계와 같이 여러 하위개념으로 분류하여 설명함을 볼 수 있다.
⑤ 면진구조 설계로 지어진 고층빌딩들이 밀집해 있는 대도시에 강진이 발생하게 되면 어떻게 될까?'라는 질문을 던지고 그에 대한 답을 내리는 모습을 볼 수 있다.

02
정답 ⑤

건축물이 기울어지는 방향과 반대 방향에서 건축물을 잡아주어 건축물의 진동 에너지를 줄이고, 그것을 통하여 건축물의 붕괴를 막는 장치가 감쇠장치이다.

오답분석

① 기본내진구조 설계가 흔들리지 않게 짓는 방법에 가깝다면 면진구조 설계는 천천히 흔들리도록 짓는 방법에 가깝다고 할 수 있다.
② 물체가 외부의 힘에 반응하며 진동할 때 따르는 주기를 물체의 고유주기라고 한다.
③ 기본내진구조 설계의 경우 외벽이나 기둥 등 건축물을 지탱하는 구조물들이 지진의 충격을 고스란히 건축물의 내부에까지 전달한다.
④ 감쇠장치를 통해 건축물의 진동을 줄이는 것은 제진구조 설계이다.

03
정답 ②

제시문의 화제는 '돈의 가치를 어떻게 가르쳐야 아이들이 돈에 대하여 올바른 개념을 갖게 되는가(부모들의 고민)'이므로 (가) 돈의 개념을 이해하는 가정의 자녀들이 성공할 확률이 높음 – (다) 아이들에게 돈의 개념을 가르치는 지름길은 용돈임 – (나) 만 7세부터 돈의 개념을 어렴풋이나마 짐작하게 되므로 이때부터 아이들에게 약간의 용돈을 주는 것으로 돈에 대한 교육을 시작하면 좋음 – (라) 돈에 대해서 부모가 결코 해서는 안 되는 행동과 본보기로서의 역할 강조로 나열해야 한다.

04
정답 ②

경제발전을 위해서는 반드시 토지개발이 뒷받침되어야 한다. 그래서 개발도상국이 한국에게서 전수받고자 하는 제도와 기술 가운데 토지제도와 관련된 기술의 우선순위가 매우 높은 편이다.

오답분석

① 개개인의 토지 소유권 확립은 시장에서 토지가 거래될 수 있도록 하는 시장경제의 근간이므로 모든 토지가 국가의 땅으로 이전되어서는 안 된다.
③ 모로코는 토지등록을 시작한 지 100년이 다 되었지만 영토의 20%가 채 안 되는 토지만이 국가에 등록되어 있다.
④ 컨설팅은 대상국에 건물이나 시설물 등의 결과물을 쥐여 주는 것이 아니라 해당 국가가 스스로 결과물을 얻을 수 있도록 힘을 키워주는 수단이다.
⑤ 공간정보 정책은 정보 인프라 구축의 뼈대가 되므로 정책이 한번 결정되면 이를 변경하기 어렵다.

05
정답 ④

제24조 제3항에 따르면, 안건과의 특별이해관계에 있는 상임이사 A는 의결에 참여할 수 없다. 따라서 평상시 재적이사가 15명인 상황에서 재적이사 A를 제외한 14명이 재적이사가 되므로 안건의 의결정족수는 14명의 과반수인 8명이다.

오답분석
① 제4조 제1항 및 제2항에 따르면, 공사의 자본금은 전액 정부가 출자하며, 이때의 납입 시기 및 방법은 국토교통부장관이 아닌 기획재정부장관이 정하는 바에 따른다.
② 제7조 제1항에 따르면, LH공사 이사는 사장을 포함하여 총 15명인데, 이사회가 사장을 포함하여 상임이사 7명, 비상임이사 8명으로 이루어져 있다면 이미 이사회의 최대정원이다. 따라서 상임이사를 추가로 선임할 수 없다.
③ 제8조 제1항에 따르면, 대통령은 임원추천위원회가 아니라 공공기관운영위원회의 심의·의결을 거친 사람 중에서 국토교통부장관의 제청으로 사장을 임명한다. 사장의 임명에 있어서 임원추천위원회는 공공기관운영위원회의 심의·의결 대상자를 추천하는 역할을 한다.
⑤ 제32조의2를 보면 '위탁가격 및 위탁수수료의 요율 또는 매각가격은 한국자산관리공사와 합의하여 정한다.'라고 명시되어 있으며 한국주택금융공사와는 무관하다.

06
정답 ②

언론매체에 대한 사전 검열은 항상 표현의 자유와 개인의 알 권리를 침해할 가능성을 배제할 수 없다는 논지로 반박을 전개해야 한다.

07
정답 ②

미세먼지의 경우 최소 $10\mu m$ 이하의 먼지로 정의되고 있지만, 황사의 경우 주로 지름 $20\mu m$ 이하의 모래로 구분하되 통념적으로는 입자 크기로 구분하지 않는다. 따라서 지름 $10\mu m$ 이하의 황사의 경우 입자의 크기만으로 미세먼지와 구분하기는 어렵다.

오답분석
①·⑤ 제시문을 통해서 알 수 없는 내용이다.
③ 미세먼지의 역할에 대한 설명을 찾을 수 없다.
④ 제시문에서 설명하는 황사와 미세먼지의 근본적인 구별법은 구성성분의 차이이다.

08
정답 ④

합통과 추통은 참도 있지만 오류도 있다고 말하고 있다. 그리고 다음 문장에서 더욱 많으면 맞지 않은 경우가 있기 때문이라는 이유를 제시하고 있으므로, 앞 문장에는 합통 또는 추통으로 분별 또는 유추하는 것이 위험이 많다고 말하는 ④가 가장 적절하다.

09
정답 ①

제시문은 유전자 치료를 위해 프로브와 겔 전기영동법을 통해 비정상적인 유전자를 찾아내는 방법을 설명하고 있다.

10
정답 ②

제시문에서는 제품의 굽혀진 곡률을 나타내는 R값이 작을수록 패널이 받는 폴딩 스트레스가 높아진다고 언급하고 있다. 따라서 1.4R의 곡률인 L전자의 인폴딩 폴더블 스마트폰은 H기업의 아웃폴딩 스마트폰보다 곡률이 작을 것이므로 폴딩 스트레스가 높다고 할 수 있다.

오답분석
① H기업은 아웃폴딩 패널을 사용하였다.
③ 동일한 인폴딩 패널이라고 해도 L전자의 R값이 작으며, R값의 차이에 따른 개발 난이도는 제시문에서 확인할 수 없다.
④ 인폴딩 패널은 아웃폴딩 패널보다 상대적으로 곡률이 낮아 개발 난이도가 높다. 따라서 아웃폴딩 패널을 사용한 H기업의 폴더블 스마트폰의 R값이 인폴딩 패널을 사용한 A기업의 폴더블 스마트폰보다 작을 것이라고 보기엔 어렵다.
⑤ 제시문에서 여러 층으로 구성된 패널을 접었을 때 압축응력과 인장응력이 동시에 발생한다고 언급하고 있으나 패널의 수가 폴딩 스트레스와 연관된다는 사실은 제시문에서 확인할 수 없다. 따라서 L전자의 폴더블 스마트폰의 R값이 작은 이유라고는 판단하기 어렵다.

11
정답 ④

1998년 개발도상국에 대한 은행 융자 총액은 500억 달러였는데, 2005년에는 670억 달러가 되었으므로 1998년 수준을 회복하고, 넘어섰다.

오답분석
① 경제적 수익을 추구하기 위한 것으로 포트폴리오 투자를 들 수 있으며, 회사 경영에 영향력을 행사하기 위한 것으로 외국인 직접투자를 들 수 있다.
② 지금까지 해외 원조는 개발도상국에 대한 경제적 효과가 있다고 여겨져 왔으나 최근 경제학자들 사이에서는 그러한 경제적 효과가 없다는 주장이 힘을 얻고 있다고 하였다.
③ 개발도상국으로 흘러드는 외국자본은 크게 원조, 부채, 투자가 있는데, 그중 부채는 은행 융자와 채권, 투자는 포트폴리오 투자와 외국인 직접투자로 나눌 수 있다.
⑤ 개발도상국에 대한 포트폴리오 투자액은 90억 달러에서 410억 달러로 320억 달러가 증가하였고, 채권은 230억 달러에서 440억 달러로 210억 달러가 증가하였다. 따라서 포트폴리오의 증감액이 더 크다.

12 　　　　　　　　　　　　　　정답 ⑤

제시문은 심리학이 경제학에 끼친 영향을 주제로 하며, 관련이 없는 것처럼 보이는 경제학과 심리학 사이의 상관관계를 고찰하고 있다. ㉠에는 문맥상 케인스가 강조한 바가 들어가야 하며, 케인스는 '인간의 행동은 경제학에서 가정하는 합리성을 갖추기보다는 때로는 직관에 의존하기도 하고 때로는 충동에 좌우되기도 한다.'라고 보았다. 즉, '인간 심리의 중요성을 강조'한 것이다. 따라서 이자율이라는 합리적 근거보다는 동물적 본능이라는 직관에 더 영향을 받는다는 ⑤의 내용이 가장 적절하다.

13 　　　　　　　　　　　　　　정답 ②

㉡처럼 A의 구체적인 예를 떠올리기 쉬울수록 A가 발생할 확률이 더 크다고 판단하는 것은 오류를 빚을 수 있다. 이는 실제로는 위암 때문에 죽는 사람이 교통사고 사망자보다 많지만, 대중 매체에서 교통사고 소식을 위암 사망 소식보다 더 많이 언급해서 교통사고로 사망할 가능성이 위암으로 사망할 가능성보다 더 크다고 오판하는 것과 마찬가지이다.

14 　　　　　　　　　　　　　　정답 ④

세 번째 문단에 따르면 카네만 등의 '확률 인지 심리학자들의 연구는 경제학의 방법론을 바꾸는 계기를 마련'하였으며, 다섯 번째 문단에 따르면 합리성에 대한 일정한 가정에 기초하여 사회 현상을 다루어 온 경제학으로 하여금 인간의 행동에 대한 가정보다는 그에 대한 관찰에서 출발할 것을 요구하는 것이라 하였다. 따라서 ④는 글의 내용으로 적절하다.

오답분석

① 두 번째 문단에 따르면 '경제학에서 인간 심리의 중요성을 처음으로 강조한 사람'은 케인스이다.
② 두 번째 문단에 따르면 케인스는 경제학의 접근 방법을 바꾸어 놓는 데까지 나아가지는 못했다.
③ 세 번째 문단에 따르면 확률 인지 심리학자들은 주관적 추론의 체계적인 편향 오류를 지적했다. 하지만 그것을 시정했다는 내용은 없다.
⑤ 다섯 번째 문단에 따르면 기존의 경제학은 인간 행동에 대한 가정에 기초했으나, 카네만 등의 확률 인지 심리학자들은 인간에 대한 '관찰에서 출발'할 것을 요구한다.

15 　　　　　　　　　　　　　　정답 ③

수요 탄력성이 완전 비탄력적인 상품은 가격이 내리면 지출액이 감소하며, 수요 탄력성이 완전 탄력적인 상품은 가격이 내리면 지출액이 많이 늘어난다고 설명하고 있다. 그러므로 소비자의 지출액을 줄이려면 수요 탄력성이 낮은 생필품의 가격은 낮추고, 수요 탄력성이 높은 사치품은 가격을 높여야 한다고 추론할 수 있다.

16 　　　　　　　　　　　　　　정답 ③

전력 데이터는 이미 수집되고 있다. 전력 데이터 외에도 수도나 가스 등 다양한 이종 데이터가 융합될 것으로 기대되고 있다.

오답분석

① '1인 가구 안부 살핌 서비스'는 전력 빅데이터와 통신데이터를 분석하여 고독사를 예방하는 인공지능 서비스이다.
② 서비스는 오토 인코더 모델을 기반으로 설계되었으며, 평소와 다른 비정상적인 사용패턴이 모델에 입력되면 돌봄 대상의 안부에 이상이 있다고 판단하고 지자체 담당 공무원에게 경보 SMS를 발송하는 알고리즘을 가지고 있다.
④ 서비스 실증사업이 광주광역시 광산구 우산동에서 실시되었기 때문에 그 지역 사람들이 처음으로 해당 서비스를 사용해봤음을 알 수 있다.
⑤ 우산동의 관리 지역은 나이가 많고 혼자 사는 분들이 많아 고독사가 발생할 가능성이 크다고 한 내용으로 보아 서비스의 주 대상은 독거노인층이다.

17 　　　　　　　　　　　　　　정답 ①

전 세계의 기상 관측소와 선박, 부표에서 온도를 측정한 것은 19세기 중반부터이며, 1979년 이후부터는 지상을 벗어나 대류권과 성층권에서도 지구의 기후 변화를 감시하게 되었다.

18 　　　　　　　　　　　　　　정답 ②

(B빌라 월세)+(한 달 교통비)
$=250,000+2.1\times2\times20\times1,000=334,000$원
따라서 B빌라에서 33만4천 원으로 살 수 있다.

오답분석

① A빌라는 392,000원, B빌라는 334,000원, C아파트는 372,800원으로 모두 40만 원으로 가능하다.
③ C아파트가 편도 거리 1.82km로 교통비가 가장 적게 든다.
④ C아파트는 372,800원으로 A빌라보다 19,200원 덜 든다.
⑤ B빌라에 두 달 살 때 668,000원이고 A빌라와 C아파트를 합한 금액은 764,800원이므로 적절하지 않다.

19 　　　　　　　　　　　　　　정답 ④

2022년과 2023년 총 매출액에 대한 비율이 같은 기타 영역이 차이가 가장 작다.

오답분석

① 전체 매출액이 2022년에 비해 2023년에 증가했으므로, 매출액 비중이 증가한 분야는 당연히 매출액이 증가했다. 음악, 애니메이션, 게임은 매출액 비중이 감소했지만, 증가한 매출액으로 계산하면 매출액 자체는 증가했음을 알 수 있다. 따라서 모든 분야에서 2022년보다 2023년 매출액이 더 많다.

② 2022년 매출액은 1,907억 원이고, 2023년 매출액은 2,548억 원으로, 2023년이 641억 원 더 많다.

③ 게임 영역은 2022년에 56.1%, 2023년에 51.4%로 매출액 비중이 50% 이상이다.

⑤ 애니메이션 영역(12.6%→9.7%)과 게임 영역(56.1%→51.4%)은 모두 2022년에 비해 2023년에 매출액 비중이 감소하였다.

20 정답 ②

ㄱ. 제시된 자료를 통해 확인할 수 있다.

ㄷ. 노령화지수는 $[(65세\ 이상\ 인구) \div (0 \sim 14세\ 인구)] \times 100$이므로 65세 이상 인구가 1,000만, 0 ~ 14세 인구가 900만이면, $[(1,000만) \div (900만)] \times 100 \fallingdotseq 111.11\%$이다.

오답분석

ㄴ. 2024년부터 2040년까지 노령화지수가 높아지고 있으므로 0 ~ 14세 인구보다 65세 이상 인구가 늘어난다는 것을 알 수 있다.

ㄹ. 1990년의 노령화지수는 노년부양비보다 1.8배 정도 큰데, 2050년에는 노령화지수가 노년부양비보다 5.5배 정도 크다. 따라서 노령화지수 증가율이 노년부양비 증가율보다 높다는 것을 알 수 있다.

21 정답 ⑤

오염물질의 양은 $\dfrac{3}{100} \times 30 = 0.9$L이므로 깨끗한 물을 xL 넣을 때의 농도는 $\dfrac{0.9}{30+x} \times 100 = 3 - 0.5 = 2.5$이다.

$2.5(30+x) = 90$

$\therefore x = 6$

따라서 깨끗한 물을 6L를 더 넣어야 한다.

22 정답 ③

각 학년의 전체 수학 점수의 합을 구하면 다음과 같다.
• 1학년 : $38 \times 50 = 1,900$점
• 2학년 : $64 \times 20 = 1,280$점
• 3학년 : $44 \times 30 = 1,320$점

따라서 전체 수학 점수 평균은 $\dfrac{1,900+1,280+1,320}{50+20+30} = \dfrac{4,500}{100} = 45$점이다.

23 정답 ③

작년 A제품의 생산량을 a개, B제품의 생산량을 b개라고 하면

$a+b = 1,000 \rightarrow a = 1,000 - b \cdots \bigcirc$

올해 A제품의 생산량을 2%, B제품의 생산량을 3% 증가시켜 총 1,024개를 생산하면

$(a \times 1.02) + (b \times 1.03) = 1,024 \cdots \bigcirc$

$\bigcirc$과 $\bigcirc$을 연립하면

$[(1,000 - b) \times 1.02] + (b \times 1.03) = 1,024$

$\rightarrow 1,020 - 1.02b + 1.03b = 1,024$

$\rightarrow 0.01b = 4$

$\therefore b = 400$

24 정답 ④

2022년부터 2024년까지 병원 · 의원 및 기관 7곳이 공통으로 갖고 있는 의료장비는 'CT', '유방촬영장치', '골밀도검사기' 3가지이다.

오답분석

① 2022년 골밀도검사기 총 대수는 12,017대이고, 인공신장기는 23,446대로 전체 의료장비 중 인공신장기가 가장 많다.

② 2022년부터 2024년까지 특수장비들이 가장 많은 곳은 매년 2,500대 이상인 '의원'이고, 고가장비들이 가장 많은 곳은 매년 100대 이상인 '상급종합병원'이다.

③ 상급종합병원과 종합병원을 제외한 병원 · 의원 및 기관에서 특수장비와 기타장비를 모두 갖춘 곳은 2023년도에는 '일반병원', '의원' 2곳, 2022년에는 '일반병원', '요양병원', '의원' 3곳이다.

⑤ 특수장비는 조사기간 매년 증가하였고, 고가장비는 2022년에 239대, 2023년에 231대, 2024년에 228대로 감소했다.

25 정답 ②

교육정도가 고졸 이하인 조사 인원이 5,700명일 때, 대졸 이상인 직장인 중 '전혀 느끼지 않음'을 택한 인원은 $(8,000-5,700) \times 0.038 = 87.4$명으로 55명 이상이다.

오답분석

① 남자와 여자 직장인 각각 스트레스를 '느끼는 편임'을 선택한 인원이 가장 많다.

③ 사무, 서비스판매를 하는 직장인 중 스트레스를 '전혀 느끼지 않는 편임'을 택한 인원은 기능노무 직장인 중 '매우 느낌'을 택한 인원보다 $1,200 \times 0.15 - 2,700 \times 0.032 + 1,200 \times 0.053 = 180 - 150 = 30$명 적다.

④ 연령대 전체 조사대상 인원만 알고 있으므로 연령별로 조사한 인원은 비교할 수 없다.

⑤ 미혼인 직장인 중 스트레스를 매우 느끼는 인원은 $2,800 \times 0.176 = 492.8$명이므로 5,000명 미만이다.

26 정답 ②

전체 쓰레기 중 종이컵이 차지하는 비율은 '(전체 쓰레기 중 일회용품이 차지하는 비율)×(일회용품 중 종이컵이 차지하는 비율)'로 구할 수 있다. 2021년 일회용품(28%) 중 종이컵(18.3%)이 차지하는 비율은 $0.28 \times 0.183 \times 100 \fallingdotseq 5.1\%$이고, 2023년 일회용품(41%) 중 종이컵(16.9%)이 차지하는 비율은 $0.41 \times 0.169 \times 100 \fallingdotseq 6.9\%$이다.

따라서 전체 쓰레기 중 종이컵이 차지하는 비율은 2021년이 2023년보다 약 $6.9-5.1=1.8$%p 더 낮다.

오답분석

① 일회용품 중 비닐봉투가 차지하는 비율은 $31.5\%-30.2\%-29.8\%$로 매년 낮아지고 있고, 종이봉투가 차지하는 비율은 $12.4\%-13.8\%-15.2\%$로 매년 높아지고 있다.

③ 일회용품 중 차지하는 비율이 가장 높은 상위 2개 항목은 매년 비닐봉투와 기저귀로 동일하며, 그 비율의 합은 2021년이 $31.5+22.1=53.6\%$, 2022년이 $30.2+20.2=50.4\%$, 2023년이 $29.8+21.8=51.6\%$로 전체 일회용품 사용률의 절반 이상을 차지한다.

④ 일회용품 중 숟가락·젓가락의 비율이 가장 높은 연도는 2021년(8.7%), 가장 낮은 연도는 2022년(5.4%)으로 그 차이는 $8.7-5.4=3.3$%p이고, 접시·그릇의 비율이 가장 높은 연도는 2022년(3.9%), 가장 낮은 연도는 2023년(3.3%)으로 그 차이는 $3.9-3.3=0.6$%p이다. 따라서 전자는 후자의 $3.3\div0.6=5.5$배이다.

⑤ 전체 쓰레기 중 일회용품의 증감추이는 '증가 – 증가'이다. 이와 같은 양상을 보이는 일회용품은 종이봉투뿐이다. 종이컵, 숟가락·젓가락, 기저귀의 경우에는 '감소 – 증가', 비닐봉투는 '감소 – 감소', 접시·그릇과 기타 항목은 '증가 – 감소'의 양상을 보인다.

27　　　　　　　　　　　　　　　　　정답 ①

직원들과 조건을 하나의 명제로 보고, 순서대로 A, B, C, D, E로 간소화하여 표현하면, 각 조건들은 다음과 같다.
조건 1. ~A → ~E
조건 2. D → B
조건 3. C
조건 4. E 또는 ~C
조건 5. ~A 또는 ~B
먼저 조건 3에 따라 C주임은 아일랜드로 파견된다.
조건 4는 둘 중 하나 이상 참이 되는 조건으로 조건 3에 의해 C → E가 되어, E는 몽골로 파견되고, 조건 1의 대우인 E → A에 따라 A대리는 인도네시아로 파견된다. 또한 조건 5에서 ~A 혹은 ~B 중 적어도 하나는 참이므로 조건 1에 의해 ~A는 거짓이므로 ~B는 참이 된다. 따라서 B대리는 우즈베키스탄으로 파견되지 않는다. 마지막으로 조건 2의 대우인 ~B → ~D에 따라 D주임은 뉴질랜드로 파견되지 않는다.
따라서 A대리는 인도네시아로, C주임은 아일랜드로, E주임은 몽골로 파견되며, B대리는 우즈베키스탄으로 파견되지 않고, D주임은 뉴질랜드에 파견되지 않으므로 ㄱ과 ㄴ은 항상 참이다.

오답분석

ㄷ. E주임은 몽골로 파견된다.
ㄹ. C주임은 아일랜드로, E주임은 몽골로 파견된다.

28　　　　　　　　　　　　　　　　　정답 ③

주어진 조건을 정리하면 1층에는 어린이 문헌 정보실과 가족 문헌 정보실, 5층에는 보존서고실, 4층에는 일반 열람실이 위치한다. 3층은 2층과 연결된 계단을 통해서만 이동이 가능하므로 엘리베이터로 이동할 수 없는 제2문헌 정보실이 3층에 위치하는 것을 알 수 있다. 제1문헌 정보실은 하나의 층을 모두 사용해야 하므로 결국 남은 2층에 위치하게 된다.

1층	2층	3층	4층	5층
어린이 문헌 정보실, 가족 문헌 정보실	제1문헌 정보실	제2문헌 정보실	일반 열람실	보존 서고실

따라서 '빅데이터' 관련 도서는 정보통신, 웹, 네트워크 코너에서 찾을 수 있으므로 3층 제2문헌 정보실로 가야 한다.

29　　　　　　　　　　　　　　　　　정답 ④

전세금 총액은 지원한도액인 2억 원의 200%인 4억 원까지 가능하며, 지원한도액은 최대 2억 원이다.

30　　　　　　　　　　　　　　　　　정답 ①

6명이 앉은 테이블은 빈자리가 없고, 4명이 앉은 테이블에만 빈자리가 있으므로 첫 번째, 세 번째 조건에 따라 A, I, F는 4명이 앉은 테이블에 앉아 있음을 알 수 있다. 4명이 앉은 테이블에서 남은 자리는 1개뿐이므로, 두 번째, 다섯 번째, 여섯 번째 조건에 따라 C, D, G, H, J는 6명이 앉은 테이블에 앉아야 한다. 마주보고 앉는 H와 J를 6명이 앉은 테이블에 먼저 배치하면 G는 H의 왼쪽 또는 오른쪽 자리에 앉고, 따라서 C와 D는 J를 사이에 두고 앉아야 한다. 이때 네 번째 조건에 따라 어떤 경우에도 E는 6명이 앉은 테이블에 앉을 수 없으므로, 4명이 앉은 테이블에 앉아야 한다. 따라서 4명이 앉은 테이블에는 A, E, F, I가, 6명이 앉은 테이블에는 B, C, D, G, H, J가 앉는다. 이를 정리하면 다음과 같다.

- 4명이 앉은 테이블 : A와 I 사이에 빈자리가 하나 있고, F는 양옆 중 오른쪽 자리만 비어 있다. 따라서 다음과 같이 4가지 경우의 수가 발생한다.

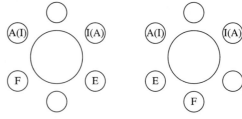

- 6명이 앉은 테이블 : H와 J가 마주본 상태에서 G가 H의 왼쪽 또는 오른쪽 자리에 앉고, C와 D는 J를 사이에 두고 앉는다. 따라서 다음과 같이 4가지 경우의 수가 발생한다.

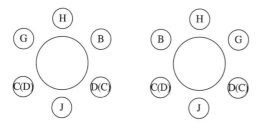

따라서 어떤 경우에도 A와 B는 다른 테이블이므로 ①은 항상 거짓이다.

31

정답 ①

오른쪽 끝자리에는 30대 남성이, 왼쪽에서 두 번째 자리에는 40대 남성이 앉으므로 네 번째 조건에 따라 30대 여성은 왼쪽에서 네 번째 자리에 앉아야 한다. 이때, 40대 여성은 왼쪽에서 첫 번째 자리에 앉아야 하므로 남은 자리에 20대 남녀가 앉을 수 있다.

1) 경우 1

40대 여성	40대 남성	20대 여성	30대 여성	20대 남성	30대 남성

2) 경우 2

40대 여성	40대 남성	20대 남성	30대 여성	20대 여성	30대 남성

따라서 항상 옳은 것은 ①이다.

32

정답 ④

A와 D는 맞벌이 부부이므로 자료의 소득기준에 따라 각각 100% 수준과 70% 수준의 가구소득 점수를 받으며, 선정방식에 따라 A ~ E의 점수를 정리하면 다음과 같다.

(단위 : 점)

구분	A	B	C	D	E
(1)	2	3	2	3	1
(2)	1	2	2	3	3
(3)	3	1	2	2	3
총점	6	6	6	8	7

따라서 8점으로 가장 높은 점수를 받은 D가 입주자로 선정된다.

33

정답 ⑤

선정방식에 따라 A ~ D의 점수를 정리하면 다음과 같다.

(단위 : 점)

구분	A	B	C	D
미성년 자녀수	3	2	1	2
무주택기간	3	2	2	1
L지역 연속 거주기간	2	3	1	2

납입인정 횟수	1	2	2	3
총점	9	9	6	8

이때, A와 B가 가장 높은 점수인 9점을 받아 동점자가 되므로 A, B 둘 중에서 추첨으로 선정된다.

34

정답 ④

첫 번째 조건에 따라 A는 선택 프로그램에 참가하므로 A는 수·목·금요일 중 하나의 프로그램에 참가한다. A가 목요일 프로그램에 참가하면 E는 A보다 나중에 참가하므로 금요일의 선택 3 프로그램에 참가할 수밖에 없다. 따라서 항상 참이 되는 것은 ④이다.

오답분석

① 두 번째 조건에 따라 C는 필수 프로그램에 참가하므로 월·화요일 중 하나의 프로그램에 참가하며, 이때 C가 화요일 프로그램에 참가하면 C보다 나중에 참가하는 D는 선택 프로그램에 참가할 수 있다.

② B는 월·화요일 프로그램에 참가할 수 있으므로 B가 화요일 프로그램에 참가하면 C는 월요일 프로그램에 참가할 수 있다.

③ C가 화요일 프로그램에 참가하면 E는 선택 2 또는 선택 3 프로그램에 참가할 수 있다.

구분	월 (필수 1)	화 (필수 2)	수 (선택 1)	목 (선택 2)	금 (선택 3)
경우 1	B	C	A	D	E
경우 2	B	C	A	E	D
경우 3	B	C	D	A	E

⑤ E는 선택 프로그램에 참가하는 A보다 나중에 참가하므로 목·금요일 중 하나의 프로그램에 참가할 수 있다.

35

정답 ④

네 번째와 다섯 번째 결과를 통해 실용성 영역과 효율성 영역에서는 모든 제품이 같은 등급을 받지 않았음을 알 수 있으므로 두 번째 결과에 나타난 영역은 내구성 영역이다.

구분	A	B	C	D	E
내구성	3	3	3	3	3
효율성			2	2	
실용성		3			

내구성과 효율성 영역에서 서로 다른 등급을 받은 C, D제품과 내구성 영역에서만 3등급을 받은 A제품, 1개의 영역에서만 2등급을 받은 E제품은 첫 번째 결과에 나타난 제품에 해당하지 않으므로 결국 모든 영역에서 3등급을 받은 제품은 B제품임을 알 수 있다. 다섯 번째 결과에 따르면 효율성 영역에서 2등급을 받은 제품은 C, D제품뿐이므로 E제품은 실용성 영역에서 2등급을 받았음을 알 수 있다. 또한 A제품은 효율성 영역에서 2등급과 3등급을 받을 수 없으므로 1등급을 받았음을 알 수 있다.

구분	A	B	C	D	E
내구성	3	3	3	3	3
효율성	1	3	2	2	
실용성		3			2

이때, A와 C제품이 받은 등급의 총합은 서로 같으므로 결국 A와 C제품은 실용성 영역에서 각각 2등급과 1등급을 받았음을 알 수 있다.

구분	A	B	C	D	E
내구성	3	3	3	3	3
효율성	1	3	2	2	1 또는 3
실용성	2	3	1	1 또는 2	2
총합	6	9	6	6 또는 7	6 또는 8

D제품은 실용성 영역에서 1등급 또는 2등급을 받을 수 있으므로 반드시 참이 아닌 것은 ④이다.

36　　　　　　　　　　　　　　　　정답 ②

- A호텔 예약 시
  - 스위트룸 1실, 2박 : 200만 원 / 디럭스룸 2실, 2박 : 100만 원 / 싱글룸 4실, 2박 : 144만 원
  - 조식요금 4인, 2식 : 28만 원(스위트, 디럭스에 투숙한 4명의 조식요금 무료)
  - 총 472만 원
- B호텔 예약 시
  - 스위트룸 1실, 2박 : 171만 원 / 디럭스룸 2실, 2박 : 108만 원 / 싱글룸 4실, 2박 : 108만 원(객실 5개 이상 예약으로 숙박비 10% 할인)
  - 조식요금 7인, 2식 : 63만 원
  - 총 450만 원
- C호텔 예약 시
  - 스위트룸 1실, 2박 : 180만 원(스위트 2박 이상 연박으로 10% 할인) / 디럭스룸 2실, 2박 : 120만 원 / 싱글룸 4실, 2박 : 96만 원
  - 조식요금 7인, 2식 : 56만 원
  - 총 452만 원

따라서 예약비용이 450만 원으로 가장 저렴한 B호텔을 예약한다.

37　　　　　　　　　　　　　　　　정답 ⑤

오답분석

ⓒ 이미 우수한 연구개발 인재를 확보한 것이 강점이므로, 추가로 우수한 연구원을 채용하는 것은 WO전략으로 적절하지 않다. 기회인 예산을 확보하면, 약점인 전력 효율성이나 국민적 인식 저조를 해결하기 위한 전략을 세워야 한다.

ⓔ 세계의 신재생에너지 연구(O)와 전력 효율성 개선(W)을 활용하므로 WT전략이 아닌 WO전략에 대한 내용이다. WT전략이 되기 위해서는 위협인 높은 초기 비용에 대한 전략이 나와야 한다.

38　　　　　　　　　　　　　　　　정답 ⑤

제시된 문제에서 팀장의 요구조건은 1) 영유아 수가 많은 곳, 2) 향후 5년간 지속적인 수요 증가 두 가지이며, 두 조건을 모두 충족하는 지역을 선정해야 한다.

ⅰ) 주어진 자료에서 영유아 수를 구하면 다음과 같다.
※ (영유아 수)=(총인구수)×(영유아 비중)
- A지역 : 3,460,000×3%=103,800명
- B지역 : 2,470,000×5%=123,500명
- C지역 : 2,710,000×4%=108,400명
- D지역 : 1,090,000×11%=119,900명

따라서 B－D－C－A지역 순서로 영유아 수가 많은 것을 알 수 있다.

ⅱ) 향후 5년간 영유아 변동률을 보았을 때 A지역은 1년 차와 3년 차에 감소하였고, B지역은 3～5년 차 동안 감소하는 것을 확인할 수 있다. 그러므로 지속적으로 수요가 증가하는 지역은 C지역, D지역이다. 두 지역 중 D지역은 현재 영유아 수가 C지역보다 많고, 향후 5년간 전년 대비 영유아 수 증가율이 3년 차에는 같으나 다른 연도에는 D지역이 C지역보다 크므로, D지역을 우선적으로 선정할 수 있다.

따라서 위의 조건을 모두 고려하였을 때, D지역이 유아용품 판매 직영점을 설치하는 데 가장 적절한 지역이 된다.

오답분석

① 총인구수로 판단하는 것은 주어진 조건과 무관하므로 적절하지 않다.

② 단순히 영유아 비율이 높다고 하여 영유아 수가 많은 것이 아니므로, 조건에 부합하지 않는다.

③ B지역에 영유아 수가 가장 많은 것은 맞으나, 향후 5년 동안 영유아 변동률이 감소하는 추세를 보이므로 적절하지 않다.

④ 향후 5년간 영유아 인구 증가율이 가장 높은 곳은 D지역이다.

39　　　　　　　　　　　　　　　　정답 ④

네 번째를 제외한 모든 조건과 그 대우를 논리 기호화하면 다음과 같다.

- $\sim(D \vee G) \rightarrow F$ / $\sim F \rightarrow (D \wedge G)$
- $F \rightarrow \sim E$ / $E \rightarrow \sim F$
- $\sim(B \vee E) \rightarrow \sim A$ / $A \rightarrow (B \wedge E)$

네 번째 조건에 따라 A가 투표를 하였으므로, 세 번째 조건의 대우에 의해 B와 E 모두 투표를 하였다. 또한 E가 투표를 하였으므로, 두 번째 조건의 대우에 따라 F는 투표하지 않았으며, F가 투표하지 않았으므로 첫 번째 조건의 대우에 따라 D와 G는 모두 투표하였다. A, B, D, E, G 5명이 모두 투표하였으므로 네 번째 조건에 따라 C는 투표하지 않았다. 따라서 투표를 하지 않은 사람은 C와 F이다.

40　　　　　　　　　　　　　　　　정답 ①

ⓑ 화장품은 할인 혜택에 포함되지 않는다.

ⓒ 침구류는 가구가 아니므로 할인 혜택에 포함되지 않는다.

제2영역 직무능력평가

| 01 | 토목

토목 - 객관식

41	42	43	44	45	46	47	48	49	50
②	④	①	③	⑤	②	①	③	①	①
51	52	53	54	55	56	57	58	59	60
④	④	④	②	④	④	③	②	①	⑤
61	62	63	64	65	66	67	68	69	70
②	①	②	③	②	②	①	③	①	①
71	72	73	74	75	76	77	78	79	80
③	②	③	③	②	④	①	②	②
81	82	83	84	85	86	87	88	89	90
⑤	④	①	③	①	②	③	③	①	③

41
정답 ②

$$\sigma = \frac{My}{I}$$
$$= \frac{210,000 \times 15}{\frac{1}{12}(20 \times 30^3)}$$
$$= 70 \text{kg}_f/\text{cm}^2$$

42
정답 ④

중립축에서 $I_A = \dfrac{bh^3}{12}$, 밑면에서 $I_B = \dfrac{bh^3}{3}$

따라서 $\dfrac{I_A}{I_B} = \dfrac{\frac{bh^3}{12}}{\frac{bh^3}{3}} = \dfrac{1}{4}$ 이다.

43
정답 ①

$$\sum M_A = 0, \ 2 \times 8 \times 4 - H_D \times 2 - R_D \times 8 = 0$$
$$R_D = 8 - \frac{H_D}{4}$$
$$M_E = 0, \ 2 \times 2 \times 1 + H_D \times 4 - R_D \times 2 = 0$$
$$H_D = \frac{12}{\frac{9}{2}} \fallingdotseq 2.67 \text{t}$$

44
정답 ③

$$[\text{유효면적}(A_0)] = (ma)^2 \left(1 - \frac{P}{100}\right)\left(1 - \frac{q}{100}\right)$$
$$= (10,000 \times 0.23)^2 \times \left(1 - \frac{60}{100}\right) \times \left(1 - \frac{30}{100}\right)$$
$$= 1,481,200 \text{m}^2 = 1.48 \text{km}^2$$
$$[\text{사진매수}(N)] = \frac{F}{A_0} = \frac{10 \times 10}{1.48} \fallingdotseq 67.6 \fallingdotseq 68 \text{매}$$

45
정답 ⑤

경사 $i = \tan\theta = \dfrac{h}{D}$ 식을 사용하면, 지형도상에서 도상거리는 수평거리에 해당된다.

도상거리로 위의 식을 정리하면,

$$D = \frac{h}{i} = \frac{20 \times \frac{1}{10,000}}{0.12} \fallingdotseq 0.017 \text{m이다.}$$

46
정답 ②

흙의 다짐시험에서 다짐에너지를 증가시킬 때, 최적함수비는 감소하고, 최대건조 단위중량은 증가한다.

47
정답 ①

분류식의 경우 오수관, 우수관을 따로 매설하기 때문에 건설비에 대한 비용이 합류식보다 많이 든다.

48
정답 ③

$P = 9.8 \times \dfrac{Q \times H_t}{n}$ 에서 $Q = \dfrac{50}{1} \times \dfrac{1}{60} \fallingdotseq 0.83$이므로

$$P = 9.8 \times \frac{0.83 \times 8}{0.8} = 81.34 \text{kW이다.}$$

49
정답 ①

1인 1일 평균급수량은 일반적으로 기온이 높은 지방일수록 증가한다.

50
정답 ①

깊은 보의 강도는 전단에 의해 지배된다.

51

토적곡선은 토량을 누적한 것으로, 경제적인 노선을 만들기 위해 필요하다. 따라서 교통량 산정은 토적곡선을 작성하는 목적으로 볼 수 없다.

52

정답 ④

$$M_{중앙} = \frac{wl^2}{8} - Pa = \frac{wl^2}{8} - 2wla = 0$$

$$\frac{wl^2}{8} = 2wla$$

$$\therefore \ \frac{a}{l} = \frac{1}{16}$$

53

정답 ④

$$(푸아송비) = \frac{l\Delta d}{d\triangle} = \frac{10 \times \Delta d}{0.5 \times 0.1} = 0.2$$

$$\Delta d = \frac{0.2 \times 0.5 \times 0.1}{10} = 0.001\text{m}(= 0.1\text{cm})$$

반지름 $\frac{\Delta d}{2} = \frac{0.1}{2} = 0.05$

따라서 강봉의 반지름은 0.05cm 감소한다.

54

정답 ②

곡선장($C.L$)은 다음과 같이 구할 수 있다.

$C.L = R \cdot I° rad$ 이므로, $600 \times 32°15' \times \frac{\pi}{180°} = 337.72$m

55

정답 ④

삼변법과 지거법은 면적 측정법에 해당한다.

56

정답 ④

i) $\sum H = 0$

$2t - PDl = 0$

$t = \frac{PDl}{2}$

ii) $t = \sigma tl$

$\therefore \ \sigma = \frac{PD}{2t} = \frac{10 \times 120}{2 \times 0.6} = 1,000\text{kg/cm}^2$

57

정답 ③

$T.L = R \cdot \tan\frac{I°}{2} = 200$m이므로 $B.C = \sim I.P - T.L = 400 - 200$

$= 200$m이다. 따라서 $\frac{200}{20} = 10$으로 $B.C = N_0 100$이다.

58

정답 ②

전단중심(S)은 전단력의 합력이 작용하는 점으로, 하중이 이 점을 통과하면 단면에는 비틀림이 작용하지 않고 굽힘만이 작용하는 하중작용점을 일컫는다. 단면에 굽힘만을 작용하게 하는 점이란 의미에서 굽힘중심이라고도 하며, 반대로 하중이 이 점이 아닌 점에 작용하면 단면에는 순수굽힘 이외에 비틀림이 작용하게 되므로 설계 시 주의를 요한다. 전단중심의 위치는 각 요소의 전단력으로 인해 발생하는 모멘트 합이 0이 되는 점을 찾음으로써 구할 수 있다.

59

정답 ①

전단탄성계수 $G = \frac{\tau}{\gamma}$ 에서 $\tau = G \cdot \gamma = (8.15 \times 10^5)(750 \times 10^{-6})$

$= 611.25\text{kg/cm}^2$이다. 다음으로 원형 단면의 단면 2차극모멘트를 구하면 $I_P = I_x + I_y = 2I_x = 2 \times \left[\frac{\pi}{64}(7.5^4 - 6^4) \right] \fallingdotseq 183.397\text{cm}^4$

이다. 비틀림응력 $\tau = \frac{T \cdot r}{I_P}$ 에서 비틀림력 $T = \frac{\tau \cdot I_P}{r}$ 이므로

$$T = \frac{611.25 \times 183.397}{\frac{7.5}{2}} \fallingdotseq 29,894\text{kg} \cdot \text{cm} \rightarrow 29.9\text{t} \cdot \text{cm}이다.$$

따라서 비틀림력 T는 $29.9\text{t} \cdot \text{cm}$이다.

60

정답 ⑤

축척과 면적과의 관계를 살펴 보면 $\left(\frac{1}{m} \right)^2 = \frac{a(도상\ 면적)}{A(실제\ 면적)}$으로 $A = am^2$임을 알 수 있다. 실제 면적은 축척분모수 제곱에 비례하므로 $1,000^2 : 24,000 = 2,000^2 : A \rightarrow A = 96,000\text{m}^2$이다.

따라서 실제 면적은 $96,000\text{m}^2$이다.

61

정답 ②

적합비틀림이란 균열의 발생 후 비틀림모멘트의 재분배가 일어날 수 있는 비틀림을 말한다.

오답분석

① 균열의 발생 후 비틀림모멘트의 재분배가 일어날 수 없는 비틀림은 평형비틀림이다.

62

정답 ①

옹벽에서 T형보로 설계해야 하는 부분은 T형보의 복부로 보고 설계하는 뒷부벽식 옹벽의 뒷부벽이다. 앞부벽식 옹벽의 앞부벽은 직사각형보의 복부로 보고 설계한다.

63
정답 ②

조립토일수록 최적함수비는 작아지고 최대건조밀도는 커지며, 다짐 곡선의 기울기가 급하다.
세립토일수록 최적함수비는 커지고 최대건조밀도는 작아지며, 다짐 곡선의 기울기가 완만하다.

64
정답 ③

$b = 25\left(1 - \dfrac{P}{100}\right) = 10$에서 $\dfrac{P}{100} = 1 - \dfrac{10}{25} = \dfrac{15}{25}$

$\therefore P = 60\%$

따라서 중복도는 60%이다.

65
정답 ②

$T.L = R \cdot \tan\dfrac{I^\circ}{2}$ 이므로 $150 \times \tan\dfrac{60^\circ}{2} \fallingdotseq 86.6\text{m}$이다.

따라서 접선장($T.L$)은 약 86.6m이다.

66
정답 ②

$[\text{폐합비}(R)] = \dfrac{E}{\sum \ell}$ 이므로 $\dfrac{\sqrt{0.3^2 + 0.4^2}}{1,500} = \dfrac{1}{3,000}$ 이다.

따라서 폐합비는 $\dfrac{1}{3,000}$ 이다.

67
정답 ①

1방향 슬래브
- 마주보는 두 변에 의해서만 지지된 경우
- 네 변이 지지된 슬래브인 경우 $\dfrac{L}{S} > 2$일 경우
- 대부분 단변방향으로 하중이 작용하므로 주 철근을 단변방향에 배근한다.

2방향 슬래브
- 네 변이 지지된 슬래브로서 $1 \leq \dfrac{L}{S} \leq 2$인 경우
- 주 철근을 단변과 장변방향으로 배근한다.

68
정답 ③

이상유체는 비점성, 비압축성 유체이며 전단응력이 발생하지 않고 전혀 압축되지도 않고 손실수두가 없는 유체이다.

69
정답 ①

1 : 5,000 수치지형도의 주곡선 간격은 5m이다.

70
정답 ①

$b_g = A(\text{총높이}) + B(\text{총폭}) - t(\text{두께}) = 150 + 90 - 12 = 228\text{mm}$

71
정답 ③

$\beta_1 = 0.85 - 0.007(f_{ck} - 28) = 0.85 - 0.007 \times (38 - 28) = 0.78$

72
정답 ④

제1측선의 배횡거는 제1측선의 경거이므로 ($\overline{AB}$측선의 배횡거)$= 81.57\text{m}$이다. 임의 측선의 배횡거는 '(전 측선의 배횡거)+(전 측선의 경거)+(그 측선의 경거)'이므로 ($\overline{BC}$측선의 배횡거)$= 81.57 + 81.57 + 18.78 = 181.92\text{m}$이다.

73
정답 ③

$\triangle f_p = nf_c = n\left(\dfrac{f_p A_p N}{bh}\right) = 6 \times \left(\dfrac{1,000 \times 150 \times 4}{400 \times 500}\right) = 18\text{MPa}$

74
정답 ③

$[\text{수평분력}(P_H)] = wh_G A = 9.8 \times 1 \times (2 \times 2) = 39.2\text{kN}$

$[\text{연직분력}(P_V)] = wV = 9.8 \times \left(\dfrac{1}{2} \times \dfrac{\pi \times 2^2}{4} \times 2\right) \fallingdotseq 30.79\text{kN}$

75
정답 ②

홍수 시 유속관측에 사용하는 방법은 표면부자이다.

76
정답 ②

직접 수준 측량의 경중율은 노선길이에 반비례한다.

i) $P_A : P_B : P_C = \dfrac{1}{2} : \dfrac{1}{4} : \dfrac{1}{1} = 2 : 1 : 4$

ii) $H_A = 13.13$
 $H_B = 13.30$
 $H_C = 13.09$

iii) $H_M = \dfrac{[P \cdot H]}{[P]} = 13 + \dfrac{2 \times 0.13 + 0.3 + 4 \times 0.09}{2 + 1 + 4} \fallingdotseq 13.13\text{m}$

77
정답 ④

트렌처
일반적으로 크롤러식 트랙터 등의 차체 위에 굴착장치를 설치하고 트랙터 엔진에 의해 구동되는 기기이다. 굴착장치는 벨트컨베이어로서 파낸 토사를 측방향으로 방출하는 것으로 로더식과 휠식이 있으며 로더식이 기동성, 굴착 깊이 등에서 양호하다.

78
정답 ①

우력(偶力, Couple of Forces)

일직선상이 아니고 크기가 같으며, 방향이 서로 평행으로 반대인 두 힘을 우력이라 한다. 우력은 두 힘이 작용하는 평면으로 수직인 축 둘레에 회전시키는 작용을 한다. 두 힘의 작용선 사이의 거리 a(우력의 팔의 길이)와 각 힘의 크기 F의 곱 aF를 우력의 모멘트라 한다.

79
정답 ②

힌지 지점의 모멘트는 고정단에 $\frac{1}{2}$이 전달

$M_A = \frac{M}{2}(\curvearrowright)$

$\therefore \ \theta_A = \frac{L}{6EI}\left(2M_A + M_B\right) = \frac{L}{6EI}\left(2M_1 - \frac{M_1}{2}\right) = \frac{M_1 L}{4EI}$ (시계방향)

$\sum M_B = 0$에서 $-R_A \times L + M_1 + \frac{M_1}{2} = 0$

$\therefore \ R_A = \frac{3M_1}{2L}(\downarrow)$

80
정답 ②

$S_{\max} = \frac{(\sigma_1 - \sigma_2)}{2}$이고, 최대 전단응력은 주응력 차의 절반과 같다.

81
정답 ⑤

$\lambda = \frac{f_{sp}}{0.56\sqrt{f_{ck}}} = \frac{2.4}{0.56\sqrt{25}} \fallingdotseq 0.857 \le 1.0$

82
정답 ④

단위유량도 이론의 가정에 따르면 동일한 기저시간을 가진 모든 직접유출 수문곡선의 종거들은 각 수문곡선에 의하여 주어진 총 직접유출 수문곡선에 비례한다.

83
정답 ①

$$Q = \frac{\pi K(H^2 - h_0^2)}{\ln(R/r_o)} \fallingdotseq \frac{3.14 \times 0.038 \times (7^2 - 5^2)}{\ln\dfrac{1,000}{1}}$$

$$= \frac{3.14 \times 0.038 \times (7^2 - 5^2)}{3\ln 10}$$

$$= \frac{3.14 \times 0.038 \times (7^2 - 5^2)}{3 \times 2.3}$$

$$\fallingdotseq 0.0415\text{m}^3/\text{s}$$

84
정답 ③

시차차(dP)의 경우

$b_o = \dfrac{124 + 132}{2} = 128\text{mm}$이므로

$\dfrac{dP}{b_o} = \dfrac{h}{H}$에 대입하면

$dP = \dfrac{h}{H} \times b_o = \dfrac{60m}{1,000m} \times 128\text{mm} \fallingdotseq 7.7\text{mm}$이다.

따라서 굴뚝의 시차차는 약 7.7mm이다.

85
정답 ①

비례식으로 계산하는 경우

$6,377,000 : L_o = (6,377,000 + 2,774) : 1,950$이므로

$L_o = \dfrac{6,377,000 \times 1,950}{(6,377,000 + 2,774)} = 1,949.152\text{m}$이다.

보정량식으로 계산하는 경우

$C_h = -\dfrac{LH}{R} = -\dfrac{1,950m \times 2,774}{6,377,000} = -0.848\text{m}$이다.

따라서 평균해수면으로 환산한 거리는
$1,950 - 0.8480 = 1,949.152\text{m}$이다.

86
정답 ②

평균유속(V_m)에 있어 2점법은 $\dfrac{1}{2}(V_{0.2} + V_{0.8})$이므로,

수면으로부터 수심의 $\dfrac{1}{5}$, $\dfrac{4}{5}$ 지점을 관측해야 한다.

1점법은 $V_{0.6}$, 3점법은 $\dfrac{1}{4}(V_{0.2} + 2V_{0.6} + V_{0.8})$이다.

87
정답 ③

사질기반에 있어서 강성기초의 접지압 분포는 기초의 중앙부에서 최대 접지압이 발생한다.

88
정답 ③

1) 수직 스터럽 : $V_s = \dfrac{A_v \times f_{yt} \times d}{s}$

2) 경사 스터럽 : $V_s = \dfrac{A_v \times f_{yt} \times d}{s} \times (\sin\alpha + \cos\alpha)$

89

$$\phi M_n = \phi \left\{ A_s f_y \left(d - \frac{a}{2} \right) \right\}$$
$$= 0.85 \left\{ 1,520 \times 400 \times \left(500 - \frac{85.15}{2} \right) \right\}$$
$$= 236,397,240 \text{N} \cdot \text{mm} \fallingdotseq 236.4 \text{kN} \cdot \text{m}$$

90

정답 ③

프리스트레스의 감소 원인
- 콘크리트의 탄성 변형
- PS강재와 쉬스 사이의 마찰
- 정착 장치에서의 긴장재의 활동
- 콘크리트의 크리프
- 콘크리트의 건조 수축
- PS강재의 릴렉세이션

토목 − 주관식				
01	02	03	04	05
72	65	24	㉢, ㉣, ㉤, ㉠, ㉡	㉢, ㉥
06		07	08	09	10
㉠, ㉡, ㉤, ㉥		56	1	600	㉡, ㉣

01

정답 72

$I_1 + I_2 = I_U + I_V = $ 일정

$I_V = I_1 + I_2 - I_U = 175 + 175 - 278 = 72 \text{cm}^4$ 이다.

02

정답 65

$$D_{r,45\%} = \frac{e_{max} - e_{45\%}}{e_{max} - e_{min}} \times 100 = 45$$

$$e_{45\%} = e_{max} - \frac{50}{100} \times (e_{max} - e_{min})$$
$$= 0.75 - \frac{50}{100} \times (0.75 - 0.55) = 0.65$$

$$D_{r,80\%} = \frac{e_{max} - e_{80\%}}{e_{max} - e_{min}} \times 100 = 80$$

$$e_{80\%} = e_{max} - \frac{80}{100} \times (e_{max} - e_{min})$$
$$= 0.75 - \frac{80}{100} \times (0.75 - 0.55) = 0.59$$

$$\frac{\Delta e}{1 + e_{45\%}} = \frac{\Delta h}{h} \rightarrow \frac{\Delta e}{1 + e_{45\%}}$$

$$\therefore \Delta h = 1.8 \times \frac{0.65 - 0.59}{1 + 0.65} \fallingdotseq 0.065 \text{m} = 65 \text{mm}$$

03

정답 24

층류에서의 Re수는 2,000 이하이므로

$$Re = \frac{V \cdot D}{\nu} \rightarrow V = \frac{Re \cdot \nu}{V} \le \frac{2,0000 \cdot 012}{10}$$

$$\therefore V \le 2.4 \text{cm/s} = 24 \text{mm/s}$$

04

정답 ㉢, ㉣, ㉤, ㉠, ㉡

상향력은 $u = \frac{8 \times P \times s}{L^2}$ 로 정의한다.

따라서 $\frac{s}{L^2}$ 의 값만 계산한다.

㉠ : $0.1 \div 10^2 = 0.001$

㉡ : $0.2 \div 15^2 \fallingdotseq 0.0009$

㉢ : $0.3 \div 10^2 = 0.003$

㉣ : $0.4 \div 15^2 \fallingdotseq 0.0018$

㉤ : $0.5 \div 20^2 = 0.00125$

따라서 상향력이 큰 순서대로 나열하면 ㉢, ㉣, ㉤, ㉠, ㉡이다.

4일 차 정답 및 해설 **69**

05

정답 ⓒ, ⓑ

트래버스 측량에서 폐합오차 조정방법 중 컴퍼스법칙은 각관측 정밀도와 거리관측의 정밀도가 동일할 때 실시하며, 트랜싯법칙은 각관측 정밀도가 거리관측의 정밀도보다 더 높을 때 실시한다.

06

정답 ㄱ, ㄴ, ㅁ, ㅂ

투수계수에 영향을 주는 요인은 토립자의 크기, 포화도, 간극의 형상과 배열 등이 있다.

07

정답 56

[현장의 건조단위중량(γ_d)] $= \dfrac{W_s}{V} = \dfrac{1,700}{1,000} = 1.70$이다.

따라서 간극비(공극비)는 $e = \dfrac{G_s \gamma_w}{\gamma_d} - 1 = \dfrac{2.65 \times 1}{1.70} - 1 = 0.56$

$= \dfrac{56}{100}$ 이므로 $a=56$이다.

08

정답 1

파괴면과 최대주응력면이 이루는 각은
최소주응력면과 이루는 각이 30°이므로
$\theta = 90° - \theta° = 90° - 75° = 15°$이다.
따라서 파괴면에 작용하는 전단응력(τ)은
$\tau = \dfrac{\sigma_1 - \sigma_3}{2} \sin 2\theta = \dfrac{6-2}{2} \sin(2 \times 15°) = 1 \text{kg/cm}^2$이다.

09

정답 600

용접철망을 사용할 경우 전단철근의 설계기준항복강도는 600MPa를 초과할 수 없다.

10

정답 ㄴ, ㄹ

인장력을 받는 이형철근 및 이형철선의 겹침이음 중에서 A급 이음은 배치된 철근량이 이음부 전체 구간에서 해석결과 요구되는 소요 철근량의 2배 이상이고 소요 겹침이음길이 내 겹침이음된 철근량이 전체 철근량의 1/2 이하인 경우를 말하며, B급 이음은 A급 이음에 해당되지 않는 경우를 말한다.

| 02 | 건축

건축 – 객관식

41	42	43	44	45	46	47	48	49	50
③	②	④	③	④	②	①	②	③	②
51	52	53	54	55	56	57	58	59	60
②	③	④	①	②	①	①	⑤	①	③
61	62	63	64	65	66	67	68	69	70
④	③	③	⑤	②	④	③	③	③	②
71	72	73	74	75	76	77	78	79	80
③	②	③	③	③	①	④	②	③	①
81	82	83	84	85	86	87	88	89	90
⑤	⑤	④	③	③	④	③	④	①	③

41

정답 ③

점토벽돌의 품질 결정에 가장 중요한 요소는 압축강도와 흡수율이다.

42

정답 ②

방수공사의 분류

멤브레인	• 연속적인 방수막을 형성하는 공법 • 아스팔트방수, 시트방수, 도막방수, 개량아스팔트시트방수, 합성고분자시트방수, 시트도막복합방수 등
시멘트 모르타르계	• 방수성이 높은 모르타르를 이용해 방수층을 형성하는 공법 • 시멘트액체방수 등이 있다.
기타	• 콘크리트구체방수, 침투방수, 실링방수 등

43

정답 ④

• PC 기둥 1개의 체적 : 0.3m×0.6m×3m=0.54m³
• PC 기둥 1개의 중량 : 0.54m³×2,400kg/m³=1,296kg
따라서 8,000kg÷1,296kg=6.17이므로, 최대로 6개까지 적재 가능하다.

콘크리트공사의 단위중량

철근콘크리트	무근콘크리트
2,400kg/m³	2,300kg/m³

44

정답 ③

콘크리트의 적산온도는 콘크리트의 온도를 기록한 누적값으로, 한중 콘크리트와 관계가 깊다.

45

정답 ④

$350\text{kPa}=3.5\text{kg}_f/\text{cm}^2 \div$수두 35m → $H \geq 35\text{m}+5\text{m}=40\text{m}$

46

정답 ②

(수용률)$=\dfrac{(최대수용전력)}{(총부하설비용량)} \times 100$이므로

$$(총부하설비용량)=\dfrac{(최대수용전력)}{(수용률)} \times 100$$

$$=\dfrac{500}{80} \times 100 = 625\text{kW이다}.$$

47

정답 ①

$\dfrac{P_1(2l)^3}{3EI}=\dfrac{P_2 l^3}{3EI} \times 2$이므로, $\dfrac{P_1}{P_2}=\dfrac{2}{8}$, $P_1 : P_2 = 1 : 4$

48

정답 ②

그림과 같은 조건의 역대칭형 라멘 구조물이 수평하중을 받을 때의 개략적인 휨모멘트도는 아래와 같다.

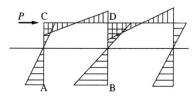

이 경우 수평하중 $P=\dfrac{M_\text{上}+M_\text{下}}{h}$이다.

기둥에서 발생하는 휨모멘트의 크기는 B>D>A>C 순이며, B의 휨모멘트의 크기는 A의 2배, D의 휨모멘트의 크기는 C의 2배이다.

49

정답 ③

극한강도설계법의 최대 허용처짐

처짐 한계	부재의 형태
$\dfrac{l}{180}$	• 과도한 처짐에 의해 손상되기 쉬운 비구조 요소를 지지 또는 부착하지 않은 평지붕구조
$\dfrac{l}{360}$	• 과도한 처짐에 의해 손상되기 쉬운 비구조 요소를 지지 또는 부착하지 않은 바닥구조
$\dfrac{l}{480}$	• 과도한 처짐에 의해 손상되기 쉬운 비구조 요소를 지지 또는 부착한 지붕 또는 바닥구조
$\dfrac{l}{240}$	• 과도한 처짐에 의해 손상될 염려가 없는 비구조 요소를 지지 또는 부착한 지붕 또는 바닥구조

50

정답 ②

주택법상 복리시설
• 복리시설이란 주택단지의 입주자 등의 생활복리를 위한 공동시설을 말한다.
• 어린이놀이터, 근린생활시설, 유치원, 주민운동시설, 경로당 등이 있다.

51

정답 ②

증기난방은 예열시간이 짧고 간헐운전에 적합하다.

52

정답 ③

표준관입시험은 사질지반 모래의 밀도・전단력을 측정하는 데 가장 적합하다.

53

정답 ④

오답분석
① 점토지반에서도 가능하다.
② 추의 낙하높이는 76±1cm이다.
③ N치를 통해 비배수 전단강도를 대략적으로 추정한다.
⑤ 베인테스트에 대한 설명이다.

54

정답 ①

온수난방은 증기난방보다 예열시간이 길다.

55

정답 ②

튜브구조는 하중에 저항하는 외곽기둥을 밀실하게 배치하고 일체화한 형식이다.

56

정답 ①

복사난방은 열용량이 크고 예열시간이 길다.

57

정답 ①

강구조(철골구조)는 콘크리트구조물에 비해 처짐 및 진동 등의 사용성 측면에서 불리하다.

58

정답 ⑤

웰포인트 공법은 수분이 많은 모래지반에 적당한 공법이다.

59 정답 ①

수관식 보일러는 하부의 물드럼과 상부의 기수드럼을 연결하는 수관을 연소실 주위에 배치한 보일러이다.

60 정답 ③

물 $5m^3$의 질량은 $5,000kg$이므로 부하는

$$\frac{5,000kg/h \times 4.2kJ/kg \cdot K \times (70-10)℃}{3,600} = 350kW$$

61 정답 ④

잔류응력은 외력을 제거한 후에도 내부에 존재하는 응력을 말하며, 소성설계에 적용되지는 않는다.

철골구조의 소성설계법

개요	강재의 단면이 항복하면서 발생한 소성힌지로 인해 붕괴기구에 이를 때의 하중을 산출하여 설계하는 경제적인 설계법이다.
주요 용어	소성모멘트, 항복모멘트, 형상계수, 하중계수, 소성힌지, 종국하중(붕괴하중), 붕괴기구 등

62 정답 ③

재래식 현장타설 콘크리트 말뚝의 분류

컴프레솔파일 (Compressol Pile)	원뿔형 추를 낙하시켜 지반에 구멍을 뚫고, 그 구멍에 콘크리트를 타설하면서 추로 다짐하여 시공하는 공법이다.
심플렉스파일 (Simplex Pile)	선시공한 중공형 강관 내부에 콘크리트를 타설하고 무거운 추로 다져가며 강관을 뽑아내는 공법이다.
페데스탈파일 (Pedestal Pile)	내관과 외관으로 구성된 이중강관을 선시공한 후 강관 내부에 콘크리트를 타설하고 내관으로 다짐하며 외관을 뽑아내는 공법이다.
레이먼드파일 (Raymond Pile)	심대를 넣은 외관을 선시공한 후 강관 내부에 콘크리트를 타설하고 외관을 지중에 남겨둔 채 심대로 다지는 공법이다.
프랭키파일 (Franky Pile)	심대 끝에 주철제 원추형의 마개가 달린 외관을 선시공한 후 내부의 마개를 제거하고 콘크리트를 타설하고 추로 다짐하는 공법이다.

63 정답 ③

슬리브압착이음은 원형의 슬리브 내에 이형철근을 삽입하고 상온에서 압착가공하여 접합하는 방식이다.

64 정답 ⑤

- 모살치수 8mm, 용접길이 80mm, 2면에 용접한다.
- 유효목두께 : $8 \times 0.7 = 5.6mm$
- 유효길이 : $80 - 8 \times 2 = 64mm$
- 유효면적 : $64 \times 5.6 \times 2 = 716.8mm^2$

65 정답 ②

팬코일유닛 방식은 전수방식에 속한다.

66 정답 ④

측압은 물 – 시멘트비가 작을수록 작다.

67 정답 ③

[압축강도(MPa)]=[최대하중(N)]÷{π×[공시체의 지름(mm)^2]÷4}
=$200,000N ÷ (π \times 100 \times 100 ÷ 4) ≒ 25.464N/mm^2$
=25.46MPa

68 정답 ③

AE 콘크리트의 공기량 표준값은 굵은 골재 최대치수가 20mm이고 보통 노출(간혹 수분과 접촉하여 결빙이 되면서 제빙화학제를 사용하지 않는 경우)인 경우 5%이다.

69 정답 ③

단일덕트 방식은 각 실이나 존의 부하변동에 즉시 대응할 수 없다.

70 정답 ②

고강도 콘크리트에서 단위수량은 $180kg/m^3$ 이하로 최소화한다.

단위시멘트량	소요 워커빌리티 내에서 최소화한다.
단위수량	$180kg/m^3$ 이하로 최소화한다.
물 – 결합재비	50% 이하로 한다.
슬럼프치	150mm(유동화콘크리트 : 210mm) 이하로 한다.
잔골재율	소요 워커빌리티 내에서 최소화한다.
공기연행제	기상의 변화가 심하거나 동결융해에 대한 대책이 필요한 경우에만 사용한다.

71 정답 ③

매스 콘크리트로 다루어야 하는 구조물의 치수는 평판구조의 경우 두께 0.8m 이상, 하단이 구속된 벽조의 경우 두께 0.5m 이상으로 한다.

72　　　　　　　　　　　　정답 ②

타일의 흡수율은 도기>석기>자기 순서이다.

도기질 타일	석기질 타일	자기질 타일	클링커 타일
18% 이하	5% 이하	3% 이하	8% 이하

73　　　　　　　　　　　　정답 ③

망입유리는 금속망이 삽입된 안전유리로, 방화·방재, 도난방지용 및 진동이 심한 장소에 사용된다.

74　　　　　　　　　　　　정답 ④

④는 단일덕트 방식에 대한 설명이며, 이중덕트 방식은 각 실의 혼합상자에서 공기를 혼합하는 방식이다.

75　　　　　　　　　　　　정답 ③

표준관입시험은 지반의 지지력이나 지층의 분포 상태 및 지질을 파악하기 위한 조사 방법으로, 사질토에 대한 정확도가 높아 모래의 밀도나 전단력을 측정하는 데 적합하다.

오답분석

① 보링(Boring) : 지중의 토질 분포, 토층의 구성, 지하수의 수위 등을 알아보기 위하여 기계를 이용해 지중에 구멍을 뚫고 그 안에 있는 토사를 채취하여 조사하는 방법이다.
② 베인시험(Vane Test) : 점토의 비배수 전단 강도를 측정하기 위해 실시하는 시험이다.
④ 재하시험(Load Test) : 지반에 정적인 하중을 가하여 지반의 지지력과 안정성을 살피기 위한 시험이다.
⑤ 콘관입시험(Cone Penetration Test) : 원뿔형 콘이 땅속을 뚫고 들어갈 때 생기는 저항력으로 지반의 단단함과 다짐 정도를 조사하는 시험이다.

76　　　　　　　　　　　　정답 ①

갱 폼은 주로 고층 아파트와 같이 평면상 상·하부가 동일한 단면 구조물에서 외부 벽체 거푸집과 발판용 케이지를 일체로 제작하는 대형 거푸집이다. 이때, 케이지(Cage)는 갱 폼에서 외부 벽체 거푸집을 제외한 부분으로, 거푸집의 설치 및 해체, 후속 미장 및 건출 등의 작업을 안전하게 수행할 수 있도록 설치한 작업 발판이다.

오답분석

② 슬라이딩 폼(Sliding Porm) : 단면의 변화가 없는 구조물을 수직으로 이동하면서 콘크리트를 타설하는 연속 거푸집이다.
③ 동바리(Floor Post) : 타설된 콘크리트의 하중을 고정하기 위해 설치하는 가설 부재이다.
④ 스틸 폼(Steel Form) : 강판이나 형강 등을 조합하여 만든 콘크리트 거푸집이다.
⑤ 슬립 폼(Slip Form) : 단면의 변화가 있는 구조물을 수직으로 이동하면서 콘크리트를 타설하는 연속 거푸집이다.

77　　　　　　　　　　　　정답 ④

플라스티시티(성형성)는 거푸집 등의 형상에 순응하여 채우기 쉽고, 재료분리가 일어나지 않는 성질을 말한다.

78　　　　　　　　　　　　정답 ②

부순굵은골재의 실적률은 55% 이상이다.

79　　　　　　　　　　　　정답 ③

오답분석

①·⑤ 팬코일유닛은 전수방식이다.
② 공기·수방식은 각 실의 온도제어가 용이하다.
④ 팬의 소요동력이 크다.

80　　　　　　　　　　　　정답 ①

고속덕트는 마찰저항을 줄이기 위해 주로 원형덕트를 사용한다.

81　　　　　　　　　　　　정답 ⑤

사무소 엘리베이터의 배치 형식

직선 (일렬)형	• 4대 정도를 한도로 한다. • 엘리베이터의 중심 간 거리는 8m 이하로 한다.
알코브형	• 4대 이상, 6대 정도를 한도로 한다.
대면형	• 4대 이상, 8대 정도를 한도로 한다. • 대면거리는 동일 군관리의 경우 3.5 ~ 4.5m 정도로 유지한다.

82　　　　　　　　　　　　정답 ⑤

다가구주택에서는 1층 전체 또는 일부를 주차장으로 사용하고 그 외 공간을 주택 외의 용도로 사용하는 경우 해당 층을 주택의 층수에서 제외한다.

83　　　　　　　　　　　　정답 ④

도막방수 공사는 바탕면 시공과 관통공사가 종결된 후에 실시한다.

도막방수의 바탕면·관통부 시공
바탕면 및 바닥을 관통하거나 매설되는 파이프, 고정철물 등과의 접속부에서는 누수 등의 결함이 발생하기 쉬우므로 사전에 접속부 처리를 계획하여야 하며, 시공이 종결된 후 세심하게 방수처리를 실시한다.

84
정답 ③

'met'은 인체 내에서 대사 활동 중에 생성되는 에너지의 단위이다.

오답분석
① 광속의 단위이다.
② 착의량의 단위이다.
④ 광도의 단위이다.
⑤ 전력의 단위이다.

85
정답 ③

미장재료의 응결경화방식

수경성	시멘트, 석고(순 / 혼합석고), 경석고 플라스터 (킨즈 시멘트) 등
기경성	석회, 소석회, 석회크림, 회반죽, 회사벽, 진흙, 돌로마이트 플라스터 등
화학경화성	에폭시 수지 바닥재 등
고화성	유화 아스팔트 바닥재 등

86
정답 ④

• B절점의 고정단 모멘트

$$M_B = \frac{wl^2}{12} = \frac{6\text{kN/m} \times (4\text{m})^2}{12} = 8\text{kN} \cdot \text{m}$$

• BA부재에 대한 분배율

$$f_{BA} = \frac{K_{BA}}{\Sigma K} = \frac{2}{2+2} = \frac{1}{2}$$

• BA부재에 대한 분배모멘트

$$M_{BA} = f_{BA} \times M_B = \frac{1}{2} \times 8\text{kN} \cdot \text{m} = 4\text{kN} \cdot \text{m}$$

• AB부재에 대한 재단모멘트

$$M_{AB} = \frac{1}{2} \times M_{BA} = \frac{1}{2} \times 4\text{kN} \cdot \text{m} = 2\text{kN} \cdot \text{m}$$

87
정답 ③

가우징(Gouging)은 용접이 잘못된 부분을 수정하기 위해 사용되는 방법으로, 고온의 아크열로 모재를 순간적으로 녹이는 동시에 압축공기의 강한 바람으로 용해된 금속을 뿜어내어 용접부에 깊은 홈을 파내는 방식으로, 불완전 용접부 제거 및 밑면 파내기 등에 사용된다.

88
정답 ④

공개공지는 도시화의 가능성이 크거나 노후 산업단지의 정비가 필요하다고 인정하여 지정·공고하는 지역으로 일반주거지역, 준주거지역, 상업지역, 준공업지역이 있다.

89
정답 ①

아파트는 제2종, 제3종일반주거지역 및 제2종전용주거지역에 건축할 수 있는 건축물이다.

90
정답 ③

면적 등의 산정 방법(건축법 시행령 제119조)
건축물의 노대 등의 바닥은 난간 등의 설치 여부에 관계없이 노대 등의 면적에서 노대 등이 접한 가장 긴 외벽에 접한 길이에 1.5미터를 곱한 값을 뺀 면적을 바닥면적에 산입한다.

건축 - 주관식				
01	02	03	04	05
80	224	254	㉡, ㉣, ㉣, ㉤, ㉢	㉠, ㉢
06		07	08	09	10
㉠, ㉡, ㉢, ㉥		279	330	8	㉢, ㉣

01 정답 80

(평균조도)
＝(램프당 광속)×(램프수량)×(조명률)×(보수율)÷(실의 면적)
이때 보수율은 감광보상률의 역수이다.

따라서 평균조도는 $2,000 \times 10 \times 0.6 \times \dfrac{1}{1.5} \div 100 = 80$이다.

02 정답 224

기본벽돌쌓기

구분	단위	0.5B	1.0B	1.5B
기본벽돌	m^2당	75매	149매	224매
모르타르	1,000매당	$0.25m^3$	$0.33m^3$	$0.35m^3$

03 정답 254

볼트의 강도
- 볼트의 공칭인장강도(F_{nt})

구분	고장력볼트			일반볼트
	F8T	F10T	F13T	4.6
F_{nt}	600	750	975	300

- 볼트의 설계인장강도(ϕR_n)

ϕ	일반볼트
0.75	$R_n = F_n A_b$

- F_n ＝공칭인장강도 F_{nt}, MPa
- A_b ＝볼트의 공칭단면적, mm^2

$\therefore \phi R_n = 0.75 \times 750 \times \dfrac{\pi \times 24^2}{4} = 254,469N = 254kN$

04 정답 ㉡, ㉣, ㉣, ㉤, ㉢

구분	주거지역	상업지역	공업지역	녹지지역	기타
면적	$60m^2$	$150m^2$	$150m^2$	$200m^2$	$60m^2$

05 정답 ㉠, ㉢

건물골조방식은 수직하중은 입체골조가 저항하고 지진하중은 전단벽이나 가새골조가 저항하는 구조방식이다.

06 정답 ㉠, ㉡, ㉢, ㉥

- 열가소성 수지 : 폴리스티렌수지, 폴리프로필렌수지, 아크릴수지, 폴리에틸렌수지, 염화비닐수지 등
- 열경화성 수지 : 에폭시수지, 멜라민수지, 페놀수지 등

07 정답 279

$l_{hb} = \dfrac{0.24 \times \beta \times d_b \times f_y}{\lambda \sqrt{f_{ck}}} = \dfrac{0.24 \times 1 \times 15.9 \times 400}{1 \times \sqrt{30}} = 279mm$

08 정답 330

주차단위구획(평행주차형식 외)

구분	너비	길이
경형	2m 이상	3.6m 이상
일반형	2.5m 이상	5m 이상
확장형	2.6m 이상	5.2m 이상
장애인전용	3.3m 이상	5m 이상
이륜자동차전용	1m 이상	2.3m 이상

09 정답 8

바닥면적 문화 및 집회시설의 경우 시설면적 $150m^2$당 1대의 주차장을 최소로 설치해야 한다. 따라서 주차장은 최소 $1,200 \div 150 = 8$대 설치해야 한다.

10 정답 ㉢, ㉣

트렌치 컷 공법은 건물의 중앙부만 남겨두고, 주위 부분에 먼저 흙막이를 설치하고 굴착하여 기초부와 주위벽체, 바닥판 등을 구축하고 난 다음 중앙부를 시공하는 터파기 공법이다.

LH 한국토지주택공사 직무능력검사 답안카드

번호	답안	번호	답안	번호	답안	번호	답안	번호	답안
1	① ② ③ ④ ⑤	21	① ② ③ ④ ⑤	41	① ② ③ ④ ⑤	61	① ② ③ ④ ⑤	81	① ② ③ ④ ⑤
2	① ② ③ ④ ⑤	22	① ② ③ ④ ⑤	42	① ② ③ ④ ⑤	62	① ② ③ ④ ⑤	82	① ② ③ ④ ⑤
3	① ② ③ ④ ⑤	23	① ② ③ ④ ⑤	43	① ② ③ ④ ⑤	63	① ② ③ ④ ⑤	83	① ② ③ ④ ⑤
4	① ② ③ ④ ⑤	24	① ② ③ ④ ⑤	44	① ② ③ ④ ⑤	64	① ② ③ ④ ⑤	84	① ② ③ ④ ⑤
5	① ② ③ ④ ⑤	25	① ② ③ ④ ⑤	45	① ② ③ ④ ⑤	65	① ② ③ ④ ⑤	85	① ② ③ ④ ⑤
6	① ② ③ ④ ⑤	26	① ② ③ ④ ⑤	46	① ② ③ ④ ⑤	66	① ② ③ ④ ⑤	86	① ② ③ ④ ⑤
7	① ② ③ ④ ⑤	27	① ② ③ ④ ⑤	47	① ② ③ ④ ⑤	67	① ② ③ ④ ⑤	87	① ② ③ ④ ⑤
8	① ② ③ ④ ⑤	28	① ② ③ ④ ⑤	48	① ② ③ ④ ⑤	68	① ② ③ ④ ⑤	88	① ② ③ ④ ⑤
9	① ② ③ ④ ⑤	29	① ② ③ ④ ⑤	49	① ② ③ ④ ⑤	69	① ② ③ ④ ⑤	89	① ② ③ ④ ⑤
10	① ② ③ ④ ⑤	30	① ② ③ ④ ⑤	50	① ② ③ ④ ⑤	70	① ② ③ ④ ⑤	90	① ② ③ ④ ⑤
11	① ② ③ ④ ⑤	31	① ② ③ ④ ⑤	51	① ② ③ ④ ⑤	71	① ② ③ ④ ⑤		
12	① ② ③ ④ ⑤	32	① ② ③ ④ ⑤	52	① ② ③ ④ ⑤	72	① ② ③ ④ ⑤		
13	① ② ③ ④ ⑤	33	① ② ③ ④ ⑤	53	① ② ③ ④ ⑤	73	① ② ③ ④ ⑤		
14	① ② ③ ④ ⑤	34	① ② ③ ④ ⑤	54	① ② ③ ④ ⑤	74	① ② ③ ④ ⑤		
15	① ② ③ ④ ⑤	35	① ② ③ ④ ⑤	55	① ② ③ ④ ⑤	75	① ② ③ ④ ⑤		
16	① ② ③ ④ ⑤	36	① ② ③ ④ ⑤	56	① ② ③ ④ ⑤	76	① ② ③ ④ ⑤		
17	① ② ③ ④ ⑤	37	① ② ③ ④ ⑤	57	① ② ③ ④ ⑤	77	① ② ③ ④ ⑤		
18	① ② ③ ④ ⑤	38	① ② ③ ④ ⑤	58	① ② ③ ④ ⑤	78	① ② ③ ④ ⑤		
19	① ② ③ ④ ⑤	39	① ② ③ ④ ⑤	59	① ② ③ ④ ⑤	79	① ② ③ ④ ⑤		
20	① ② ③ ④ ⑤	40	① ② ③ ④ ⑤	60	① ② ③ ④ ⑤	80	① ② ③ ④ ⑤		

LH 한국토지주택공사 직무역량평가 모의고사 주관식 답안카드

NH 한국토지주택공사 직무능력검사 답안카드

성 명	

지원 분야	

문제지 형별기재란	( )형	Ⓐ Ⓑ

수험번호

⓪	⓪	⓪	⓪	⓪	⓪	⓪
①	①	①	①	①	①	①
②	②	②	②	②	②	②
③	③	③	③	③	③	③
④	④	④	④	④	④	④
⑤	⑤	⑤	⑤	⑤	⑤	⑤
⑥	⑥	⑥	⑥	⑥	⑥	⑥
⑦	⑦	⑦	⑦	⑦	⑦	⑦
⑧	⑧	⑧	⑧	⑧	⑧	⑧
⑨	⑨	⑨	⑨	⑨	⑨	⑨

감독위원 확인
㉒

1	① ② ③ ④ ⑤	21	① ② ③ ④ ⑤	41	① ② ③ ④ ⑤	61	① ② ③ ④ ⑤	81	① ② ③ ④ ⑤
2	① ② ③ ④ ⑤	22	① ② ③ ④ ⑤	42	① ② ③ ④ ⑤	62	① ② ③ ④ ⑤	82	① ② ③ ④ ⑤
3	① ② ③ ④ ⑤	23	① ② ③ ④ ⑤	43	① ② ③ ④ ⑤	63	① ② ③ ④ ⑤	83	① ② ③ ④ ⑤
4	① ② ③ ④ ⑤	24	① ② ③ ④ ⑤	44	① ② ③ ④ ⑤	64	① ② ③ ④ ⑤	84	① ② ③ ④ ⑤
5	① ② ③ ④ ⑤	25	① ② ③ ④ ⑤	45	① ② ③ ④ ⑤	65	① ② ③ ④ ⑤	85	① ② ③ ④ ⑤
6	① ② ③ ④ ⑤	26	① ② ③ ④ ⑤	46	① ② ③ ④ ⑤	66	① ② ③ ④ ⑤	86	① ② ③ ④ ⑤
7	① ② ③ ④ ⑤	27	① ② ③ ④ ⑤	47	① ② ③ ④ ⑤	67	① ② ③ ④ ⑤	87	① ② ③ ④ ⑤
8	① ② ③ ④ ⑤	28	① ② ③ ④ ⑤	48	① ② ③ ④ ⑤	68	① ② ③ ④ ⑤	88	① ② ③ ④ ⑤
9	① ② ③ ④ ⑤	29	① ② ③ ④ ⑤	49	① ② ③ ④ ⑤	69	① ② ③ ④ ⑤	89	① ② ③ ④ ⑤
10	① ② ③ ④ ⑤	30	① ② ③ ④ ⑤	50	① ② ③ ④ ⑤	70	① ② ③ ④ ⑤	90	① ② ③ ④ ⑤
11	① ② ③ ④ ⑤	31	① ② ③ ④ ⑤	51	① ② ③ ④ ⑤	71	① ② ③ ④ ⑤		
12	① ② ③ ④ ⑤	32	① ② ③ ④ ⑤	52	① ② ③ ④ ⑤	72	① ② ③ ④ ⑤		
13	① ② ③ ④ ⑤	33	① ② ③ ④ ⑤	53	① ② ③ ④ ⑤	73	① ② ③ ④ ⑤		
14	① ② ③ ④ ⑤	34	① ② ③ ④ ⑤	54	① ② ③ ④ ⑤	74	① ② ③ ④ ⑤		
15	① ② ③ ④ ⑤	35	① ② ③ ④ ⑤	55	① ② ③ ④ ⑤	75	① ② ③ ④ ⑤		
16	① ② ③ ④ ⑤	36	① ② ③ ④ ⑤	56	① ② ③ ④ ⑤	76	① ② ③ ④ ⑤		
17	① ② ③ ④ ⑤	37	① ② ③ ④ ⑤	57	① ② ③ ④ ⑤	77	① ② ③ ④ ⑤		
18	① ② ③ ④ ⑤	38	① ② ③ ④ ⑤	58	① ② ③ ④ ⑤	78	① ② ③ ④ ⑤		
19	① ② ③ ④ ⑤	39	① ② ③ ④ ⑤	59	① ② ③ ④ ⑤	79	① ② ③ ④ ⑤		
20	① ② ③ ④ ⑤	40	① ② ③ ④ ⑤	60	① ② ③ ④ ⑤	80	① ② ③ ④ ⑤		

LH 한국토지주택공사 직무역량평가 모의고사 주관식 답안카드

01			02			03		
백	십	일	백	십	일	백	십	일
⓪	⓪	⓪	⓪	⓪	⓪	⓪	⓪	⓪
①	①	①	①	①	①	①	①	①
②	②	②	②	②	②	②	②	②
③	③	③	③	③	③	③	③	③
④	④	④	④	④	④	④	④	④
⑤	⑤	⑤	⑤	⑤	⑤	⑤	⑤	⑤
⑥	⑥	⑥	⑥	⑥	⑥	⑥	⑥	⑥
⑦	⑦	⑦	⑦	⑦	⑦	⑦	⑦	⑦
⑧	⑧	⑧	⑧	⑧	⑧	⑧	⑧	⑧
⑨	⑨	⑨	⑨	⑨	⑨	⑨	⑨	⑨

04					
	㉠	㉡	㉢	㉣	㉤	㉥
	㉠	㉡	㉢	㉣	㉤	㉥
	㉠	㉡	㉢	㉣	㉤	㉥
	㉠	㉡	㉢	㉣	㉤	㉥
	㉠	㉡	㉢	㉣	㉤	㉥

05						
A	㉠	㉡	㉢	㉣	㉤	㉥
B	㉠	㉡	㉢	㉣	㉤	㉥

06						
	㉠	㉡	㉢	㉣	㉤	㉥

07			08			09		
백	십	일	백	십	일	백	십	일
⓪	⓪	⓪	⓪	⓪	⓪	⓪	⓪	⓪
①	①	①	①	①	①	①	①	①
②	②	②	②	②	②	②	②	②
③	③	③	③	③	③	③	③	③
④	④	④	④	④	④	④	④	④
⑤	⑤	⑤	⑤	⑤	⑤	⑤	⑤	⑤
⑥	⑥	⑥	⑥	⑥	⑥	⑥	⑥	⑥
⑦	⑦	⑦	⑦	⑦	⑦	⑦	⑦	⑦
⑧	⑧	⑧	⑧	⑧	⑧	⑧	⑧	⑧
⑨	⑨	⑨	⑨	⑨	⑨	⑨	⑨	⑨

10						
A	㉠	㉡	㉢	㉣	㉤	㉥
B	㉠	㉡	㉢	㉣	㉤	㉥

LH 한국토지주택공사 직무능력검사 답안카드

번호	①	②	③	④	⑤
1	①	②	③	④	⑤
2	①	②	③	④	⑤
3	①	②	③	④	⑤
4	①	②	③	④	⑤
5	①	②	③	④	⑤
6	①	②	③	④	⑤
7	①	②	③	④	⑤
8	①	②	③	④	⑤
9	①	②	③	④	⑤
10	①	②	③	④	⑤
11	①	②	③	④	⑤
12	①	②	③	④	⑤
13	①	②	③	④	⑤
14	①	②	③	④	⑤
15	①	②	③	④	⑤
16	①	②	③	④	⑤
17	①	②	③	④	⑤
18	①	②	③	④	⑤
19	①	②	③	④	⑤
20	①	②	③	④	⑤
21	①	②	③	④	⑤
22	①	②	③	④	⑤
23	①	②	③	④	⑤
24	①	②	③	④	⑤
25	①	②	③	④	⑤
26	①	②	③	④	⑤
27	①	②	③	④	⑤
28	①	②	③	④	⑤
29	①	②	③	④	⑤
30	①	②	③	④	⑤
31	①	②	③	④	⑤
32	①	②	③	④	⑤
33	①	②	③	④	⑤
34	①	②	③	④	⑤
35	①	②	③	④	⑤
36	①	②	③	④	⑤
37	①	②	③	④	⑤
38	①	②	③	④	⑤
39	①	②	③	④	⑤
40	①	②	③	④	⑤
41	①	②	③	④	⑤
42	①	②	③	④	⑤
43	①	②	③	④	⑤
44	①	②	③	④	⑤
45	①	②	③	④	⑤
46	①	②	③	④	⑤
47	①	②	③	④	⑤
48	①	②	③	④	⑤
49	①	②	③	④	⑤
50	①	②	③	④	⑤
51	①	②	③	④	⑤
52	①	②	③	④	⑤
53	①	②	③	④	⑤
54	①	②	③	④	⑤
55	①	②	③	④	⑤
56	①	②	③	④	⑤
57	①	②	③	④	⑤
58	①	②	③	④	⑤
59	①	②	③	④	⑤
60	①	②	③	④	⑤
61	①	②	③	④	⑤
62	①	②	③	④	⑤
63	①	②	③	④	⑤
64	①	②	③	④	⑤
65	①	②	③	④	⑤
66	①	②	③	④	⑤
67	①	②	③	④	⑤
68	①	②	③	④	⑤
69	①	②	③	④	⑤
70	①	②	③	④	⑤
71	①	②	③	④	⑤
72	①	②	③	④	⑤
73	①	②	③	④	⑤
74	①	②	③	④	⑤
75	①	②	③	④	⑤
76	①	②	③	④	⑤
77	①	②	③	④	⑤
78	①	②	③	④	⑤
79	①	②	③	④	⑤
80	①	②	③	④	⑤
81	①	②	③	④	⑤
82	①	②	③	④	⑤
83	①	②	③	④	⑤
84	①	②	③	④	⑤
85	①	②	③	④	⑤
86	①	②	③	④	⑤
87	①	②	③	④	⑤
88	①	②	③	④	⑤
89	①	②	③	④	⑤
90	①	②	③	④	⑤

LH 한국토지주택공사 직무역량평가 모의고사 주관식 답안카드

01 · 02 · 03

백	십	백	십	일	백	십	일	백	십	일
⓪	⓪	⓪	⓪	⓪	⓪	⓪	⓪	⓪	⓪	⓪
①	①	①	①	①	①	①	①	①	①	①
②	②	②	②	②	②	②	②	②	②	②
③	③	③	③	③	③	③	③	③	③	③
④	④	④	④	④	④	④	④	④	④	④
⑤	⑤	⑤	⑤	⑤	⑤	⑤	⑤	⑤	⑤	⑤
⑥	⑥	⑥	⑥	⑥	⑥	⑥	⑥	⑥	⑥	⑥
⑦	⑦	⑦	⑦	⑦	⑦	⑦	⑦	⑦	⑦	⑦
⑧	⑧	⑧	⑧	⑧	⑧	⑧	⑧	⑧	⑧	⑧
⑨	⑨	⑨	⑨	⑨	⑨	⑨	⑨	⑨	⑨	⑨

04

㉠	㉡	㉢	㉣	㉤	㉥
㉠	㉡	㉢	㉣	㉤	㉥
㉠	㉡	㉢	㉣	㉤	㉥
㉠	㉡	㉢	㉣	㉤	㉥
㉠	㉡	㉢	㉣	㉤	㉥

05

	㉠	㉡	㉢	㉣	㉤	㉥
A	㉠	㉡	㉢	㉣	㉤	㉥
B	㉠	㉡	㉢	㉣	㉤	㉥

06

㉠	㉡	㉢	㉣	㉤	㉥

07 · 08 · 09

백	십	일	백	십	일	백	십	일
⓪	⓪	⓪	⓪	⓪	⓪	⓪	⓪	⓪
①	①	①	①	①	①	①	①	①
②	②	②	②	②	②	②	②	②
③	③	③	③	③	③	③	③	③
④	④	④	④	④	④	④	④	④
⑤	⑤	⑤	⑤	⑤	⑤	⑤	⑤	⑤
⑥	⑥	⑥	⑥	⑥	⑥	⑥	⑥	⑥
⑦	⑦	⑦	⑦	⑦	⑦	⑦	⑦	⑦
⑧	⑧	⑧	⑧	⑧	⑧	⑧	⑧	⑧
⑨	⑨	⑨	⑨	⑨	⑨	⑨	⑨	⑨

10

	㉠	㉡	㉢	㉣	㉤	㉥
A	㉠	㉡	㉢	㉣	㉤	㉥
B	㉠	㉡	㉢	㉣	㉤	㉥

LH 한국토지주택공사 직무능력검사 답안카드

성 명

지원 분야

문제지 형별기재란

(형)   Ⓐ   Ⓑ

수 험 번 호

⓪	⓪	⓪	⓪	⓪	⓪	⓪
①	①	①	①	①	①	①
②	②	②	②	②	②	②
③	③	③	③	③	③	③
④	④	④	④	④	④	④
⑤	⑤	⑤	⑤	⑤	⑤	⑤
⑥	⑥	⑥	⑥	⑥	⑥	⑥
⑦	⑦	⑦	⑦	⑦	⑦	⑦
⑧	⑧	⑧	⑧	⑧	⑧	⑧
⑨	⑨	⑨	⑨	⑨	⑨	⑨

감독위원 확인

㊞

1	① ② ③ ④ ⑤	21	① ② ③ ④ ⑤	41	① ② ③ ④ ⑤	61	① ② ③ ④ ⑤	81	① ② ③ ④ ⑤
2	① ② ③ ④ ⑤	22	① ② ③ ④ ⑤	42	① ② ③ ④ ⑤	62	① ② ③ ④ ⑤	82	① ② ③ ④ ⑤
3	① ② ③ ④ ⑤	23	① ② ③ ④ ⑤	43	① ② ③ ④ ⑤	63	① ② ③ ④ ⑤	83	① ② ③ ④ ⑤
4	① ② ③ ④ ⑤	24	① ② ③ ④ ⑤	44	① ② ③ ④ ⑤	64	① ② ③ ④ ⑤	84	① ② ③ ④ ⑤
5	① ② ③ ④ ⑤	25	① ② ③ ④ ⑤	45	① ② ③ ④ ⑤	65	① ② ③ ④ ⑤	85	① ② ③ ④ ⑤
6	① ② ③ ④ ⑤	26	① ② ③ ④ ⑤	46	① ② ③ ④ ⑤	66	① ② ③ ④ ⑤	86	① ② ③ ④ ⑤
7	① ② ③ ④ ⑤	27	① ② ③ ④ ⑤	47	① ② ③ ④ ⑤	67	① ② ③ ④ ⑤	87	① ② ③ ④ ⑤
8	① ② ③ ④ ⑤	28	① ② ③ ④ ⑤	48	① ② ③ ④ ⑤	68	① ② ③ ④ ⑤	88	① ② ③ ④ ⑤
9	① ② ③ ④ ⑤	29	① ② ③ ④ ⑤	49	① ② ③ ④ ⑤	69	① ② ③ ④ ⑤	89	① ② ③ ④ ⑤
10	① ② ③ ④ ⑤	30	① ② ③ ④ ⑤	50	① ② ③ ④ ⑤	70	① ② ③ ④ ⑤	90	① ② ③ ④ ⑤
11	① ② ③ ④ ⑤	31	① ② ③ ④ ⑤	51	① ② ③ ④ ⑤	71	① ② ③ ④ ⑤		
12	① ② ③ ④ ⑤	32	① ② ③ ④ ⑤	52	① ② ③ ④ ⑤	72	① ② ③ ④ ⑤		
13	① ② ③ ④ ⑤	33	① ② ③ ④ ⑤	53	① ② ③ ④ ⑤	73	① ② ③ ④ ⑤		
14	① ② ③ ④ ⑤	34	① ② ③ ④ ⑤	54	① ② ③ ④ ⑤	74	① ② ③ ④ ⑤		
15	① ② ③ ④ ⑤	35	① ② ③ ④ ⑤	55	① ② ③ ④ ⑤	75	① ② ③ ④ ⑤		
16	① ② ③ ④ ⑤	36	① ② ③ ④ ⑤	56	① ② ③ ④ ⑤	76	① ② ③ ④ ⑤		
17	① ② ③ ④ ⑤	37	① ② ③ ④ ⑤	57	① ② ③ ④ ⑤	77	① ② ③ ④ ⑤		
18	① ② ③ ④ ⑤	38	① ② ③ ④ ⑤	58	① ② ③ ④ ⑤	78	① ② ③ ④ ⑤		
19	① ② ③ ④ ⑤	39	① ② ③ ④ ⑤	59	① ② ③ ④ ⑤	79	① ② ③ ④ ⑤		
20	① ② ③ ④ ⑤	40	① ② ③ ④ ⑤	60	① ② ③ ④ ⑤	80	① ② ③ ④ ⑤		

LH 한국토지주택공사 직무역량평가 모의고사 주관식 답안카드

01 / 02 / 03

01			02			03		
백	십	일	백	십	일	백	십	일
⓪	⓪	⓪	⓪	⓪	⓪	⓪	⓪	⓪
①	①	①	①	①	①	①	①	①
②	②	②	②	②	②	②	②	②
③	③	③	③	③	③	③	③	③
④	④	④	④	④	④	④	④	④
⑤	⑤	⑤	⑤	⑤	⑤	⑤	⑤	⑤
⑥	⑥	⑥	⑥	⑥	⑥	⑥	⑥	⑥
⑦	⑦	⑦	⑦	⑦	⑦	⑦	⑦	⑦
⑧	⑧	⑧	⑧	⑧	⑧	⑧	⑧	⑧
⑨	⑨	⑨	⑨	⑨	⑨	⑨	⑨	⑨

04

㉠	㉠	㉠	㉠	㉠
㉡	㉡	㉡	㉡	㉡
㉢	㉢	㉢	㉢	㉢
㉣	㉣	㉣	㉣	㉣
㉤	㉤	㉤	㉤	㉤
㉥	㉥	㉥	㉥	㉥

05

05						
A	㉠	㉡	㉢	㉣	㉤	㉥
B	㉠	㉡	㉢	㉣	㉤	㉥

06

06						
	㉠	㉡	㉢	㉣	㉤	㉥

07 / 08 / 09

07			08			09		
백	십	일	백	십	일	백	십	일
⓪	⓪	⓪	⓪	⓪	⓪	⓪	⓪	⓪
①	①	①	①	①	①	①	①	①
②	②	②	②	②	②	②	②	②
③	③	③	③	③	③	③	③	③
④	④	④	④	④	④	④	④	④
⑤	⑤	⑤	⑤	⑤	⑤	⑤	⑤	⑤
⑥	⑥	⑥	⑥	⑥	⑥	⑥	⑥	⑥
⑦	⑦	⑦	⑦	⑦	⑦	⑦	⑦	⑦
⑧	⑧	⑧	⑧	⑧	⑧	⑧	⑧	⑧
⑨	⑨	⑨	⑨	⑨	⑨	⑨	⑨	⑨

10

10						
A	㉠	㉡	㉢	㉣	㉤	㉥
B	㉠	㉡	㉢	㉣	㉤	㉥

LH 한국토지주택공사 직무능력검사 답안카드

성 명

지원 분야

문제지 형별기재란

( )형 ⒶⒷ

수 험 번 호

⓪①②③④⑤⑥⑦⑧⑨

감독위원 확인

(인)

	① ② ③ ④ ⑤		① ② ③ ④ ⑤		① ② ③ ④ ⑤		① ② ③ ④ ⑤
1	① ② ③ ④ ⑤	21	① ② ③ ④ ⑤	41	① ② ③ ④ ⑤	61	① ② ③ ④ ⑤
2	① ② ③ ④ ⑤	22	① ② ③ ④ ⑤	42	① ② ③ ④ ⑤	62	① ② ③ ④ ⑤
3	① ② ③ ④ ⑤	23	① ② ③ ④ ⑤	43	① ② ③ ④ ⑤	63	① ② ③ ④ ⑤
4	① ② ③ ④ ⑤	24	① ② ③ ④ ⑤	44	① ② ③ ④ ⑤	64	① ② ③ ④ ⑤
5	① ② ③ ④ ⑤	25	① ② ③ ④ ⑤	45	① ② ③ ④ ⑤	65	① ② ③ ④ ⑤
6	① ② ③ ④ ⑤	26	① ② ③ ④ ⑤	46	① ② ③ ④ ⑤	66	① ② ③ ④ ⑤
7	① ② ③ ④ ⑤	27	① ② ③ ④ ⑤	47	① ② ③ ④ ⑤	67	① ② ③ ④ ⑤
8	① ② ③ ④ ⑤	28	① ② ③ ④ ⑤	48	① ② ③ ④ ⑤	68	① ② ③ ④ ⑤
9	① ② ③ ④ ⑤	29	① ② ③ ④ ⑤	49	① ② ③ ④ ⑤	69	① ② ③ ④ ⑤
10	① ② ③ ④ ⑤	30	① ② ③ ④ ⑤	50	① ② ③ ④ ⑤	70	① ② ③ ④ ⑤
11	① ② ③ ④ ⑤	31	① ② ③ ④ ⑤	51	① ② ③ ④ ⑤	71	① ② ③ ④ ⑤
12	① ② ③ ④ ⑤	32	① ② ③ ④ ⑤	52	① ② ③ ④ ⑤	72	① ② ③ ④ ⑤
13	① ② ③ ④ ⑤	33	① ② ③ ④ ⑤	53	① ② ③ ④ ⑤	73	① ② ③ ④ ⑤
14	① ② ③ ④ ⑤	34	① ② ③ ④ ⑤	54	① ② ③ ④ ⑤	74	① ② ③ ④ ⑤
15	① ② ③ ④ ⑤	35	① ② ③ ④ ⑤	55	① ② ③ ④ ⑤	75	① ② ③ ④ ⑤
16	① ② ③ ④ ⑤	36	① ② ③ ④ ⑤	56	① ② ③ ④ ⑤	76	① ② ③ ④ ⑤
17	① ② ③ ④ ⑤	37	① ② ③ ④ ⑤	57	① ② ③ ④ ⑤	77	① ② ③ ④ ⑤
18	① ② ③ ④ ⑤	38	① ② ③ ④ ⑤	58	① ② ③ ④ ⑤	78	① ② ③ ④ ⑤
19	① ② ③ ④ ⑤	39	① ② ③ ④ ⑤	59	① ② ③ ④ ⑤	79	① ② ③ ④ ⑤
20	① ② ③ ④ ⑤	40	① ② ③ ④ ⑤	60	① ② ③ ④ ⑤	80	① ② ③ ④ ⑤
						81	① ② ③ ④ ⑤
						82	① ② ③ ④ ⑤
						83	① ② ③ ④ ⑤
						84	① ② ③ ④ ⑤
						85	① ② ③ ④ ⑤
						86	① ② ③ ④ ⑤
						87	① ② ③ ④ ⑤
						88	① ② ③ ④ ⑤
						89	① ② ③ ④ ⑤
						90	① ② ③ ④ ⑤

LH 한국토지주택공사 직무역량평가 주관식 답안카드

01 / 02 / 03

	백	십	일
	⓪	⓪	⓪
	①	①	①
	②	②	②
	③	③	③
	④	④	④
	⑤	⑤	⑤
	⑥	⑥	⑥
	⑦	⑦	⑦
	⑧	⑧	⑧
	⑨	⑨	⑨

04

ㄱ	ㄴ	ㄷ	ㄹ	ㅁ	ㅂ

05

	ㄱ	ㄴ	ㄷ	ㄹ	ㅁ	ㅂ
A						
B						

06

ㄱ	ㄴ	ㄷ	ㄹ	ㅁ	ㅂ

07 / 08 / 09

	백	십	일
	⓪	⓪	⓪
	①	①	①
	②	②	②
	③	③	③
	④	④	④
	⑤	⑤	⑤
	⑥	⑥	⑥
	⑦	⑦	⑦
	⑧	⑧	⑧
	⑨	⑨	⑨

10

	ㄱ	ㄴ	ㄷ	ㄹ	ㅁ	ㅂ
A						
B						

2025 최신판 시대에듀 사이다 모의고사
LH 한국토지주택공사 기술직 NCS + 전공

개정6판1쇄 발행	2025년 02월 20일 (인쇄 2024년 12월 18일)
초 판 발 행	2021년 04월 15일 (인쇄 2021년 03월 04일)
발 행 인	박영일
책 임 편 집	이해욱
편 저	SDC(Sidae Data Center)
편 집 진 행	김재희 · 문대식
표지디자인	김도연
편집디자인	양혜련 · 임창규
발 행 처	(주)시대고시기획
출 판 등 록	제10-1521호
주 소	서울시 마포구 큰우물로 75 [도화동 538 성지 B/D] 9F
전 화	1600-3600
팩 스	02-701-8823
홈 페 이 지	www.sdedu.co.kr
I S B N	979-11-383-8491-9 (13320)
정 가	19,000원

사~이다~

사일 동안
이것만 풀면
다 합격!

내
한국토지주택공사
기술직

기업별 맞춤 학습 "기본서" 시리즈

공기업 취업의 기초부터 심화까지! 합격의 문을 여는 **Hidden Key!**

기업별 시험 직전 마무리 "모의고사" 시리즈

실제 시험과 동일하게 마무리! 합격을 향한 **Last Spurt!**

※**기업별 시리즈** : HUG 주택도시보증공사/LH 한국토지주택공사/강원랜드/건강보험심사평가원/국가철도공단/국민건강
보험공단/국민연금공단/근로복지공단/발전회사/부산교통공사/서울교통공사/인천국제공항공사/코레일 한국철도공사/
한국농어촌공사/한국도로공사/한국산업인력공단/한국수력원자력/한국수자원공사/한국전력공사/한전KPS/항만공사 등

※도서의 이미지 및 구성은 변동될 수 있습니다.

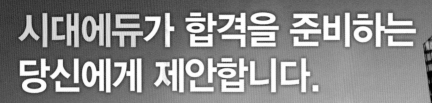

시대에듀가 합격을 준비하는 당신에게 제안합니다.

결심하셨다면 지금 당장 실행하십시오.
시대에듀와 함께라면 문제없습니다.

성공의 기회!
시대에듀를 잡으십시오.

NEXT STEP!

기회란 포착되어 활용되기 전에는 기회인지조차 알 수 없는 것이다. — 마크 트웨인 —